DIE GESUNDE FEINSCHMECKER KÜCHE

DIE GESUNDE FEINSCHMECKER KÜCHE

Verlag Das Beste Stuttgart • Zürich • Wien

Übertragung aus dem Italienischen: Dr. Mara Huber

Nährwerttabellen: Annegret Feuerlein

Die deutsche Ausgabe wurde von Edda Meyer-Berkhout eingerichtet

Redaktion: Birgit Klein (Projektleitung), Cornell Ehrhardt
Schlußredaktion: Mina Langheinrich
Korrektur: Siglinde Huber
Grafik: Rolf Bez, Gunthara Michaelis
Bildresearch: Christina Horut, Edda Meyer-Berkhout
Produktion: Heinz Franke

ENTWICKLUNG SACHBUCHPROGRAMME
Redaktionsdirektor: Ludwig R. Harms

DAS BESTE SACHBÜCHER
Chefredakteur: Peter Holzwarth
Stellv. Chefredakteurin: Mina Langheinrich
Senior Editors: Jens Firsching, Stefan Kuballa, Marianne Schulze

PRODUKTGRAFIK
Art Director: Werner Kustermann
Art Editor: Rudi K. F. Schmidt

MATERIALWIRTSCHAFT
Direktor Materialwirtschaft: Joachim Forster
Leitung Produktion Bücher: Alfred Wohlfart

Reproduktion: Friedrich Beck, Stuttgart
Satz: Setzerei Lihs, Ludwigsburg
Druck: J. Fink, Kemnat (Ostfildern)
Binden: Großbuchbinderei Sigloch, Künzelsau

Printed in Germany
ISBN 3 87070 470 5

Zur Handhabung dieses Buches

Jedes Rezept ist mit drei Symbolen versehen, die jeweils in einem hellgrünen bzw. dunkelgrünen Sechseck stehen:

 = innerhalb von 40 Minuten zubereitet

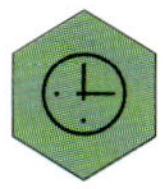 = braucht länger als 40 Minuten

 = preisgünstig

 = teurer

 = wenig Kochkenntnisse erforderlich

 = mehr Kochkenntnisse erforderlich

Darüber hinaus informiert eine Nährwerttabelle über den jeweiligen Gehalt an Joule bzw. Kalorien, Eiweiß, Fett, Cholesterin, ungesättigten Fettsäuren, Kohlenhydraten, Ballaststoffen und Natrium; das Symbol + bedeutet: in Spuren enthalten.
Bei einigen Rezepten ist eine für Diabetiker geeignete Variante zu finden; die entsprechenden Angaben zu Joule bzw. Kalorien, Kohlenhydraten und Broteinheiten sind durch den Zusatz (Diab.) gekennzeichnet.
Die Rezeptzutaten sind in der Reihenfolge aufgeführt, in der sie nachher verwendet werden. Die Maßeinheiten sind wie folgt abgekürzt:

EL = Eßlöffel
TL = Teelöffel
Pr = Prise
Msp = Messerspitze
TK = Tiefkühl(kost)

Die Temperaturangaben gelten für Elektroherde. Die am häufigsten vorkommende Temperatur von 200 °C entspricht beim Gasherd der Stufe 3–3 ½ und beim Umluft- oder Heißluftherd 175 °C. Die Zeitangaben für das Mikrowellengerät beziehen sich auf die Normleistung von 600 Watt. Bei einem leistungsstärkeren bzw. -schwächeren Gerät müssen von der angegebenen Zeit 10% je 100 Watt abgezogen bzw. dazugerechnet werden.

Nützliche Vorräte

Frühstück und Brunch

Fleisch und Wild

Geflügel und Wildgeflügel

Kartoffeln, Nudeln und Re

Vegetarische Gerichte

Gemüse

Salate

Süßspeisen

Vorspeisen und Snacks

Leichte und deftige Suppen

Fisch und Meeresfrüchte

Süßes und pikantes Gebäck

Heiße und kalte Getränke

Inhalt

Gut essen und gesund bleiben

Wer sich gesund ernähren will, braucht keineswegs ständigen Verzicht zu üben und seine Lieblingsgerichte vom Speisezettel zu streichen. Vielmehr gilt es, sich der Bedeutung einzelner Nährstoffe – wie Fett, Eiweiß und Kohlenhydrate – bewußt zu werden und sie dem Körper in den richtigen Mengen zuzuführen. Und daß eine gesunde Küche – entgegen allen Vorurteilen – überaus schmackhaft und abwechslungsreich ist, beweisen die Rezepte in diesem Buch.

Die Bedeutung einer ausgewogenen Ernährung für unsere Gesundheit ist in den letzten Jahren immer deutlicher geworden. So hat sich beispielsweise gezeigt, daß Herzerkrankungen am häufigsten in Ländern mit hohem Lebensstandard auftreten – also dort, wo viel Fleisch, Fett, Eier und Milchprodukte gegessen werden. In ärmeren Ländern dagegen, wo man mehr Getreide, Obst und Gemüse verzehrt, sind diese Leiden erheblich seltener.

Untersuchungen belegen, daß sich das Risiko von Infarkten und anderen Herzkrankheiten senken läßt, wenn die Nahrung weniger Fett und anstelle von gesättigten mehr ungesättigte Fettsäuren sowie einen höheren Anteil an Ballaststoffen und langsam resorbierbaren Kohlenhydraten in Form von Vollkornprodukten sowie frischem Obst und Gemüse enthält. So sorgt man auch für eine erhöhte Zufuhr von Vitaminen und Ballaststoffen. Durch eine solche Ernährung wird ebenfalls das Risiko von Darmkrebs nachweislich verringert und das heute weitverbreitete Problem der Verstopfung am wirkungsvollsten bekämpft.

Auch die Entstehung von Tumoren hängt möglicherweise mit der Ernährung zusammen. Brust-, Darm- und Prostatakrebs scheinen häufiger bei Menschen vorzukommen, die viel Fett essen. Obwohl bislang noch nicht erwiesen ist, daß eine geringere Fettzufuhr Krebs vorbeugen kann, geht man heute allgemein davon aus, daß sich eine fettärmere Ernährung in jedem Fall positiv auf die Gesundheit auswirkt.

Viele Menschen meinen, eine gesunde Ernährung bedeute zwangsläufig eine Beeinträchtigung ihres Eßvergnügens. In Wirklichkeit ist aber eher das Gegenteil der Fall. Eine ausgewogene, abwechslungsreiche Kost steigert das Wohlbefinden und die Lebensqualität. Man fühlt sich fit und voller Energie, denn der Organismus wird nicht durch zuviel Fett, Eiweiß oder die falschen Kohlenhydrate belastet. Die richtigen Gar- und Zubereitungsmethoden sorgen außerdem dafür, daß der Eigengeschmack der Nahrungsmittel erhalten bleibt.

Einleitend sollen zunächst jedoch die wichtigsten Nährstoffe, der Zusammenhang zwischen Energieaufnahme und Körpergewicht sowie der richtige Umgang mit Lebensmitteln behandelt werden.

Abc der Ernährung

Um gesund zu bleiben, braucht der Körper Nährstoffe. Wenn man die Bedeutung der einzelnen Stoffe erkennt, kann man den persönlichen Bedarf optimal bestimmen.

Eiweiß

Eiweiß (Protein) ist ein lebensnotwendiger Nährstoff. Es besteht aus verschiedenen Aminosäuren, die der Organismus zum Aufbau körpereigener Proteine braucht. Als Baustoff für Zellen, Muskeln, Organe, Blut, Enzyme und einige Hormone erfüllen sie wichtige Funktionen. Bestimmte Eiweißbausteine – die sogenannten essentiellen (lebenswichtigen) Aminosäuren – kann der Körper nicht selbst produzieren, so daß sie ihm mit der Nahrung regelmäßig zugeführt werden müssen.

Nach der Deutschen Gesellschaft für Ernährung beträgt der tägliche Eiweißbedarf bei Erwachsenen 0,8 g pro Kilogramm Körpergewicht. Säuglinge und Kinder haben aufgrund ihres Wachstums einen höheren Proteinbedarf. Gleiches gilt für schwangere und stillende Frauen, da Eiweiß zur Bildung der Muttermilch erforderlich ist.

Täglicher Eiweißbedarf in Gramm pro Kilogramm Körpergewicht:

Säuglinge	
bis 4 Monate	2,2
4–12 Monate	1,6
Kinder	
1–4 Jahre	1,2
4–7 Jahre	1,1
7–15 Jahre	1
Jugendliche und Erwachsene	0,8
Schwangere (ab 4. Monat)	Tagesbedarf + 10
Stillende	Tagesbedarf + 15

Im allgemeinen liegt die Eiweißmenge, die wir täglich zu uns nehmen, erheblich über diesen Werten, was hauptsächlich auf den allzu reichlichen Verzehr von Fleisch und Wurst zurückzuführen ist. Man weiß heute, daß überschüssiges Eiweiß den Körper belastet. Und so hat sich auch die Vorstellung, Sportler benötigten für mehr Kraft und Ausdauer eine besonders proteinreiche Kost, als falsch erwiesen. Fachleute empfehlen, den erhöhten Energiebedarf durch zusätzliche Kohlenhydrate zu decken.

Ein zu hoher Eiweißkonsum kann Übergewicht – ein Risikofaktor für viele Erkrankungen – verursachen. Hierfür gibt es mehrere Gründe. Zum einen ist unser Körper nicht in der Lage, überschüssiges Eiweiß in seiner ursprünglichen Form zu speichern, so daß es umgewandelt und als Fett eingelagert wird. Zum anderen sind viele proteinreiche Nahrungsmittel gleichzeitig auch sehr fetthaltig, was ebenfalls eine Überversorgung mit Fett zur Folge hat.

Tierisches und pflanzliches Eiweiß

Tierisches Eiweiß ist für den menschlichen Organismus besonders wertvoll, denn es gleicht dem Körpereiweiß weitgehend in seiner Zusammensetzung. Nahrungsmittel tierischer Herkunft – wie Fleisch, Fisch, Eier, Milch und Molkereiprodukte – enthalten zumeist alle lebensnotwendigen Aminosäuren in einem günstigen Verhältnis.

Auch viele pflanzliche Lebensmittel, insbesondere Hülsenfrüchte, Getreide und Nüsse, sind reich an Proteinen. Da sie aber bestimmte essentielle Aminosäuren nur in geringer Menge aufweisen, sind sie weniger hochwertig als tierisches Eiweiß. Dieser Nachteil läßt sich jedoch ausgleichen, indem man verschiedene Eiweißlieferanten miteinander kombiniert. Auf diese Weise ergänzen sich die darin enthaltenen Aminosäuren zu hochwertigem Protein, das häufig sogar wertvoller ist als tierisches Eiweiß allein. Günstige Eiweißkombinationen sind beispielsweise: Getreide + Hülsenfrüchte (z. B. Vollkornbrot mit Bohnensuppe), Getreide + Milch (z. B. Müsli mit Joghurt, Makkaroni mit Käse), Kartoffeln + Ei (z. B. Bratkartoffeln

mit Spiegel- oder Rührei), Kartoffeln + Milch (z. B. Pellkartoffeln mit Quark).

Von den tierischen Eiweißlieferanten sind fettarmer Fisch, Milch und Milchprodukte zu bevorzugen. Fleisch und Wurst sollten höchstens zwei bis dreimal pro Woche in kleinen Mengen verzehrt werden. Denn neben wertvollem Eiweiß enthalten diese Nahrungsmittel auch Fett, Cholesterin und Purine, die bei übermäßigem Verzehr der Gesundheit schaden können. So verursacht eine stark purinhaltige Kost einen erhöhten Harnsäurespiegel im Blut, was zu Gichtanfällen und Nierensteinen führen kann.

Generell empfiehlt sich eine möglichst abwechslungsreiche und vielseitige Mischkost mit einem hohen Anteil an pflanzlichen Eiweißquellen, die den Körper gleichzeitig mit wertvollen Vitaminen, Mineralstoffen und Ballaststoffen versorgen.

Eiweiß- und Fettgehalt tierischer und pflanzlicher Lebensmittel in Gramm

	Eiweiß	Fett
Schweinefleisch, 125 g Rohgewicht		
Bauch	17	43
Filet	23	14
Schnitzel	20	29
Rindfleisch, 125 g Rohgewicht		
Filet	23	5
Roastbeef	25	12
Geflügel, 125 g Rohgewicht		
Brathähnchen	25	7
Hühnerbrust	28	1
Ente	22	20
Gans	19	37
Fisch, 150 g Rohgewicht		
Forelle	28	4
Kabeljau	26	1
Lachs	29	19
Scholle	25	1
Milch und Milchprodukte		
Vollmilch, 250 ml	8	8
Speisequark (10%), 100 g	14	2
Speisequark (40%), 100 g	11	11
Camembert (45%), 30 g	6	7
Emmentaler (45%), 30 g	9	9
Hülsenfrüchte, 60 g Rohgewicht		
Bohnen	13	1
Erbsen	11	1
Linsen	14	1
Sojabohnen	22	11
Kartoffeln ohne Schale, 200 g Rohgewicht		
Salzkartoffeln	3	0
Pommes frites, 150 g	6	12

Fett

Fette liefern dem Körper Energie und sind Träger der fettlöslichen Vitamine A, D, E und K. Darüber hinaus versorgen sie den Organismus mit lebensnotwendigen Fettsäuren, die als Bausubstanz für die Zellen unentbehrlich sind.

Fett, das nicht als Brennstoff gebraucht wird, speichert der Körper in den Fettzellen. Bei normalgewichtigen Männern machen diese Fettdepots etwa 20%, bei Frauen etwa 25% des Körpergewichts aus. Sie dienen nicht nur als Energiereserve, sondern erfüllen noch andere wichtige Aufgaben. So sitzt ungefähr die Hälfte des Körperfetts direkt unter der Haut und gleicht Temperaturschwankungen aus. Andere Fettdepots schützen die inneren Organe – wie Herz, Nieren, Leber, Milz und Darm – vor Stößen und Verletzungen.

Die Fettmenge, die der Körper für alle diese Aufgaben braucht, ist recht gering. Allgemein empfohlen wird für Erwachsene eine Zufuhr von 25–30% der täglich aufgenommenen Energie (Kalorien). Dies entspricht 1 g Fett pro Kilogramm Körpergewicht und damit einer Gesamtfettmenge von 60–80 g am Tag.

Der tatsächliche Fettverbrauch beträgt bei uns im Tagesdurchschnitt jedoch 130–140 g, also weit mehr als 40% der zugeführten Energie. Dieser hohe Fettkonsum trägt maßgeblich dazu bei, daß viele Menschen unter Übergewicht und erhöhten Blutfettwerten leiden. Beides zählt zu den Risikofaktoren frühzeitiger Herz-Kreislauf-Erkrankungen.

Um den Fettverzehr auf die empfohlene Menge zu reduzieren, genügt es nicht, weniger sichtbare Fette wie Butter, Margarine oder Öl zu verwenden. Achten sollte man vor allem auch auf die sogenannten versteckten oder unsichtbaren Fette. Sie sind in vielen Nahrungsmitteln – etwa in Fleisch, Wurst, Käse, Eiern, Sahne, Nüssen, Kuchen und Schokolade – enthalten und machen die Hälfte unseres täglichen Fettkonsums aus. Hierzu liefert die folgende Tabelle einige Beispiele (vgl. auch die Tabelle auf dieser Seite). Den Fettgehalt anderer Lebensmittel findet man in den gängigen Nährwerttabellen; bei Milch und Molkereiprodukten ist er ebenfalls auf der Verpackung angegeben.

Gesättigte und ungesättigte Fettsäuren

Neben der Menge ist auch die Art der Fette für die Gesundheit wichtig.

Nahrungsfette sind eine Mischung aus ge-

Fettgehalt von Lebensmitteln in Gramm

Sichtbare Fette	
Butter, 20 g	16
Margarine, 20 g	15
Pflanzenöl, 1 EL	12
Mayonnaise (80% Fett), 1 EL	20
Versteckte Fette	
Salami, 30 g	14
Leberwurst, 30 g	12
Mortadella, 30 g	9
Eiscreme, 100 g	12
Schokolade, 50 g	16
Nußkuchen, 100 g	24
Kartoffelchips, 50 g	20
Gemüse (außer Avocados), Kartoffeln, Obst, 200 g	0–2

sättigten und ungesättigten Fettsäuren. Tierische Fette, wie sie in Fleisch, Schmalz, Eiern, Milch, Butter und anderen Molkereiprodukten zu finden sind, bestehen überwiegend aus gesättigten Fettsäuren. Ernährungsphysiologisch wertvoller sind jedoch die einfach oder mehrfach ungesättigten Fettsäuren, die hauptsächlich in pflanzlichen Fetten vorkommen. Eine wesentliche Rolle spielt dabei die Linolsäure – eine essentielle Fettsäure, die dem Körper mit der Nahrung zugeführt werden muß, da er sie nicht selbst herstellen kann. Erwachsene sollten etwa 10 g Linolsäure pro Tag zu sich nehmen. Reich an Linolsäure sind beispielsweise Erdnuß-, Baumwollsaat-, Distel- und Sonnenblumenöl.

Eine besondere Gruppe von mehrfach ungesättigten Fettsäuren stellen die Omega-3-Fettsäuren dar, die vor allem in Fischölen vorhanden sind. Sie können den Fettgehalt des Blutes senken und durch eine Verbesserung seiner Fließeigenschaften Herz-Kreislauf-Erkrankungen vorbeugen. Die relativ geringe Häufigkeit solcher Erkrankungen bei den Eskimo und den Japanern wird deshalb auch auf ihre fischreiche Ernährung zurückgeführt. Einen hohen Omega-3-Gehalt haben insbesondere fette Seefische wie Hering, Makrele, Sardine und Thunfisch.

Den Fettkonsum senken

- Butter oder Margarine dünn aufs Brot streichen.
- Weniger Fleisch und Wurst essen.
- Mageres Fleisch und Geflügel bevorzugen.
- Sichtbares Fett bei Fleisch und Geflügel wegschneiden.
- Häufiger Fisch essen.
- Fettreiche Milchprodukte nur in kleinen Mengen essen und solche mit niedrigem Fettgehalt wählen.
- Speisen fettarm zubereiten: zum Braten beschichtete Pfannen verwenden, Gemüse ohne Fett dünsten, Salatsoßen mit Joghurt oder Dickmilch zubereiten, das Fett von Bratensoßen und Fleischbrühen abschöpfen.
- Fritierte und panierte Speisen nur selten essen.
- Beim Einkauf auf die Herstellerangaben zum Fettgehalt der Nahrungsmittel achten.

Allgemein sollte man darauf achten, weniger gesättigte und mehr ungesättigte Fettsäuren zu sich zu nehmen. Zur Zubereitung von Speisen empfiehlt sich daher vor allem die Verwendung von Pflanzenfetten wie Oliven-, Erdnuß-, Soja-, Sonnenblumen- oder Distelöl, die einen hohen Anteil an ungesättigten Fettsäuren aufweisen.

Cholesterin

Cholesterin ist eine Fettsubstanz, die der Organismus zur Bildung von Gallensäure, Vitamin D und bestimmten Hormonen benötigt. Darüber hinaus ist es Bestandteil aller Zellwände. Cholesterin produziert der Körper selbst in der Leber. Gleichzeitig wird es ihm über die Nahrung zugeführt, da Cholesterin in allen Lebensmitteln tierischer Herkunft enthalten ist.

Bei einer zu hohen Cholesterinkonzentration im Blut nimmt das Risiko von Arteriosklerose zu, die durch Fett- und Kalkablagerungen an den Gefäßwänden entsteht und Herzinfarkte und Schlaganfälle verursacht.

Der Cholesterinspiegel läßt sich durch die Ernährung beeinflussen: Gesättigte Fettsäuren heben die Cholesterinwerte im Blut an, durch einfach und insbesondere mehrfach ungesättigte Fettsäuren werden sie gesenkt. Darüber hinaus sollte man auf das in der Nahrung enthaltene Cholesterin achten, auch wenn es den Cholesterinspiegel im Blut weniger stark erhöht als gesättigte Fettsäuren. Einen hohen Cholesteringehalt haben beispielsweise Innereien wie Hirn und Nieren, Speck, Eigelb, Butter, Kaviar und Krustentiere.

Die Zusammenhänge zwischen Cholesterin und Herzkrankheiten sind allerdings noch nicht gänzlich erforscht, und neue Untersuchungsergebnisse führen immer wieder zu anderen Einschätzungen. So hat man beispielsweise vor einiger Zeit herausgefunden, daß es im Blut zwei Arten von Lipoproteinen gibt. Beide enthalten und transportieren Cholesterin, wirken aber auf völlig unterschiedliche Weise. Die Lipoproteine geringer Dichte oder LDL (*low density proteins*) schleusen Cholesterin in die Zellen ein und sind damit für eine verstärkte Ablagerung in den Gefäßwänden verantwortlich. Im Gegensatz hierzu nehmen die Lipoproteine hoher Dichte oder HDL (*high density proteins*) überschüssiges Cholesterin aus den Gefäßen auf und transportieren es in die Leber, wo es abgebaut wird. Eine hohe LDL-Konzentration im Blut ist somit ein Risikofaktor, ein hoher HDL-Spiegel dagegen ein Schutz vor Arteriosklerose.

Eine Beziehung zwischen der Ernährungsweise und dem Vorkommen der beiden Lipoproteine konnte nicht nachgewiesen werden. Hohe HDL-Werte findet man allerdings vor allem bei Menschen, die sich viel bewegen, nur wenig Alkohol trinken und nicht rauchen; bei hohen LDL-Werten ist das Gegenteil der Fall.

Ballaststoffe

Als Ballaststoffe bezeichnet man jene Bestandteile pflanzlicher Nahrungsmittel, die von den Verdauungsenzymen nicht abgebaut werden können. Mit Ausnahme von Lignin handelt es sich dabei um unverdauliche Kohlenhydrate wie Cellulose, Hemicellulose und Pektin. Obwohl sie den Körper nur passieren, ohne verwertet werden zu können, erfüllen Ballaststoffe wichtige Funktionen im Verdauungstrakt und wirken sich auf den Stoffwechsel aus.

Ballaststoffreiche Nahrungsmittel regen die Kautätigkeit an, was zur Zahnerhaltung beiträgt und den Magen entlastet, da die Nahrung dadurch gut eingespeichelt wird. Im Magen wiederum quellen sie, verzögern so die Magenentleerung und sorgen für ein länger andauerndes Sättigungsgefühl. Überdies können sie überschüssige Magensäure binden, wodurch die Magenwände geschont werden. Ballaststoffe bewirken außerdem einen langsamen, aber stetigen Abbau von Stärke zu Glucose, so daß der Blutzuckerspiegel nur langsam ansteigt. Für Diabetiker, bei denen die Regulierung des Blutzuckerhaushalts gestört ist, wird deshalb eine ballaststoffreiche Kost empfohlen. Ballaststoffe senken auch den Cholesterinspiegel, indem sie freie Gallensäuren binden.

Ballaststoffe sind für eine geregelte Verdauung unentbehrlich, denn sie quellen weiter im Darm und regen so seine Muskeltätigkeit an. Der Darminhalt wird schneller weiterbefördert und ausgeschieden, und es kommt nicht zu Verstopfungen. Eine ballaststoffreiche Ernährung, die einen niedrigen Verbrauch von Fleisch, Wurst, Weißmehlprodukten und Zucker einschließt, ist deshalb die natürlichste und preiswerteste Methode zur Beseitigung von Verdauungsstörungen, unter denen bei uns jeder zweite bis dritte Erwachsene leidet.

Es spricht auch einiges dafür, daß eine ballaststoffreiche, fett- und fleischarme Kost das Risiko von Dickdarmkrebs verringert, der zu den häufigsten bösartigen Erkrankungen in den westlichen Ländern zählt.

Obwohl die Vorteile einer ballaststoffreichen Ernährung schon lange bekannt sind, nehmen die meisten von uns noch immer zu wenig Ballaststoffe auf. Allgemein empfohlen wird eine Ballaststoffzufuhr von 30–35 g am Tag. Um diese Menge zu erreichen, sollte man beispielsweise anstelle von Weißmehlerzeugnissen vorwiegend Getreideprodukte aus dem vollen Korn wie Vollkornbrot und -nudeln essen. Einen hohen

Ballaststoffanteil weisen auch andere pflanzliche Nahrungsmittel auf, wie die folgende Tabelle zeigt.

Ballaststoffgehalt von Nahrungsmitteln in Gramm pro 100 g

Gemüse	
Bohnen, getrocknet	12
Brokkoli	4
Kartoffeln	2
Möhren	3
Rote Bete	3
Salat	2
Weißkohl	3
Obst	
Äpfel, geschält	2
Äpfel, ungeschält	3
Bananen	3
Birnen	2
Brombeeren, Himbeeren	7
Johannisbeeren, schwarz	9
Quitten	6
Trockenobst (im Durchschnitt)	8
Getreideprodukte	
Naturreis	4
Roggenvollkornbrot	6
Weizenkleie	40
Weizenvollkornbrot	5

Da die Wirkung einzelner Ballaststoffe unterschiedlich ist, sollte man neben Vollkornerzeugnissen immer auch frisches Obst, Kartoffeln und Gemüse essen. Nur eine abwechslungsreiche Kost gewährleistet, daß der Körper mit allen erforderlichen Ballaststoffkomponenten versorgt wird. Aus diesem Grund ist es auch wenig sinnvoll, Speisen mit isolierten Ballaststoffen wie etwa Kleieflocken anzureichern. Ein solches Vorgehen kann sogar schädlich sein, da die Aufnahme wichtiger Mineralstoffe aus der Nahrung, wie Eisen, Calcium oder Magnesium, hierdurch behindert werden kann.

Die Umstellung auf eine ballaststoffreiche Ernährung erfolgt am besten schrittweise. Ein plötzlicher Anstieg der Ballaststoffzufuhr kann Übelkeit, Erbrechen und Durchfall verursachen. Damit sich der Körper langsam an mehr Ballaststoffe gewöhnt, sollte man beispielsweise Weißbrot zunächst durch Mischbrot und später durch Vollkornbrot ersetzen. In gleicher Weise kann man statt normaler Eiernudeln und geschältem Reis immer häufiger Vollkornnudeln und Naturreis verwenden. Darüber hinaus empfiehlt es sich, Obst und Gemüse möglichst oft mit der Schale zu verzehren und nach und nach mehr Gerichte mit Hülsenfrüchten in den Speiseplan aufzunehmen.

Kohlenhydrate

Kohlenhydrate sind die wichtigsten Energielieferanten für den Organismus und als Bestandteil der Nahrung ebenso unentbehrlich wie Proteine und Fette. Je nach ihrem Aufbau unterscheidet man einfache und komplexe Kohlenhydrate. Einfache Kohlenhydrate kommen in Lebensmitteln als Zucker vor, beispielsweise in Form von Trauben-, Frucht- oder Haushaltszucker. Komplexe Kohlenhydrate sind Stärke, wie sie in Kartoffeln und Getreideprodukten enthalten ist, und Ballaststoffe.

Mit Ausnahme der unverdaulichen Ballaststoffe werden Kohlenhydrate vom Körper zu Glucose abgebaut, die vom Blut aufgenommen und in Muskeln und anderen Körperzellen als Energie verbrannt wird. Besonders wichtig ist Glucose für das Gehirn, das seinen Energiebedarf fast ausschließlich über diesen Brennstoff deckt. Überschüssige Kohlenhydrate speichert der Organismus zu einem Teil als schnell verfügbare Energiereserve in Leber und Muskeln. Der Rest wird in gesättigte Fettsäuren umgewandelt und als Fett deponiert.

Die empfohlene Zufuhr an Kohlenhydraten beträgt 55–60 % des täglichen Energiebedarfs. Frauen, die am Tag 8400 kJ (2000 kcal) zu sich nehmen, sollten demzufolge etwa 270–300 g Kohlenhydrate verzehren; Männer mit einer Energiezufuhr von 10 080 kJ (2400 kcal) etwa 330–360 g. Dabei

sollte der Anteil an einfachen Kohlenhydraten, also zuckerhaltigen Lebensmitteln, möglichst gering sein. Einfache Kohlenhydrate werden vom Körper sehr rasch abgebaut, so daß der Blutzuckerspiegel schnell ansteigt – durch eine erhöhte Insulinausschüttung in der Regel aber ebenso schnell wieder abfällt. Produkte, die viel Zucker, Honig oder Sirup enthalten, sättigen daher kurzfristig, halten aber nicht lange vor. Zudem liefern sie zumeist keine wertvollen Nährstoffe, sondern nur sogenannte leere Kalorien. Dies trifft insbesondere für Haushaltszucker (Rohr- oder Rübenzucker) zu, dessen Anteil an

Der Umgang mit Kohlenhydraten

- Kohlenhydrate in Form von stärkereichen Nahrungsmitteln wie Kartoffeln, Hülsenfrüchten sowie Brot, Nudeln und Reis (vor allem als Vollkornprodukte) bevorzugen. Sie liefern gleichzeitig wertvolle Vitamine, Mineral- und Ballaststoffe.
- Anstelle von gesüßter Dosenware frisches Obst der Saison verwenden.
- Möglichst wenig zuckerhaltige Produkte wie Bonbons, Plätzchen, Kuchen und Schokolade verzehren.
- Anstelle von Limonade, Colagetränken und gesüßten Säften besser Mineralwasser, Tee oder Fruchtsäfte ohne Zuckerzusatz trinken.
- Auf den Zuckergehalt von Fertigprodukten achten. Viele industriell hergestellte Nahrungsmittel enthalten große Mengen an Zucker.

der Kohlenhydratzufuhr deshalb höchstens 10% betragen sollte.

Günstig auf die Gesundheit wirkt sich dagegen der reichliche Verzehr von Kohlenhydraten in Form von Getreide, Vollkornprodukten, Kartoffeln, Obst und Gemüse aus. Sie versorgen den Körper nicht nur mit Energie, sondern gleichzeitig auch mit wertvollen Vitaminen, Mineral- und Ballaststoffen. Komplexe Kohlenhydrate werden überdies langsam und damit schonender abgebaut, so daß keine großen Schwankungen im Blutzuckerspiegel auftreten und das Sättigungsgefühl länger anhält.

Unsere Eßgewohnheiten spiegeln allerdings eine gegenläufige Entwicklung wider: Es werden große Mengen an Zucker gegessen und relativ wenig stärkehaltige und ballaststoffreiche Lebensmittel. Gleichzeitig liegt der Kohlenhydratanteil an der Gesamtenergiezufuhr mit durchschnittlich 42 % deutlich unter den Empfehlungen der Experten. Dies ist vor allem darauf zurückzuführen, daß der Verzehr von Getreide und Kartoffeln in den letzten Jahrzehnten stark abgenommen hat. Weil sie preiswert sind, gelten diese Lebensmittel bei vielen als „Arme-Leute-Essen", und man übersieht, wie wichtig sie für die Gesundheit sind.

Hinzu kommt, daß Kohlenhydrate jahrelang als Dickmacher verpönt waren, ohne daß man die Unterschiede beachtete zwischen hochwertigen Kohlenhydratquellen wie Obst, Gemüse, Hülsenfrüchten, Getreide oder Brot und solchen, die außer Zucker keine Nährstoffe liefern. Dies hat sich als ebenso falsch erwiesen wie die weitverbreitete Ansicht, Süßigkeiten seien Nervennahrung und steigerten die Konzentrationsfähigkeit.

Eine gesunde, bedarfsgerechte Ernährung zeichnet sich durch einen hohen Anteil an komplexen Kohlenhydraten und ein Minimum an zuckerhaltigen Lebensmitteln aus.

Mineralstoffe und Spurenelemente

Mineralstoffe sind lebensnotwendige Bau- und Reglerstoffe, die vielfältige Aufgaben im Körper erfüllen. Sie regulieren beispielsweise den Flüssigkeitshaushalt und sorgen dafür, daß der Stoffwechsel funktioniert. Unentbehrlich sind sie auch für den Aufbau von Knochen und Zähnen sowie für die Blutbildung.

Abhängig vom Gehalt im Körper werden Mineralstoffe in Mengen- und Spurenelemente unterteilt. Wichtige Mengenelemente sind Calcium, Phosphor, Kalium, Magnesium, Natrium und Chlorid. Zu den Spurenelementen gehören Jod, Eisen, Fluor und Zink.

Mineralstoffe müssen dem Organismus täglich in ausreichenden Mengen zugeführt werden. Der Bedarf ist abhängig von Alter, Geschlecht, Körperbau und einer Reihe anderer Faktoren. So brauchen Jugendliche in der Regel mehr Mineralstoffe als Erwachsene, und bei schwangeren und stillenden Frauen ist der Bedarf noch höher. Ebenso steigern bestimmte Lebensumstände, wie etwa Streß, Krankheit oder sportliche Aktivität, den Mineralstoffbedarf.

Ein Mangel an Mineralstoffen, der – wie auch eine anhaltende Überversorgung – schwere gesundheitliche Schäden verursachen kann, läßt sich am besten durch eine ausgewogene Ernährung verhindern. Eine abwechslungsreiche Mischkost, die aus Gemüse, Obst, Milch, Milchprodukten, Fleisch, Fisch und Vollkornerzeugnissen besteht, liefert dem Organismus im allgemeinen genügend Calcium, Phosphor, Magnesium, Kalium und Spurenelemente.

Frauen sollten aufgrund der Blutverluste während der Regel auf eine ausreichende Versorgung mit Eisen achten. Eisen ist für die Blutbildung und den Sauerstofftransport im Körper wichtig; ein Mangel kann zu Müdigkeit und Blutarmut führen. Gute Eisenlieferanten sind Fleisch, Vollkornerzeugnisse und Gemüse wie Wirsing, Spinat, Bohnen und Erbsen.

Jodmangel, der eine Vergrößerung der Schilddrüse bewirkt, sollte man durch den regelmäßigen Verzehr von Seefisch und die Verwendung von jodiertem Speisesalz vorbeugen.

Natrium wird dem Körper vor allem in Form von Kochsalz zugeführt, das zu 40% aus Natrium besteht. Es ist wichtig zur Erhaltung der Gewebespannung und zur Regulierung des Flüssigkeitshaushalts.

Normalerweise reicht eine tägliche Zufuhr von 2 g Natrium bzw. 5 g Kochsalz aus. In der Praxis nehmen die meisten Menschen jedoch wesentlich mehr Kochsalz zu sich, was gesundheitliche Gefahren in sich birgt. Zahlreiche Untersuchungen haben gezeigt, daß ein übermäßiger Salzkonsum zur Entstehung von Bluthochdruck beitragen kann. Ein ständig erhöhter Blutdruck schädigt die Blutgefäße und gilt als Risikofaktor für Nieren- und Herzerkrankungen.

Der hohe Salzkonsum ist nicht allein auf das Salz zurückzuführen, das zum Kochen oder zum Würzen bei Tisch verwendet wird.

Den Salzkonsum senken

- Speisen schrittweise, aber konsequent weniger salzen. Den Salzverzicht durch die Verwendung von Zitronensaft, Kräutern und Gewürzen ausgleichen.
- Gerichte bei Tisch nicht nachsalzen.
- Den Verzehr von salzreichen Nahrungsmitteln einschränken.
- Auf industriell hergestellte Lebensmittel so weit wie möglich verzichten. Sie enthalten häufig große Mengen an Salz.
- Anstelle von Salzkartoffeln häufiger Pellkartoffeln essen.
- Garmethoden wie Dämpfen, Dünsten oder Grillen wählen, die den Eigengeschmack der Nahrungsmittel unterstreichen.
- Gerichte mit salzigen Zutaten, wie Speck, Schinken, Wurst oder Käse, nicht zusätzlich salzen.
- Gemüse, Soßen, Suppen und Eintöpfe erst am Ende der Garzeit mit wenig Salz abschmecken.

Mehr als die Hälfte der täglich aufgenommenen Menge stammt aus verarbeiteten Lebensmitteln, wie Wurst, Käse, Fertiggerichten und Konserven.

Salzgehalt frischer und verarbeiteter Nahrungsmittel in Milligramm pro 100 g

Gemüseprodukte		
Bohnen, frisch		5
Bohnenkonserven		660
Champignons, frisch		30
Champignons in Dosen		900
Gurken, frisch		20
Salz-Dill-Gurken		2400
Tomaten, frisch		5
Tomatenmark		2000
Ketchup		3250
Kartoffeln		
Pellkartoffeln	unter	8
Kartoffelpüree		400
Kartoffelchips		1125
Milchprodukte		
Milch, Speisequark, Joghurt	unter	125
Gouda		2000
Schmelzkäse		3000
Fleisch		
Schweinefleisch		150
Kassler		2400
Rindfleisch		175
Corned Beef		3250
Fisch		
Aal		160
Räucheraal		1250
Seelachs, frisch		200
Lachsersatz		7250

Essen: Genuß ohne Reue

Eine gesunde Küche ist abwechslungsreich, vielseitig und schmackhaft, und sie versorgt den Körper mit allen lebensnotwendigen Nährstoffen. Nach Meinung führender Ernährungsexperten werden diese Anforderungen am besten von einer vollwertigen, ausgewogenen Mischkost erfüllt. Eine solche Kost setzt sich zusammen aus Vollkornprodukten, Kartoffeln, Gemüse und Obst. Ergänzt werden diese Hauptnahrungsmittel durch Milch und Milchprodukte, Fleisch, Fisch, Eier, Fette und Öle.

Wichtig ist, täglich viele verschiedene Lebensmittel zu essen, damit sie sich gegenseitig in ihrem Nährstoffgehalt ergänzen. Verbote gibt es bei dieser Ernährungsform nicht – allenfalls gewisse Einschränkungen hinsichtlich der Menge und der Häufigkeit beim Verzehr bestimmter Nahrungsmittel.

Die Nahrungsgruppen

Um die Zusammenstellung des täglichen Speiseplans zu erleichtern, sind die acht wichtigsten Gruppen von Nahrungsmitteln auf den Seiten 18 und 19 in Form eines Kreises dargestellt. Der Stellenwert der einzelnen Gruppen für eine gesunde Ernährung läßt sich an der Größe der entsprechenden Kreisabschnitte ablesen. Je größer der Abschnitt, desto reichlicher und häufiger sollte man Nahrungsmittel aus dieser Gruppe essen. Grundsätzlich sollte aus jeder Gruppe täglich mindestens ein Lebensmittel ausgewählt werden; zu bevorzugen sind solche aus dem äußeren, dunklen Ring, da sie eine hohe Nährstoffdichte haben, also im Verhältnis zu ihrem Kaloriengehalt einen hohen Anteil an lebensnotwendigen Nährstoffen aufweisen. Bei den Nahrungsmitteln des mittleren und des inneren Ringes ist die Nährstoffdichte geringer, so daß man ihren Verzehr der Gesundheit und der Figur zuliebe einschränken sollte. Dennoch spricht nichts dagegen, gelegentlich auch diese zu essen – vorausgesetzt, man nimmt sie in Maßen zu sich.

Getreide und Getreideprodukte

• Getreide wird hauptsächlich als Brot, Müsli oder Mehl gegessen. Die größte Nährstoffdichte haben Produkte, die aus dem vollen Korn hergestellt sind, weil sie alle wertvollen Inhaltsstoffe des Getreidekorns enthalten.

- Vollkornerzeugnisse müssen nicht aus ganzen, sichtbaren Getreidekörnern bestehen, sondern können auch mit Vollkornmehl oder -schrot hergestellt sein.
- Mehle mit einer hohen Typenbezeichnung, etwa Type 1050 bei Weizenmehl, sind für die Ernährung wertvoller als solche mit einer niedrigen Typenzahl, wie Type 405, denn sie enthalten mehr äußere Randschichten des Korns, in denen die Vitamine, Mineral- und Ballaststoffe stecken.

Kartoffeln, Reis, Nudeln

- Kartoffeln liefern dem Körper Stärke, hochwertiges Eiweiß, Vitamine und Mineralstoffe.
- Um Nährwertverluste zu verhindern, sollten sie als Folien- oder Pellkartoffeln zubereitet und nur in wenig Wasser gegart werden. Kocht man geschälte Kartoffeln in reichlich Wasser, werden die meisten Nährstoffe ausgelaugt und mit dem Kochwasser weggeschüttet.
- Bei Naturreis, der auch als Voll- oder Braunreis im Handel angeboten wird, ist nur die harte, ungenießbare Hülse entfernt, nicht aber die darunterliegende Silberhaut mit ihren wertvollen Inhaltsstoffen. Naturreis schmeckt herzhafter als weißer Reis.
- Vollkornnudeln sind aus Vollkornmehl oder -grieß hergestellt und enthalten deshalb mehr Vitamine, Mineral- und Ballaststoffe als helle Nudeln.

Gemüse, Hülsenfrüchte

- Für einen abwechslungsreichen Speiseplan sollte man das reichhaltige Angebot an Blatt-, Stengel-, Knollen-, Wurzel- und Fruchtgemüsen ausnutzen. Je vielseitiger die Auswahl, desto besser wird der Körper mit wichtigen Nährstoffen versorgt.
- Im Winter läßt sich das Marktangebot durch Tiefkühlware ergänzen.
- Insbesondere Salatgemüse bieten sich für immer neue, phantasievolle Zusammenstellungen an, und man sollte nicht Tag für Tag nur Kopfsalat als Frischkost servieren.
- Hülsenfrüchte sind günstige Eiweiß- und Ballaststofflieferanten und sollten deshalb häufiger auf dem Speiseplan stehen. Die verschiedenen Sorten – Bohnen, Erbsen, Kichererbsen und Linsen – ermöglichen eine abwechslungsreiche Zubereitung.
- Speziell in kleinen Haushalten empfiehlt es sich, Hülsenfrüchte wegen ihrer langen Kochzeit in größeren Mengen zu garen und zur späteren Verwendung portionsweise einzufrieren.

Obst

- Frisches Obst ist wie Gemüse ein unentbehrliches, wertvolles Nahrungsmittel. Durch seinen natürlichen Zuckergehalt ist es allerdings energiereicher.
- Der Gehalt an Vitaminen, Mineral- und Ballaststoffen ist bei den einzelnen Obstsorten recht unterschiedlich. Aus diesem Grund sollte man auch hier für ausreichend Abwechslung sorgen.
- Obst sollte nur dann geschält werden, wenn es sich nicht vermeiden läßt, wie etwa bei Bananen, Kiwis oder Ananas. Die meisten anderen Sorten braucht man nur gründlich zu waschen.

Fette und Öle

- Fette und Öle versorgen den Körper mit wichtigen fettlöslichen Vitaminen und Fettsäuren. Dennoch sollte man grundsätzlich immer sparsam mit ihnen umgehen.
- Wichtig ist, nicht nur auf die Fettmenge, sondern auch auf die Art der verwendeten Fette und Öle zu achten. Bevorzugen sollte man Margarine oder Pflanzenöle mit einem hohen Gehalt an mehrfach ungesättigten Fettsäuren. Als Streichfett empfiehlt sich neben Margarine auch Butter.
- Für Salate eignet sich hochwertiges Distel-, Nuß- oder Olivenöl am besten, zum Braten Mais-, Soja- oder Sonnenblumenöl.

Fleisch, Geflügel, Fisch, Wild, Eier

- Diese Nahrungsgruppe liefert Eiweiß, Fett, Mineralstoffe und Vitamine. Wichtig ist, zwischen Fleisch, Wurst, Fisch und Eiern konsequent abzuwechseln und möglichst Produkte mit niedrigem Fett- und Salzgehalt zu wählen.
- Innereien, wie Leber oder Nieren, sollte man trotz ihres hohen Nährstoffgehalts nur selten verzehren, da sie Schadstoffe wie Blei und Cadmium enthalten können.
- See- und Süßwasserfische haben einen hohen Gehalt an leichtverdaulichem Eiweiß. Bevorzugen sollte man magere Fischarten. Seefische sind außerdem eine ausgezeichnete Jodquelle und sollten deshalb besonders häufig auf dem Speisezettel stehen.
- Tiefgekühlter Fisch wird unmittelbar nach dem Fang verarbeitet und eingefroren, so daß die wertvollen Inhaltsstoffe weitgehend erhalten bleiben.
- Eier enthalten fast alle Nährstoffe, aber auch sehr viel Cholesterin und sollten daher nicht täglich verzehrt werden.

Mit Fetten immer sparsam umgehen

Fette und Öle

Pflanzenöle mit hohem Gehalt an mehrfach ungesättigten Fettsäuren	*Molkereibutter, Margarine mit hohem Gehalt an mehrfach ungesättigten Fettsäuren*	*Einfache Margarine und Speiseöle, Plattenfette, Schmalz, Talg*

Wöchentlich: 2–3mal Fleisch, 1–2mal Fisch und 2–3 Eier

Fleisch, Geflügel, Fisch, Wild, Eier

Mageres Fleisch und Geflügel, frischer oder tiefgefrorener Seefisch	*Ei, fettarme Fleischwaren, Schinken, Wild, Süßwasserfische, Fisch in Gelee, Fisch in Wasser eingelegt, geräucherter Fisch in Öl oder Soße*	*Innereien, Fischstäbchen, fettreiche Fleisch- und Wurstwaren, Speck*

Milchprodukte sind reich an Calcium

Milch und Milchprodukte

Pasteurisierte Vollmilch (Frischmilch), Vorzugsmilch, Buttermilch, Kefir, Joghurt (natur), fettarme Frischmilch, Speisequark (mager), Käse (fettarm)	*Joghurt mit Früchten, Molke, Käse, H-Milch, Milchspeiseeis, Milchpulver*	*Schlagsahne, Kondensmilch, Sterilmilch*

Bei Zucker und Alkohol ist Zurückhaltung geboten

Getränke und Süßes

Mineralwasser, Frucht-, Gemüsesaft, Apfelsaftschorle	*Tee und Kaffee (ungesüßt), Diätgetränke, Bier, Wein*	*Zuckerreiche Getränke, Süßwaren, hochprozentige Alkoholika*

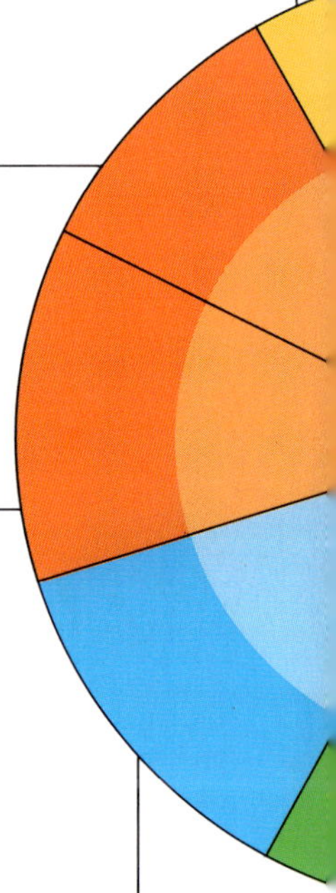

Milch und Milchprodukte

- Sie versorgen den Körper mit Eiweiß, Fett und Kohlenhydraten, sind aber vor allem wichtige Calciumlieferanten und sollten unbedingt zur täglichen Ernährung gehören.
- Zu bevorzugen sind alle fettarmen Milchprodukte.

Getränke und Süßes

- Unser Körper braucht täglich etwa 2 1/2 l Flüssigkeit. Ein Teil davon wird ihm durch wasserhaltige Nahrungsmittel wie Obst und Gemüse oder durch flüssige Speisen zugeführt, der Rest muß in Form von Getränken aufgenommen werden.
- Gute Durstlöscher sind ungesüßte Tees und Säfte sowie Mineralwasser. Zucker- und alkoholhaltige Getränke sind ungeeignet.
- Süßwaren liefern dem Körper zumeist nur leere Kalorien und sollten deshalb nur selten und in kleinen Mengen verzehrt werden.

Energieaufnahme und Körpergewicht

Zur Aufrechterhaltung der Körperfunktionen benötigt unser Organismus ständig Energie. Diese Energie bezieht er aus der Nahrung, indem die darin enthaltenen Nährstoffe, wie Kohlenhydrate, Fette und Eiweiß, in den Zellen verbrannt werden. Die hierbei freigesetzte Energie wird in Kilojoule (kJ) bzw. in Kilokalorien (kcal) gemessen, wobei 1 kcal = 4,2 kJ sind.

Getreide und Getreideprodukte

Vollkornschrot, Vollkornmehl, Roggenvollkornbrot, Weizenvollkornbrot, Vollkornknäcke, Weizenmehl, Type 1050, Frischkornbrei, Müsli (ungezuckert), Getreideflocken	*Müsli (gezuckert), Kleie, Weizenkeime, Mischbrot, Cornflakes*	*Weißbrot, Brötchen (Mehl, Type 405), Stärke*

Vollkornprodukte liefern Ballaststoffe

Kartoffeln, Reis, Nudeln

Kartoffeln mit wenig Wasser gegart, Pell- oder Folienkartoffeln, Vollkornreis, Vollkornnudeln	*Parboiled Reis, Reis (poliert), Teigwaren, Kartoffelklöße, Kartoffelpüree*	*Bratkartoffeln, Pommes frites, Kartoffelchips*

Gemüse, Hülsenfrüchte

Frische Salatgemüse, Rohkost, frische Kräuter, Sprossen, tiefgefrorene Gemüse, gedünstete bzw. mit wenig Wasser gegarte Gemüse, milchsauer vergorene Gemüse, Hülsenfrüchte	*Gemüsekonserven (Kochsalzgehalt), Gemüsesuppe (Dose), Gemüsesuppe (Tüte)*	*Aufgewärmtes Gemüse, warmgehaltenes Gemüse*

Frischkost ist eine gute Vitamin- und Mineralstoffquelle

Obst

Frisches Obst, tiefgefrorenes ungezuckertes Obst	*Trockenobst, Obstkonserven*	*Obstkonserven und Kompott mit hohem Zuckergehalt*

- *Äußerer Ring, dunkler Ton: bevorzugt zu verzehren*
- *Mittlerer Ring, mittlerer Ton: gelegentlich zu verzehren*
- *Innerer Ring, heller Ton: selten oder nur in geringen Mengen zu verzehren*

Energiebedarf

Für den täglichen Energiebedarf des einzelnen Menschen sind zwei Faktoren ausschlaggebend: der Grundumsatz und der Arbeitsumsatz.

Der Grundumsatz umfaßt alle Vorgänge, die ununterbrochen – also auch im Schlaf – im Körper ablaufen, wie Stoffwechsel, Atmung, Herz- und Gehirntätigkeit. Er ist abhängig vom Geschlecht, von der Körpergröße, vom Alter und Gewicht. So haben Männer wegen ihrer größeren Muskelmasse im allgemeinen einen höheren Grundumsatz als Frauen. Großgewachsene Personen wiederum brauchen für alle Körperfunktionen mehr Energie als kleine Menschen. Mit zunehmendem Alter verringert sich der Grundumsatz generell, was auf eine Verlangsamung der Stoffwechselfunktionen und eine Veränderung der Körperzusammensetzung zurückzuführen ist. Bei höherem Körpergewicht steigert ein größerer Muskelanteil den Energieverbrauch, mehr Fettgewebe nicht.

Der Arbeitsumsatz ist die Energiemenge, die der Körper zusätzlich für die Verwertung der Nahrung, die Aufrechterhaltung der Körpertemperatur bei Kälte und vor allem für die Muskelarbeit benötigt. Generell gilt: Je mehr Muskeln beansprucht werden, desto mehr Energie wird verbraucht. Ein Stahlarbeiter hat daher einen erheblich höheren Arbeitsumsatz als ein Büroangestellter.

So hat jeder Mensch seinen eigenen Energiebedarf, der sich jedoch nur mit Hilfe komplizierter Messungen exakt bestimmen läßt. Für den Normalfall reicht es aber aus, wenn man sich an Richtwerte hält, wie sie beispielsweise von der Deutschen Gesellschaft für Ernährung erarbeitet wurden (siehe Tabelle auf der gegenüberliegenden Seite).

Fachleute empfehlen heute allgemein, die tägliche Kalorienmenge auf drei Hauptmahlzeiten und je eine Zwischenmahlzeit am Vormittag und am Nachmittag zu verteilen. Auf diese Weise wird der Körper kontinuierlich mit Energie versorgt, auf die er rasch zurückgreifen kann. Fünf kleinere Mahlzeiten belasten die Verdauungsorgane weniger als drei große und wirken einem starken Hungergefühl und Leistungsabfall zwischen den Mahlzeiten entgegen. Bewährt hat sich eine Aufteilung der täglichen Energiemenge nach folgendem Schema:

1. Frühstück	25%
2. Frühstück	10%
Mittagessen	30%
Nachmittagsimbiß	10%
Abendessen	25%

Energiebilanz

Wenn die Energieaufnahme mit der Nahrung dem Energieverbrauch entspricht, ist der Energiehaushalt ausgeglichen, und man hält sein Gewicht. Wird dem Körper jedoch mehr Energie zugeführt, als er verbraucht, speichert er sie in Form von Fett. Die Folge einer langfristig überhöhten Energiezufuhr ist Übergewicht, das als Risikofaktor vieler Krankheiten gilt. So begünstigt Übergewicht beispielsweise die Entstehung von Bluthochdruck, Herz-Kreislauf-Erkrankungen, Gicht, Diabetes und Gelenkschäden.

Übergewicht stellt in den meisten Industriestaaten ein weitverbreitetes Problem dar. Dies liegt hauptsächlich daran, daß die meisten Menschen zuviel und zu kalorienreich essen, was sich vor allem auf den allzu reichlichen Verzehr von Wurst, Fleisch, Süßwaren und kalorienreichen Getränken zurückführen läßt. Gleichzeitig schätzen viele ihren Energiebedarf falsch ein. Im Gegensatz zu früher leisten die wenigsten Menschen heute noch körperliche Schwerstarbeit; die meisten Berufe erfordern nur eine geringe Muskelanstrengung, so daß der Energieverbrauch ebenfalls entsprechend gering ist.

Hinzu kommt, daß wir immer bequemer werden: Statt zu Fuß zu gehen oder mit dem Rad zu fahren, nehmen wir das Auto oder den Bus, statt Treppen zu steigen, benutzen wir den Fahrstuhl, und abends sitzen viele am liebsten vor dem Fernseher.

Normalgewicht und Übergewicht

Um das richtige eigene Körpergewicht zu ermitteln, legt man am besten das Normalgewicht nach Broca zugrunde. Es berechnet sich nach der bekannten Formel: Körpergröße in Zentimetern minus 100 = Normalgewicht in Kilogramm. Für das Idealgewicht werden bei Männern 10%, bei Frauen 15% abgezogen.

Da diese Formel nicht das Alter, den Knochenbau und die Entwicklung der Muskelmasse des einzelnen berücksichtigt, sollte man das so errechnete Normalgewicht lediglich als Anhaltspunkt für das eigene anzustrebende Körpergewicht betrachten. Man weiß heute, daß nicht allein das Gewicht für die Gesundheit ausschlaggebend ist, sondern auch das Verhältnis von Fettgewebe und Muskelmasse. So liegt beispielsweise das Körpergewicht von Kraftsportlern wie Fußballspielern oder Gewichthebern oftmals erheblich über ihrem theoretischen Normal- oder Idealgewicht. Dennoch ist ihre Gesundheit dadurch nicht gefährdet, da das Mehrgewicht nicht auf Fettgewebe, sondern auf einer größeren Muskelmasse beruht. Umgekehrt können viele Menschen, die nicht dick wirken, in Wirklichkeit übergewichtig sein, weil sie körperlich nicht in Form sind und prozentual mehr Fett als Muskeln haben. Untersuchungen haben außerdem ergeben, daß die Gesundheitsrisiken bei übermäßigen Fettanlagerungen in der Bauchregion größer sind als bei solchen an der Hüfte und den Oberschenkeln.

Heute neigt man dazu, jeden für sich entscheiden zu lassen, bei welchem Gewicht er sich wohl fühlt, vorausgesetzt, das Normalgewicht wird nicht um mehr als 10% überschritten. Menschen mit einem Übergewicht von 10–20% sollten abnehmen, wenn der Arzt bei ihnen Bluthochdruck, erhöhte Harnsäure-, Blutzucker- oder Blutfettwerte feststellt. Bei einem Übergewicht von mehr als 20% empfiehlt es sich in jedem Fall, das Körpergewicht zu reduzieren.

Abnehmen und gesund bleiben

Wer abnehmen will – oder muß –, sollte immer daran denken, daß nur eine langsame Reduzierung des Körpergewichts als Folge eines geänderten Eßverhaltens einen dauerhaften Erfolg verspricht. Überflüssige Pfunde, die man sich aufgrund ungesunder Eß- und Lebensgewohnheiten über Monate oder Jahre angegessen hat, wird man nicht innerhalb weniger Wochen wieder los.

Mediziner und Ernährungsexperten warnen vor allen Hungerkuren und Blitzdiäten,

Richtwerte für die tägliche Energiezufuhr

Gruppen	**Alter**		**Kilokalorien pro Tag** männlich	weiblich
Säuglinge	unter 4	Monate	550	
	4–12	Monate	800	
Kinder und Jugendliche	1–4	Jahre	1300	
	4–7	Jahre	1800	
	7–10	Jahre	2000	
	10–13	Jahre	2250	2150
	13–15	Jahre	2500	2300
	15–19	Jahre	3000	2400
Erwachsene*	19–25	Jahre	2600	2200
	25–51	Jahre	2400	2000
	51–65	Jahre	2200	1800
	65 Jahre und älter		1900	1700
Schwangere	ab 4. Monat			+ 300
Stillende				bis + 650

* mit vorwiegend sitzender Tätigkeit (Leichtarbeiter); Zuschläge für andere Berufsgruppen: Mittelschwerarbeiter: 600 kcal (2520 kJ); Schwerarbeiter: 1200 kcal (5040 kJ); Schwerstarbeiter: 1600 kcal (6720 kJ).

die einen raschen Gewichtsverlust versprechen. Der vermeintliche Erfolg solcher Diäten basiert auf einer einseitigen Nährstoffzufuhr, die lediglich dazu führt, daß der Körper Wasser ausschwemmt und von seinen Eiweißreserven lebt. Die Fettdepots werden jedoch nicht abgebaut; der auf der Waage zu verzeichnende Gewichtsverlust ist vielmehr ein Verlust an lebensnotwendiger Körpersubstanz und damit gesundheitsgefährdend. Hinzu kommt, daß unser Körper bei einer drastischen Einschränkung der Nahrungszufuhr seinen gewohnten Energieverbrauch senkt. Je mehr man hungert, desto weniger Kalorien verbrennt der Organismus; man nimmt kaum noch ab. Dies ist der Punkt, an dem die meisten ihre Diät entmutigt abbrechen. Als Ergebnis ihrer einseitigen Ernährung während der Hungerkur müssen sie außerdem bereits nach kurzer Zeit feststellen, daß sie den erreichten Gewichtsverlust nicht lange halten konnten und ebensoviel – wenn nicht sogar mehr – wiegen wie vor ihrer Diät.

Übergewicht läßt sich langfristig nur durch eine Veränderung der bisherigen Eß- und Lebensgewohnheiten abbauen. Zur Gewichtsabnahme sollte man deshalb eine ausgewogene Mischkost wählen, bei der die tägliche Energiezufuhr auf 1200–1500 kcal beschränkt ist. Sie bewirkt einen langsamen, aber stetigen Gewichtsverlust von ½–1 kg pro Woche. Ihre Hauptbestandteile sind Vollkornprodukte, frisches Obst und Gemüse, mageres Fleisch, Fisch, Magermilch und fettarme Milchprodukte. Eine wesentliche Rolle spielt dabei der Verzicht auf Zucker, Süßigkeiten, fettreiche Nahrungsmittel sowie zuckerhaltige und alkoholische Getränke. 1 l Bier oder ½ l Wein enthält 400 kcal und deckt somit bereits etwa 20% des täglichen Energiebedarfs, ohne den Körper mit lebensnotwendigen Nährstoffen zu versorgen. Abgesehen von der zusätzlichen Suchtgefahr sollte man alkoholische Getränke generell nur in Maßen und keinesfalls täglich als Durstlöscher trinken.

Regelmäßige körperliche Betätigung fördert nicht nur die Gewichtsabnahme, sondern steigert auch das allgemeine Wohlbefinden. Dies bedeutet jedoch nicht, daß man sich zum Hochleistungssportler entwickeln muß. Auch durch Spaziergänge, Radtouren oder Gymnastikübungen kann man seinen Körper fit halten – und zusätzlich Kalorien verbrennen.

Umgang mit Lebensmitteln

Eine gesunde Ernährung beginnt bereits beim Einkauf, denn aus minderwertigen Ausgangsprodukten lassen sich keine gesunden, vollwertigen Mahlzeiten zubereiten. Ebenso wichtig sind das richtige Aufbewahren sowie schonende Zubereitungs- und Garmethoden, damit möglichst wenig Nährstoffe verlorengehen.

Einkaufen

Beim Einkauf sollte man vor allem auf die Frische der Produkte achten, denn sie ist ausschlaggebend für den Nährwert.

Obst und Gemüse kauft man am besten auf dem Wochenmarkt, da es dort besonders frisch und das Angebot reichhaltig ist. Produkte bester Qualität bieten aber auch der Fachhandel und gut geführte Obst- und Gemüseabteilungen von Supermärkten an.

Bei der Auswahl der Ware sollte man sich nicht unbedingt auf die Handelsklassen verlassen, denn sie sind lediglich eine Bewertung äußerer Merkmale. Über den Nährwert, den Geschmack und die Haltbarkeit sagen sie nichts aus. Frisches Obst und Gemüse erkennt man an einer knackigen Schale, einer kräftigen Farbe und feuchten Schnittstellen. Grundsätzlich sollte man Feld- und Gartenfrüchte der Saison bevorzugen, da sie in der Regel einen hohen Nährstoffgehalt, ein volles Aroma und einen niedrigen Preis haben. Treibhausware ist oftmals stark gedüngt und hat häufig wenig Aroma.

Bei Molkereiprodukten, Eiern, abgepacktem Fleisch und Geflügel, Tiefkühlprodukten und einer Vielzahl anderer Nahrungsmittel ist das aufgedruckte Mindesthaltbarkeitsdatum ein verläßliches Zeichen für die Frische der Ware.

Bei allen Fertigprodukten, wie Soßen, Konserven und Fertiggerichten, sollte man sich stets die Zutatenliste auf der Verpackung ansehen. Man findet dort alle verwendeten Zutaten in absteigender Reihenfolge ihres Gewichtsanteils aufgelistet. Achten sollte man vor allem auf den Anteil von Fett, Zucker und Salz sowie sonstige Zusatzstoffe wie Konservierungs- und Antioxidationsmittel, Farb- und Aromastoffe, die möglicherweise Allergien auslösen und gesundheitsschädlich sein können.

Aufbewahren

Hohe Nährstoffverluste treten häufig auf, wenn Lebensmittel unsachgemäß oder zu lange aufbewahrt werden. Verderbliche Waren sollte man deshalb grundsätzlich nur in kleinen Mengen einkaufen. Sonderangebote von Fleisch, Butter, einigen anderen Molkereiprodukten und Gemüse kann man nutzen, wenn die Lebensmittel nach dem Einkauf unverzüglich eingefroren werden.

Leicht verderbliche Nahrungsmittel, wie Fleisch, Wurst, Milch und Milcherzeugnisse, hebt man im Kühlschrank auf. Dabei sollten alle Produkte durch verschlossene Gefäße oder Folie vor Geruchsübertragung und Austrocknen geschützt werden.

Gemüse und reifes Obst kommen in das Gemüsefach des Kühlschranks, können aber auch in einem kühlen, dunklen und trockenen Kellerraum lagern. Unreifes Obst läßt man bei Raumtemperatur nachreifen. Blattgemüse, Salate und frische Kräuter werden rasch welk und sollten deshalb immer so bald wie möglich verbraucht werden. Fruchtgemüse bleibt in der Regel etwas länger frisch. Kohl, Wurzel- und Knollengemüse kann man notfalls bis zu einer Woche aufbewahren, ohne daß es zu größeren Vitamin- und Qualitätsverlusten kommt.

Kartoffeln lagern am besten auf speziellen Horden im Keller. Sonst kauft man jeweils nur kleine Mengen ein und legt die Kartoffeln in einen dunklen, luftigen Schrank.

Getreide und Getreideprodukte müssen ebenfalls dunkel, trocken und luftig aufbewahrt werden. Vollkornmehl sollte man einfrieren, wenn man es nicht in absehbarer Zeit verarbeiten will, da es sonst ranzig wird. Brot hält sich am längsten in einem speziellen Brottopf oder Brotkasten; keinesfalls sollte man es in den Kühlschrank legen.

Andere Vorräte wie Essig, Zucker, Trockenfrüchte, Teigwaren, Reis und Gewürze sind am besten im Küchenschrank oder in der Speisekammer aufgehoben.

Speiseöl sollte kühl und dunkel aufbewahrt werden. Mit Ausnahme von Distel- und Sonnenblumenöl muß es jedoch nicht unbedingt im Kühlschrank stehen.

Zubereiten und garen

Alle wasserlöslichen Nährstoffe, wie Mineralstoffe, einige Vitamine und Eiweißbausteine, können ausgelaugt werden. Andere Vitamine sind lichtempfindlich oder werden durch die Einwirkung von Luftsauerstoff oder Wärme zerstört.

Um den Verlust an Nährstoffen möglichst gering zu halten, sollte Gemüse immer erst kurz vor der Zubereitung gewaschen, nicht aber gewässert werden. Zerkleinert wird es erst nach dem Waschen, und zwar so wenig wie möglich. Je mehr Schnittflächen vorhanden sind, desto stärker kann der Luftsauerstoff angreifen.

Kochen
Von allen Garmethoden kommt es beim Kochen in reichlich Flüssigkeit zu den größten Verlusten an Vitaminen und Mineralstoffen. Die Nährstoffeinbußen lassen sich verringern, wenn man die Garzeiten von Fleisch, Kartoffeln und Gemüse so knapp wie möglich bemißt, die Temperatur nach dem Ankochen zurückschaltet und die Garflüssigkeit auffängt und für Suppen oder Soßen weiterverwendet.

Wichtig ist außerdem, daß die Flüssigkeit rasch zum Kochen kommt, damit der für alle wärmeempfindlichen Vitamine besonders gefährliche Temperaturbereich von 40–70 °C schnell überwunden wird.

Gekochte Speisen, die nicht sofort serviert werden, sollte man abkühlen lassen, im Kühlschrank aufbewahren und bei Bedarf aufwärmen. Durch langes Warmhalten gehen weitere Nährstoffe verloren.

Dünsten
Beim Dünsten bleiben die meisten Nährstoffe besser erhalten als bei allen sonstigen Garmethoden. Dazu werden die Nahrungsmittel zunächst in wenig Fett angedünstet. Anschließend gibt man nur so viel Flüssigkeit hinzu, daß der Topfboden gerade bedeckt ist, und gart die Speisen bei schwacher Hitze fertig.

Damit keine Flüssigkeit verdampft und nichts anbrennen kann, sollte man einen schweren Topf oder eine Pfanne mit gut schließendem Deckel verwenden.

Braten
In der Pfanne gebratene Speisen sind fettreich. In einer beschichteten Pfanne ist die erforderliche Fettmenge erheblich geringer; meist genügt 1 EL Öl oder Bratfett.

Beschichtete Pfannen dürfen nicht zu stark erhitzt werden, da die Beschichtung sonst beschädigt wird. Zum Umrühren oder Wenden sollte man nur Kochlöffel oder Bratenwender aus Holz oder hitzebeständigem Kunststoff verwenden, denn Metallbesteck kann die Beschichtung ebenfalls zerstören.

Druckgaren
Beim Garen im Dampfdrucktopf (Schnellkochtopf) spart man vor allem viel Zeit und Energie; die meisten Speisen benötigen nur etwa ein Drittel der normalen Garzeit.

Große Nährstoffverluste treten lediglich dann auf, wenn die Speisen bei zu hohen Temperaturen und zu lange im Dampfdrucktopf gegart werden. Aus diesem Grund ist es wichtig, die Gebrauchsanweisung gründlich zu lesen und genau zu befolgen.

Garen in Folie
Beim Garen in Alufolie oder im Bratschlauch werden Fleisch, Fisch und Gemüse schonend im eigenen Saft gedünstet oder gedämpft. Auf die Zugabe von Fett kann man in der Regel verzichten.

Bei Alufolie muß die glänzende Seite nach innen zeigen, damit die Hitze gut reflektiert wird. Bei Fleisch und Fisch empfiehlt es sich, die Folie innen dünn mit Öl zu bestreichen, damit nichts haften bleibt. Bei Gemüse ist dies nicht erforderlich.

Bei Bratschläuchen oder -beuteln muß man die Folie ein- oder zweimal einstechen, da sie sonst platzen kann.

Backen
Das Garen im Backofen gehört ebenfalls zu den nährstoffschonenden, fettarmen Methoden. Zusätzliches Fett ist lediglich zum Ausstreichen der Auflaufform nötig.

Grillen
Grillen ist eine besonders schmackhafte Art, Nahrungsmittel fettarm zu garen. Beim Grillen im Freien sollte man nur gut durchgeglühte Holzkohle oder Holzkohlenbriketts verwenden. Brennholz oder Äste können gesundheitsschädliche Stoffe erzeugen.

Garen im Mikrowellengerät
Bei dieser schonenden und fettarmen Zubereitungsmethode bleiben Struktur und Eigengeschmack der Nahrungsmittel besonders gut erhalten. Das Gerät eignet sich auch ausgezeichnet zum Auftauen und Aufwärmen von Speisen, erfordert allerdings spezielles, mikrowellengeeignetes Geschirr.

Kräuter und Gewürze
Sie sind das A und O jeder guten Küche und sollten phantasievoll und großzügig verwendet werden. Sie verfeinern das Aroma von Speisen, sorgen für geschmackliche Abwechslung und verringern den Salzverbrauch. Einige Anregungen zum Gebrauch gibt die Tabelle auf den folgenden Seiten.

Verwendung der Kräuter und Gewürze	Basilikum	Bohnenkraut	Chili, Cayennepfeffer	Curry	Dill	Essig	Estragon	Ingwer	Kardamom	Kerbel	Knoblauch	Koriander	Kümmel	Liebstöckel	Lorbeer	
Asiatische Küche								●			●	●				
Französische Küche							●			●						
Griechische Küche											●					
Italienische Küche	●										●					
Mexikanische Küche			●								●	●	●			
Skandinavische Küche					●								●			
Spanische Küche											●					
Ungarische Küche											●					
Fisch	●			●	●	●	●	●		●	●			●	●	
Muscheln			●		●	●		●		●	●				●	
Krustentiere	●				●											
Geflügel	●		●	●				●			●				●	
Kalbfleisch				●	●			●			●	●				
Lammfleisch			●	●	●			●			●					
Rindfleisch	●		●	●		●		●			●		●		●	
Schweinefleisch								●			●	●				
Wild						●		●							●	
Getreidegerichte				●				●								
Kartoffeln				●	●					●	●	●	●	●	●	
Nudeln																
Reis				●			●	●		●	●		●			
Eier			●	●			●			●						
Auberginen	●		●								●			●		●
Blattsalate	●				●		●			●	●			●		
Bohnen		●									●					
Brokkoli																
Dicke Bohnen		●												●		
Erbsen	●	●			●		●			●						
Hülsenfrüchte											●		●	●		
Möhren										●						
Paprikaschoten			●								●	●		●		
Pilze							●			●	●					
Rosenkohl																
Rote Bete						●		●					●		●	
Rotkohl						●									●	
Sauerkraut													●		●	
Spinat											●					
Tomaten	●	●			●	●	●			●	●	●		●		
Weiße Gemüse				●									●			
Zucchini	●				●		●				●	●				
Süßspeisen																
Gebäck, süß																
Gebäck, pikant, Brot					●				●	●	●	●	●			

	Melisse	Minze	Muskat	Nelken	Orangenschale	Oregano	Paprika	Petersilie	Pfeffer	Piment	Rosmarin	Salbei	Schnittlauch	Senf	Sesam, geröstet	Thymian	Wacholder	Zimt	Zitrone	Zwiebel, Schalotte
														●					●	
						●					●				●					
		●				●	●				●			●	●	●		●		
					●	●										●				
						●														
																		●		
					●		●	●											●	
							●													
	●			●	●			●		●	●	●	●						●	●
								●											●	●
								●											●	
	●		●			●		●			●	●							●	
			●			●		●			●	●							●	
		●				●					●		●						●	
				●		●							●		●	●			●	●
												●	●						●	
				●	●					●			●		●	●			●	●
	●							●					●		●				●	●
		●	●		●			●					●		●	●				●
								●							●					●
								●				●			●				●	●
	●		●					●					●							
		●			●	●	●	●	●		●	●			●	●			●	●
	●							●	●				●		●				●	●
		●				●		●	●		●	●			●					●
			●												●					
							●	●	●						●					●
	●	●			●			●				●			●				●	●
						●	●	●	●		●	●		●		●			●	●
			●	●				●					●		●				●	●
	●				●		●	●	●		●	●	●			●				●
	●		●		●			●	●						●				●	●
			●											●	●					
								●	●	●			●	●	●				●	●
				●					●	●				●			●		●	●
																●	●			●
			●				●								●					●
		●			●			●	●		●	●	●			●			●	●
	●		●					●					●	●	●				●	
	●	●			●		●	●	●		●	●	●		●	●			●	●
	●				●										●			●	●	
					●					●					●			●	●	
										●					●					●

Salzfreies Tomatenketchup (S. 32) und Würzöle (S. 31)

Nützliche Vorräte

Auf den folgenden Seiten sind Rezepte für Milchprodukte, würzige Grillsoßen, Salatzutaten, Gemüsemischungen zum Einfrieren, aromatische Backmittel und anderes. Diese Vorräte, alle aus natürlichen Zutaten und ohne jegliche Zusatzstoffe hergestellt, sind nicht nur vielseitig zu gebrauchen – eine Extraportion zum Verschenken ist schnell zubereitet und stets willkommen.

Dickmilch

Arbeitsaufwand:
1 Minute
Säuerungszeit:
1–2 Tage
Ergibt 1 l = 4 Portionen

1 Portion enthält:

kJ/kcal	*370/88*	*Kohlenhydrate*	*12 g*
Eiweiß	*8 g*	*Ballaststoffe*	*0 g*
Fett total	+	*BE*	*1*
Cholesterin	+	*Natrium*	*126 mg*
Unges. Fettsäuren	+		

1 l entrahmte Frischmilch (0,3%)
1 TL Dickmilch, Joghurt oder saure Sahne

- Die Milch mit Dickmilch, Joghurt oder saurer Sahne gut verschlagen.
- Auf vier Schälchen verteilen. Mit einem Teller abgedeckt 1–2 Tage an warmer Stelle stehenlassen.

Tip: Dickmilch ist durch die natürliche Milchsäure sehr erfrischend und regt die Verdauung an; so zubereitet, enthält sie wenig Kalorien. Mit Beerenobst, geröstetem Buchweizen, Getreideflocken oder Zucker und Zimt ideal als zweites Frühstück.

Quark

Arbeitsaufwand:
1 Minute
Säuerungszeit:
1–2 Tage
Ergibt 200 g = 2 Portionen

1 Portion enthält:

kJ/kcal	*370/88*	*Kohlenhydrate*	*12 g*
Eiweiß	*8 g*	*Ballaststoffe*	*0 g*
Fett total	+	*BE*	*1*
Cholesterin	+	*Natrium*	*126 mg*
Unges. Fettsäuren	+		

1 l entrahmte Frischmilch (0,3%)
1 TL Dickmilch, Joghurt, saure Sahne oder Zitronensaft

- Alle Zutaten in einer Schüssel gut miteinander verschlagen.
- Die Schüssel abdecken und an einem warmen Ort stehenlassen, bis die Masse fest ist.
- Ein Sieb mit einem dünnen Geschirrtuch auskleiden und auf eine Schüssel setzen. Die Dickmilch in das Sieb geben und während der nächsten 12 Stunden die Molke in die Schüssel tropfen lassen.

Tip: Nach dieser Anleitung lassen sich angesäuerte Milchreste verwerten. Wenn man im Ausland keinen Quark kaufen kann, kann man ihn selbst herstellen. Die mineralstoffhaltige Molke kann man gekühlt trinken.

Fettfreie saure Sahne

Arbeitsaufwand:
6 Minuten
Kühlzeit:
2 Stunden
Ergibt 200 ml

1 EL (25 g) enthält:

kJ/kcal	*80/19*	*Kohlenhydrate*	*2 g*
Eiweiß	*2 g*	*Ballaststoffe*	*0 g*
Fett total	+	*BE*	*0,25*
Cholesterin	+	*Natrium*	*26 mg*
Unges. Fettsäuren	+		

1 Blatt weiße Gelatine
100 ml entrahmte Frischmilch (0,3%)
2 EL Magermilchpulver
100 ml Magerjoghurt

- Die Gelatine in reichlich Wasser 2 Minuten quellen lassen.
- Ausdrücken und mit der Milch im Mikrowellengerät 1 Minute bei 100% erhitzen oder auf dem Herd im Topf erwärmen, bis sich die Gelatine auflöst. Abkühlen lassen.
- Die Milch mit dem Magermilchpulver und dem Joghurt verschlagen.
- In ein Marmeladeglas geben, verschließen und im Kühlschrank in 2 Stunden fest werden lassen.
- Hält sich im Kühlschrank etwa 5 Tage.

Tip: Magermilchpulver gibt es in Supermärkten und Apotheken zu kaufen.

Fettarme Mayonnaise

Arbeitsaufwand:
5 Minuten
Kühlzeit:
2 Stunden
Ergibt 300 ml

1 EL (25 g) enthält:			
kJ/kcal	*101/24*	*Kohlenhydrate*	*2g*
Eiweiß	+	*Ballaststoffe*	*0g*
Fett total	*2g*	*BE*	*0,25*
Cholesterin	+	*Natrium*	*8mg*
Unges. Fettsäuren	+		

200 ml Wasser
2 EL Speisestärke
2 EL natives Olivenöl extra
2 EL Zitronensaft oder Weißweinessig
1 TL mittelscharfer Senf
1/2 TL geriebener Meerrettich
2 EL Magerjoghurt

• In einem kleinen Topf das Wasser mit der Speisestärke unter Rühren 1–2 Minuten kochen lassen, bis die Flüssigkeit glasig ist. Abkühlen lassen und dabei gelegentlich rühren.
• Mit dem Schneidstab oder den Schneebesen des Handrührgeräts aufschlagen und die übrigen Zutaten zufügen. Abschmecken und in ein verschließbares Gefäß füllen.
• Im Kühlschrank hält sich die Mayonnaise 2 Wochen.

Variante: Für Aïoli nimmt man statt Meerrettich 2–3 geschälte und durchgepreßte Knoblauchzehen.

Fettarmes Petersilienaïoli

Arbeitsaufwand:
5 Minuten
Ergibt 250 ml

1 Portion (4 EL) enthält:			
kJ/kcal	*836/199*	*Kohlenhydrate*	*6g*
Eiweiß	*2g*	*Ballaststoffe*	*1*
Fett total	*19g*	*BE*	*0,5*
Cholesterin	*88mg*	*Natrium*	*26mg*
Unges. Fettsäuren	*2g*		

1 gegarte Pellkartoffel
4–5 Knoblauchzehen
1 Bund Petersilie
1 EL Weißweinessig oder Zitronensaft
1/2 TL mittelscharfer Senf
1 Eigelb (Gewichtsklasse 3)
1/2 TL Salz
weißer Pfeffer
6 EL natives Olivenöl extra
75 g Magerjohurt

• Die Pellkartoffel mit der Gabel zerdrücken, die Knoblauchzehen durchpressen und die Petersilie fein hacken.
• Alle Zutaten, bis auf das Öl und den Joghurt, in ein hohes Gefäß geben und mit dem Schneebesen oder dem Handrührgerät vermischen. Das Öl als feinen Strahl dazugeben; dann den Joghurt untermengen und abschmecken.

Würzessige

Arbeitsaufwand:
2 × 5 Minuten
Extrahierzeit:
10 Tage
Ergibt 500 ml

Kräuteressig:

2	**Zweige Dill**
2	**Zweige glatte Petersilie**
1	**Zweig Estragon**
1 TL	**Pfefferkörner**
10	**Wacholderbeeren**
500 ml	**Sherryessig**

Senfessig:

3	**Zweige Estragon**
3	**Knoblauchzehen**
1 TL	**Fenchelsamen**
2 TL	**Senfsamen**
1	**Beutel Safranfäden (0,1 g)**
500 ml	**Weißweinessig**

Beerenessig:

2	**Zweige Pfefferminze**
100 g	**Erdbeeren**
100 g	**Himbeeren**
500 ml	**Apfelessig**

- Die Kräuter kurz waschen und mit Küchenkrepp trockentupfen. An einer luftigen Stelle aufhängen und 2 Tage trocknen lassen.
- Die festen Zutaten etwas zerdrücken und mit den jeweiligen Kräutern und dem Essig in Flaschen füllen.
- Verschlossen 8 Tage ziehen lassen, dann in neue Flaschen sieben.

Tip: Würzessige verfeinern nicht nur den Geschmack von Salaten, sondern auch von Hülsenfrucht-, Fisch- und Wildgerichten.

1 EL enthält:

kJ/kcal	*21/5*	*Kohlenhydrate*	*0 g*
Eiweiß	*+*	*Ballaststoffe*	*0 g*
Fett total	*+*	*BE*	*0*
Cholesterin	*mg*	*Natrium*	*0 mg*
Unges. Fettsäuren	*+*		

Würzöle

Arbeitsaufwand:
2 × 5 Minuten
Extrahierzeit:
2 Wochen
Ergibt 500 ml

1 EL enthält:

kJ/kcal	*378/90*	*Kohlenhydrate*	+
Eiweiß	*0g*	*Ballaststoffe*	*0g*
Fett total	*10g*	*BE*	+
Cholesterin	+	*Natrium*	*0mg*
Unges. Fettsäuren	+		

Zitrus-Traubenkernöl:
4 Zweige Zitronenmelisse
4 Kumquats (Zwergorangen)
1 ungespritzte Zitrone
500 ml Traubenkernöl

Provenzalisches Kräuteröl:
1 Zweig Basilikum
1 Zweig Rosmarin
1 Zweig Oregano
50 g getrocknete Tomaten
2 Knoblauchzehen
1 EL Pinienkerne oder Mandelstifte
500 ml natives Olivenöl extra

Rosmarinöl mit Chili:
2 Zweige Rosmarin
4 kleine rote Chilischoten
10 Pfefferkörner
500 ml Sonnenblumenöl

- Die Kräuter kurz waschen, mit Küchenkrepp trockentupfen, an einem luftigen Ort aufhängen und 2 Tage trocknen lassen.
- Für das Zitrus-Traubenkernöl die Kumquats in dünne Scheiben schneiden und die Zitrone schälen.
- Die Kräuter jeweils mit den restlichen, grob zerkleinerten Zutaten und dem Öl in Flaschen füllen und verschließen.
- Die Öle 2 Wochen ziehen lassen. Dann in neue Flaschen sieben.

Abbildung S. 26/27

Tip: Würzöle verfeinern den Geschmack von Grill- und Salatsoßen, von Gemüsegerichten oder Pellkartoffeln.

Scharfer Dijonsenf

Arbeitsaufwand:
2 Minuten
Ergibt 100 ml

1 TL enthält:

kJ/kcal	*46/11*
Eiweiß	*0g*
Fett total	*1g*
Cholesterin	*0mg*
Unges. Fettsäuren	+
Kohlenhydrate	+
Ballaststoffe	*0g*
BE	+
Natrium	+

25 g Senfpulver
1/2 TL Zucker
5 EL trockener Weißwein
2 EL natives Olivenöl extra
1/2 TL Salz

- Alle Zutaten kräftig miteinander verrühren.
- Den Senf in ein gut verschließbares Gläschen füllen und in den Kühlschrank stellen.

Tip: Das Senfpulver erhält man in Delikateßgeschäften – aus England importiert und in gelben Döschen verpackt. Das sehr scharfe Senfpulver muß man vorher nicht anrühren, es kann auch so verwendet werden.

Variationen: Der Geschmack des Senfs läßt sich vielfältig abwandeln, indem man noch 1 TL zerquetschte Senfkörner oder 2 zerdrückte Knoblauchzehen und etwas feingehackten Estragon zufügt oder den Wein gegen Bier austauscht.

Salzfreies Tomatenketchup

Arbeitsaufwand:
10 Minuten
Kochzeit:
30 Minuten
Ergibt 500 ml

1 Portion (4 EL) enthält:

kJ/kcal	*260/62*	*Kohlenhydrate*	*13 g*
Eiweiß	*3 g*	*Ballaststoffe*	*5 g*
Fett total	+	*BE*	*1,25*
Cholesterin	*0 mg*	*Natrium*	+
Unges. Fettsäuren	+		

1,5 kg sehr reife Tomaten
1 mittelgroße Zwiebel
2 Knoblauchzehen
4 EL Apfel- oder Weißweinessig
1 EL brauner Zucker
1 Msp gemahlene Gewürznelken
je 1 Pr Selleriesamen, Pfeffer und Zimt
1 Lorbeerblatt

• Alle Zutaten – außer dem Lorbeerblatt – sehr klein schneiden oder in einen breiten Topf geben und mit dem Schneidstab des Handrührgeräts zu Brei pürieren.
• Das Lorbeerblatt zufügen und alles bei mäßiger Hitze zum Kochen bringen.
• Die Temperatur erhöhen und unter stetigem Rühren die Masse dickbreiig einkochen. Abkühlen lassen.
• Das Ketchup in Flaschen oder Gläser füllen und verschließen.
• Im Kühlschrank hät es sich etwa 2 Wochen.
Abbildung S. 26/27

Tip: Das aromatische Ketchup paßt sehr gut zu Fleisch und Fisch. Diabetiker ersetzen den Zucker durch Fruchtzucker. Die Nährwerte verändern sich dadurch nicht.

Milde Grillsoße

Im Gegensatz zu den meisten fertig gekauften Grillsoßen hat diese sehr wenig Kalorien und ist zudem auch salzarm. Sie paßt zu Hacksteaks und jeder Art von Grillfleisch.

Arbeitsaufwand:
10 Minuten
Ergibt 300 ml

1 Portion (4 EL) enthält:

kJ/kcal	*189/45*	*Kohlenhydrate*	*9 g*
Eiweiß	*2 g*	*Ballaststoffe*	+
Fett total	+	*BE*	*0,75*
Cholesterin	*0 mg*	*Natrium*	+
Unges. Fettsäuren	+		

2–3 sehr reife Tomaten
1/2 kleine rote Paprikaschote
2 EL Mixed Pickles
1 mittelgroße Zwiebel
1 Knoblauchzehe
1 EL Apfel- oder Weißweinessig
1 TL Zucker
1/2 TL Selleriesamen
1/2 TL Dijonsenf (S. 31)
1 TL Johannisbrotkernmehl
1/2 TL Salz

• Tomaten, Paprikaschote und Mixed Pickles sehr klein schneiden, die Zwiebel klein würfeln, die Knoblauchzehe zerdrücken und alle Zutaten gut miteinander vermischen.

Tip: Wer eine glatte Konsistenz bevorzugt, kann die grob zerschnittenen Zutaten in einem großen Marmeladeglas mit weiter Öffnung mit dem Schneidstab des Handrührgeräts zu Brei pürieren.

Pikante Grillsoße

Arbeitsaufwand:
5 Minuten
Ergibt 300 ml

250 g sehr reife Tomaten
1/2 mittelgroße rote Zwiebel
2 Chilischoten
1/2 Knoblauchzehe
1 EL Zitronensaft
1 EL natives Olivenöl extra
1/2 EL Rotweinessig
einige Tropfen Tabascosoße
1 TL Johannisbrotkernmehl
1/2 TL Salz

- Die Tomaten sehr klein schneiden, die Zwiebel fein würfeln, die Chilischoten klein hacken und den Knoblauch zerdrücken.
- Alle Zutaten gut mischen.
- Die Soße ist gekühlt 1 Woche haltbar.

Tip: Man kann auch alle Zutaten in einem großen Marmeladeglas mit weiter Öffnung mit dem Schneidstab des Handrührgeräts zu Brei pürieren.

1 Portion (4 EL) enthält:

kJ/kcal	*160/38*	*Kohlenhydrate*	*4 g*
Eiweiß	*1 g*	*Ballaststoffe*	*+*
Fett total	*3 g*	*BE*	*0,5*
Cholesterin	*0 mg*	*Natrium*	*5 mg*
Unges. Fettsäuren	*+*		

Meerrettich-Apfel-Sahne

Eine leichte Soße, die sehr gut zu Fisch, Suppenfleisch und kaltem Braten paßt.

Arbeitsaufwand:
5 Minuten
Ergibt 350 ml

1 Portion (4 EL) enthält:

kJ/kcal	*491/117*	*Kohlenhydrate*	*8g*
Eiweiß	*4g*	*Ballaststoffe*	*2g*
Fett total	*18g*	*BE*	*0,75*
Cholesterin	*3mg*	*Natrium*	*13mg*
Unges. Fettsäuren	*+*		

1 Apfel
1 EL Zitronensaft
1 mittelgroße Zwiebel
1 Stange Staudensellerie
3 EL kleingehackte geröstete Mandeln (S. 40)
50 g feingeriebener Meerrettich
2 EL Magerquark
2 EL saure Sahne
1/2 TL Zucker
etwas Salz

- Den Apfel schälen, in sehr kleine Würfel schneiden und sofort mit dem Zitronensaft vermischen.
- Die Zwiebel klein würfeln.
- Den Staudensellerie fein schneiden.
- Alle Zutaten gut miteinander verrühren und abschmecken.
- Die Meerrettich-Apfel-Sahne in ein Glas füllen.

Tip: Da sich die Meerrettich-Apfel-Sahne gut einfrieren läßt, kann man gleich eine größere Portion zubereiten.

Gemüsecremesoße

Diese herzhafte, fettarme Soße reicht man warm oder kalt zu poschierten oder gedünsteten Fischgerichten, zu Suppenfleisch, Hacksteaks und zu allen Grillgerichten.

Arbeitsaufwand:
10 Minuten
Kochzeit:
7 Minuten
Ergibt 300 ml

1 Portion (5 EL) enthält:

kJ/kcal	*244/58*	*Kohlenhydrate*	*6g*
Eiweiß	*3g*	*Ballaststoffe*	*+*
Fett total	*3g*	*BE*	*0,5*
Cholesterin	*0mg*	*Natrium*	*3mg*
Unges. Fettsäuren	*+*		

1 Knoblauchzehe
1 kleine Zucchini
60 g Aubergine
1 mittelgroße Fleischtomate
60 g Kürbis oder Melone
1 EL natives Olivenöl extra
2 EL kleingehackte Zwiebel
1/2 TL Provencekräuter
1/2 TL Salz
weißer Pfeffer
2 EL saure Sahne
2 EL geriebener Meerrettich

- Die Knoblauchzehe zerdrücken.
- Die Zucchini, die Aubergine, die Fleischtomate und den Kürbis oder die Melone kleinwürfelig schneiden.
- Das Öl und die restlichen Zutaten, bis auf die Sahne und den Meerrettich, in einen Topf mit festschließendem Deckel geben. Bei milder Hitze zum Kochen bringen und 5 Minuten kochen.
- Mit dem Schneidstab des Handrührgeräts pürieren und abkühlen lassen.
- Die saure Sahne und den Meerrettich unter die Gemüsecremesoße rühren.
- Im Kühlschrank hält sich die Soße etwa 4 Tage.

Marinierte Zwiebelringe

Nicht nur zu Grillgerichten schmecken die pikanten Zwiebelringe, sondern zu kaltem Braten, Geflügel und auch Käseplatten.

Arbeitsaufwand:
5 Minuten
Kühlzeit:
1 Tag
Ergibt etwa 200 ml

2 EL Zucker
1 EL Balsam- oder Apfelessig
1 EL Weißweinessig
½–1 TL Dijonsenf (S. 31)
frischgeschroteter schwarzer Pfeffer
1 große rote Zwiebel
3 kleine Zwiebeln

- Zucker, Essig und Gewürze in einem großen, verschließbaren Glas miteinander vermengen.
- Die Zwiebeln schälen und mit dem Gurkenhobel fein hobeln.
- Zu der Essigmischung geben und umrühren. Das Glas verschließen und 1 Tag kühlen.
- Zwischendurch umrühren.

50 g enthalten:	
kJ/kcal	*248/59*
Eiweiß	*1g*
Fett total	+
Cholesterin	*0 mg*
Unges. Fettsäuren	+
Kohlenhydrate	*5g*
Ballaststoffe	*2g*
BE	*0,5*
Natrium	*8 mg*

Marinierte Champignons

Die würzig eingelegten Pilze passen als Snack zum Aperitif ebenso wie zu Braten oder Grillfleisch.

Arbeitsaufwand:
10 Minuten
Kochzeit:
10 Minuten
Ergibt 440 ml

1 Portion (100ml) enthält:

kJ/kcal	*672/160*	*Kohlenhydrate*	*2g*
Eiweiß	*3g*	*Ballaststoffe*	*2g*
Fett total	*15g*	*BE*	*0,25*
Cholesterin	*0mg*	*Natrium*	*15mg*
Unges. Fettsäuren	*1g*		

500 g sehr kleine Champignons
2 Knoblauchzehen
6 EL natives Olivenöl extra
2 EL Zitronensaft
1/2 TL Zucker
6 Pfefferkörner
1 Stück ungcspritztc Zitronenschale
1/2 Lorbeerblatt
1/2 TL Salz

- Die Champignons putzen und abtropfen lassen.
- Die Knoblauchzehen zerdrücken.
- Das Öl mit den Gewürzen bei mäßiger Hitze in einem Topf unter Rühren 1 Minute erhitzen.
- Die Champignons zugeben und in dem verschlossenen Topf höchstens 4–5 Minuten in der Marinade schwach dünsten. Dabei möglichst mit der Uhr arbeiten und zwischendurch den Topf 1–2mal schütteln, damit sich die Champignons und die Marinade gut vermischen.
- Abkühlen lassen und in ein Glas füllen.
- Die Champignons halten sich im Kühlschrank etwa 1 Woche.

Marinierte Paprika

Arbeitsaufwand:
10 Minuten
Kochzeit:
15 Minuten
Kühlzeit:
30 Minuten
Ergibt 500 ml

1 Portion (80 g) enthält:

kJ/kcal	*118/28*	*Kohlenhydrate*	*4g*
Eiweiß	*1g*	*Ballaststoffe*	*1g*
Fett total	*+*	*BE*	*0,5*
Cholesterin	*0mg*	*Natrium*	*3mg*
Unges. Fettsäuren	*+*		

1 große rote Paprikaschote
1 große gelbe Paprikaschote
1 große grüne Paprikaschote
1 kleine Zwiebel
4 EL Weißweinessig
1 EL Zucker
1/2 TL Selleriesamen
schwarzer Pfeffer aus der Mühle
1/2 TL Salz

- Die Paprikaschoten von Stielansätzen befreien und entkernen, sehr gründlich waschen, dann in kleinfingerbreite Streifen schneiden.
- Die Zwiebel schälen und in Ringe hobeln.
- Alle Zutaten in einen Topf mit dickem Boden und festschließendem Deckel geben. Bei mäßiger Hitzezufuhr zugedeckt zum Kochen bringen und 6–8 Minuten garen; dabei nicht rühren. Das Gemüse soll weich sein.
- Abschmecken und in ein Glas füllen.
- Verschlossen kann man marinierte Paprika bis zu 1 Woche im Kühlschrank aufheben.

Tip: Marinierte Paprika werden zimmerwarm zu Fisch oder zu kaltem, gegrilltem oder gebratenem Fleisch serviert. Sie können auch in größeren Mengen zubereitet und portioniert eingefroren werden.

Melonen-Tomaten-Chutney

Das Wort Chutney stammt aus Indien und bezeichnet eine süß-saure Würzsoße. Sie paßt vorzüglich zu Fischgerichten und zu warmen oder kalten Braten.

Arbeitsaufwand:
10 Minuten
Kochzeit:
70 Minuten
Für 2 Gläser je 250 ml

1 EL enthält:

kJ/kcal	*504/120*	*Kohlenhydrate*	*26 g*
Eiweiß	*1 g*	*Ballaststoffe*	*1 g*
Fett total	+	*BE*	*2,25*
Cholesterin	*0 mg*	*Natrium*	*10 mg*
Unges. Fettsäuren	+		

400 g Melonenfruchtfleisch
300 g Tomaten
1 mittelgroße Zwiebel
1 Knoblauchzehe
200 g brauner Zucker
375 ml Apfelessig
2 EL Sultaninen
1 TL geriebener getrockneter Ingwer
3 Pfefferkörner
3 Gewürzkörner (Piment)
1/2 TL Salz

- Das Melonenfruchtfleisch klein würfeln, die Tomaten schälen und kleinschneiden, die Zwiebel fein hacken und die Knoblauchzehe zerdrücken.
- Alle Zutaten in einen flachen, großen Topf mit dickem Boden geben. Den Deckel auflegen und bei mäßiger Hitze zum Kochen bringen, ohne zu rühren, 15 Minuten kochen, dann den Deckel abnehmen und unter gelegentlichem Rühren weitere 45 Minuten kochen lassen. Besonders in den letzten 10 Minuten kräftig rühren, damit die Masse nicht ansetzt.
- In vorgewärmte Gläser füllen, abkühlen lassen und dann erst die Gläser verschließen.

Tip: Das Chutney ist nicht diabetikergeeignet. Wer lieber den frischen Ingwer verwendet, muß die vierfache Menge des getrockneten nehmen.

Keime und Sprossen

Besonders im Winter, wenn frische Salate Mangelware sind, stellen die vitaminreichen Keime und Sprossen eine wertvolle Ergänzung des Speisezettels dar.

Arbeitsaufwand:
4–5mal 3 Minuten
Keimzeit:
4–5 Tage

3–4 EL Kressesamen,
Mungobohnen,
Sojabohnen,
Sonnenblumensamen,
Sprießkornroggen,
Sprießkornweizen,
Alfalfasamen (Luzerne),
Radieschensamen,
Senfsamen o. a.

- Die Samen in ein Sieb geben und gründlich mit Wasser überspülen.
- Den Kressesamen auf einer dicken Lage feuchter Watte oder Zellstoff keimen lassen.
- Mungo- und Sojabohnen, Sonnenblumenkerne und Sprießkornroggen oder -weizen mit reichlich Wasser bedecken und über Nacht quellen lassen, dann erneut abspülen.
- Die übrigen Samen in ein Schraubglas mit breiter Öffnung geben. Das Glas mit einem Stück Gaze oder Mull und einem Gummiband verschließen. Oder man kleidet ein Sieb mit einem feuchten Mulltuch aus und verteilt darauf den Samen; die Mullzipfel während der ersten 24 Stunden über die Keime schlagen.
- Alle Samen die ersten 24 Stunden lichtgeschützt, im kühlen Backofen etwa, keimen lassen. Mungobohnen sollten überhaupt lichtgeschützt keimen, dann bleiben sie zart und hell.
- Die Keime müssen 3–4mal täglich sehr gründlich abgebraust werden. Anschließend gut abtropfen lassen. Dazu die Gläser schräg stellen oder das Sieb aufstoßen, denn die Keime dürfen nicht schimmeln.
- Haben die Keime die gewünschte Größe, nochmals überspülen, in Kunststoffbehälter verpacken und in den Kühlschrank geben.

Tip: Mungobohnenkeime sollten vor dem Verzehr blanchiert werden. Sie können wie Suppengrün plattengefroren werden.

Suppengrün und Suppengemüse einfrieren

Arbeitsaufwand:
15 Minuten
Haltbarkeit durch Gefrieren:
6 Monate
Ergibt 1 kg

Suppengrün:
250 g Möhren
250 g Lauch
250 g Sellerie
1 Zweig Selleriegrün
6 Zweige Petersilie
2 Petersilienwurzeln

Suppengemüse:
1 kg Gemüsemischung aus Blumenkohlröschen, Brechbohnen, Selleriewürfeln, Staudenselleriestückchen und Zucchinischeiben

- Das Gemüse waschen, putzen und zerkleinern. Gut abtropfen lassen und gegebenenfalls mit Küchenkrepp trockentupfen.
- Das Gemüse auf einem Gefriertablett oder einem anderen Tablett passender Größe ausbreiten und für 4 Stunden ins Vorgefrierfach geben.
- Dann aus dem Gerfrierfach nehmen und rasch in Portionen in Gefrierbeutel oder -dosen verpacken.

Variation: Suppengrün, das zum Würzen von klaren Brühen oder Bratensoßen verwendet werden soll, sehr klein schneiden und mit fein zerkleinerten Zwiebeln, Schnittlauch, Rosmarin und Salbei einfrieren.

100 g enthalten:

kJ/kcal	*92/22*	*Kohlenhydrate*	*3g*
Eiweiß	*2g*	*Ballaststoffe*	*3g*
Fett total	+	*BE*	*0,25*
Cholesterin	*0mg*	*Natrium*	*18mg*
Unges. Fettsäuren	+		

Kräuter einfrieren

Unentbehrlich in der Feinschmeckerküche sind Kräuter zur Verfeinerung von Salaten und Soßen. So hat man sie das ganze Jahr zur Verfügung.

Arbeitsaufwand:
15 Minuten
Haltbarkeit durch Gefrieren:
12 Monate

Basilikum
Dill
Estragon
Liebstöckel
Majoran bzw. Oregano
Petersilie
Schnittlauch
Thymian
Zitronenmelisse

- Die Kräuter möglichst bei Sonnenaufgang ernten, weil sie dann am aromatischsten sind, oder frisch vom Markt holen. Die Blätter von den Stielen streifen, ohne sie zu waschen.
- Schnittlauch vor dem Einfrieren mit einem scharfen Messer in Röllchen schneiden.
- Sortenweise oder gemischt in große Gefrierbeutel geben. Möglichst flach ins Vorgefrierfach legen und zusätzliche Kälte einschalten, damit tiefe Temperaturen erreicht werden. 24 Stunden gefrieren.
- Die Beutel einzeln herausnehmen, die Kräuter im Beutel rasch mit den Händen oder dem Rollholz zerkleinern und ins Gefrierfach zurückgeben.
- Nach einigen Stunden die Kräuter erneut wie oben zerkleinern. Das so oft wiederholen, bis die Kräuter fein genug sind.
- Dann sortenweise oder gemischt in Gläser mit Schraubdeckeln verpacken und im Gefrierfach lagern.
- Eingefroren halten sich die Kräuter 12 Monate.

Variante: Salatkräuter können auch getrocknet werden. Dazu in kleinen Portionen auf einem großen Glasteller für 2mal 3–5 Minuten bei 30% (Auftaustufe) in das Mikrowellengerät geben. Zwischendurch abkühlen lassen und wenden. Die Kräuter sollen dunkel, aber nicht braun werden. Wer keine Mikrowelle besitzt, breitet die Kräuter auf Küchenkrepp aus und lagert sie an zugiger und schattiger Stelle für 3–4 Tage, bis sie knistern und ganz trocken sind. Zwischendurch immer wieder wenden. Die getrockneten Kräuter in einen Frischhaltebeutel geben, mit den Händen klein zerreiben und in lichtundurchlässige Schraubgläser verpacken. Getrocknet halten sich die Kräuter 12 Monate.

Popcorn

Arbeitsaufwand:
3 Minuten
Für 1 Glas (350 ml)

1 Portion enthält:

kJ/kcal	*806/192*	*Kohlenhydrate*	*32g*
Eiweiß	*5g*	*Ballaststoffe*	*5g*
Fett total	*5g*	*BE*	*2,75*
Cholesterin	+	*Natrium*	*3mg*
Unges. Fettsäuren	*2g*		

½ TL Öl
50 g Popcornmais

- Den Boden eines rostfreien Topfes mit dickem Boden und festschließendem Deckel dünn mit Öl einfetten. Den Mais zufügen.
- Bei starker Hitze und geschlossenem Deckel 2–3 Minuten erhitzen. Dabei zwischendurch mehrere Male den Topf schütteln, ohne dabei den Deckel zu lüften. Erst wenn nichts mehr zu hören ist, den Deckel abnehmen.
- Das Popcorn auskühlen lassen und in einem Glas mit fest verschließbarem Deckel aufbewahren.

Tip: Den Spezialmais für Popcorn gibt es in Supermärkten zu kaufen. Das kalorienarme Popcorn ist nicht nur ideal für Kinder und Erwachsene, die gern naschen – man kann auch darin zerbrechliche Plätzchen transportsicher verpacken.

Geröstete Mandeln

Mandeln entwickeln durch das Rösten ein weit stärkeres Aroma als ungeröstet. Sie können als Zwischenmahlzeit oder zum Aperitif geknabbert werden oder verbessern schon in geringen Mengen den Geschmack von Müsli, Salaten, Gemüse, Aufläufen, Fischgerichten und Süßspeisen sowie von süßem und salzigem Gebäck und Brot.

Arbeitsaufwand:
1 Minute
Backzeit:
15–20 Minuten
Ergibt 200 g

1 EL enthält:

kJ/kcal	*206/49*	*Kohlenhydrate*	*3g*
Eiweiß	*2g*	*Ballaststoffe*	*1g*
Fett total	*3g*	*BE*	*0,25*
Cholesterin	*0mg*	*Natrium*	*1mg*
Unges. Fettsäuren	*1g*		

200 g geschälte oder ungeschälte Mandeln

- Den Backofen auf 200°C vorheizen.
- Will man Mandelblättchen oder -stifte haben, müssen die Mandeln vor dem Rösten geschnitten oder mit der Rohkostreibe zerkleinert werden.
- Die Mandeln nebeneinander auf einem Backblech auslegen und 15–20 Minuten rösten. Dabei das Blech gelegentlich rütteln.
- Man kann die Mandeln aber auch auf einem flachen Glasteller nebeneinander ausbreiten und 2mal 2 Minuten bei 100% im Mikrowellengerät rösten. Zwischendurch die Mandeln gut umrühren und etwas abkühlen lassen. Den Röstzustand prüft man, indem man einige Mandeln durchbricht, da sie innen schneller bräunen als außen.
- Die Mandeln gut auskühlen lassen und in möglichst luftdichte Schraubgläser füllen; man kann auch Einmachgläser verwenden, die sich mit Gummiringen oder Clips gut verschließen lassen.

Tip: Mandeln in nicht zu großen Mengen rösten, weil sie sonst alt werden. Zum Hacken eignen sich schon geröstete Mandeln ausgezeichnet. Dazu gibt man sie in einen fest verschließbaren Gefrierbeutel und fährt mit dem Nudelholz einige Male darüber.

Variante: Statt der Mandeln kann man auf dieselbe Art die gleiche Menge an beliebigen Nußsorten, Buchweizen, Kürbiskernen, Sonnenblumenkernen oder Sprießkornweizenkörner verwenden. Der Fettgehalt von Buchweizen und Weizen ist im Vergleich zu den Nüssen und Kernen sehr gering.

Getrocknete Zitrusschalen

Das natürliche Aroma der Schalen verfeinert den Geschmack von Fruchtsuppen und Kompott.

Arbeitsaufwand:
2 Minuten
Trockenzeit:
10 Minuten

ungespritzte Zitronen, Mandarinen oder Orangen

- Die Zitrusfrüchte gründlich waschen und abtrocknen. Mit dem Schälmesser sehr dünn in langen Spiralen schälen.
- Auf einem großen, mikrowellengeeigneten Glasteller ohne Abdeckung 2mal 5 Minuten bei 30% (Auftaustufe) trocknen. Zwischendurch etwas abkühlen lassen und wenden. Oder man breitet die Zitrusschalen an einem schattigen und zugigen Ort auf Küchenkrepp aus und läßt sie 2 Wochen lang trocknen.
- Die Schalen müssen sich danach hart anfühlen, dürfen aber nicht braun werden.
- In gut verschließbare Schraubgläser geben.

Zitrusextrakt

Arbeitsaufwand:
2 Minuten
Extrahierzeit:
2 Wochen
Ergibt 1 kleine Flasche oder Glas = 350 ml

1 EL enthält:

kJ/kcal	*181/43*	*Kohlenhydrate*	*4g*
Eiweiß	*0g*	*Ballaststoffe*	+
Fett total	*0g*	*BE*	*0,5*
Cholesterin	*0mg*	*Natrium*	+
Unges. Fettsäuren	*0g*		

3–4 ungespritzte Zitronen
125 g feiner Zucker
250 ml weißer Rum, mindestens 40%

- Die Zitronen waschen, abtrocknen, die Schale in dünnen Spiralen abschälen und diese in 3cm große Stücke schneiden.
- In ein Glas mit gut verschließbarem Schraubdeckel den Zucker, die Zitronenschalen und den Rum geben. Gut verschließen und an sonniger Stelle mindestens 2 Wochen ziehen lassen. Zwischendurch schütteln.

Tip: Mit dem Zitrusextrakt lassen sich Süßspeisen, süßes Gebäck oder Mixgetränke parfümieren. So verfahren kann man auch mit 4–6 ungespritzten Mandarinen oder 3–4 ungespritzten Orangen.

Zitronenzucker

Arbeitsaufwand:
2 Minuten
Extrahierzeit:
2 Wochen
Ergibt 1 Glas = 250 g

1 EL enthält:

kJ/kcal	*202/48*	*Kohlenhydrate*	*12g*
Eiweiß	*0g*	*Ballaststoffe*	*0g*
Fett total	*0g*	*BE*	*1*
Cholesterin	*0mg*	*Natrium*	*0mg*
Unges. Fettsäuren	*0g*		

3–4 ungespritzte Zitronen
250 g feiner Zucker

- Die Zitronen gründlich waschen und abtrocknen.
- Auf einer feinen Reibe die gelbe Schale abreiben und mit dem Zucker in ein Glas mit gut verschließbarem Schraubdeckel geben.
- Das Glas gut verschließen und mindestens 2 Wochen durchziehen lassen. Ab und zu schütteln.
- Der Zitronenzucker gibt Süßspeisen, Gebäck und Mixgetränken ein natürliches Aroma.

Echter Vanillezucker

Arbeitsaufwand:
2 Minuten
Extrahierzeit:
2 Wochen
Ergibt 1 Glas = 250 g

1 EL enthält:

kJ/kcal	*202/48*	*Kohlenhydrate*	*12g*
Eiweiß	*0g*	*Ballaststoffe*	+
Fett total	*0g*	*BE*	*1*
Cholesterin	*0mg*	*Natrium*	+
Unges. Fettsäuren	*0g*		

1 Vanilleschote
250 g feiner Zucker

- Die Vanilleschote der Länge nach aufschlitzen und in 4 cm lange Stücke schneiden.
- Den Zucker in ein Glas mit gut verschließbarem Schraubdeckel geben und die Vanilleschotenstücke mit dem Mark hineinstecken.
- Das Glas gut verschließen und den Vanillezucker mindestens 2 Wochen ziehen lassen. Gelegentlich schütteln.
- Nach ein paar Tagen das Mark mit dem Messerrücken aus der Schote kratzen und unter den Zucker mischen. Die Schoten wieder in den Zucker stecken.

Tip: Der selbstgemachte Vanillezucker kann wie Vanillinzucker verwendet werden, wobei 1 EL Vanillezucker 1 Beutel Vanillinzucker mit 7g entspricht. In heißer Milch ausgekocht, können die Schoten für Süßspeisen verwendet werden.

Sommermüsli (S. 48), Guten-Morgen-Salat (S. 45) und Knäckebrot mit Quark und Gemüse (S. 56)

Frühstück und Brunch

Den Tag beginnt man am besten mit leichten und vitaminhaltigen Obstsalaten oder Müslis oder mit cholesterin- und fettarmen belegten Broten, die sich auch als zweites Frühstück eignen. Vor allem die warmen Happen genießt man beim ausgedehnten Wochenendbrunch oder als Imbiß zwischendurch.

Möhrensalat mit Früchten

Arbeitsaufwand:
12 Minuten
Für 4 Personen

200 g	**Möhren**
250 g	**Honigmelone**
2	**Bananen**
2 EL	**Apfelessig**
150 g	**Magerjoghurt oder Kefir**
1/2 TL	**Zucker**
1/4 TL	**Salz**
4	**Blätter Eissalat**
2 EL	**feingehackter Kerbel oder Petersilie**

1 Portion enthält:

kJ/kcal	*433/103*
Eiweiß	*3g*
Fett total	*1g*
Cholesterin	*2mg*
Unges. Fettsäuren	+
Kohlenhydrate	*17g*
Ballaststoffe	*4g*
BE	*1,5*
Natrium	*61mg*

- Die Möhren schälen und grob raffeln.
- Die Melone entweder in Schnitze oder in Würfel schneiden.
- Die Bananen schälen und in Scheiben schneiden.
- Für die Soße Essig, Joghurt oder Kefir, Zucker und Salz miteinander vermengen.
- Jeweils ein Salatblatt auf einen Teller geben und Gemüse und Obst darauf verteilen. Dann die Soße darübergießen und mit feingehackten Kräutern garnieren.

Tip: Zu Knäckebrot mit salzarmem magerem Schinken oder Käse eine ideale Zwischenmahlzeit oder ein kleines Mittagessen.

Guten-Morgen-Salat

Arbeitsaufwand:
10 Minuten
Für 4 Personen

1 Portion enthält:

kJ/kcal	*1378/328*	*Kohlenhydrate*	*48 g*
Eiweiß	*4 g*	*Ballaststoffe*	*8 g*
Fett total	*13 g*	*BE*	*4*
Cholesterin	*2 mg*	*Natrium*	*28 mg*
Unges. Fettsäuren	+		

1	**Banane**
1	**Kiwi**
2	**Orangen**
1	**Avocado**
100 g	**Erdbeeren**
150 g	**frische Datteln**
4 EL	**Sultaninen**
150 g	**Magerjoghurt**
1 EL	**Zucker**
2 EL	**Zitronensaft**

- Banane und Kiwi schälen und in Scheiben schneiden.
- Die Orangen schälen und in Stücke schneiden.
- Die Avocado schälen, entkernen und in Scheiben schneiden.
- Die Erdbeeren waschen, von den Stielen befreien und halbieren.
- Die Datteln entkernen und kleinschneiden.
- Die Früchte mit den Sultaninen vermischen und auf vier Portionsschälchen verteilen.
- Für die Soße den Joghurt mit dem Zucker und dem Zitronensaft verschlagen. Über die Früchte verteilen und möglichst gleich servieren, damit die Früchte ihr appetitliches Aussehen behalten.

Abbildung S. 42/43

Bunter Früchteteller

Die Karambola, wegen ihrer Form auch unter dem Namen Starfruit bekannt, ist besonders reich an Vitamin C. Sie verleiht der Früchtemischung einen frisch-säuerlichen Geschmack.

Arbeitsaufwand:
10 Minuten
Für 4 Personen

1 Portion enthält:

kJ/kcal	*869/207*	*Kohlenhydrate*	*44 g*
Eiweiß	*5 g*	*Ballaststoffe*	*9 g*
Fett total	*2 g*	*BE*	*3,75*
Cholesterin	*3 mg*	*Natrium*	*44 mg*
Unges. Fettsäuren	+		

200 g	**gemischte TK-Beeren**
2	**Kiwis**
1	**Banane**
1	**Orange**
200 g	**Erdbeeren**
1	**Karambola**
200 g	**Magerjoghurt**
2 EL	**Zucker**
60 g	**Cornflakes**

- Die TK-Beeren zugedeckt im Kühlschrank schonend auftauen lassen.
- Die Kiwis, die Banane und die Orange schälen. Je nach Größe zunächst halbieren, dann in Scheiben schneiden.
- Die Erdbeeren waschen, von den Stielen befreien und in Scheiben schneiden.
- Die Karambola waschen und in Scheiben schneiden.
- Alle Früchte auf vier Portionstellern arrangieren, dabei die Mitte frei lassen.
- Den Joghurt mit dem Zucker süßen und in die Tellermitte geben.
- Kurz vor dem Servieren die Cornflakes auf den Joghurt verteilen.

Tip: Mit einem Knäckebrot serviert, ist der Früchteteller auch als Mittagsimbiß für heiße Tage geeignet. Diabetiker süßen den Joghurt mit Fruchtzucker. Die Nährwerte verändern sich dadurch nicht.

Weizenkeimsalat mit tropischen Früchten

Keime und Sprossen enthalten Vitamine, hochwertige Proteine, Mineralstoffe, Spurenelemente und Enzyme in konzentrierter Form – mit frischen Früchten kombiniert, eine besonders gesunde Art, den Tag zu beginnen.

Arbeitsaufwand:
10 Minuten
Keimzeit:
2–4 Tage
Für 4 Personen

1 Portion enthält:

kJ/kcal	*974/232*	*Kohlenhydrate*	*39g*
Eiweiß	*6g*	*Ballaststoffe*	*9g*
Fett total	*6g*	*BE*	*3,25*
Cholesterin	*0mg*	*Natrium*	*11mg*
Unges. Fettsäuren	*1g*		

125 g Sprießweizenkörner (S. 37)
250 g Pflaumen, Nektarinen, Ananas oder Mangos
4 Kiwis
1 EL Hagebuttenmus
8 EL frisch gepreßter Orangensaft
3 EL geröstete gehackte Haselnüsse (S. 40)

- Die Weizenkörner gründlich waschen und über Nacht in reichlich Wasser quellen lassen. Dann 2–4 Tage in einer Keimschale keimen lassen, dabei regelmäßig 2–3mal täglich unter fließendem Wasser abspülen.
- Wer den Salat mit Pflaumen oder Nektarinen zubereiten will, wäscht diese und schneidet sie klein.
- Die Ananas bzw. die Mangos werden geschält und dann in Stücke geschnitten.
- Die Kiwis schälen und in Scheiben schneiden.
- Die Früchte zusammen mit den Weizenkeimen auf vier Teller verteilen.
- Das Hagebuttenmus mit Orangensaft verrühren und über den Salat geben.
- Mit den gehackten Haselnüssen garnieren.

Erdbeerquark auf Knäckebrot

Arbeitsaufwand:
8 Minuten
Für 4 Personen

1 Portion enthält:

kJ/kcal	*533/127*	*Kohlenhydrate*	*19g*
Eiweiß	*11g*	*Ballaststoffe*	*1g*
Fett total	*5g*	*BE*	*1,75*
Cholesterin	*3mg*	*Natrium*	*26mg*
Unges. Fettsäuren	*+*		

250 g Magerquark
1 EL Zitronensaft
1 TL flüssiger Süßstoff
250 g Erdbeeren
8 Scheiben leichtes knuspriges Knäckebrot

- Den Quark mit Zitronensaft und Süßstoff anmachen.
- Die Erdbeeren waschen, von den Stielen befreien und halbieren oder vierteln.
- Einen Teil der Erdbeeren unter den Quark heben.
- Dann den Quark auf die Knäckebrotscheiben geben. Mit den übrigen Erdbeeren garnieren und sogleich auftragen, weil sonst das Brot durchweicht.

Variante: Das Rezept kann mit allen anderen Früchten abgewandelt werden.

Früchtequark auf Haferkorn

Arbeitsaufwand:
8 Minuten
Für 4 Personen

1 Portion enthält:

kJ/kcal	*601/143*	*Kohlenhydrate*	*24g*
kJ/kcal (Diab.)	*408/98*	*Kohlenh. (Diab.)*	*13g*
Eiweiß	*10g*	*Ballaststoffe*	*1g*
Fett total	*2g*	*BE*	*2*
Cholesterin	*2mg*	*BE (Diab.)*	*1,25*
Unges. Fettsäuren	*+*	*Natrium*	*28mg*

4 Backpflaumen
6 Datteln
250 g Magerquark
2 EL Sultaninen
1 EL Zitronensaft
4 Scheiben Haferkorn-Knäckebrot
4 Erdbeeren
4 Minzzweige

- Backpflaumen und Datteln entsteinen und kleinhacken.
- Quark mit Backpflaumen, Datteln, Sultaninen und Zitronensaft gut verrühren. Auf die Knäckebrotscheiben streichen.
- Die Erdbeeren waschen, von den Stielen befreien und halbieren.
- Mit ihnen und den Minzzweigen den Quark garnieren. Gleich servieren.

Tip: Trockenfrüchte lassen sich leicht schneiden, wenn man das Messer in heißes Wasser taucht. Diabetiker ersetzen die Trockenfrüchte durch 1 gewürfelte Orange; der Natriumwert beträgt dann 26mg.

Joghurt-Kiwi-Frühstück

Arbeitsaufwand:
8 Minuten
Für 4 Personen

1 Portion enthält:

kJ/kcal	*1109/264*	*Kohlenhydrate*	*51 g*
Eiweiß	*9 g*	*Ballaststoffe*	*5 g*
Fett total	*3 g*	*BE*	*4,25*
Cholesterin	*5 mg*	*Natrium*	*101 mg*
Unges. Fettsäuren	+		

250 g Erdbeeren
4 Kiwis
2 EL Zucker
600 g Magerjoghurt
250 ml frisch gepreßter Orangensaft
90 g Cornflakes

• Die Erdbeeren waschen, von den Stielen befreien und halbieren oder vierteln. Die Kiwis schälen und in Scheiben schneiden.
• Die Erdbeeren mit dem Zucker, dem Joghurt und dem Orangensaft verschlagen und auf vier Schälchen verteilen.
• Die Kiwis mit den Cornflakes auf den Quark geben und servieren.

Tip: Diabetiker bereiten den Imbiß mit Fruchtzucker zu.

Sommermüsli

Arbeitsaufwand:
15 Minuten
Quellzeit:
12 Stunden
Für 4 Personen

1 Portion enthält:

kJ/kcal	*1642/391*	*Kohlenhydrate*	*53 g*
kJ/kcal (Diab.)	*1470/350*	*Kohlenh. (Diab.)*	*43 g*
Eiweiß	*11 g*	*Ballaststoffe*	*9 g*
Fett total	*14 g*	*BE*	*4,5*
Cholesterin	*5 mg*	*BE (Diab.)*	*3,75*
Unges. Fettsäuren	*2 g*	*Natrium*	*51 mg*

150 g Gersten-, Hafer-, Roggen- und Weizenflocken
2 mittelgroße Äpfel
2 Aprikosen
150 g frische Beeren
4 EL Zitronensaft
8 EL gehackte Nüsse oder Mandeln
400 g Magerjoghurt
2 EL Honig

• Die Getreideflocken mit Wasser bedecken, abdecken und an kühler Stelle über Nacht quellen lassen.
• Die Äpfel waschen und mit dem Kerngehäuse auf einer groben Rohkostreibe raffeln.
• Die Aprikosen waschen, entkernen und in schmale Schnitze schneiden.
• Die Beeren rasch waschen.
• Äpfel, Aprikosen und Beeren mit dem Zitronensaft und den Nüssen zu den gequollenen Flocken geben und vermengen.
• Den Joghurt mit dem Honig süßen – Diabetiker nehmen statt Honig einige Tropfen Süßstoff – und kurz vor dem Essen auf das Müsli geben.
Abbildung S. 42/43

Variante: Statt in Wasser kann man die Flocken in entrahmter Milch oder Buttermilch quellen lassen; vor allem im Sommer muß man dann die Flocken dazu in den Kühlschrank stellen, damit die Milch nicht verdirbt. Die Früchte können der Jahreszeit entsprechend durch Bananen, Birnen, Kiwis, Orangen, Pflaumen und Pfirsiche ausgetauscht werden. Verwendet man statt der Getreideflocken eine fertige Müslimischung, sollte man nur zuckerfreie Ware kaufen.

Reismüsli mit Früchten

Arbeitsaufwand:
15 Minuten
Kochzeit:
25 Minuten
Kühlzeit:
10 Minuten
Für 4 Personen

1 Portion enthält:

kJ/kcal	*1428/340*	*Kohlenhydrate*	*57g*
Eiweiß	*10g*	*Ballaststoffe*	*5g*
Fett total	*8g*	*BE*	*4,75*
Cholesterin	*3mg*	*Natrium*	*33mg*
Unges. Fettsäuren	*4g*		

200 g Natur- und Wildreismischung
250 g Erdbeeren
2 Bananen
2 EL Zitronensaft
200 g Magerjoghurt
1 TL flüssiger Süßstoff
5 EL geröstete Sonnenblumenkerne (S. 40)
4 Melissenblättchen

- Den Reis in kochendem Wasser in 25 Minuten garen, auf ein Sieb geben, abtropfen und auskühlen lassen.
- In der Zwischenzeit die Erdbeeren waschen, entstielen, halbieren oder vierteln.
- Die Bananen schälen, in Scheiben schneiden und mit Zitronensaft beträufeln.
- Die Früchte mit dem kalten Reis vermengen und auf vier Teller verteilen.
- Den Joghurt mit Süßstoff verrühren, mit den Sonnenblumenkernen auf das Müsli verteilen und mit Melissenblättchen garnieren.

Variante: Das Müsli läßt sich natürlich auch mit anderen Obstsorten nach Belieben abwandeln.

Hafermüsli

Arbeitsaufwand:
10 Minuten
Quellzeit:
12 Stunden
Für 4 Personen

1 Portion enthält:

kJ/kcal	*1617/385*	*Kohlenhydrate*	*69g*
kJ/kcal (Diab.)	*1336/318*	*Kohlenh. (Diab.)*	*52g*
Eiweiß	*10g*	*Ballaststoffe*	*8g*
Fett total	*9g*	*BE*	*5,75*
Cholesterin	*+*	*BE (Diab.)*	*4,5*
Unges. Fettsäuren	*2g*	*Natrium*	*40mg*

150 g Haferflocken
2 kleine Äpfel
3 Bananen
250 ml entrahmte Milch (0,3%)
2 EL Honig oder Ursüße
4 EL Sultaninen
4 EL gehackte geröstete Mandeln oder Nüsse nach Wahl (S. 40)

- Die Haferflocken mit Wasser bedecken und in einem geschlossenen Gefäß an kühler Stelle über Nacht quellen lassen.
- Die Äpfel waschen und mit dem Kerngehäuse grob reiben.
- Die Bananen schälen und in Scheiben schneiden.
- Die Früchte mit den restlichen Zutaten unter die Flocken rühren.

Tip: Würziger schmeckt das Müsli, wenn man die Haferflocken leicht goldbraun röstet. Diabetiker tauschen den Honig gegen Süßstoff aus und verzichten auf die Sultaninen; die Ballaststoffe betragen dann 7g, und der Natriumgehalt sinkt auf 35mg.

Bündner Fleisch mit Bananen und Vollkornbrot

Arbeitsaufwand:
5 Minuten
Für 4 Personen

1 Portion enthält:

kJ/kcal	*1659/395*	*Kohlenhydrate*	*46g*
Eiweiß	*28g*	*Ballaststoffe*	*8g*
Fett total	*11g*	*BE*	*4*
Cholesterin	*0mg*	*Natrium*	*194mg*
Unges. Fettsäuren	*3g*		

4 Bananen
8 Röschen Feldsalat
250 g dünn geschnittenes Bündner Fleisch
1 EL grob geschroteter Pfeffer
4 Scheiben Vollkornbrot
2 EL Diätmargarine

- Die Bananen schälen und der Länge nach halbieren.
- Die Feldsalatröschen waschen.
- Das Bündner Fleisch mit den Bananen und den Feldsalatröschen auf Tellern oder Holzbrettern anrichten. Mit reichlich frischgeschrotetem Pfeffer bestreuen.
- Vollkornbrot und Diätmargarine dazureichen.

Variante: Bündner Fleisch, der luftgetrocknete magere und fettarme Rinderschinken aus der Schweiz, kann gegen salzarmen rohen Schinken ausgetauscht werden. Die Bananen können durch Melonenschnitze oder Kiwis ersetzt werden.

Frühlingsbrot

Arbeitsaufwand:
4 Minuten
Für 4 Personen

1 Portion enthält:

kJ/kcal	*1688/402*	*Kohlenhydrate*	*22g*
Eiweiß	*22g*	*Ballaststoffe*	*6g*
Fett total	*24g*	*BE*	*2*
Cholesterin	*29mg*	*Natrium*	*908mg*
Unges. Fettsäuren	*3g*		

1 kleine Avocado
300 g fettarmer Camembert (30%)
4 gefüllte Oliven
4 Scheiben Vollkornbrot
2 EL Diätmargarine
1 Kästchen Kresse
1 EL Zitronensaft
1/4 TL Knoblauchsalz

- Die Avocado schälen, entkernen und wie den Camembert und die Oliven in Scheiben schneiden.
- Die Brotschnitten dünn mit Margarine bestreichen, großzügig mit Kresse belegen und mit Zitronensaft und Knoblauchsalz leicht würzen.
- Dann den Camembert darauf geben und mit Avocado- und Olivenscheiben garnieren.

Tip: Gartenkresse nicht waschen, denn sonst kleben die feinen Blättchen aneinander. Da Kresse meist in Treibhäusern gezüchtet wird, kann man sie ungewaschen verzehren.

Sennerbrot

Arbeitsaufwand:
5 Minuten
Für 4 Personen

4	**Scheiben Weizenmischbrot**
2 EL	**Diätmargarine**
4 EL	**frisch geriebener Meerrettich**
200 g	**Romadur (20%)**
200 g	**Gurke**
1	**Zwiebel**
1 EL	**natives Olivenöl extra**
1–2 EL	**Essig**
	frischgemahlener weißer Pfeffer
2 EL	**kleingehackte gemischte Kräuter**
4	**Radieschen**
4	**Zwiebelringe**

- Die Brotschnitten dünn mit Margarine bestreichen und mit dem frisch geriebenen Meerrettich locker bestreuen.
- Den Käse, die Gurke und die Zwiebel würfelig schneiden.
- Den Käse mit Gurke, Zwiebel, Öl, Essig, Pfeffer und den Kräutern gut miteinander vermengen und auf die Brote verteilen.
- Die Radieschen waschen und in Scheiben schneiden.
- Die Brote mit den Radieschenscheiben und je einem Zwiebelring garnieren.

Variante: Statt mit Romadur kann das Rezept auch mit anderen mageren Käsesorten oder gegartem und gewürfeltem Hühner- oder Putenfleisch abgewandelt werden.

1 Portion enthält:

kJ/kcal	*1201/286*	*Kohlenhydrate*	*29g*
Eiweiß	*17g*	*Ballaststoffe*	*3g*
Fett total	*12g*	*BE*	*2,5*
Cholesterin	*16mg*	*Natrium*	*286mg*
Unges. Fettsäuren	*3g*		

Bunte Pumpernickel

Mit lustig dekorierten Broten kann man nicht nur Kinder für ein gesundes Frühstück begeistern.

Arbeitsaufwand:
5 Minuten
Für 4 Personen

1 Portion enthält:

kJ/kcal	*496/118*	*Kohlenhydrate*	*15g*
Eiweiß	*8g*	*Ballaststoffe*	*3g*
Fett total	*2g*	*BE*	*1,25*
Cholesterin	*0mg*	*Natrium*	*290 mg*
Unges. Fettsäuren	*+*		

30 g Möhren
4 runde Pumpernickelscheiben
200 g Hüttenkäse
8 Scheiben Gewürzgurken
8 Kapern
4 Perlzwiebeln
4 Paprikastreifen

- Die Möhren raspeln.
- Die Pumpernickelscheiben großzügig mit Hüttenkäse bestreichen.
- Mit Möhrenraspeln setzt man dem Pumpernickel einen Haarschopf auf.
- Aus den Gewürzgurkenscheiben und Kapern formt man die Augen und Augenbrauen.
- Die Perlzwiebel setzt man als Nase mitten ins Pumpernickelgesicht.
- Mit dem Paprikastreifen als Mund ist das Gesicht fertig.

Wiener Vesperbrote

Arbeitsaufwand:
6 Minuten
Für 4 Personen

1 Portion enthält:

kJ/kcal	*1218/290*	*Kohlenhydrate*	*26g*
Eiweiß	*28g*	*Ballaststoffe*	*5g*
Fett total	*8g*	*BE*	*2,25*
Cholesterin	*67mg*	*Natrium*	*302mg*
Unges. Fettsäuren	*3g*		

12 Feldsalatröschen
50 g Möhren
4 kleine gebratene Hühnerbrüstchen
4 Scheiben Bauernbrot
2 EL fettarme Mayonnaise
1 TL rosa Pfefferkörner

- Die Feldsalatröschen waschen und abtropfen lassen.
- Die Möhren grob reiben.
- Das Fleisch in Scheiben schneiden.
- Die Brotschnitten mit Feldsalat und Möhrenraspeln belegen.
- Die Hühnerbrüstchenscheiben schuppenartig auf dem Salat anrichten und mit der Mayonnaise und den rosa Pfefferkörnern garnieren.

Variante: Statt Hühnerbrüstchen kann man die Brotschnitten mit Putenbrust, magerem Rinderbraten oder Kalbsbraten belegen. Der Feldsalat kann gegen jeden beliebigen anderen grünen Salat ausgetauscht werden. Die Möhren können durch rote Bete ersetzt werden. Und wer Kalorien sparen will, nimmt statt Mayonnaise Magerjoghurt.

Vollkorntoast mit Avocados und Garnelen

Arbeitsaufwand:
8 Minuten
Für 4 Personen

4	**Scheiben Vollkorntoast**
1	**große Avocado**
1 EL	**Zitronensaft**
250 g	**gegarte Garnelen**
4	**Dillzweige**
4	**Zitronenscheiben**

- Die Vollkornschnitten beidseitig toasten.
- Die Avocado schälen, entkernen, in Scheiben schneiden und mit dem Zitronensaft beträufeln.
- Die Toastbrote mit Avocadoscheiben und Garnelen belegen. Dann mit Dillzweigen und Zitronenscheiben garnieren.

Tip: Garnelen aus der Dose sollten stets kurz unter fließendem Wasser abgespült werden, damit die Konservierungsstoffe entfernt werden. Tiefkühlgarnelen werden sowohl roh als auch gegart angeboten. Rohe Garnelen sollte man möglichst auftauen lassen und dann in wenig Zitronenwasser etwa 1 Minute aufkochen, so daß sie ihr glasiges Aussehen verlieren. Man kann sie auch zugedeckt zweimal bei 100% für 20 Sekunden im Mikrowellengerät erhitzen, wobei man sie flach ausbreitet und nach der halben Garzeit einmal umrührt, damit sie von allen Seiten gleichmäßig erhitzt werden. Werden Garnelen zu lange gegart, verlieren sie ihre Feuchtigkeit, schrumpeln ein und werden hart.

1 Portion enthält:

kJ/kcal	*1231/293*	*Kohlenhydrate*	*13g*
Eiweiß	*16g*	*Ballaststoffe*	*4g*
Fett total	*20g*	*BE*	*1,25*
Cholesterin	*86mg*	*Natrium*	*94mg*
Unges. Fettsäuren	+		

Vollkornbrot asiatische Art

Arbeitsaufwand:
10 Minuten
Für 4 Personen

400 g	**asiatische TK-Gemüsemischung**
200 g	**Tofu**
8	**Scheiben Vollkornbrot**
4	**Salatblätter**
2 EL	**Sojaöl**
2 EL	**trockener Sherry**
1 EL	**Sojasoße**
1/4 TL	**geriebener Ingwer**

- Das Gemüse auftauen lassen.
- Den Tofu in Scheiben schneiden.
- Die Brotscheiben mit den Salatblättern auf vier Teller geben.
- Das Öl in einer Pfanne erhitzen. Die Tofuscheiben bei mäßiger Hitze beidseitig goldbraun braten. Herausnehmen, gut abtropfen lassen und auf die Brote verteilen.
- Dann die Gemüsemischung in der Pfanne unter stetigem Rühren knapp 5 Minuten erhitzen.
- Mit Sherry, Sojasoße und Ingwer abschmecken und auf die Schnitten verteilen.

Variante: Statt Tofu kann man geschnetzelte Putenbrust oder feine Scheiben von Flugentenbrust mit dem Gemüse kombinieren.

1 Portion enthält:

kJ/kcal	*1403/334*	*Kohlenhydrate*	*47g*
Eiweiß	*13g*	*Ballaststoffe*	*7g*
Fett total	*10g*	*BE*	*4*
Cholesterin	*+*	*Natrium*	*342mg*
Unges. Fettsäuren	*4g*		

Winzervesper

Arbeitsaufwand:
5 Minuten
Für 4 Personen

250 g Sellerie
1 kleiner Apfel
8 Walnüsse
8 Weintrauben
4 Scheiben dunkles Roggenbrot
4 Blätter Lollo Rosso
2 EL Magerjoghurt
1 EL fettarme Mayonnaise
4 Scheiben salzarmer magerer roher Schinken
4 Petersilienzweige

- Den Sellerie und den ungeschälten Apfel grob reiben. 4 Walnüsse hacken. Die Trauben halbieren und entkernen.
- Die Brotschnitten mit den Salatblättern auf Frühstücksteller geben.
- Aus dem Sellerie, dem Apfel, dem Joghurt, der Mayonnaise und den gehackten Nüssen einen pikanten Salat mischen und auf die Brote geben.
- Jeweils mit einer Schinkenscheibe, zwei Walnußhälften, den halbierten Trauben und einem Petersilienzweig garnieren.

1 Portion enthält:

kJ/kcal	*2155/513*	*Kohlenhydrate*	*13g*
Eiweiß	*16g*	*Ballaststoffe*	*5g*
Fett total	*45g*	*BE*	*1,25*
Cholesterin	*74mg*	*Natrium*	*92mg*
Unges. Fettsäuren	*13g*		

Gefüllte Sesamfladen

Arbeitsaufwand:
8 Minuten
Für 4 Personen

1/2 Sesamfladen
1/2 Salatgurke
4 Feldsalatröschen
2 EL Magerjoghurt
1 EL fettarme Mayonnaise
1/4 TL Senf
1 EL feingehackte gemischte Kräuter
8 Scheiben Roastbeef
4 Cocktailkirschen

- Das Fladenbrot aufschneiden und in vier Stücke teilen.
- Von der Gurke 12 Scheiben abschneiden. Den Rest in kleine Würfel schneiden.
- Die Feldsalatröschen waschen.
- Die Gurkenwürfel mit dem Joghurt, der Mayonnaise, dem Senf und den Kräutern zu einem Salat mischen.
- Die untere Hälfte des Fladenbrots abwechselnd mit Gurkenscheiben, Gurkensalat und Roastbeef belegen und mit der oberen, sesambestreuten Hälfte abdecken.
- Die Cocktailkirschen halbieren. Damit und mit den Salatröschen die Fladen garnieren.

Tip: Der saftige Gurkensalat macht Butter oder Margarine als Brotaufstrich überflüssig, was den Cholesteringehalt des Gerichts senkt.

1 Portion enthält:

kJ/kcal	*1399/333*	*Kohlenhydrate*	*36g*
Eiweiß	*18g*	*Ballaststoffe*	*9g*
Fett total	*11g*	*BE*	*3*
Cholesterin	*79mg*	*Natrium*	*249mg*
Unges. Fettsäuren	*1g*		

Knäckebrot mit Quark und Gemüse

Ein Imbiß fürs Frühjahr, wenn die ersten frischen Gemüsesorten auf den Markt kommen.

Arbeitsaufwand:
5 Minuten
Für 4 Personen

1 Portion enthält:

kJ/kcal	*668/159*	*Kohlenhydrate*	*18g*
Eiweiß	*12g*	*Ballaststoffe*	*5g*
Fett total	*1g*	*BE*	*1,5*
Cholesterin	*1mg*	*Natrium*	*123mg*
Unges. Fettsäuren	+		

8 kleine Frühlingsmöhren
4 Radieschen
4 Frühlingszwiebeln
250 g Magerquark
4 EL entrahmte Milch (0,3 %)
1 EL geriebener Meerrettich
4 Scheiben Sesam-Knäckebrot
4 Kopfsalatblätter
frischgeschroteter schwarzer Pfeffer

• Die Frühlingsmöhren und die Radieschen putzen.
• Das Grün der Frühlingszwiebeln entfernen.
• Den Quark mit Milch und Meerrettich glattrühren und auf die Knäckebrote geben.
• Die Brotscheiben jeweils mit einem Salatblatt, zwei Frühlingsmöhrchen, einem Radieschen und dem weißen Ende der Frühlingszwiebeln garnieren.
• Pfeffer darauf streuen und gleich servieren, da sonst das Knäckebrot aufweicht.

Abbildung S. 42/43

Knäckebrot Vier Jahreszeiten

Arbeitsaufwand:
10 Minuten
Für 4 Personen

1 Portion enthält:

kJ/kcal	*1982/472*	*Kohlenhydrate*	*23g*
Eiweiß	*37g*	*Ballaststoffe*	*8g*
Fett total	*24g*	*BE*	*2*
Cholesterin	*120mg*	*Natrium*	*260mg*
Unges. Fettsäuren	+		

1 Avocado
4 kleine Tomaten
1 mageres gegartes Schweinefilet
100 g Mozzarella
4 runde Knäckebrotscheiben
8 gegarte Garnelen
1/2 TL grob geschroteter bunter Pfeffer
4 Basilikumzweige
200 g Magerquark
4 EL Brombeeren
4 Johannisbeertrauben

• Die Avocado schälen, entkernen und in Scheiben schneiden.
• Die Tomaten, das Schweinefilet und den Mozzarella ebenfalls in Scheiben schneiden.
• Die Knäckebrotscheiben mit einem feinen Sägemesser vorsichtig vierteln und auf Teller legen.
• Das erste Viertel mit den Avocadoscheiben und Garnelen belegen.
• Das zweite Viertel mit Filetscheiben belegen und mit geschrotetem Pfeffer bestreuen.
• Das dritte Viertel abwechselnd mit Tomaten- und Mozzarellascheiben belegen. Mit Basilikum garnieren.
• Auf das letzte Viertel zunächst den Quark und dann die Beeren geben.

Käsehörnchen

Arbeitsaufwand:
20 Minuten
Kühlzeit:
20 Minuten
Backzeit:
20 Minuten
Für 16 Hörnchen

1 Hörnchen enthält:

kJ/kcal	*2264/539*	*Kohlenhydrate*	*50g*
Eiweiß	*25g*	*Ballaststoffe*	*3g*
Fett total	*26g*	*BE*	*4,25*
Cholesterin	*13mg*	*Natrium*	*235mg*
Unges. Fettsäuren	*12g*		

Für den Teig:
250 g Magerquark
250 g Weizenmehl, Type 550
3 TL Weinsteinbackpulver
1/2 TL Salz
100 g Diätmargarine

Für die Füllung:
100 g fett- und salzarmer Gouda (30%)
2 EL geriebener Parmesan
1 EL Paniermehl
1 Eiweiß (Gewichtsklasse 3)
1/4 TL Paprika

Zum Bestreichen:
3 EL entrahmte Milch (0,3%)

- Den Quark über Nacht auf einem engmaschigen Sieb abtropfen lassen, mit den restlichen Zutaten für den Teig auf das Backbrett geben und mit einem großen Messer verhacken. Rasch mit kühlen Händen zu einem glatten Teig verkneten, in einen Kunststoffbeutel geben und 10 Minuten kühlen.
- Zwei Lagen Kunststoffolie bemehlen. Zwischen ihnen den Teig etwa 5mm dick ausrollen. Dreifach zusammenlegen, ausrollen und zusammenlegen. 10 Minuten kühlen.
- Den Backofen auf 200°C vorheizen.
- Den Teig 3mm dick ausrollen und in etwa 5×5cm große Quadrate schneiden.
- Den Gouda reiben und mit den anderen Zutaten für die Füllung vermischen. Jeweils 1TL davon in die Mitte der Quadrate geben. Zu Dreiecken zusammenlegen, die Kanten zudrücken und mit Milch bepinseln.
- Zwei Bleche mit Backpapier auslegen und die Hörnchen auf den mittleren Schienen in 20 Minuten goldbraun backen.

Zucchinitorte

Arbeitsaufwand:
20 Minuten
Backzeit:
50 Minuten
Für 8 Stücke

1 Stück enthält:

kJ/kcal	*1147/273*	*Kohlenhydrate*	*25g*
Eiweiß	*10g*	*Ballaststoffe*	*2g*
Fett total	*15g*	*BE*	*2,25*
Cholesterin	*121mg*	*Natrium*	*79mg*
Unges. Fettsäuren	*6g*		

Für den Teig:
250 g Weizenmehl, Type 1050
1 TL Weinsteinbackpulver
1/4 TL Salz
100 g Diätmargarine
1 Ei (Gewichtsklasse 3)
1–2 EL Wasser

Für den Belag:
500 g Zucchini
50 g fett- und salzarmer Gouda (30%)
2 Eier (Gewichtsklasse 3)
200 g Magerjoghurt
1/4 TL Salz
frischgemahlener weißer Pfeffer
2 EL Paniermehl

- Die Zutaten für den Teig in eine Schüssel geben und mit den Knethaken des Handrührers vermengen.
- Dann rasch von Hand zu einem glatten Teig verkneten, in einen Kunststoffbeutel geben und 10 Minuten kühlen.
- Den Backofen auf 200°C vorheizen.
- Den Teig zwischen zwei Lagen Kunststofffolie etwa 5mm dick ausrollen und in eine Springform von 26cm Ø geben. Einige Male mit der Gabel einstechen.
- Die Zucchini entweder in dünne Scheiben schneiden oder wie den Gouda grob reiben.
- Zucchini mit Eiern, Joghurt, Salz und Pfeffer vermischen und auf den Teig geben. Die Oberfläche glattstreichen.
- 40 Minuten auf der mittleren Schiene backen.
- Paniermehl und Käse mischen und damit die Torte bestreuen. Weitere 10 Minuten backen.
- Heiß in 8 Stücke schneiden und sofort servieren.

Tomatentörtchen mit Oliven

Arbeitsaufwand:
30 Minuten
Backzeit:
20–25 Minuten
Für 8 Törtchen

Für den Teig:
250 g Weizenmehl, Type 550
100 g Diätmargarine
1 Ei (Gewichtsklasse 3)
1–2 EL Wasser
1/4 TL Salz

Für den Belag:
100 g Frischkäse mit Kräutern
1 Eiweiß (Gewichtsklasse 3)
5 kleine Tomaten
9 schwarze Oliven
frischgemahlener Pfeffer

- Für den Teig das Mehl in eine Schüssel geben und das Fett flöckchenweise darauf verteilen.
- Ei, Wasser und Salz zugeben und alle Zutaten mit den Knethaken des Handrührgeräts rasch vermischen.
- Mit der Hand zu einem Teigkloß verkneten, diesen in einen Gefrierbeutel geben und für 10 Minuten in den Kühlschrank legen.
- Den Backofen auf 200 °C vorheizen.
- Den Teig zwischen zwei Lagen Kunststofffolie etwa 5 mm dick ausrollen. 8 kreisrunde Scheiben von 11 cm Ø ausschneiden und Torteletformen von 8 cm Ø damit auskleiden.
- Für den Belag Käse mit dem Eiweiß verrühren und die Törtchen damit bestreichen.
- Die Tomaten in Scheiben schneiden und mit den Oliven auf dem Käse verteilen.
- Die Törtchen mit Pfeffer bestreuen.
- Auf einem Rost auf der mittleren Schiene in 20 Minuten backen und warm servieren.

Tip: Wer keine Tortelletformen hat, bäckt den Teig in einer Springform oder auf einer Backblechhälfte und portioniert das Gebäck.

1 Portion enthält:

kJ/kcal	*1046/249*	*Kohlenhydrate*	*24 g*
Eiweiß	*6 g*	*Ballaststoffe*	*2 g*
Fett total	*14 g*	*BE*	*2*
Cholesterin	*39 mg*	*Natrium*	*52 mg*
Unges. Fettsäuren	*6 g*		

Würstchen in Kartoffelteig

Arbeitsaufwand:
25 Minuten
Kühlzeit:
5 Minuten
Backzeit:
30 Minuten
Für 6 Würstchen

1 Würstchen enthält:

kJ/kcal	*1630/388*	*Kohlenhydrate*	*25g*
Eiweiß	*17g*	*Ballaststoffe*	*3g*
Fett total	*22g*	*BE*	*2,25*
Cholesterin	*52mg*	*Natrium*	*17mg*
Unges. Fettsäuren	*1g*		

6 Geflügelbratwürste
1 TL Sonnenblumenöl

Für den Teig:
500 g gegarte mehlige Kartoffeln vom Vortag
1 Ei (Gewichtsklasse 3)
100 g Weizenmehl, Type 550
1/4 TL Salz
Muskat

Zum Bestreichen:
3 EL entrahmte Milch (0,3%)

- Die Würstchen mit dem Öl bepinseln und entweder grillen oder braten, dann abkühlen lassen.
- Den Backofen auf 200°C vorheizen.
- Die Kartoffeln durchpressen und dann mit dem Ei, Mehl, Salz und Muskat zu einem Teig kneten.
- Auf der bemehlten Arbeitsplatte etwa 5mm dick ausrollen und in fingerbreite Streifen schneiden.
- Jedes Würstchen mit einem Kartoffelteigstreifen spiralförmig umwickeln.
- Ein Backblech mit Backpapier belegen. Darauf die Würstchen geben und den Teig mit Milch bepinseln.
- Auf der mittleren Schiene in etwa 30 Minuten backen und heiß zu Tisch bringen.

Heiße Hackbrötchen

Als Imbiß zwischendurch und als Partysnack stets willkommen.

Arbeitsaufwand:
15 Minuten
Backzeit:
15 Minuten
Für 4 Personen

1 Portion enthält:

kJ/kcal	*1756/418*	*Kohlenhydrate*	*35g*
Eiweiß	*30g*	*Ballaststoffe*	*2g*
Fett total	*18g*	*BE*	*3*
Cholesterin	*79mg*	*Natrium*	*295mg*
Unges. Fettsäuren	*1g*		

1 Zwiebel
1 TL Sonnenblumenöl
400 g mageres Rinderhack
4 EL Paniermehl
6 EL Wasser
1 Ei (Gewichtsklasse 3)
1 TL Kapern
1/4 TL Salz
frischgemahlener schwarzer Pfeffer
4 Brötchen

- Den Backofen auf 200°C vorheizen.
- Die Zwiebel kleinhacken.
- Das Öl in einer Pfanne erhitzen und die Zwiebel unter Rühren goldbraun braten.
- In einer Schüssel die Zwiebeln mit Hackfleisch, Paniermehl, Wasser, Ei, Kapern, Salz und Pfeffer zu einem geschmeidigen Hackteig verrühren.
- Die Brötchen aufschneiden und das Innere herauslösen. Die Fleischmasse bergartig auf die Brötchen streichen.
- Auf einem Rost auf der mittleren Schiene etwa 15 Minuten backen und heiß zu Salat servieren.

Tip: Die Brötchen kann man am Tag davor backen und am folgenden Tag im Mikrowellengerät aufwärmen. Vorgebackene Brötchen lassen sich außerdem gut einfrieren.

Melonensalat mit Käse (S. 67) und Pyrmonter Salat (S. 67)

Vorspeisen und Snacks

Nicht nur als Auftakt zu einem festlichen Menü, sondern auch für kalte Buffets und kleine Zwischenmahlzeiten sind diese Gerichte geeignet. Einige können schon im voraus zubereitet und kalt serviert werden, andere werden noch warm zu Tisch gebracht – leicht und bekömmlich sind sie alle.

Guacamole

Die pikante Avocadocreme ist aus der Küche Mittelamerikas nach Europa gekommen.

Arbeitsaufwand:
5 Minuten
Für 4 Personen

- **1 Avocado**
- **2 kleine Tomaten**
- **$^1/_2$ kleine Paprikaschote**
- **1 EL feingehackte rote Zwiebelwürfel**
- **1 Knoblauchzehe**
- **2 EL feingehackte Petersilie**
- **2 EL Magerjogurt**
- **1 EL Zitronensaft**
- **$^1/_4$ TL Salz**

- Die Avocado aufschneiden und den Kern entfernen.
- Das Fruchtfleisch aus der Schale lösen und mit einer Gabel zerdrücken.
- Die Tomaten schälen; diese und die Paprikaschote kleinhacken.
- Die Knoblauchzehe zerdrücken.
- Alle Zutaten vermischen und die Masse bis zum Verzehr mit Frischhaltefolie abdecken, damit sie nicht braun wird.
- Mit mexikanischen Minitacos oder rohem gestifteltem Gemüse als Dip oder als Brotaufstrich servieren.

Tip: Tomaten lassen sich leicht schälen, wenn man sie an einer Gabel kurz über eine Gasflamme hält, 30 Sekunden in die Mikrowelle legt oder mit kochendem Wasser überbrüht und nach 1 Minute kalt abschreckt.

1 Portion enthält:

kJ/kcal	*538/128*	*Kohlenhydrate*	*3g*
Eiweiß	*2g*	*Ballaststoffe*	*3g*
Fett total	*12g*	*BE*	*0,25*
Cholesterin	*1 mg*	*Natrium*	*10 mg*
Unges. Fettsäuren	*+*		

Vollkorn-häppchen mit Spinatdip

Dips – der Begriff stammt aus dem Englischen – sind cremige, pikante Soßen, in die man Cracker, Toastschnitten oder rohe Gemüsestreifen taucht: ein beliebter Partysnack.

Arbeitsaufwand:
15 Minuten
Für 4 Personen

200 g	**feingehackter TK-Spinat**
1	**Vollkornbaguette**
1	**Knoblauchzehe**
100 ml	**entrahmte Milch (0,3%)**
2 EL	**geriebener Parmesan**
2 EL	**Pinienkerne oder gehackte, geröstete Mandeln (S. 40)**
1 EL	**natives Olivenöl extra**
1/2 TL	**Salz**

- Den Spinat auftauen.
- Den Spinat mit der zerdrückten Knoblauchzehe und den restlichen Zutaten in einem kleinen Topf unter stetigem Rühren etwa 4 Minuten kochen.
- Abschmecken und in eine kleine Schale füllen.
- Das Baguette in Scheiben schneiden und beidseitig grillen oder toasten.
- Warm oder kalt servieren. Die gerösteten Brotschnitten dippt man in die aromatische Spinatsoße.

Tip: Für eine größere Gesellschaft füllt man den Dip in mehrere kleine Schälchen.

1 Portion enthält:

kJ/kcal	*655/156*	*Kohlenhydrate*	*15g*
Eiweiß	*7g*	*Ballaststoffe*	*4g*
Fett total	*7g*	*BE*	*1,25*
Cholesterin	*3mg*	*Natrium*	*233mg*
Unges. Fettsäuren	+		

Kräuterquark-creme

Aus dem schmackhaften Kräuterquark läßt sich zusammen mit hartgekochten Eiern, Pellkartoffeln und einem Kopfsalat schnell eine leichte frühsommerliche Mahlzeit auf den Tisch zaubern.

Arbeitsaufwand:
5 Minuten
Für 4 Personen

4	**Radieschen**
4	**frische Basilikumzweige**
1	**Knoblauchzehe**
250 g	**Magerquark**
1/4 TL	**Salz**
1 Msp	**feingeriebene ungespritzte Zitronenschale**
	etwas entrahmte Milch (0,3%) nach Bedarf

- Radieschen putzen und kleinschneiden, Basilikumzweige kleinhacken und die Knoblauchzehe zerdrücken.
- Den Quark und die restlichen Zutaten mit dem Schneebesen oder dem Handrührgerät gut vermischen.
- Der Quark wird geschmeidiger, wenn man etwas Milch hinzufügt.

Variationen: Hat man kein frisches Basilikum zur Hand, kann man es durch 2 EL gefrorene Salatkräuter (S. 39) ersetzen. Der Quark kann auch wahlweise mit Curry und Knoblauch, mit Kümmel und geriebenem Rettich, mit Paprika und einer kleingehackten Paprikaschote oder mit Schnittlauch und Tomatenmark angemacht und als Brotbelag serviert werden, oder man reicht dazu Vollkorncracker oder mexikanische Minitacos. Von dem Quark läßt sich auch eine größere Menge zubereiten, die man dann portionsweise einfriert.

1 Portion enthält:

kJ/kcal	*235/56*	*Kohlenhydrate*	*3g*
Eiweiß	*9g*	*Ballaststoffe*	*0g*
Fett total	+	*BE*	*0,25*
Cholesterin	+	*Natrium*	*27mg*
Unges. Fettsäuren	+		

Marinertes Gemüse

Arbeitsaufwand:
15 Minuten
Marinierzeit:
12 Stunden
Für 4 Personen

Für die Marinade:

1	**Knoblauchzehe**
50 ml	**Weißweinessig**
1 EL	**natives Olivenöl extra oder Walnußöl**
1 EL	**Kapern**
je 1/2 TL	**Paprika und Salz**
	frischgemahlener schwarzer Pfeffer

Für das Gemüse:

2	**mittelgroße Zucchini**
2	**mittelgroße Möhren**
1	**Stange Staudensellerie**
1	**kleine rote Paprikaschote**

- Die Knoblauchzehe kleinhacken.
- Für die Marinade sämtliche Zutaten in einem gut verschließbaren Glas vermischen.
- Die Möhren und den Sellerie putzen, rasch waschen und in kleinfingergroße Stücke schneiden.
- Die Zucchini waschen, ebenfalls in kleinfingergroße Stücke schneiden.
- Die Paprikaschote waschen, entkernen und in Stifte schneiden.
- Das Gemüse zur Marinade geben und 12 Stunden kalt stellen. Zwischendurch das Glas einmal auf den Kopf stellen, damit alles Gemüse mariniert wird.

Tip: Diese kalorienarme Vorspeise kann man auch zu einem Aperitif reichen.

1 Portion enthält:

kJ/kcal	*223/53*	*Kohlenhydrate*	*4g*
Eiweiß	*2g*	*Ballaststoffe*	*3g*
Fett total	*3g*	*BE*	*0,5*
Cholesterin	*0mg*	*Natrium*	*35mg*
Unges. Fettsäuren	*+*		

Gefüllte Eier

Arbeitsaufwand:
16 Minuten
Für 4 Personen

1 Portion enthält:

kJ/kcal	*647/154*	*Kohlenhydrate*	*2g*
Eiweiß	*11g*	*Ballaststoffe*	*0g*
Fett total	*11g*	*BE*	*0,25*
Cholesterin	*471mg*	*Natrium*	*1mg*
Unges. Fettsäuren	+		

6 Eier (Gewichtsklasse 3)
1/2 TL Salz
1 kleine Gewürzgurke
1 Schalotte
1 EL fettarme Mayonnaise
1/2 TL Zitronensaft
1/2 TL milder Senf
1/2 TL Salz
frischgemahlener weißer Pfeffer

Zum Garnieren:
Petersilienzweige
eingelegte Paprikastreifen
Feldsalat oder Friséesalat

- Die Eier hart kochen, abkühlen lassen, dann schälen und der Länge nach halbieren. Jeweils das Eigelb herauslösen und das Eiweiß leicht salzen.
- Das Eigelb mit der Gabel zerdrücken.
- Die Gewürzgurke und die Schalotte sehr klein hacken und mit dem Eigelb und den übrigen Zutaten vermischen. Abschmecken.
- Die Füllung mit einem breiten Messer in die Eiweißhälften streichen.
- Mit Petersilienzweigen und schmalen Paprikastreifen garnieren und auf grünem Salat anrichten.

Tip: Wer auf den Cholesteringehalt seiner Ernährung achten muß, zerdrückt lediglich 1 ganzes Ei und 1 Eiweiß, um acht Eiweißhälften zu füllen.

Gefüllte Pfirsichhälften

Arbeitsaufwand:
6 Minuten
Für 4 Personen

1 Portion enthält:

kJ/kcal	*483/115*	*Kohlenhydrate*	*15g*
Eiweiß	*9g*	*Ballaststoffe*	*1g*
Fett total	*1g*	*BE*	*1,25*
Cholesterin	*1mg*	*Natrium*	*26mg*
Unges. Fettsäuren	*0g*		

4 zuckerfrei konservierte Pfirsichhälften
250 g Magerquark
3–4 EL trockener Weißwein
1 TL geriebener Meerrettich
frischgemahlener weißer Pfeffer
1/2 TL Salz
1 TL geröstete, gehackte Haselnüsse (S. 40)
1 Packung Gartenkresse

- Die Pfirsichhälften abtropfen lassen.
- Für die Füllung den Quark mit Wein, Meerrettich, Pfeffer und Salz verrühren.
- In einen Spritzbeutel mit großer Tülle geben und in die Pfirsichhälften spritzen.
- Mit Haselnüssen bestreuen und jeweils auf einem Bett Gartenkresse anrichten.

Tip: Gartenkresse wie auch Dill dürfen nie gewaschen werden, weil sonst die Blättchen zusammenkleben.

Windbeutel mit pikanter Quarkfüllung

Arbeitsaufwand:
15 Minuten
Kochzeit:
12 Minuten
Für 4 Personen

100 ml Wasser
4 EL Diätmargarine
1 Pr Salz
60 g Weizenmehl, Type 550
2 Eier (Gewichtsklasse 3)
1 TL Weinsteinbackpulver

Für die Füllung:
250 g Magerquark
3 EL entrahmte Milch (0,3%)
1 TL geriebener Meerrettich
frischgemahlener weißer Pfeffer
1/2 TL Salz
je 1 EL rote, gelbe und grüne Paprikawürfel

1 Portion enthält:

kJ/kcal	*920/219*	*Kohlenhydrate*	*15g*
Eiweiß	*14g*	*Ballaststoffe*	*1g*
Fett total	*11g*	*BE*	*1,25*
Cholesterin	*158mg*	*Natrium*	*75mg*
Unges. Fettsäuren	*5g*		

- Den Backofen auf 200 °C vorheizen.
- Das Wasser zusammen mit der Diätmargarine und dem Salz in einem Stieltopf zum Kochen bringen.
- Das Mehl sieben und, sowie das Wasser kocht, auf einmal hineingeben. Unter kräftigem Rühren in etwa 2 Minuten abbrennen und 1 Ei unter den heißen Teig rühren.
- Den Teig abkühlen lassen, dann das zweite Ei und das Backpulver unterrühren.
- Mit dem Spritzbeutel oder mit einem Eßlöffel walnußgroße Teighäufchen auf ein mit Backpapier belegtes Blech setzen.
- Auf der zweituntersten Schiene in 12 Minuten backen, dabei die Ofentür nicht öffnen.
- Für die Füllung alle Zutaten, bis auf die Paprikawürfel, verrühren.
- Kurz vor dem Servieren die Windbeutel aufschneiden und füllen.
- Mit den Paprikawürfeln garnieren.

Pyrmonter Salat

Durch die ungewöhnliche Kombination bekannter Zutaten entsteht ein Überraschungssalat, der auch mit hübschen Farbkontrasten das Auge erfreut.

Arbeitsaufwand:
10 Minuten
Für 4 Personen

1 Portion enthält:

kJ/kcal	*588/140*	*Kohlenhydrate*	*18g*
Eiweiß	*7g*	*Ballaststoffe*	*5g*
Fett total	*3g*	*BE*	*1,5*
Cholesterin	*82mg*	*Natrium*	*5mg*
Unges. Fettsäuren	+		

1 kleiner Kopf Lollo verde oder Kopfsalat
100 g salz- und fettarmer Gouda (30%)
1 hartgekochtes Ei (Gewichtsklasse 3)
300 g frische oder TK-Himbeeren
4 EL trockener Sherry
1/2 TL flüssiger Süßstoff
1/2 TL Salz
frischgemahlener weißer Pfeffer

- Den Salat putzen, waschen und sehr gut abtropfen lassen.
- Den Käse in Streifen schneiden.
- Das hartgekochte Ei achteln.
- Den Salat bergartig auf einer Platte anrichten. Den Käse, das Ei und die Hälfte der Himbeeren darauf verteilen.
- Die übrigen Himbeeren und die restlichen Zutaten mit dem Schneidstab des Handrühres pürieren.
- Die Himbeersoße als Dressing über den Salat gießen.

Abbildung S. 60/61

Tip: Bereitet man den Salat mit tiefgekühlten Himbeeren zu, taut man diese schonend im Kühlschrank über Nacht auf.

Melonensalat mit Käse

Arbeitsaufwand:
20 Minuten
Für 4 Personen

1 Portion enthält:

kJ/kcal	*1071/255*	*Kohlenhydrate*	*11g*
Eiweiß	*25g*	*Ballaststoffe*	+
Fett total	*9g*	*BE*	*1*
Cholesterin	*32mg*	*Natrium*	*168mg*
Unges. Fettsäuren	+		

150 g Hühnerbrüstchen
1 TL Zitronensaft
100 g salz- und fettarmer Gouda (30%)
1 kleine Ogen- oder Galiamelone
50 g Feldsalat
1 EL Sojaöl

Für die Soße:
2 EL Soja- oder Distelöl
2 EL Zitronensaft
1/2 TL mittelscharfer Senf
1/2 TL Zucker
frischgemahlener weißer Pfeffer
1 Pr Salz

- Die Hühnerbrüstchen kurz ins Gefrierfach legen, dann in schmale Streifen schneiden und mit Zitronensaft benetzen.
- Den Käse in Stifte schneiden.
- Die Melone entkernen und entweder mit dem Kartoffelausstecher Kugeln ausstechen oder die Melone aushöhlen und das Fruchtfleisch würfeln.
- Den Feldsalat verlesen, waschen, trockentupfen und auf eine Platte geben.
- In einer beschichteten Pfanne das Fleisch in wenig Öl unter Wenden in etwa 4 Minuten braten. Es darf dabei nicht trocken werden.
- Geflügelfleisch, Käse und Melone mischen und auf dem Feldsalat anrichten.
- Die Zutaten für die Soße miteinander verrühren und über den Salat gießen.

Abbildung S. 60/61

Pilzsalat mit Käse

Arbeitsaufwand:
20 Minuten
Für 4 Personen

1 Portion enthält:

kJ/kcal	*790/188*	*Kohlenhydrate*	*6 g*
Eiweiß	*16 g*	*Ballaststoffe*	*3 g*
Fett total	*11 g*	*BE*	*0,5*
Cholesterin	*18 mg*	*Natrium*	*296 mg*
Unges. Fettsäuren	+		

200 g kleine Champignons
2 EL Zitronensaft
200 g Austernpilze
200 g Shiitakepilze
2 EL Sonnenblumenöl
200 g salz- und fettarmer Gouda (30 %)

Für die Soße:
1/4 TL Salz
1 TL süßer Senf
2 EL Zitronensaft

Zum Garnieren:
2 EL feingehackte glatte Petersilie

- Harte Stielansätze der Champignons abschneiden, etwas zerkleinern. Die Champignons kurz waschen und mit Küchenkrepp trocknen. Mit dem Eischneider in gleichmäßige Scheiben schneiden und sofort mit Zitronensaft beträufeln.
- Austernpilze nicht waschen, sondern nur mit Küchenkrepp abreiben. Gegebenenfalls etwas zerkleinern.
- Shiitakepilze nur waschen und nicht zerkleinern.
- Alle Pilze unter Wenden 3 Minuten in einer beschichteten Pfanne in heißem Öl dünsten und erkalten lassen.
- In der Zwischenzeit den Käse von der Rinde befreien und in Stücke schneiden.
- Den Zitronensaft mit dem Salz, dem Senf und etwas von der Petersilie verrühren. Dann mit den Pilzen und dem Käse vermischen.
- Den Salat abschmecken und mit Petersilie bestreuen.

Pikanter Rindfleischsalat

Besonders gut schmeckt dieser Salat, der eine ideale Möglichkeit bietet, Reste von Suppenfleisch und Tafelspitz zu verwerten, wenn er tags zuvor zubereitet wurde.

Arbeitsaufwand:
10 Minuten
Marinierzeit:
10 Minuten
Für 4 Personen

1 Portion enthält:

kJ/kcal	*592/141*	*Kohlenhydrate*	*6 g*
Eiweiß	*20 g*	*Ballaststoffe*	*2 g*
Fett total	*4 g*	*BE*	*0,5*
Cholesterin	*61 mg*	*Natrium*	*53 mg*
Unges. Fettsäuren	+		

1 kleiner Apfel
1 kleine rote Paprikaschote
250 g mageres gegartes Rindfleisch
1 Gewürzgurke
1 kleine Zwiebel

Für die Marinade:
1 EL Sonnenblumenöl
1 EL Essig
1 EL Gurkenaufguß
1 TL mittelscharfer Senf
1/4 TL Salz
frischgeschroteter schwarzer Pfeffer
1 EL feingeschnittener Schnittlauch

- Den ungeschälten Apfel und die Paprikaschote entkernen.
- Apfel, Paprika, Rindfleisch und Gurke in schmale Stifte schneiden.
- Die Zwiebel schälen und in feine Ringe hobeln.
- Die Zutaten für die Marinade miteinander verrühren.
- Fleisch und Gemüse mit der Marinade gut vermischen, abschmecken und mindestens 10 Minuten durchziehen lassen.

Variante: Statt des Rindfleisches kann man den Salat mit gegarter Putenbrust zubereiten. Die Gewürzgurke tauscht man dann gegen 1 Scheibe ungezuckerte Ananas.

Putenbrust mit Romanasalat

Als Vorspeise oder Snack zwischendurch dank des fettarmen Putenfleisches eine ideale Kombination für Kalorienbewußte.

Arbeitsaufwand:
10 Minuten
Grillzeit:
5 Minuten
Für 4 Personen

1 Portion enthält:	
kJ/kcal	*538/128*
Eiweiß	*15g*
Fett total	*5g*
Cholesterin	*31mg*
Unges. Fettsäuren	*+*
Kohlenhydrate	*6g*
Ballaststoffe	*2g*
BE	*0,5*
Natrium	*43mg*

200 g Putenbrust
1 TL Öl
frischgemahlener weißer Pfeffer
1/4 TL Salz

Für den Salat:
1 kleiner Kopf Romanasalat
1 EL Walnußöl
1 EL Kräuteressig
4 EL Gemüsebrühe
1/4 TL Johannisbrotkernmehl
1/2 kleine Gurke
4 EL Magerjoghurt
4 EL konservierte Maiskörner
frischgemahlener weißer Pfeffer
1/4 TL Salz

- Die Putenbrust vierteln, mit Öl bepinseln, mit Salz und Pfeffer würzen und unter gelegentlichem Wenden grillen. Abkühlen lassen.
- Währenddessen den Salat putzen und das Herz herauslösen.
- Öl, Essig, Brühe und Johannisbrotkernmehl miteinander verrühren.
- Die Salatblätter auf vier Tellern anrichten und mit der Soße beträufeln.
- Die Gurke zunächst schälen und dann in Scheiben hobeln.
- Das Putenfleisch in Scheiben schneiden.
- Die Gurken- und Putenfleischscheiben auf den Salat geben, mit dem Joghurt und den Maiskörnern garnieren und mit Pfeffer und Salz mild würzen.

Leichter Geflügelsalat

Arbeitsaufwand:
15 Minuten
Für 4 Personen

1 Portion enthält:

kJ/kcal	*1096/261*	*Kohlenhydrate*	*9g*
kJ/kcal (Diab.)	*1016/242*	*Kohlenh. (Diab.)*	*4g*
Eiweiß	*39g*	*Ballaststoffe*	*2g*
Fett total	*13g*	*BE*	*0,75*
Cholesterin	*41mg*	*BE (Diab.)*	*0,5*
Unges. Fettsäuren	*+*	*Natrium*	*224mg*

200 g Hühnerbrüstchen
1 TL Zitronensaft
1 EL Sojaöl
50 g Feldsalat
1 Bund Radieschen
½ Salatgurke
125 g salz- und fettarmer Gouda (30%)

Für die Soße:
2 EL Soja- oder Haselnußöl
1 EL Honig
2 EL Gemüsebrühe
2 EL Zitronensaft
1 EL süßer Senf
½ TL Salz
frischgemahlener schwarzer Pfeffer
2 EL geröstete Sesamsamen (S. 40)

- Die Hühnerbrüstchen mit Zitronensaft benetzen und in einer beschichteten Pfanne in wenig Öl in etwa 6 Minuten braten. Abkühlen lassen.
- Inzwischen den Feldsalat verlesen, waschen, abtropfen lassen und auf vier Teller verteilen.
- Die Radieschen putzen und mit der Salatgurke waschen. Die Radieschen in Scheiben und die Gurke in Stifte schneiden.
- Den Käse mit einem Buntmesser in Würfel, die Geflügelbrüstchen in Streifen schneiden.
- Fleisch, Gemüse und Käse mischen und auf dem Feldsalat anrichten.
- Die Zutaten für die Soße vermischen und über den Salat geben.

Tip: Diabetiker nehmen statt des Honigs ½TL flüssigen Süßstoff.

Geflügelsalat mit Basilikum

Arbeitsaufwand:
20 Minuten
Kochzeit:
10 Minuten
Marinierzeit:
5 Minuten
Für 4 Personen

1 Portion enthält:

kJ/kcal	*756/180*	*Kohlenhydrate*	*3g*
Eiweiß	*29g*	*Ballaststoffe*	*2g*
Fett total	*5g*	*BE*	*0,25*
Cholesterin	*76mg*	*Natrium*	*108mg*
Unges. Fettsäuren	*+*		

500 g Hühner- oder Putenbrüstchen
250 ml salzarme Hühnerbrühe (S. 84)
250 g kleine Champignons
3 EL Zitronensaft
1 Stange Staudensellerie nach Belieben

Für die Soße:
2 EL fettarme Mayonnaise
2 EL Magerjoghurt
½ TL feingeriebene ungespritzte Zitronenschale
½ TL Zucker
½ TL Salz
frischgemahlener weißer Pfeffer
2 EL fein zerzupfte Basilikumblätter

- Die Geflügelbrüstchen in der Brühe im zugedeckten Topf in etwa 10 Minuten garen. Oder mit der Brühe im Mikrowellengerät bei 100% ebenfalls 10 Minuten garen.
- Abkühlen lassen und dann in Würfel oder feine Streifen schneiden.
- Die Stielenden der Champignons abschneiden. Die Pilze waschen, trocknen und mit dem Eischneider in gleichmäßig dünne Scheiben schneiden. Mit Zitronensaft benetzen, damit sie nicht braun werden.
- Den Staudensellerie waschen und in dünne Scheiben schneiden.
- Die Soßenzutaten, bis auf das Basilikum, miteinander verrühren. Mit dem Fleisch, den Pilzen und dem Käse vermischen und frischwürzig abschmecken.
- Kurz vor dem Servieren einen Teil des Basilikums unter den Salat mengen und den Rest darauf verteilen.

Hühnerbrüstchen mit Sharonfrüchten

Arbeitsaufwand:
15 Minuten
Für 4 Personen

300 g Hühnerbrüstchen
1 TL Zitronensaft
1 EL Sojaöl
700 g Sharonfrüchte
4 Feldsalatbüschel

Für die Soße:
2 EL Soja- oder Walnußöl
1 EL Apfelessig
4 EL Orangensaft
1/2 TL feingeriebene ungespritzte Orangenschale
1 Pr geriebener Ingwer
1/2 TL Salz
frischgemahlener schwarzer Pfeffer

1 Portion enthält:

kJ/kcal	*1210/288*	*Kohlenhydrate*	*19g*
Eiweiß	*26g*	*Ballaststoffe*	*+*
Fett total	*6g*	*BE*	*1,75*
Cholesterin	*45mg*	*Natrium*	*57mg*
Unges. Fettsäuren	*+*		

- Die Hühnerbrüstchen mit Zitronensaft beträufeln und unter Wenden in etwa 6 Minuten in heißem Öl in einer beschichteten Pfanne braten.
- Abkühlen lassen und in dünne Scheiben schneiden.
- Die Sharonfrüchte waschen, die Stielansätze vorsichtig abdrehen, nach Belieben wie Äpfel schälen. Dann halbieren und in dünne Scheiben schneiden.
- Schuppenartig mit dem Geflügelfleisch und dem Feldsalat auf Tellern anrichten.
- Die Zutaten für die Soße miteinander verrühren und auf die Portionen verteilen.

Tip: Sharonfrüchte werden auch unter der Bezeichnung Kakis angeboten, haben aber im Unterschied zu diesen keine Kerne.

Geräucherte Forellen mit Meerrettichquark

Arbeitsaufwand:
5 Minuten
Grillzeit:
3 Minuten
Für 4 Personen

1 Portion enthält:

kJ/kcal	*827/197*	*Kohlenhydrate*	*2g*
Eiweiß	*37g*	*Ballaststoffe*	+
Fett total	*4g*	*BE*	*0,25*
Cholesterin	*84mg*	*Natrium*	*87mg*
Unges. Fettsäuren	*1g*		

4 kleine geräucherte Forellen
1 ungespritzte Zitrone
200 g Magerquark
4 EL entrahmte Milch (0,3%)
1 TL geriebener Meerrettich
1 TL Zitronensaft
1/2 TL Salz

• Die Forellen von Köpfen und Gräten befreien und mit der Haut entweder im Backofen bei 200°C oder unter dem Grill 2–3 Minuten anwärmen. So schmecken sie wie frisch aus dem Rauch.
• Die Fische von den Häuten lösen und auf eine Platte legen.
• Die Zitrone achteln und damit die Forellen garnieren.
• Den Quark mit den übrigen Zutaten abschmecken. In einem Schälchen extra zu den Fischen reichen.

Salade niçoise

Zum klassischen Salat aus Nizza reicht man stilgerecht frisches, knuspriges Baguette.

Arbeitsaufwand:
15 Minuten
Kochzeit:
13 Minuten
Für 4 Personen

300 g grüne Bohnen
1/2 TL Bohnenkraut
2 Eier (Gewichtsklasse 3)
1/4 Salatkopf
1 mittelgroße gegarte Kartoffel
4 kleine Tomaten
1 kleine grüne oder rote Paprikaschote nach Belieben
1/4 Salatgurke
130 g Thunfisch ohne Öl aus der Dose

Für die Soße:
2 EL natives Olivenöl extra
2 EL Kräuteressig
2 EL Bohnenwasser
2 EL feingehackte Zwiebeln
1 EL abgespülte Kapern
1 TL Dijonsenf (S. 31)
1 Knoblauchzehe
1/4 TL Salz

1 Portion enthält:

kJ/kcal	*1042/248*	*Kohlenhydrate*	*12g*
Eiweiß	*15g*	*Ballaststoffe*	*4g*
Fett total	*15g*	*BE*	*1*
Cholesterin	*167mg*	*Natrium*	*43mg*
Unges. Fettsäuren	+		

• Die grünen Bohnen waschen, putzen und brechen.
• Zusammen mit dem Bohnenkraut in einen Topf geben, mit wenig Wasser bedecken und verschlossen in 6–7 Minuten al dente garen. Abgießen und abkühlen lassen.
• Die Eier hart kochen und abkühlen lassen.
• Den Salatkopf putzen, waschen, zerkleinern und auf vier Teller verteilen.
• Die Kartoffel würfeln und mit den Bohnen auf die Salatblätter geben.
• Die Tomaten achteln, den harten Stielansatz ausschneiden.
• Die Paprikaschote von Stielansatz und Kernen befreien, in Streifen schneiden.
• Gurke schälen und würfeln.
• Den Thunfisch abtropfen lassen.
• Die Eier schälen und achteln.
• Alles auf die Salatblätter hübsch verteilen.
• Die Zutaten für die Soße miteinander verrühren. Über den Salat geben und möglichst gleich servieren.

Tip: Wer zu hohe Cholesterinwerte hat, gibt nur kleingehacktes Eiweiß über den Salat.

Roggentoast mit Lachs auf Kiwicreme

Schon von den Römern wurde der Lachs als Delikatesse geschätzt. Man erkennt seine Qualität an der Farbe: Sie sollte zart roséfarben bis rosagrau sein.

Arbeitsaufwand:
8 Minuten
Für 4 Personen

1 Portion enthält:

kJ/kcal	*563/134*
Eiweiß	*8g*
Fett total	*3g*
Cholesterin	*11mg*
Unges. Fettsäuren	+
Kohlenhydrate	*18g*
Ballaststoffe	*5g*
BE	*1,5*
Natrium	*136mg*

3 Kiwis
1 EL feingeriebener Meerrettich
1 EL saure Sahne
1 TL Zitronensaft
1 Pr Salz
4 Scheiben Roggentoastbrot
4 Scheiben Räucherlachs
1 Stengel Dill

- Die Kiwis schälen. Aus der Mitte der Früchte zwölf etwa 5mm dicke Scheiben schneiden.
- Den Rest der Kiwifrüchte mit der Gabel oder dem Pürierstab zerkleinern und mit Meerrettich, saurer Sahne, Zitronensaft und Salz abschmecken.
- Das Brot toasten und noch warm mit der Kiwicreme bestreichen.
- Die Scheiben mit Lachs, Kiwischeiben und Dill belegen.

Teufelskrabben

Das Rezept verdankt seinen Namen den feurigen Zutaten und ist für Liebhaber scharf gewürzter Speisen ein besonderer Genuß.

Arbeitsaufwand:
5 Minuten
Kochzeit:
10 Minuten
Marinierzeit:
15 Minuten
Für 4 Personen

1 Portion enthält:

kJ/kcal	*491/117*	*Kohlenhydrate*	*1g*
Eiweiß	*19g*	*Ballaststoffe*	*1g*
Fett total	*4g*	*BE*	*0,25*
Cholesterin	*140mg*	*Natrium*	*157mg*
Unges. Fettsäuren	*+*		

Für den Sud:
1 Zwiebel
1 kleine Stange Staudensellerie
2–3 Knoblauchzehen
12 schwarze Pfefferkörner
12 Korianderkörner nach Belieben
2–3 Gewürznelken
1 Lorbeerblatt
je 1/2 TL zerdrückte Chilischoten, Senfkörner und getrockneter Thymian
3 Zitronenscheiben
1/4 TL Salz
2 EL Weißweinessig
250 ml Wasser
300 g frische Garnelen

Für die Marinade:
1/2 Zwiebel
1 kleine Stange Staudensellerie
4 kleine Chilischoten
2 EL Zitronensaft
1 EL natives Olivenöl extra
1 Pr Cayennepfeffer
dünne Zitronenscheiben

- Die Zwiebel kleinhacken.
- Den Staudensellerie würfeln.
- Die Knoblauchzehen zerdrücken.
- Pfefferkörner, Korianderkörner, Nelken, Lorbeerblatt, Chilis, Senfkörner und Thymian in ein Tee-Ei oder in ein Stückchen Mull geben. Den Mull zusammenbinden.
- Die Gewürze mit den Zwiebelstückchen und den Selleriewürfeln, dem Knoblauch, den Zitronenscheiben, Salz, Essig und Wasser bei mäßiger Hitze ohne Deckel 10 Minuten kochen lassen.
- Die Garnelen unter Rühren für 1–2 Minuten im Sud ziehen lassen, bis sie sich gerade eben weiß färben. In eine Schüssel geben und abkühlen lassen.
- Für die Marinade die Zwiebel und den Staudensellerie kleinschneiden und mit den restlichen Zutaten, bis auf die Zitronenscheiben, anrühren. Die Garnelen darin etwa 10 Minuten ziehen lassen.
- Mit Zitronenscheiben garnieren und mit Spießchen reichen.

Tip: Statt frischer Garnelen kann man auch 400g tiefgekühlte nehmen, die aufgetaut werden müssen, bevor sie im Sud ziehen. Die Marinade kann anstelle von Cayennepfeffer mit 3 Tropfen Chilisoße gewürzt werden.

Kalifornischer Reissalat

Arbeitsaufwand:
15 Minuten
Kochzeit:
30 Minuten
Für 4 Personen

1 Portion enthält:

kJ/kcal	*1088/259*	*Kohlenhydrate*	*34g*
Eiweiß	*16g*	*Ballaststoffe*	*3g*
Fett total	*6g*	*BE*	*3*
Cholesterin	*23mg*	*Natrium*	*24mg*
Unges. Fettsäuren	+		

1 kleine Zwiebel
300 ml salzarme Hühnerbrühe (S. 84)
1/2 Lorbeerblatt
1 Gewürznelke
1 Msp feingemahlener Koriander
150 ml Natur- und Wildreismischung
2 Orangen
1 kleine grüne Paprikaschote
1 kleine rote Paprikaschote
125 g geräucherte oder gegarte Putenbrust

Für die Marinade:
4 EL salzarme Hühnerbrühe (S. 84)
1/4 TL Johannisbrotkernmehl
2 EL Distelöl
2 EL Balsamessig
1 EL Sojasoße
1 TL mittelscharfer Senf
1/4 TL Zucker

- Die Zwiebel kleinhacken und mit der Hühnerbrühe und den Gewürzen zum Kochen bringen. Den Reis zufügen und zugedeckt bei mäßiger Hitze in 25 Minuten ausquellen lassen.
- Die Orangen schälen und mit einem scharfen kleinen Messer zwischen den Trennhäutchen die einzelnen Fruchtfilets herausschneiden; dabei den abtropfenden Saft auffangen.
- Die Paprikaschoten von Stielansätzen und Kernen befreien und in schmale Streifen schneiden.
- Die Putenbrust ebenfalls in schmale Streifen schneiden.
- Für die Marinade die Hühnerbrühe mit dem Johannisbrotkernmehl vermischen und 10 Minuten quellen lassen.
- Die übrigen Zutaten und den aufgefangenen Orangensaft untermengen.
- Den Reis mit Orangenfilets, Paprikastreifen, Putenfleisch und Marinade vorsichtig vermischen. Abschmecken.

Bulgursalat

In der Küche des östlichen Mittelmeerraumes ist der getrocknete, geschrotete und gegarte Weizen, Bulgur genannt, ein Bestandteil vieler Gerichte.

Arbeitsaufwand:
8 Minuten
Kochzeit:
35 Minuten
Für 4 Personen

1 Portion enthält:

kJ/kcal	*995/237*	*Kohlenhydrate*	*38g*
Eiweiß	*8g*	*Ballaststoffe*	*2g*
Fett total	*6g*	*BE*	*3,25*
Cholesterin	*0mg*	*Natrium*	*8mg*
Unges. Fettsäuren	+		

400 ml Wasser
1/2 TL Salz
200 g Bulgur
2 kleine Fleischtomaten
1/2 rote Zwiebel
2 EL natives Olivenöl extra
2 EL Zitronensaft
4 EL frische, kleingehackte Minze
2 EL kleingehackte Petersilie
etwas gemahlener Koriander und Kümmel
einige Tropfen Tabasco

- Wasser und Salz zum Kochen bringen.
- Bulgur in eine feuerfeste Schüssel geben und mit dem kochenden Salzwasser übergießen. Zugedeckt in 30 Minuten ausquellen lassen.
- Die Tomaten überbrühen, schälen, entkernen und kleinhacken.
- Die Zwiebel schälen und kleinhacken.
- Tomaten und Zwiebel mit den restlichen Zutaten vermischen. Dann den Bulgur darunterrühren und alles abschmecken.
- Vor dem Servieren ziehen lassen.

Sommerlicher Nudelsalat

Arbeitsaufwand:
10 Minuten
Kochzeit:
16 Minuten
Marinierzeit:
30 Minuten
Für 4 Personen

1 Portion enthält:

kJ/kcal	*1088/259*	*Kohlenhydrate*	*26g*
Eiweiß	*20g*	*Ballaststoffe*	*1g*
Fett total	*17g*	*BE*	*2,25*
Cholesterin	*143mg*	*Natrium*	*62mg*
Unges. Fettsäuren	*1g*		

100 g Hörnchennudeln oder Fusilli
200 g Hühner- oder Putenbrüstchen
300 g TK-Mischgemüse nach Wahl
1 Ei (Gewichtsklasse 3)
1 Bund Schnittlauch

Für die Soße:
3 EL Kräuteressig
2 EL fettarme Mayonnaise
2 EL Magerjoghurt
2 EL Distelöl
2 EL feingehackte Zwiebeln
2 EL feingehackte gemischte Salatkräuter
2 EL abgespülte Kapern
1 EL mittelscharfer Kräutersenf
1/2 TL Salz
frischgemahlener weißer Pfeffer

- Die Nudeln in reichlich Wasser garen, kalt abspülen und abtropfen lassen.
- In einem zweiten, festschließenden Topf das Geflügelfleisch 3 Minuten mit wenig Wasser kochen, das Gemüse zufügen und weitere 5 Minuten bißfest garen.
- Das Ei hart kochen und abkühlen lassen.
- Das Fleisch herausnehmen und in Würfel schneiden.
- Das Gemüse abtropfen lassen.
- Die Zutaten für die Soße vermischen.
- Fleisch, Gemüse und Nudeln untermengen. Abschmecken und kalt stellen.
- Das Ei schälen und sehr klein schneiden.
- Den Schnittlauch fein schneiden und mit dem Ei auf den Salat geben.

Bunter Kartoffelsalat

Arbeitsaufwand:
45 Minuten
Für 8 Personen

1 Portion enthält:

kJ/kcal	*1491/355*	*Kohlenhydrate*	*41g*
Eiweiß	*11g*	*Ballaststoffe*	*7g*
Fett total	*16g*	*BE*	*3,5*
Cholesterin	*37mg*	*Natrium*	*470mg*
Unges. Fettsäuren	*2g*		

500 g kleine Salatkartoffeln
2 Äpfel
2 EL Zitronensaft
1 Zwiebel
2 Wiener Würstchen
200 g Maiskörner aus der Dose
1 Bund Schnittlauch

Für die Soße:
80 ml Wasser
3 EL Kräuteressig
1 TL Senf
1/2 TL Salz
1/4 TL Zucker
frischgemahlener weißer Pfeffer
1 EL Speisestärke
2 EL fettarme Mayonnaise
2 EL Magerjoghurt

- Die Kartoffeln garen, etwas abkühlen lassen und mit dem Eierschneider in Scheiben schneiden.
- Die Äpfel waschen, vierteln, entkernen, in Scheiben schneiden und sofort mit Zitronensaft beträufeln.
- Die Zwiebel schälen, vierteln und in Scheiben schneiden.
- Die Wiener Würstchen in dünne Scheiben schneiden.
- Den Mais abspülen und abtropfen lassen.
- Den Schnittlauch kleinschneiden.
- Das Wasser und den Essig mit den Gewürzen und der Stärke unter Rühren aufkochen, bis die Soße glasig ist.
- Die Soße abkühlen lassen, dabei ab und zu durchschlagen. Dann die Mayonnaise und den Joghurt untermengen.
- Alles miteinander vermischen, abschmekken und mit Schnittlauch bestreuen.

Sommerliche Gemüsepastetchen

Arbeitsaufwand:
5 Minuten
Garzeit:
20 Minuten
Für 4 Personen

1 Portion enthält:

kJ/kcal	*407/97*	*Kohlenhydrate*	*10 g*
Eiweiß	*11 g*	*Ballaststoffe*	*+*
Fett total	*4 g*	*BE*	*1*
Cholesterin	*79 mg*	*Natrium*	*67 mg*
Unges. Fettsäuren	*+*		

Für die Pastetchen:
300 g TK-Sommergemüse
125 ml entrahmte Milch (0,3 %)
1 Ei (Gewichtsklasse 3)
1 Eiweiß (Gewichtsklasse 3)
1/2 TL Salz
Muskat
frischgemahlener weißer Pfeffer
1 TL Sonnenblumenöl

Für die Soße:
200 g Magerjoghurt
1 Knoblauchzehe
1 Bund frischer Schnittlauch
25 g gemischte TK-Kräuter
Cayennepfeffer

- Das Sommergemüse in einem mikrowellengeeigneten Gefäß zugedeckt in 13 Minuten bei 100% knapp garen. Auf einem Sieb abtropfen lassen.
- Die Milch mit dem Ei, dem Eiweiß und den Gewürzen gut verschlagen, dann mit dem Gemüse mischen.
- Vier mikrowellengeeignete Portionsförmchen, Tassen oder eine kleine Auflaufform ausfetten und das Gemüse einfüllen.
- Nochmals für 5 Minuten bei 100% in das Mikrowellengerät geben.
- Inzwischen die Knoblauchzehe zerdrücken, den Schnittlauch kleinschneiden und mit den restlichen Zutaten für die Soße vermischen. Abschmecken.
- Die Soße auf Teller geben. Die Pastetchen mit einem Messer vom Rand der Formen lösen und auf die Soße stürzen.

Minipizzas mit Blumenkohl und Brokkoli

Arbeitsaufwand:
13 Minuten
Backzeit:
20 Minuten
Für 4 Personen

1 Portion enthält:

kJ/kcal	*1243/296*	*Kohlenhydrate*	*29 g*
Eiweiß	*15 g*	*Ballaststoffe*	*1 g*
Fett total	*13 g*	*BE*	*2,5*
Cholesterin	*19 mg*	*Natrium*	*146 mg*
Unges. Fettsäuren	*1 g*		

150 g Magerquark
2 EL Maiskcimöl
1/2 TL Salz
65 g Weizenmehl, Type 550
65 g Speisestärke
1 1/2 TL Weinsteinbackpulver
1 Scheibe magerer, gekochter Schinken
150 g TK-Blumenkohlröschen
150 g TK-Brokkoliröschen
3 EL geriebener Emmentaler
2 EL saure Sahne
1/2 TL Salz
frischgemahlener weißer Pfeffer
Muskat
2 EL Pinienkerne

- Den Backofen auf 200 °C vorheizen.
- Den Quark mit dem Maiskeimöl und dem Salz anmachen.
- Das Mehl mit der Stärke und dem Backpulver vermischen. Den Quark zufügen und rasch einen Teig rühren.
- Eine Kugel daraus formen, in acht Stücke teilen und zu kleinen Bällchen formen. Diese mit der Hand flachdrücken.
- Ein Blech mit Backpapier belegen und darauf die Pizzas setzen.
- Den Schinken würfeln und mit den gefrorenen Blumenkohl- und Brokkoliröschen auf die Teigböden verteilen.
- Käse und saure Sahne miteinander verrühren und daraufgeben. Mit Salz, Pfeffer und Muskat würzen und mit Pinienkernen bestreuen.
- Auf der zweituntersten Schiene in etwa 20 Minuten backen. Gleich servieren.

Champignons mit Spinatfüllung

Arbeitsaufwand:
20 Minuten
Backzeit:
20 Minuten
Für 4 Personen

150 g feingehackter TK-Spinat
8 große Champignons
1 EL Sonnenblumenöl
1 Knoblauchzehe
1 EL Zitronensaft
1/2 TL Salz
1 EL geriebener Parmesan
feinzerriebener Oregano oder Muskat
1/2 TL Sonnenblumenöl
2 EL Paniermehl

1 Portion enthält:

kJ/kcal	*378/90*	*Kohlenhydrate*	*5g*
Eiweiß	*7g*	*Ballaststoffe*	*2g*
Fett total	*5g*	*BE*	*0,5*
Cholesterin	*2mg*	*Natrium*	*63mg*
Unges. Fettsäuren	*+*		

- Den Spinat auftauen.
- Den Backofen auf 200°C vorheizen.
- Die Champignons säubern, rasch waschen, die Stiele abschneiden und kleinhacken.
- Das Öl in einem Topf erhitzen, darin den zerdrückten Knoblauch und die Champignonstiele dünsten.
- Den Spinat zufügen. Mit Zitronensaft, Salz, Parmesan und Oregano oder Muskat abschmecken.
- Eine flache Auflaufform einfetten. Die Pilzköpfe umgekehrt hineinsetzen, mit der Spinatmasse füllen und mit Paniermehl bestreuen.
- 10–15 Minuten backen, bis das Paniermehl hellbraun ist.

Walliser Käseschnitten

Mit einer Schüssel grünem Salat kann man diese Spezialität aus Wales, die dort mit Cheddar- oder Cheshirekäse zubereitet wird, auch als ein leichtes Abendessen servieren.

Arbeitsaufwand:
8 Minuten
Grillzeit:
2–3 Minuten
Für 4 Personen

4 Scheiben Vollkorntoastbrot
200 ml entrahmte Milch (0,3%)
2 EL Mehl
1 TL Senf
1/2 TL Worcestersoße
1/4 TL Salz
3 Tropfen Tabasco nach Belieben
120 g geriebener Emmentaler
Paprika oder Petersilie

- Das Vollkornbrot toasten.
- In einem Stieltopf Milch mit Mehl, Senf, Worcestersoße, Salz und Tabasco unter Rühren zum Kochen bringen. 2 Minuten kochen lassen. Dann den Käse hineinrühren.
- Die Toastbrotscheiben auf vier Teller verteilen.
- Die Käsesoße darüber verteilen und kurz übergrillen.
- Mit etwas Paprika bestäuben oder Petersilie feinhacken und darüberstreuen.

Tip: Erfahrungsgemäß schimmelt geriebener Emmentaler sehr schnell. Dem beugt man vor, indem man ihn im Gefrierfach aufbewahrt. Er kann gefroren verwendet werden.

1 Portion enthält:

kJ/kcal	*1588/378*	*Kohlenhydrate*	*40g*
Eiweiß	*30g*	*Ballaststoffe*	*2g*
Fett total	*14g*	*BE*	*3,5*
Cholesterin	*29mg*	*Natrium*	*386mg*
Unges. Fettsäuren	*+*		

Gratinierte Garnelen

Arbeitsaufwand:
3 Minuten
Kochzeit:
3 Minuten
Grillzeit:
6 Minuten
Für 4 Personen

300 g frische Garnelen
1 EL Zitronensaft
200 ml entrahmte Milch (0,3%)
2 EL Mehl
1 EL geriebener Parmesan
1 TL Zitronensaft
1/2 TL Salz
2 EL Paniermehl
1 EL Diätmargarine

- Den Grill einschalten.
- Die Garnelen kurz mit Wasser überspülen und abtropfen lassen. In vier Muschelschalen oder feuerfeste Portionsförmchen setzen und mit Zitronensaft beträufeln.
- Milch mit Mehl verrühren, zum Kochen bringen und mit Parmesan, Zitronensaft und Salz mild abschmecken.
- Die Soße über die Garnelen ziehen. Leicht mit Paniermehl bestreuen und kleine Fettflöckchen darüber verteilen.
- Unter dem Grill erhitzen, bis die Garnelen von zartbrauner Farbe sind.

Tip: Die frischen Garnelen können gegen 400 g TK-Garnelen ausgetauscht werden.

1 Portion enthält:

kJ/kcal	*659/157*	*Kohlenhydrate*	*13 g*
Eiweiß	*21 g*	*Ballaststoffe*	*+*
Fett total	*4 g*	*BE*	*1,25*
Cholesterin	*140 mg*	*Natrium*	*172 mg*
Unges. Fettsäuren	*1 g*		

Putensoufflé

Arbeitsaufwand:
15 Minuten
Backzeit:
25 Minuten
Für 4 Personen

150 ml entrahmte Milch (0,3%)
1 1/2 EL Mehl
1 EL feingeriebene Zwiebel
1/2 TL Salz
je 1 Pr Muskat, Paprika und Salbei
einige Tropfen Tabasco- oder Worcestersoße
1 Eigelb (Gewichtsklasse 3)
2 Eiweiß (Gewichtsklasse 3)
100 g gegartes Putenfleisch
50 g TK-Erbsen oder TK-Möhren
1 TL Öl

- Den Backofen auf 200 °C vorheizen.
- Milch, Mehl, Zwiebel und Gewürze zum Kochen bringen und unter Rühren in etwa 3 Minuten zu einem dicken Brei kochen.
- Von der Kochstelle nehmen und mit dem Eigelb legieren.
- Die Eiweiß zu steifem Schnee schlagen.
- Das Putenfleisch kleinwürfelig schneiden. Zusammen mit dem TK-Gemüse und dem Eischnee unter die Masse heben.
- Den Boden von vier Portionsförmchen oder einer kleinen Auflaufform fetten.
- Die Masse in die Förmchen füllen und die Oberfläche glätten.
- Auf dem Rost auf der zweituntersten Schiene im Backofen in 25 Minuten backen. Den Ofen in der Zeit nicht öffnen. In einer großen Auflaufform braucht das Soufflé etwas länger.
- Sofort heiß servieren.

1 Portion enthält:

kJ/kcal	*924/220*	*Kohlenhydrate*	*23 g*
Eiweiß	*24 g*	*Ballaststoffe*	*1 g*
Fett total	*4 g*	*BE*	*2*
Cholesterin	*95 mg*	*Natrium*	*246 mg*
Unges. Fettsäuren	*3 g*		

Brokkolisoufflé mit Käse

Arbeitsaufwand:
15 Minuten
Backzeit:
25–30 Minuten
Für 4 Personen

1 Portion enthält:	
kJ/kcal	*676/161*
Eiweiß	*15g*
Fett total	*7g*
Cholesterin	*17mg*
Unges. Fettsäuren	*1g*
Kohlenhydrate	*10g*
Ballaststoffe	*3g*
BE	*1*
Natrium	*190mg*

300 g Brokkoli, geputzt gewogen
3 EL Weizenmehl, Type 405
200 ml entrahmte Milch (0,3%)
75 g geriebener Emmentaler
1/2 TL Salz
1 Pr Cayennepfeffer oder Muskat
6 Eiweiß (Gewichtsklasse 3)
1 TL Diätmargarine

- Den Backofen auf 220°C vorheizen.
- Brokkoli in Röschen zerteilen. In einem dickwandigen Topf mit festschließendem Deckel mit wenig Wasser bedecken und in 5 Minuten knapp garen.
- Das Mehl mit der Milch in einem Topf anrühren, zum Kochen bringen und 2 Minuten kochen.
- Käse, Salz, Cayennepfeffer oder Muskat und die abgetropften Brokkoliröschen unter die Soße mischen.
- Die Eiweiß steif schlagen und vorsichtig unter das Gemüse heben.
- Den Boden einer Auflaufform leicht ausfetten. Die Masse in die Form füllen und die Oberfläche mit einem nassen Spachtel glatt streichen.
- Auf der zweituntersten Schiene in 25–30 Minuten goldgelb backen und sofort zu Tisch bringen.

Tip: Statt 6 Eiweiß kann man auch 3 Eigelb und 4 Eiweiß nehmen. Dadurch erhöht sich allerdings der Cholesterinwert des Soufflés.

Spinatsoufflé

Arbeitsaufwand:
10 Minuten
Kochzeit:
3 Minuten
Backzeit:
30 Minuten
Für 4 Personen

1 Portion enthält:	
kJ/kcal	*374/89*
Eiweiß	*14g*
Fett total	*3g*
Cholesterin	*82mg*
Unges. Fettsäuren	*+*
Kohlenhydrate	*2g*
Ballaststoffe	*2g*
BE	*0,25*
Natrium	*121mg*

300 g feingehackter TK-Spinat
1 Pr Zucker
Muskat
1 EL Mehl
1 EL geriebener Parmesan
1 Eigelb
1/2 TL Salz
frischgemahlener schwarzer Pfeffer
Cayennepfeffer
200 g Magerquark
3 Eiweiß (Gewichtsklasse 3)
1 TL Öl

- Den Spinat auftauen.
- Den Backofen auf 200°C vorheizen.
- Den Spinat mit dem Zucker und dem Muskat 3 Minuten aufkochen und dann abkühlen lassen.
- Nacheinander das Mehl, den Parmesan, das Eigelb, die Gewürze und zuletzt den Spinat zum Quark geben.
- Die Eiweiß steif schlagen und vorsichtig mit einem Teigschaber unter die Spinatmischung heben. Abschmecken.
- Den Boden einer flachen Auflaufform leicht einölen. Die Spinatmasse hineingeben.
- Auf dem Rost auf der mittleren Schiene 25–30 Minuten backen. Gleich servieren.

Apfel-Möhren-Suppe (S. 88) und Minestrone (S. 94)

Leichte und deftige Suppen

Sie reichen von der sommerlichen Gurkensuppe über den russischen Borschtsch bis zum herzhaften Nudeleintopf und ergänzen mit ihrem geringen Fettgehalt und ihrem hohen Anteil an Vitaminen und Mineralstoffen den Speiseplan.

Salzarme Hühnerbrühe

Arbeitsaufwand:
10 Minuten
Kochzeit:
3–4 Stunden
Für 4 Personen

1 Portion enthält:

kJ/kcal	*508/121*	*Kohlenhydrate*	*+*
Eiweiß	*11 g*	*Ballaststoffe*	*0 g*
Fett total	*8 g*	*BE*	*+*
Cholesterin	*0 mg*	*Natrium*	*16 mg*
Unges. Fettsäuren	*+*		

1 kg Hühnerklein (Flügel, Hälse, Rücken, Mägen)
4 l Wasser
250 g Suppengrün
1 Zwiebel
einige Petersilienzweige
1 Lorbeerblatt
1/2 TL Muskatblüte
1/2 TL Curry
1/2 TL zerdrückte Pfefferkörner
1 EL Salz

• Das Hühnerklein kurz unter fließendem Wasser waschen und, wenn nötig, mit einem kleinen Beil oder mit der Geflügelschere weiter zerkleinern.

• Das Suppengrün putzen und zerkleinern, die Zwiebel ungeschält vierteln und mit dem Hühnerklein und den Gewürzen in das Wasser geben. Bei mäßiger Hitze langsam zum Kochen bringen und dann zugedeckt bei schwacher Hitze 3–4 Stunden ziehen lassen.

• Ein Sieb mit einem Geschirrtuch auslegen und die Brühe filtern.

• Portionsweise – jeweils höchstens 1 l – in Gefrierdosen abfüllen; dabei einen mindestens 2 cm großen Abstand zum oberen Dosenrand lassen. (Wird ein Teil der Brühe sofort benötigt, die entsprechende Menge in ein anderes Gefäß füllen.) Abkühlen lassen.

• Das Fett entfernen. Die Gefrierdosen verschließen und einfrieren. Die Geflügelbrühe hält sich eingefroren maximal 3 Monate.

Salzarme Fleischbrühe

Arbeitsaufwand:
10 Minuten
Kochzeit:
3–4 Stunden
Für 4 Personen

1 Portion enthält:

kJ/kcal	*672/160*	*Kohlenhydrate*	*+*
Eiweiß	*8 g*	*Ballaststoffe*	*0 g*
Fett total	*8 g*	*BE*	*+*
Cholesterin	*0 mg*	*Natrium*	*16 mg*
Unges. Fettsäuren	*+*		

1 kg Kalbs- oder Rinderknochen
250 g mageres Rindfleisch (Bauch)
250 g Suppengrün
1 Zwiebel
1 Knoblauchzehe nach Belieben
einige Petersilienzweige
1 Lorbeerblatt
1/2 TL zerdrückte Pfefferkörner
1/2 TL Senfkörner
1 Chilischote
1 EL Salz
4 l Wasser

• Die Knochen waschen und, wenn nötig, mit einem kleinen Beil zerkleinern.

• Das Fleisch in kleine Würfel oder Streifen schneiden, damit es gut auslaugt.

• Das Suppengrün putzen und zerkleinern, die Zwiebel ungeschält vierteln und mit den Knochen, dem Fleisch und den Gewürzen in das Wasser geben. Bei mäßiger Hitze langsam zum Kochen bringen und zugedeckt bei schwacher Hitze 3–4 Stunden ziehen lassen.

• Ein Sieb mit einem Geschirrtuch auslegen und die Brühe filtern.

• In Portionen von jeweils 1 l in Gefrierdosen abfüllen; dabei einen Abstand von mindestens 2 cm zum oberen Dosenrand lassen. (Wird ein Teil der Brühe sofort benötigt, die entsprechende Menge in ein anderes Gefäß füllen.) Abkühlen lassen.

• Das Fett entfernen. Die Gefrierdosen verschließen und einfrieren. Die Fleischbrühe hält sich eingefroren maximal 3 Monate.

Tip: Die Brühe kann man über Nacht im Backofen zubereiten; dazu alle Zutaten in einem emaillierten oder rostfreien Topf ohne Kunststoffgriffe in den auf 90 °C geheizten Backofen stellen.

Kalter Borschtsch

Arbeitsaufwand:
10 Minuten
Kühlzeit:
3 Stunden
Für 4 Personen

400 g gegarte rote Bete
400 ml salzarme Fleischbrühe (S. 84)
100 g Magerjoghurt
4 EL Rotweinessig
1 TL getrockneter oder frischer Dill
1/4 TL Salz
frischgemahlener schwarzer Pfeffer
1/2 TL Johannisbrotkernmehl

Zum Garnieren:
4 Radieschen
1 kleine rote Zwiebel
50 g frische Salatgurke
50 g Lauch oder Frühlingszwiebelgrün
einige frische Dillzweige

- Die roten Bete schälen, in grobe Stücke schneiden und mit den übrigen Zutaten für die Suppe in einem hohen Gefäß pürieren.
- Abschmecken und mindestens 3 Stunden oder über Nacht im Kühlschrank kühlen.
- Vor dem Servieren aufschlagen und abschmecken.
- Zum Garnieren das geputzte Gemüse in sehr dünne Scheiben schneiden.

1 Portion enthält:

kJ/kcal	*286/68*	*Kohlenhydrate*	*9g*
Eiweiß	*3g*	*Ballaststoffe*	*3g*
Fett total	*1g*	*BE*	*0,75*
Cholesterin	*1mg*	*Natrium*	*67mg*
Unges. Fettsäuren	*+*		

Kalte Tomaten-cremesuppe

Arbeitsaufwand:
15 Minuten
Kühlzeit:
3 Stunden
Für 4 Personen

1 EL	**natives Olivenöl**
1	**mittelgroße Zwiebel**
1	**mittelgroße Möhre**
700 g	**große Fleischtomaten oder Pomodori**
200 ml	**salzarme Hühnerbrühe (S. 84)**
1/2 TL	**Zucker**
1/2 TL	**Salz**
	frischgemahlener weißer Pfeffer
200 g	**Magerjoghurt**
2 EL	**frische Basilikumblättchen**

- Die Zwiebel kleinhacken, die Möhre grob reiben und die Tomaten schälen und grob zerschneiden.
- Das Öl erhitzen und die Zwiebelwürfel und Möhren unter Rühren darin andünsten.
- Tomaten, Brühe, Zucker, Salz und Pfeffer dazugeben und alles ohne Deckel in etwa 10 Minuten weich kochen. Den Topf von der Kochstelle nehmen.
- Mit dem Schneidstab des Handrührers oder im Mixer pürieren.
- Die Hälfte des Joghurts unter die Creme mischen und abschmecken.
- Die Suppe zudecken und für mindestens 3 Stunden im Kühlschrank kühlen.
- Erneut abschmecken. In Teller füllen. Jeweils einen Löffel verschlagenen Joghurt in die Mitte geben und mit einer Messerspitze sternförmig auseinanderziehen.
- Basilikum fein zerzupfen und auf die Suppe streuen.

1 Portion enthält:

kJ/kcal	*449/107*	*Kohlenhydrate*	*8g*
Eiweiß	*10g*	*Ballaststoffe*	*1g*
Fett total	*3,5g*	*BE*	*0,75*
Cholesterin	*+*	*Natrium*	*45mg*
Unges. Fettsäuren	*+*		

Gazpacho

Die berühmte kalte Suppe aus Andalusien schmeckt besonders gut an heißen Sommertagen.

Arbeitsaufwand:
20 Minuten
Kühlzeit:
3 Stunden
Für 4 Personen

1 Portion enthält:

kJ/kcal	*752/179*	*Kohlenhydrate*	*22g*
Eiweiß	*4g*	*Ballaststoffe*	*6g*
Fett total	*8g*	*BE*	*2*
Cholesterin	*0mg*	*Natrium*	*155mg*
Unges. Fettsäuren	*+*		

3 Knoblauchzehen
1 kleine Zwiebel
1 kleine rote Paprikaschote
1/4 kleine Salatgurke
4 große Tomaten
50 g altbackenes Weißbrot
250 ml Wasser
2 EL natives Olivenöl extra
2 EL Weißweinessig
1/2 TL Salz
frischgemahlener schwarzer Pfeffer
einige Tropfen Tabasco

Zum Garnieren:
1 kleine Zwiebel
50 g Salatgurke
50 g rote oder grüne Paprikaschote
1 kleine Tomate
4 Scheiben Baguette
1 TL natives Olivenöl extra nach Belieben

- Zwiebel, Gurke und Tomaten schälen. Gurken, Tomaten und Paprika entkernen und grob zerschneiden.
- Gemüse zusammen mit Weißbrot, Wasser, Öl, Essig, Knoblauch und den Gewürzen in einem Mixer oder in einem hohen Gefäß mit dem Schneidstab des Handrührers pürieren.
- Die Suppe abschmecken, abdecken und 3 Stunden in den Kühlschrank stellen.
- Vor dem Servieren nochmals aufschlagen und erneut abschmecken.
- Die Zutaten für die Garnierung kleinwürfelig schneiden und einzeln in Schälchen geben, damit jeder sich nach Belieben bedienen kann.
- Besonders schmackhaft wird die Suppe, wenn man die Brotwürfel für die Garnierung in einer beschichteten Pfanne mit wenig Öl hell röstet. Oder man beträufelt sie mit Öl und gibt sie auf einen Glasteller für 2mal 2 Minuten bei 100% in das Mikrowellengerät; zwischendurch 1- bis 2mal umrühren.

Tarator

Auf dem Balkan und vor allem in der türkischen Küche ist diese aparte Gurkensuppe zu Hause.

Arbeitsaufwand:
15 Minuten
Kühlzeit:
3 Stunden
Für 4 Personen

1 Portion enthält:

kJ/kcal	*378/90*	*Kohlenhydrate*	*8g*
Eiweiß	*5g*	*Ballaststoffe*	*2g*
Fett total	*4g*	*BE*	*0,75*
Cholesterin	*1mg*	*Natrium*	*48mg*
Unges. Fettsäuren	*2g*		

1 kleine Salatgurke
1 mittelgroße Zwiebel
200 ml entrahmte Milch (0,3%)
100 g Magerjoghurt
100 ml salzarme Hühnerbrühe (S. 84)
2–3 EL Weißweinessig
1/2 TL Salz
1 Pr Cayennepfeffer
frischgemahlener weißer Pfeffer
2 1/2 EL frischer feingehackter Dill
2 EL frische feingehackte Minze
2 EL feingehackte geröstete Walnüsse (S. 40)

- Die Gurke und die Zwiebel schälen. Mit einem Gurkenhobel oder einer groben Rohkostreibe zerkleinern oder in grobe Stücke schneiden und im Mixer pürieren.
- Mit Milch, Joghurt, Brühe und Essig vermischen. Die Gewürze und die Hälfte der Kräuter darunterrühren und abschmecken.
- Abdecken und 3 Stunden kalt stellen.
- Unmittelbar vor dem Essen nochmals aufrühren und mit den restlichen Kräutern und den Nüssen garnieren.

Französische Zwiebelsuppe

Arbeitsaufwand:
20 Minuten
Grillzeit:
5 Minuten
Für 4 Personen

1 Portion enthält:

kJ/kcal	*911/217*	*Kohlenhydrate*	*16g*
Eiweiß	*9g*	*Ballaststoffe*	*5g*
Fett total	*12g*	*BE*	*1,5*
Cholesterin	*14mg*	*Natrium*	*156mg*
Unges. Fettsäuren	*+*		

4 mittelgroße Zwiebeln
2 EL Sonnenblumenöl
750 ml salzarme Fleischbrühe (S. 84)
1 Pr Cayennepfeffer
2 EL Cognac
8 dünne Scheiben Vollkornbaguette
4 EL geriebener Emmentaler

- Die Zwiebeln schälen und mit einem Gurkenhobel in feine Ringe schneiden.
- Bei starker Hitze im heißen Öl unter Rühren goldbraun braten.
- Mit Brühe aufgießen und 15 Minuten zugedeckt kochen.
- Der Suppe nach Bedarf noch etwas Wasser zufügen und mit Cayennepfeffer und Cognac abschmecken.
- Die Brotscheiben rösten.
- Die Suppe auf vier große feuerfeste Suppentassen verteilen. Je zwei Brotscheiben und etwas geriebenen Käse darauf geben. Dann die Tassen für 3–5 Minuten unter den Grill schieben.

Apfel-Möhren-Suppe

Arbeitsaufwand:
10 Minuten
Kochzeit:
20 Minuten
Für 4 Personen

1 Portion enthält:

kJ/kcal	*458/109*	*Kohlenhydrate*	*13g*
Eiweiß	*4g*	*Ballaststoffe*	*5g*
Fett total	*4g*	*BE*	*1,25*
Cholesterin	*0mg*	*Natrium*	*64mg*
Unges. Fettsäuren	*+*		

300 g Möhren
2 kleine Äpfel
1 Stange Staudensellerie
3 EL kleingehackte Zwiebeln
1 EL Sonnenblumenöl
1 TL Mehl
750 ml salzarme Hühnerbrühe (S. 84)
1/2 TL getrockneter Salbei
1 Lorbeerblatt
1/4 TL Salz

Für die Garnierung:
1/2 Apfel
Zitronensaft
etwas feingehacktes Selleriegrün oder Petersilie

- Die Möhren putzen und die Äpfel schälen und würfeln. Staudensellerie und Möhren kleinschneiden. Den halben Apfel für die Garnierung schälen, in acht Spalten schneiden, mit Zitronensaft beträufeln und beiseite legen.
- Das Öl in einem dickwandigen Topf erhitzen und darin die Zwiebelwürfel goldgelb dünsten. Mit Mehl bestäuben. Mit der Brühe ablöschen, mit den restlichen Zutaten zum Kochen bringen und 15 Minuten garen, bis die Möhren und Äpfel weich sind.
- Das Lorbeerblatt herausnehmen und die Suppe mit dem Schneidstab des Handrührers oder im Mixer pürieren. Abschmecken.
- Auf vier Teller geben und mit je zwei Apfelspalten und dem feingehackten Selleriegrün oder der Petersilie garnieren.

Abbildung S. 82/83

Tip: Anstelle von Staudensellerie kann man 50g gewürfelten Knollensellerie verwenden.

Hühnersuppe mit Staudensellerie

Eine leichte und besonders schmackhafte Suppe, die ihren Ursprung in der asiatischen Küche hat.

Arbeitsaufwand:
10 Minuten
Kochzeit:
15 Minuten
Für 4 Personen

1 Portion enthält:

kJ/kcal	*903/215*	*Kohlenhydrate*	*11g*
Eiweiß	*23g*	*Ballaststoffe*	*2g*
Fett total	*9g*	*BE*	*1*
Cholesterin	*22mg*	*Natrium*	*52mg*
Unges. Fettsäuren	+		

1 l salzarme Hühnerbrühe (S. 84)
150 g Hühnerbrüstchen
2 Stangen Staudensellerie
1 dünne Stange Lauch
50 g Champignons
1 TL Zitronensaft
50 g Sojabohnenkeime
40 g Reisnudeln
4 EL dunkle Sojasoße
einige Tropfen Tabasco
frischgemahlener weißer Pfeffer

- Die Hühnerbrühe zum Kochen bringen und das Geflügelfleisch darin zugedeckt 7–8 Minuten garen.
- Das Fleisch herausnehmen, abkühlen lassen und quer zur Faser in Streifen schneiden.
- Den Staudensellerie und den Lauch putzen und in feine Ringe schneiden. Die Champignons in Scheiben schneiden und mit Zitronensaft beträufeln. Die Sojabohnenkeime mit kaltem Wasser abspülen.
- Zunächst den Sellerie und den Lauch etwa 5 Minuten bißfest in der Hühnerbrühe garen. Dann Champignons, Sojabohnenkeime, Reisnudeln und Geflügelfleisch zufügen. Die Brühe aufkochen lassen.
- Die Suppe mit Sojasoße, Tabasco und Pfeffer abschmecken und sofort in asiatischen Schälchen servieren.

Bunte Gemüsesuppe

Arbeitsaufwand:
15 Minuten
Kochzeit:
15 Minuten
Für 4 Personen

1 Portion enthält:

kJ/kcal	*441/105*	*Kohlenhydrate*	*9g*
Eiweiß	*6g*	*Ballaststoffe*	*3g*
Fett total	*5g*	*BE*	*0,75*
Cholesterin	*1mg*	*Natrium*	*36mg*
Unges. Fettsäuren	+		

700 ml salzarme Hühnerbrühe (S. 84)
100 g Brokkoliröschen
4 kleine weiße Zwiebeln
1 mittelgroße Möhre
100 g Kürbis oder Zucchini
100 g kleine Champignons
1 TL Zitronensaft
1 EL Sonnenblumenöl
3 EL Mehl
1/2 TL Estragon
frischgemahlener weißer Pfeffer
1/4 TL Salz
100 ml Magerjoghurt
2 EL feingehackte Petersilie

- Die Hühnerbrühe zum Kochen bringen.
- Die Zwiebeln schälen und vierteln.
- Die Möhre schälen und in dünne Scheiben schneiden; den Kürbis in kleine Stücke schneiden. Die Champignons halbieren und mit Zitronensaft benetzen.
- Das Öl in einem dickwandigen Topf erhitzen und die Zwiebeln unter gelegentlichem Rühren darin hellbraun braten.
- Das Mehl zugeben und unter ständigem Rühren hell anschwitzen. Mit der heißen Brühe ablöschen.
- Das kleingeschnittene Gemüse zusammen mit den Brokkoliröschen, dem Estragon, dem Pfeffer und dem Salz zur Brühe geben und alles zugedeckt 5 Minuten garen. Das Gemüse sollte noch bißfest sein.
- Die Suppe abschmecken. Den Topf von der Kochstelle nehmen, den Joghurt unterrühren und mit Petersilie bestreuen.

Basilikum-rahmsuppe

Arbeitsaufwand:
10 Minuten
Kochzeit:
5 Minuten
Für 4 Personen

100 g	**eingefrorenes Suppengrün (S. 38)**
3	**Frühlingszwiebeln**
1 EL	**Sonnenblumenöl**
1 EL	**Mehl**
900 ml	**salzarme Hühnerbrühe (S. 84)**
2 EL	**Zitronensaft**
1/4 TL	**Salz**
1 TL	**feingeriebene ungespritzte Zitronenschale**
4 EL	**saure Sahne**
2	**Päckchen TK-Basilikum**
1	**Scheibe Weizenvollkornbrot**
2 EL	**geröstete Sonnenblumenkerne (S. 40)**

- Das Suppengrün auftauen lassen.
- Die Frühlingszwiebeln putzen und in feine Ringe schneiden.
- Das Öl erhitzen und darin die Zwiebeln unter Rühren hell dünsten.
- Das Suppengrün zufügen, mit Mehl bestäuben, mit Brühe ablöschen und 5 Minuten kochen lassen.
- Die Suppe mit Salz, Zitronensaft und -schale würzen und mit dem Schneidstab des Handrührers pürieren.
- Die saure Sahne mit dem Basilikum kurz vor dem Servieren unterrühren. Die Suppe darf auf keinen Fall mehr kochen, weil sie sonst grießig wird.
- Nochmals alles pürieren und warm halten.
- Das in kleine Würfel geschnittene Brot ohne Fettzugabe unter stetigem Wenden in einer beschichteten Pfanne goldgelb und knusprig rösten. Die Suppe mit den Brotbröckchen und Sonnenblumenkernen garnieren.

Tip: Schön knusprig wird das Brot auch, wenn man es für 2mal 2 Minuten bei 100% auf einem flachen Teller in das Mikrowellengerät stellt; gelegentlich umrühren.

1 Portion enthält:

kJ/kcal	*739/176*	*Kohlenhydrate*	*11g*
Eiweiß	*8g*	*Ballaststoffe*	*3g*
Fett total	*11g*	*BE*	*1*
Cholesterin	*7mg*	*Natrium*	*44mg*
Unges. Fettsäuren	*2g*		

Currycremesuppe mit Kokosreis

Arbeitsaufwand:
15 Minuten
Kochzeit:
45 Minuten
Für 4 Personen

Eine Portion enthält:

kJ/kcal	*1029/245*	*Kohlenhydrate*	*19g*
Eiweiß	*75g*	*Ballaststoffe*	*4g*
Fett total	*16g*	*BE*	*1,75*
Cholesterin	*1mg*	*Natrium*	*24mg*
Unges. Fettsäuren	*4g*		

Für den Reis:
50 g Wildreis
125 ml Wasser
1/4 TL Salz
1 EL Diätmargarine
3 EL Kokosraspeln

Für die Suppe:
2 EL Diätmargarine
1 Zwiebel
2 EL Mehl
1 EL Curry
750 ml salzarme Hühnerbrühe (S. 84)
1 säuerlicher Apfel
1 TL Zitronensaft
1/2 TL Zucker
1/4 TL Salz
frischgemahlener weißer Pfeffer
4 EL Magerjoghurt
4 Zitronenmelissenzweige

• Den Reis mit Wasser und Salz zum Kochen bringen und zugedeckt bei schwacher Hitze in 40 Minuten garen. Der Reis ist gar, wenn sich die Hälfte der Samenhüllen geöffnet hat.
• Inzwischen die Zwiebel klein würfeln und in der heißen Margarine hell dünsten. Mit Mehl und Curry bestreuen, 2 Minuten unter Rühren schwitzen, dann die Brühe zugeben.
• Den Apfel schälen, in Scheiben schneiden und in der Suppe kurz garen.
• Mit Zitronensaft, Zucker, Salz und Pfeffer abschmecken.
• Den Joghurt gut aufschlagen und unmittelbar vor dem Servieren darunterrühren.
• Die überschüssige Flüssigkeit vom Reis abgießen. Die Margarine in einer Pfanne erhitzen, die Kokosflocken und den Reis 3 Minuten unter Rühren darin rösten.
• Häufchen daraus formen, auf die Suppenteller verteilen, vorsichtig mit Suppe auffüllen und mit Zitronenmelisse garnieren.

Hülsenfruchtcremesuppe

Arbeitsaufwand:
10 Minuten
Kochzeit:
30 Minuten
Für 4 Personen

1 Portion enthält:

kJ/kcal	*575/137*	*Kohlenhydrate*	*15g*
Eiweiß	*7g*	*Ballaststoffe*	*5g*
Fett total	*5g*	*BE*	*1,25*
Cholesterin	*0mg*	*Natrium*	*7mg*
Unges. Fettsäuren	*+*		

1 mittelgroße Zwiebel
2 Kartoffeln
1 Knoblauchzehe nach Belieben
1 EL Sonnenblumenöl
750 ml salzarme Fleischbrühe (S. 84)
200 g gegarte Hülsenfrüchte (Bohnen, Erbsen, Linsen oder Kichererbsen)
1/2 TL Salz
frischgemahlener weißer Pfeffer
2 EL feingehackte Petersilie oder Zitronenmelisse

• Die Zwiebel und die Kartoffeln schälen und klein würfeln. Die Knoblauchzehe kleinhacken.
• Das Öl in einem Topf erhitzen, die Zwiebelwürfel und die Knoblauchzehe in etwa 3 Minuten unter gelegentlichem Rühren hell andünsten.
• Kartoffeln und Brühe zugeben und zugedeckt 20 Minuten garen.
• Hülsenfrüchte, Salz und Pfeffer in die Suppe geben und darin heiß werden lassen.
• Mit dem Schneidstab des Handrührers oder im Mixer pürieren.
• Mit Salz und Pfeffer abschmecken und mit Kräutern bestreut servieren.

Lauchcremesuppe aus dem Mikrowellengerät

Diese um die Jahrhundertwende in New York kreierte Suppe wird auch gern im Sommer eisgekühlt als Vichyssoise serviert.

Arbeitsaufwand:
10 Minuten
Kochzeit:
25 Minuten
Für 4 Personen

1 Portion enthält:

kJ/kcal	*718/171*	*Kohlenhydrate*	*15g*
Eiweiß	*6g*	*Ballaststoffe*	*4g*
Fett total	*10g*	*BE*	*1,25*
Cholesterin	*14mg*	*Natrium*	*41mg*
Unges. Fettsäuren	*3g*		

1 mittelgroße Zwiebel
500 g Lauch
250 g Kartoffeln
2 EL Diätmargarine
3 EL Wasser
500 ml salzarme Hühnerbrühe (S. 84)
200 ml entrahmte Milch (0,3%)
50 ml Schlagsahne (30%)
1/4 TL Salz
Muskat
frischgemahlener weißer Pfeffer
1 Bund Schnittlauch

- Die Zwiebel schälen und, wie auch die weißen Teile vom Lauch, in schmale Ringe schneiden.
- Die Kartoffeln schälen und klein würfeln.
- Zwiebel, Lauch und Kartoffeln mit Margarine und Wasser in eine große mikrowellengeeignete Glasschüssel geben und zugedeckt zunächst bei 100% 8 Minuten, dann bei 50% 10 Minuten garen.
- Das Gemüse aus der Mikrowelle nehmen. Brühe, Milch und Sahne hinzufügen und mit dem Schneidstab des Handrührers pürieren.
- Mit den Gewürzen abschmecken und nochmals alles zusammen 6–7 Minuten bei 100% erhitzen.
- Herausnehmen, umrühren und erneut abschmecken.
- Mit kleingeschnittenem Schnittlauch bestreut zu Tisch bringen.

Pilzcremesuppe

Arbeitsaufwand:
5 Minuten
Kochzeit:
10 Minuten
Für 4 Personen

1 Portion enthält:

kJ/kcal	*412/98*	*Kohlenhydrate*	*8g*
Eiweiß	*5g*	*Ballaststoffe*	*2g*
Fett total	*4g*	*BE*	*0,75*
Cholesterin	*0mg*	*Natrium*	*22mg*
Unges. Fettsäuren	*1g*		

800 ml salzarme Hühnerbrühe (S. 84)
1 kleine Zwiebel
150 g Pilze nach Wahl
1 EL Diätmargarine
3 EL Mehl
100 ml Vollmilch (3,5%)
50 ml trockener Weißwein
1 EL Zitronensaft
1/4 TL Salz
Muskat
frischgemahlener weißer Pfeffer

- Die Brühe erhitzen.
- Die Zwiebel kleinwürfelig schneiden.
- Die Pilze sorgfältig putzen und in Scheiben schneiden.
- In einem dickwandigen Topf die Margarine erhitzen und darin zunächst die Zwiebel und dann die Pilze andünsten. Alles mit Mehl bestreuen und unter ständigem Rühren anschwitzen.
- Nach 2 Minuten mit der heißen Brühe ablöschen und 6–8 Minuten zugedeckt kochen lassen.
- Die Milch zufügen und alles mit dem Schneidstab des Handrührers pürieren.
- Die Suppe mit Wein, Zitronensaft, Salz, Muskat und Pfeffer mild abschmecken.

Spinatcreme-suppe mit Tomaten und Parmesan

Arbeitsaufwand:
5 Minuten
Kochzeit:
15 Minuten
Für 4 Personen

300 g	**feingehackter TK-Spinat**
600 ml	**entrahmte Milch (0,3%)**
	salzarmer Gemüsebrühwürfel für 1 l Flüssigkeit
1	**mittelgroße Tomate**
1/2 TL	**Johannisbrotkernmehl**
1/4 TL	**Salz**
	Muskat
	frischgemahlener weißer Pfeffer
4 EL	**Schlagsahne (30%)**
2 EL	**frischer, grobgeriebener Parmesan**

- Den Spinat auftauen und zusammen mit der Milch und dem Brühwürfel 8 Minuten aufkochen.
- Die Tomate mit kochendem Wasser überbrühen, häuten, entkernen und in kleine Würfel schneiden.
- Die Suppe mit dem Johannisbrotkernmehl binden, dann kräftig mit dem Schneebesen durchschlagen und mit Muskat, Salz und Pfeffer abschmecken.
- Die Sahne leicht schlagen und unter die Suppe heben.
- Die Suppe auf vier Teller verteilen und Parmesan und Tomatenwürfel darauf geben.

1 Portion enthält:

kJ/kcal	*588/140*	*Kohlenhydrate*	*9g*
Eiweiß	*14g*	*Ballaststoffe*	*+*
Fett total	*6g*	*BE*	*0,75*
Cholesterin	*18mg*	*Natrium*	*180mg*
Unges. Fettsäuren	*+*		

Schnelle Tomatensuppe

Arbeitsaufwand:
2 Minuten
Kochzeit:
5 Minuten
Für 4 Personen

1 Portion enthält:

kJ/kcal	*332/79*	*Kohlenhydrate*	*10g*
Eiweiß	*3g*	*Ballaststoffe*	*2g*
Fett total	*3g*	*BE*	*1*
Cholesterin	*0mg*	*Natrium*	*11mg*
Unges. Fettsäuren	+		

800 g salzarme Tomaten aus der Dose
2 EL feingehackte Zwiebeln
1 Knoblauchzehe
1 EL natives Olivenöl
1 EL Mehl
salzarmer Brühwürfel für 1/2 l Flüssigkeit
1/2 TL Zucker
1/4 TL Salz
je 1/2 TL Basilikum und Oregano
je 1/4 TL Rosmartin und Thymian

- Die Knoblauchzehe zerdrücken und die Tomaten pürieren.
- Das Öl in einem Topf erhitzen. Die Zwiebelwürfel und nach 1 Minute den Knoblauch darin unter ständigem Rühren hell dünsten.
- Das Mehl darüber geben und mit dem Schneebesen verrühren.
- Tomaten, Brühwürfel, Zucker, Salz und Kräuter zufügen. Nach Belieben die Suppe mit etwas heißem Wasser verdünnen.
- Alles einmal aufkochen und abschmecken.

Variante: Mit wenig Aufwand läßt sich dieses Rezept abwandeln: 100g TK-Fischfilet auftauen lassen, in grobe Würfel zerkleinern und mit 1EL Zitronensaft beträufeln. Mit 4 EL TK-Erbsen in die Suppe geben und 2–3 Minuten garen.

Minestrone

Arbeitsaufwand:
20 Minuten
Kochzeit:
50 Minuten
Für 4 Personen

1 Portion enthält:

kJ/kcal	*1722/410*	*Kohlenhydrate*	*66g*
Eiweiß	*26g*	*Ballaststoffe*	*18g*
Fett total	*17g*	*BE*	*5,5*
Cholesterin	*36mg*	*Natrium*	*129mg*
Unges. Fettsäuren	*1g*		

2 Zwiebeln
2–4 Knoblauchzehen
2 mittelgroße Möhren
1 mittelgroße Kartoffel
700 g Tomaten
1 mittelgroße Zucchini
100 g grüne Bohnen
4 EL natives Olivenöl
1 TL Oregano
2 Lorbeerblätter
1/2 TL Salz
1 l salzarme Hühnerbrühe (S. 84)
150 g Hörnchennudeln
400 g gegarte weiße oder rote Bohnen aus der Dose
4 EL geriebener Parmesan
1 Bund Basilikum
2 EL feingehackte Petersilie

- Zwiebeln und Knoblauchzehen hacken. Möhren, Kartoffel und Tomaten schälen. Dann Möhren in Scheiben schneiden und Kartoffel, Tomaten und Zucchini würfeln.
- Das Öl in einem Topf erhitzen, Zwiebel und Knoblauch unter Rühren 3 Minuten darin dünsten. Möhren und Kartoffel zufügen und weitere 3 Minuten garen.
- Gewürze und Brühe zugeben, den Deckel auflegen und 15 Minuten köcheln lassen.
- Nun mit den Tomaten, Zucchiniwürfeln und grünen Bohnen weitere 10 Minuten kochen lassen.
- Währenddessen die Nudeln in kochendem Wasser separat al dente kochen. Mit den kalt abgespülten Bohnen aus der Dose zur Suppe geben. Abschmecken.
- Mit Parmesan, feinzerzupftem Basilikum und Petersilie bestreut auftragen.

Abbildung S. 82/83

Bunte Maissuppe

Arbeitsaufwand:
15 Minuten
Kochzeit:
20 Minuten
Für 4 Personen

1 Portion enthält:

kJ/kcal	*533/127*	*Kohlenhydrate*	*18g*
Eiweiß	*6g*	*Ballaststoffe*	*2g*
Fett total	*4g*	*BE*	*1,5*
Cholesterin	*+*	*Natrium*	*56mg*
Unges. Fettsäuren	*1g*		

1	**mittelgroße Zwiebel**
75 g	**Sellerie**
1/2	**kleine rote Paprikaschote**
300 g	**Maiskörner (tiefgekühlt oder aus der Dose)**
1 EL	**Diätmargarine**
1 EL	**Mehl**
1/2 TL	**Paprikapulver**
200 ml	**salzarme Hühnerbrühe (S. 84)**
200 ml	**entrahmte Milch (0,3%)**
1/4 TL	**Salz**
	frischgemahlener schwarzer Pfeffer
1 EL	**Zitronensaft**

- Die Zwiebel und die Paprikaschote kleinschneiden; den Sellerie klein würfeln.
- Die Margarine in einem großen Topf erhitzen. Zwiebelwürfel, Sellerie und Paprika hineingeben und unter Rühren ohne Deckel 5 Minuten dünsten.
- Das Gemüse mit Mehl und Paprikapulver bestäuben und 2 Minuten schwitzen.
- Mit Brühe ablöschen und unter Rühren zum Kochen bringen.
- Den Mais hinzufügen und 5 Minuten kochen lassen. Milch, Salz und Pfeffer zugeben.
- Unmittelbar vor dem Servieren die Suppe mit Zitronensaft würzen; sie darf dabei nicht mehr kochen, sonst wird sie grießig.

Kartoffelsuppe

Arbeitsaufwand:
10 Minuten
Kochzeit:
30 Minuten
Für 4 Personen

1 Portion enthält:

kJ/kcal	*626/149*	*Kohlenhydrate*	*16g*
Eiweiß	*5g*	*Ballaststoffe*	*4g*
Fett total	*6g*	*BE*	*1,5*
Cholesterin	*0mg*	*Natrium*	*14mg*
Unges. Fettsäuren	*+*		

1	**mittelgroße Zwiebel**
1	**Knoblauchzehe**
300 g	**Kartoffeln**
250 g	**Wirsing**
500 ml	**salzarme Fleischbrühe (S. 84)**
2 EL	**Sojaöl**
1/4 TL	**Salz**
	Muskat
	frischgemahlener weißer Pfeffer

- Zwiebel kleinwürfelig schneiden, Knoblauch kleinhacken, Kartoffeln schälen und würfeln und Wirsing fein schneiden.
- In heißem Öl die Zwiebelwürfel und den Knoblauch unter Rühren goldbraun dünsten.
- Kartoffeln und Brühe zufügen und zugedeckt 15 Minuten garen.
- Wirsing und Gewürze zugeben und 10–15 Minuten mitkochen, bis der Wirsing weich ist. Abschmecken.

Fischsuppe mit feinen Gemüsen

Arbeitsaufwand:
15 Minuten
Kochzeit:
40 Minuten
Für 4 Personen

1 Portion enthält:

kJ/kcal	*731/174*	*Kohlenhydrate*	*21g*
Eiweiß	*18g*	*Ballaststoffe*	*3g*
Fett total	+	*BE*	*1,75*
Cholesterin	*0mg*	*Natrium*	*68mg*
Unges. Fettsäuren	+		

300 g eingefrorenes Suppengemüse (S. 38)
400 g Kartoffeln
1 Lorbeerblatt
je 1/2 TL Pfeffer- und Senfkörner
je 1/4 TL Rosmarin und Thymian
1 TL Salz
1,2 l Wasser
300 g TK-Fischfilet nach Wahl
1 EL Zitronensaft
50 ml trockener Weißwein
2 EL feingehackte Petersilie oder Basilikum

- Das tiefgekühlte Gemüse auftauen lassen.
- Kartoffeln schälen und würfeln. Zusammen mit den Gewürzen gut bedeckt mit Wasser etwa 20 Minuten kochen.
- Das Gemüse und den in grobe Würfel geschnittenen Fisch zu den Kartoffeln geben, wenn diese beinahe gar sind. Alles zusammen nochmals etwa 10 Minuten garen.
- Wenn nötig, verkochte Flüssigkeit durch etwas Wasser ergänzen. Umrühren und mit Zitronensaft und Weißwein abschmecken.
- Mit Petersilie oder Basilikum garniert servieren.

Tip: Statt des Gefriergemüses kann man frisches Gemüse nach eigener Wahl verwenden. Das geputzte und zerkleinerte Gemüse 10 Minuten nach den Kartoffeln in den Topf geben. Fettarme Aïoli (S. 29) ist eine sehr schmackhafte Ergänzung zu dieser leichten, sommerlichen Suppe.

Mulligatawnysuppe

Die Briten brachten diese mit Curry gewürzte Gemüsesuppe aus Indien mit nach Hause, wo sie noch zu den Standardgerichten gehört.

Arbeitsaufwand:
20 Minuten
Kochzeit:
45 Minuten
Für 4 Personen

1 Portion enthält:

kJ/kcal	*1105/263*	*Kohlenhydrate*	*34g*
Eiweiß	*16g*	*Ballaststoffe*	*5g*
Fett total	*6g*	*BE*	*3*
Cholesterin	*20mg*	*Natrium*	*79mg*
Unges. Fettsäuren	*2g*		

1 mittelgroße Zwiebel
1 mittelgroße Möhre
75 g Sellerie
1 kleine grüne Paprikaschote
1 mittelgroßer Apfel
400 g salzarme Tomaten aus der Dose
1 EL Diätmargarine
2 EL Mehl
1 l salzarme Hühnerbrühe (S. 84)
1 EL Curry
1 EL Zitronensaft
frischgemahlener schwarzer Pfeffer
1/4 TL Salz
100 g gegartes Hühnerfleisch
100 g gegarter Langkornreis
4 EL Magerjoghurt
2 EL feingehackte Petersilie

- Die Zwiebel grob hacken; die Möhre und die Paprikaschote kleinschneiden; den Sellerie würfeln, den Apfel schälen und in Scheiben schneiden; die Tomaten pürieren.
- Zunächst die Zwiebel, dann das restliche Gemüse und die Apfelscheiben in der heißen Margarine in einem dickwandigen Topf unter Rühren 5 Minuten dünsten. Mit Mehl bestäuben und mit Tomaten und Brühe ablöschen.
- Mit Curry, Zitronensaft, Pfeffer und Salz würzen und zugedeckt 30 Minuten köcheln lassen.
- Nach Belieben die Hälfte oder die ganze Suppe mit dem Schneidstab des Handrührers oder im Mixer pürieren.

- Das Hühnerfleisch in feine Streifen schneiden und mit dem Reis in die Suppe geben. 5 Minuten kochen und würzig abschmecken.
- Auf Suppenteller verteilen und auf die Portionen jeweils etwas Joghurt und Petersilie geben.

Bohnensuppe mit Spätzle

Arbeitsaufwand:
15 Minuten
Quellzeit:
30 Minuten
Kochzeit:
25 Minuten
Für 4 Personen

1 Portion enthält:

kJ/kcal	*1676/399*	*Kohlenhydrate*	*49g*
Eiweiß	*23g*	*Ballaststoffe*	*7g*
Fett total	*12g*	*BE*	*4,25*
Cholesterin	*62mg*	*Natrium*	*426mg*
Unges. Fettsäuren	+		

150 g Spätzle (S. 182)
1 l salzarme Fleischbrühe (S. 84)
1/2 kleiner Blumenkohl
250 g weiße Bohnen aus der Dose
250 g rote Kidney-Bohnen aus der Dose
125 g Schmelzkäse (60 % Fett i. Tr.)
2 EL Magerjoghurt
1/4 TL Bohnenkraut
Muskat
1/2 TL Salz
frischgemahlener weißer Pfeffer
4 EL feingehackte gemischte frische oder TK-Kräuter

- Die Spätzle wie beschrieben zubereiten.
- Die Brühe zum Kochen bringen. Den Blumenkohl in Röschen zerteilen und darin bißfest garen.
- Die Spätzle und die kalt abgespülten Bohnen zufügen und alles heiß werden lassen.
- Den Käse in Flöckchen zur Suppe geben. Den Topf von der Kochstelle nehmen.
- Den Joghurt unterrühren. Die Suppe mit den Gewürzen abschmecken und mit den Kräutern bestreut auftragen.

Hühnersuppe mit Nudeln

Arbeitsaufwand:
15 Minuten
Kochzeit:
45 Minuten
Für 4 Personen

1 Portion enthält:

kJ/kcal	*1789/426*	*Kohlenhydrate*	*38g*
Eiweiß	*51g*	*Ballaststoffe*	*0g*
Fett total	*7g*	*BE*	*3,25*
Cholesterin	*148mg*	*Natrium*	*10mg*
Unges. Fettsäuren	+		

800 g Hühnerfleisch (Schlegel, Brust, Flügel)
1,5 l Wasser
1 Lorbeerblatt
1 Stück Muskatblüte
1 TL Salz
1 Bund Suppengrün
150 g kleine eifreie Nudeln
300 g eingefrorenes Suppengemüse (S. 38)
1 TL Zitronensaft
50 ml trockener Weißwein
2 EL feingehackte Petersilie

- Das Hühnerfleisch waschen, trocknen und in portionsgerechte Stücke zerteilen. Mit Wasser gut bedecken und zusammen mit den Gewürzen und dem Suppengrün etwa 30 Minuten kochen.
- Wenn das Fleisch beinahe gar ist, sich also fast vom Knochen löst, die Nudeln und das angetaute Suppengemüse zugeben. Alles zusammen nochmals etwa 10 Minuten garen.
- Das Lorbeerblatt und die Muskatblüte aus der Suppe nehmen, umrühren und mit Zitronensaft und Weißwein abschmecken.
- Mit Petersilie garniert servieren.

Tip: Das selbst eingefrorene Suppengemüse kann man durch tiefgekühltes Sommergemüse ersetzen.

Makrelen nach Art der armen Fischer (S. 109) und Schollenröllchen in Krabbensoße (S. 107)

Fisch und Meeresfrüchte

Bekömmlich, fettarm und jodreich: Fischgerichte können nicht oft genug auf dem Speisezettel erscheinen. Kalt oder warm, mit oder ohne Soße – im Vordergrund steht die nährstoffschonende und kalorienarme Zubereitung.

Matjesfilets

Arbeitsaufwand:
10 Minuten
Für 4 Personen

5	**Matjesfilets (500 g)**
2	**mittelgroße Zwiebeln**
2	**Äpfel**
2 EL	**Zitronensaft**
2	**salzarme Gewürzgurken**
1	**Bund Schnittlauch**
100 g	**Magerquark**
100 g	**Magerjoghurt**

• Die Matjesfilets gründlich waschen. Mit Küchenkrepp trocken tupfen und auf eine Platte legen.
• Die Zwiebeln schälen und in feine Ringe hobeln oder würfeln.
• Die Äpfel waschen, vierteln, entkernen, in dünne Spalten schneiden und mit Zitronensaft beträufeln.
• Die Gewürzgurken in Scheiben schneiden.
• Den Schnittlauch feinschneiden.
• Zwiebeln, Apfelspalten, Gurken und Schnittlauch über die Fische verteilen.
• Quark und Joghurt miteinander vermischen und ebenfalls über die Heringe geben. Oder aber man schneidet die Filets in Stücke und wendet sie mit allen Zutaten in der Joghurt-Quark-Soße.

1 Portion enthält:

kJ/kcal	*1747/416*	*Kohlenhydrate*	*14g*
Eiweiß	*25g*	*Ballaststoffe*	*3g*
Fett total	*29g*	*BE*	*1,25*
Cholesterin	*77mg*	*Natrium*	*3153mg*
Unges. Fettsäuren	*6g*		

Kalter poschierter Seefisch

Arbeitsaufwand:
20 Minuten
Kochzeit:
20 Minuten
Kühlzeit:
3–4 Stunden
Für 4 Personen

1 Portion enthält:

kJ/kcal	*777/185*	*Kohlenhydrate*	*4g*
Eiweiß	*36g*	*Ballaststoffe*	*2g*
Fett total	*4g*	*BE*	*0,5*
Cholesterin	*100mg*	*Natrium*	*96mg*
Unges. Fettsäuren	*+*		

2 EL	**Fischgewürz**
50 g	**Suppengrün (S. 38)**
3	**ungespritzte Zitronenscheiben**
1 EL	**Salz**
1 l	**Wasser**
1	**Seefisch mit Kopf (1200 g)**
4	**Tomaten**
1 EL	**natives Olivenöl extra**
1/4 TL	**Salz**
	frischgemahlener weißer Pfeffer
	einige Basilikumblättchen

• Das Fischgewürz mit dem Suppengrün, den Zitronenscheiben und dem Salz in einem länglichen Fischtopf in Wasser erhitzen und etwa 5 Minuten kochen lassen.
• Den Fisch auf einem Aufsatz in den Sud geben und zugedeckt in 20 Minuten bei mäßiger Hitze fast garziehen lassen. Der Fisch ist gar, wenn die Augen hervorquellen und die Rückenflosse sich leicht herausziehen läßt.
• Den Fisch abgedeckt im Sud erkalten lassen.
• Nach 1 Stunde den Fisch für mindestens 3 Stunden in den Kühlschrank stellen.
• In der Zwischenzeit die Tomaten schälen, entkernen und würfeln. Mit dem Olivenöl, dem Salz und dem Pfeffer vermischen und auf vier Teller verteilen.
• Den Sud 30 Minuten vor dem Verzehr abgießen, den Fisch von Haut und Gräten befreien und in möglichst große Stücke teilen.
• Auf den Tomaten anrichten und mit Basilikum garnieren.

Tip: Bekommt man keinen Seefisch mit Kopf, kann man das Gericht mit einem 800 g schweren Schwanzstück zubereiten.

Kalter Lachs mit Gurkensoße

Arbeitsaufwand:
15 Minuten
Backzeit:
20–25 Minuten
Kühlzeit:
3 Stunden
Für 4 Personen

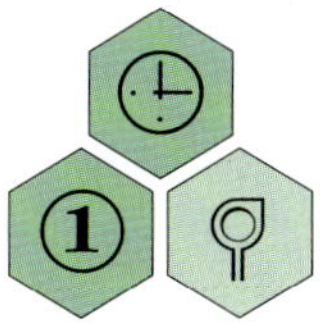

800 g Lachs (Schwanzstück)
1 EL Zitronensaft
1/2 TL Salz
1 TL Sojaöl
1/2 kleine Salatgurke
100 ml Magerjoghurt
1 EL Zitronensaft
1 EL feingehackter Dill
1/2 TL Zucker
1/2 TL milder Senf
1/4 TL Salz
weißer Pfeffer

- Den Backofen auf 200 °C vorheizen.
- Den Lachs gründlich waschen, mit Zitronensaft säuern und leicht salzen. Ein Stück Alufolie mit Öl bepinseln, den Fisch darin einwickeln und die Ränder fest verschließen.
- In einer Auflaufform in 20–25 Minuten im Ofen garen. Abkühlen lassen und 3 Stunden in den Kühlschrank stellen.
- Vorsichtig von Haut und Gräten lösen. Entweder den ganzen Fisch auf eine Platte oder portioniert auf Teller geben.
- Die Gurke schälen, entkernen, in kleine Würfel schneiden und mit den restlichen Zutaten vermengen. Die Soße abschmecken und zum Fisch reichen.

1 Portion enthält:

kJ/kcal	*1789/426*	*Kohlenhydrate*	*4g*
Eiweiß	*40g*	*Ballaststoffe*	*1g*
Fett total	*29g*	*BE*	*0,5*
Cholesterin	*70mg*	*Natrium*	*106mg*
Unges. Fettsäuren	*10g*		

Forelle blau in Folie

Fast jede Fischsorte läßt sich auf diese geruchsarme und zugleich nährstoffschonende Art zubereiten.

Arbeitsaufwand:
5 Minuten
Backzeit:
20 Minuten
Für 4 Personen

1 Portion enthält:

kJ/kcal	*1071/255*	*Kohlenhydrate*	*2g*
Eiweiß	*44g*	*Ballaststoffe*	+
Fett total	*7g*	*BE*	*0,25*
Cholesterin	*124mg*	*Natrium*	*91mg*
Unges. Fettsäuren	*1g*		

4 Forellen (800–1000 g)
1 TL Sonnenblumenöl
4 Petersilien- oder Dillzweige
1/4 TL Salz
1 EL Weißweinessig
4 EL trockener Weißwein
4 Zitronenscheiben

- Forellen, falls es sich um Gefrierware handelt, etwas antauen. Frische Forellen ausnehmen, rasch waschen und trocknen.
- Den Backofen auf 200°C vorheizen.
- Vier Stücke Alufolie in passender Größe auf der glänzenden Seite dünn mit Sonnenblumenöl bestreichen.
- Die Forellen auf die Folien legen. Jeweils ein Kräuterzweiglein und etwas Salz in den Bauch geben. Außen leicht salzen und mit etwas Essig und Wein beträufeln. Die Folie fest verschließen, damit keine Feuchtigkeit entweichen kann.
- Die Fettpfanne auf der mittleren Schiene in den Backofen schieben. Auf einen Rost die Fische nicht zu eng nebeneinander legen und über der Fettpfanne 20 Minuten backen. Garprobe machen.
- Die Folie leicht öffnen, den Fisch mit Zitronenscheiben garnieren und mit neuen Kartoffeln dänische Art (S. 174) und Möhren mit fünf Gewürzen (S. 222) oder grünem Salat zu Tisch bringen.

Variante: Statt mit Petersilie oder Dill kann man die Forellen auch mit jeweils einer Scheibe Ingwer würzen.

Heringe in Pergamentpapier

Arbeitsaufwand:
15 Minuten
Kochzeit:
8 Minuten
Backzeit:
20 Minuten
Für 4 Personen

1 Portion enthält:

kJ/kcal	*1886/449*	*Kohlenhydrate*	*8g*
Eiweiß	*33g*	*Ballaststoffe*	*2g*
Fett total	*31g*	*BE*	*0,75*
Cholesterin	*227mg*	*Natrium*	*282mg*
Unges. Fettsäuren	+		

4 frische Heringe (800–1000g)
1/4 TL Salz
1 EL Weißweinessig
1 TL Sojaöl
50 g altbackenes Grahambrot
2 EL trockener Weißwein
4 EL klein gewürfelte Zwiebeln
50 g Fenchel
1/2 rote Paprikaschote
1 EL Diätmargarine
1 Ei (Gewichtsklasse 3)
2 EL gehackte gemischte Kräuter
1/4 TL Salz
frischgemahlener weißer Pfeffer

- Den Backofen auf 200°C vorheizen.
- Die Heringe schuppen, ausnehmen und waschen. Rechts und links der Rückenflosse der Länge nach einschneiden und die Hauptgräte entfernen. Nochmals waschen. Leicht salzen und mit Essig beträufeln.
- Vier Stücke Pergamentpapier in passender Größe leicht einölen. Die Heringe auf das Papier legen.
- Das Brot klein würfeln und mit Wein beträufeln. Den Fenchel kleinhacken und die Paprikaschote klein würfeln.
- In einer kleinen Pfanne die Margarine erhitzen. Darin die Zwiebeln und dann das Gemüse in 5 Minuten halbgar dünsten.
- Das Gemüse zum Brot geben und mit dem Ei, den Kräutern, dem Salz und Pfeffer vermengen. Damit die Fische füllen und das Pergamentpapier zufalten.
- Die Päckchen entweder auf ein Backblech oder in eine große Auflaufform geben und auf der mittleren Schiene 20 Minuten backen.

Lachs aus dem Mikrowellengerät

Arbeitsaufwand:
2 Minuten
Garzeit:
12 Minuten
Für 4 Personen

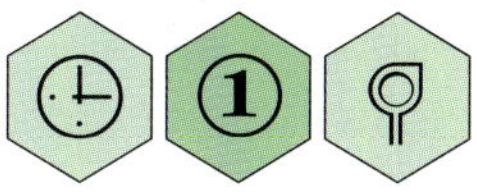

4 Lachssteaks (600 g)
2 EL Zitronensaft
1/4 TL Salz
1 EL getrocknete Dillspitzen
3 EL feingehackte Zwiebelwürfel
4 EL Weißwein
2 EL heller Instant-Soßenbinder
1 TL Zitronensaft
2 EL Schlagsahne (30%)
etwas grobgehackter frischer Dill
4 Dillzweige
4 Zitronenscheiben

- Den Lachs rasch waschen, mit Küchenkrepp trockentupfen und mit Zitronensaft beträufeln.
- Die Steaks flach nebeneinander auf einen großen runden Glasteller legen. Mit Salz, Dill, Zwiebeln und Wein würzen und zugedeckt für 2mal 3 Minuten bei 100% im Mikrowellengerät garen.
- 2 Minuten stehen lassen, dann den Fischsud abgießen und den Fisch mit Alufolie abgedeckt warm halten.
- Den Sud mit Wasser auf 250ml Flüssigkeit aufgießen. In ein feuerfestes Glasgefäß füllen, den Soßenbinder darin auflösen und bei 100% 3–4 Minuten erhitzen. Zwischendurch einmal das Gerät öffnen und die Soße umrühren.
- Die Soße mit dem Zitronensaft, der Sahne und dem Dill abschmecken und über die Lachssteaks geben.
- Mit Dillzweigen und Zitronenscheiben garnieren.

1 Portion enthält:

kJ/kcal	*1415/337*	*Kohlenhydrate*	*2g*
Eiweiß	*30g*	*Ballaststoffe*	*+*
Fett total	*22g*	*BE*	*0,25*
Cholesterin	*58mg*	*Natrium*	*80mg*
Unges. Fettsäuren	*8g*		

Seelachs in Safransoße

Arbeitsaufwand:
5 Minuten
Kochzeit:
15 Minuten
Für 4 Personen

4 Seelachsfilets (600 g)
2 EL Zitronensaft
1/4 TL Salz
1 Döschen Safranfäden
1 Msp Kurkuma (Gelbwurz)
100 ml trockener Weißwein
2 EL Dosenmilch (7,5%)
etwas salzarme Fischbrühe nach Belieben
1/2 TL Johannisbrotkernmehl
1 TL Zitronensaft
1/4 TL Salz

- Die Filets rasch waschen, trocknen, mit Zitronensaft beträufeln, salzen und flach nebeneinander in einen großen Topf legen.
- Safran und Kurkuma zum Wein geben und damit den Fisch übergießen.
- Zugedeckt in 10 Minuten bei mäßiger Hitze garen.
- Den Fischsud abgießen und mit Dosenmilch und Fischbrühe auf 250 ml ergänzen.
- In einem kleinen Topf mit Johannisbrotkernmehl unter Rühren in 2 Minuten binden. Mit Zitronensaft und Salz abschmecken und zum Fisch servieren.

Tip: Ausgezeichnet paßt zu dem Fisch Risi e Bisi (S. 189).

1 Portion enthält:

kJ/kcal	*651/155*	*Kohlenhydrate*	*2g*
Eiweiß	*28g*	*Ballaststoffe*	*+*
Fett total	*2g*	*BE*	*0,25*
Cholesterin	*3mg*	*Natrium*	*132mg*
Unges. Fettsäuren	*+*		

Kabeljau in Dillsoße

Arbeitsaufwand:
5 Minuten
Kochzeit:
15 Minuten
Für 4 Personen

4 Kabeljausteaks (600 g)
2 EL Weißweinessig
1/4 TL Salz
4 EL Weißwein
4 EL Wasser
2 EL Mehl
1 TL Zitronensaft
1/4 TL Salz
2 EL Schlagsahne (30%)
etwas feingehackter frischer Dill
4 Zitronenscheiben
einige frische Dillzweige

- Die Kabeljausteaks waschen, trocknen, mit Essig beträufeln und flach nebeneinander in einen großen Topf legen.
- Salz, Wein und Wasser zum Fisch geben und zugedeckt bei mäßiger Hitze in 10 Minuten garen.
- Den Fischsud abgießen und mit Wasser auf 250 ml ergänzen. Mit Mehl verrühren und in einem kleinen Topf unter Rühren in 2 Minuten binden.
- Die Soße mit Zitronensaft, Salz, Sahne und Dill abschmecken.
- Über die Steaks geben und mit Dillzweigen und Zitronenscheiben garnieren.

Tip: Sehr gut schmecken zu den Kabeljausteaks neue Kartoffeln (S. 174) und Gurkensalat (S. 255–257).

1 Portion enthält:

kJ/kcal	*672/160*	*Kohlenhydrate*	*2g*
Eiweiß	*27g*	*Ballaststoffe*	*+*
Fett total	*2g*	*BE*	*0,25*
Cholesterin	*80mg*	*Natrium*	*110mg*
Unges. Fettsäuren	*5g*		

Schollenfilets in Muskatsoße

Arbeitsaufwand:
40 Minuten
Backzeit:
30 Minuten
Für 4 Personen

1 Portion enthält:

kJ/kcal	*907/216*	*Kohlenhydrate*	*10g*
Eiweiß	*23g*	*Ballaststoffe*	*2g*
Fett total	*7g*	*BE*	*1*
Cholesterin	*69mg*	*Natrium*	*139mg*
Unges. Fettsäuren	*+*		

4 große TK-Schollenfilets (500 g)
1 EL Weißweinessig
1 TL Sojaöl
etwas feingeschnittene ungespritzte Zitronenschale

Für die Füllung:
1 Zwiebel oder Frühlingszwiebel
1 kleine Möhre
1 EL Diätmargarine
4 EL gegarter Naturreis
1 TL geriebene ungespritzte Zitronenschale
1 EL Zitronensaft
Muskat
1/4 TL Salz
frischgemahlener weißer Pfeffer

Für die Soße:
1 1/2 EL Mehl
1 EL Diätmargarine
125 ml salzarme Hühnerbrühe (S. 84)
125 ml trockener Weißwein
1/4 TL Salz
frischgemahlener weißer Pfeffer
Muskat
1 EL feingehackte Petersilie

- Den Fisch auftauen lassen.
- Den Backofen auf 200 °C vorheizen.
- Für die Füllung die Zwiebel schälen und kleinschneiden und die Möhre putzen und reiben.
- Die Margarine schmelzen, darin die Zwiebel und die Möhre unter Rühren 3 Minuten andünsten.
- Dann den Reis und die restlichen Zutaten für die Füllung untermengen.
- Die aufgetauten Schollenfilets waschen, mit Küchenkrepp trocknen und mit Essig benetzen.
- Eine Auflaufform dünn mit Öl ausfetten.
- Die Filets in die Form legen. Die Füllung jeweils auf eine Fischhälfte verteilen und die zweite darüberklappen.
- Die Form mit Alufolie abdecken und in 30 Minuten auf der mittleren Schiene im Backofen garen.
- Für die Soße das Mehl in der Margarine in einem kleinen Topf anschwitzen, mit Brühe und Wein ablöschen und mit Salz, Pfeffer und Muskat kräftig würzen.
- Die Petersilie erst unmittelbar vor dem Servieren zur Soße geben.
- Die gebackenen Fischfilets mit Zitronenschale garnieren.

Variante: Lecker schmeckt auch auf diese Weise zubereitete Seezunge.

Heilbutt in Pfeffersoße

Arbeitsaufwand:
5 Minuten
Backzeit:
15 Minuten
Für 4 Personen

1 Portion enthält:

kJ/kcal	*937/223*	*Kohlenhydrate*	*1g*
Eiweiß	*15g*	*Ballaststoffe*	*+*
Fett total	*3g*	*BE*	*0,25*
Cholesterin	*8mg*	*Natrium*	*104mg*
Unges. Fettsäuren	*2g*		

1 EL Sojaöl
4 Heilbuttsteaks (600 g)
2 EL Zitronensaft
4 EL trockener Weißwein
1/4 TL Salz
2 EL feingehackte Schalotten
8 Rosmarinnadeln
1–2 EL eingelegte oder getrocknete grüne Pfefferkörner
2 EL Diätmargarine

- Den Backofen auf 200°C vorheizen.
- Vier große Stücke Alufolie auf der glänzenden Seite mit Öl einfetten.
- Die Heilbuttsteaks rasch waschen, trocknen und mit Zitronensaft beträufeln. Jeweils auf ein Stück Alufolie legen.
- Den Wein mit Salz, Schalotten, Rosmarin und Pfefferkörnern verrühren und zu den Steaks geben. Die Folie fest zukneiffen.
- Die Steaks in eine große Auflaufform nebeneinander legen und auf der mittleren Schiene 12 Minuten garen.

- Den Fischsud in einen kleinen Topf gießen, etwas einkochen lassen und mit Margarine verschlagen.
- Die Heilbuttsteaks aus der Folie nehmen und mit der Soße übergießen.

Variante: Zu Steinbuttsteaks schmeckt die Pfeffersoße nicht weniger köstlich.

Zanderfilets mit Stachelbeersoße

Arbeitsaufwand:
10 Minuten
Backzeit:
20 Minuten
Für 4 Personen

1 Portion enthält:

kJ/kcal	*848/202*	*Kohlenhydrate*	*17g*
Eiweiß	*34g*	*Ballaststoffe*	*2g*
Fett total	*3g*	*BE*	*1,5*
Cholesterin	*0mg*	*Natrium*	*237mg*
Unges. Fettsäuren	*+*		

4 Zanderfilets (600 g)
1 EL Weißweinessig
1/4 TL Salz
1 TL Sojaöl
2 Scheiben salz- und fettarmer Gouda (30%)
300 ml schwach gesüßtes Stachelbeerkompott
1 EL trockener Weißwein
2 EL heller Instant-Soßenbinder
Muskat

- Den Backofen auf 200°C vorheizen.
- Den Fisch waschen, mit Essig beträufeln und salzen.
- Eine Auflaufform dünn mit Öl ausfetten.
- Die Filets nebeneinander hineinlegen. Die Form mit Alufolie abdecken und den Fisch in 15–20 Minuten auf der mittleren Schiene im Backofen garen.
- Den Käse diagonal zerschneiden, auf den Fisch legen und in 2 Minuten überbacken.
- Für die Soße das Stachelbeerkompott mit dem Wein erhitzen, mit dem Soßenbinder andicken und mit Muskat abschmecken.

Tip: Dazu passen Dauphinkartoffeln (S. 179).

Schollenröllchen in Krabbensoße

Arbeitsaufwand:
15 Minuten
Kochzeit:
20 Minuten
Für 4 Personen

1 Portion enthält:

kJ/kcal	*1067/254*	*Kohlenhydrate*	*3g*
Eiweiß	*36g*	*Ballaststoffe*	*1g*
Fett total	*6g*	*BE*	*0,25*
Cholesterin	*180mg*	*Natrium*	*253mg*
Unges. Fettsäuren	*1g*		

8 TK-Schollenfilets (500 g)
2 EL Zitronensaft
1/4 TL Salz
250 g frische Garnelen
einige frische Dillzweige
200 ml trockener Weißwein
50 ml Zitronensaft
2 EL heller Instant-Soßenbinder
1 EL Diätmargarine
4 EL saure Sahne

- Eingefrorene Schollenfilets auftauen lassen. Dann die aufgetauten oder frischen Filets schnell waschen und trocknen. Mit Zitronensaft und Salz würzen und 5 Minuten ziehen lassen.
- Jeweils eine große Garnele und einen Dillzweig auf ein Filet legen, das Filet aufrollen und mit einem Zahnstocher befestigen.
- In einem dickwandigen Topf den Wein mit dem Zitronensaft aufkochen, die Schollenröllchen vorsichtig hineinlegen und in etwa 5 Minuten garen.
- Herausnehmen, auf eine Platte geben und zugedeckt warm halten.
- Den Fischsud mit Soßenbinder andicken. Die Margarine und die restlichen Garnelen darunterrühren und 1 Minute aufkochen.
- Den Topf von der Kochstelle nehmen, die Soße mit saurer Sahne verrühren und abschmecken.
- Die Soße um die Fischröllchen gießen. Alles mit frischem Dill garnieren.

Abbildung S. 98/99

Tip: Hat man keine frischen Garnelen zur Hand, kann man sich mit 300g tiefgekühlten behelfen, die man auftauen und abtropfen läßt.

Krabbencurry mit Bananen

Arbeitsaufwand:
10 Minuten
Kochzeit:
10 Minuten
Für 4 Personen

1 Portion enthält:

kJ/kcal	*1159/276*	*Kohlenhydrate*	*23g*
Eiweiß	*26g*	*Ballaststoffe*	*4g*
Fett total	*10g*	*BE*	*2*
Cholesterin	*179mg*	*Natrium*	*199mg*
Unges. Fettsäuren	*+*		

2 Zwiebeln
1/2 Apfel
2 EL Sonnenblumenöl
2 EL Curry
1 EL Mehl
1/4 l salzarme Hühnerbrühe (S. 84)
2 EL trockener Weißwein
1 EL Zitronensaft
Muskat
1/4 TL Salz
frischgemahlener weißer Pfeffer
3–4 Bananen
400 g frische Garnelen
4 EL Magerjoghurt

- Die Zwiebeln klein würfeln, den Apfel schälen und reiben.
- Das Öl in einem dickwandigen Topf erhitzen und die Zwiebeln darin unter Rühren goldblond dünsten. Curry und Mehl dazugeben und mit Brühe und Wein ablöschen.
- Apfel und Gewürze zufügen und die Soße 3 Minuten kochen lassen. Abschmecken.
- Die Bananen schälen, in Scheiben schneiden und kurz mit den Garnelen in der Soße erhitzen; sie dürfen nicht zerkochen.
- Unmittelbar vor dem Servieren den Joghurt unter die Soße heben und nochmals abschmecken.

Tip: Das Krabbencurry kann auch mit 500g tiefgekühlten Garnelen zubereitet werden, die man auftauen und abtropfen läßt. Man sollte sie nur 1–2 Minuten durchkochen lassen, denn sonst verlieren sie ihre Flüssigkeit und werden klein und hart.

Fischfilet auf Gemüsebett

Arbeitsaufwand:
10 Minuten
Kochzeit:
5 Minuten
Backzeit:
20 Minuten
Für 4 Personen

je 200 g	**Kabeljau-, Rotbarsch- und Seelachsfilet**
2 EL	**Zitronensaft**
1 TL	**Sojaöl**
250 ml	**entrahmte Milch (0,3%)**
125 ml	**Wasser**
1/2 TL	**Johannisbrotkernmehl**
1 EL	**mittelscharfer Senf**
1 EL	**feingehackte Petersilie**
1/4 TL	**Salz**
	frischgemahlener weißer Pfeffer
300 g	**Möhren**
2	**dünne Stangen Lauch**
1 EL	**Crème fraîche**

- Den Backofen auf 225 °C vorheizen.
- Den Fisch waschen, trockentupfen und mit Zitronensaft beträufeln.
- Eine flache Auflaufform ausfetten.
- Die Milch mit Wasser, Johannisbrotkernmehl und den Gewürzen verschlagen.
- Möhren und Lauch putzen und in dünne Scheiben schneiden. Dann für 3 Minuten in kochendem Wasser oder mit 3 EL Wasser bei 100% im Mikrowellengerät blanchieren und abtropfen lassen.
- In die Auflaufform zunächst das Gemüse schichten. Darauf die Filets legen und mit der eingedickten Soße aufgießen. Auf jedes Filetstück 1/2 TL Crème fraîche geben.
- 20 Minuten im Ofen backen und zu Natur- und Wildreismischung servieren.

Tip: Wegen des geringen Gehalts an Kohlenhydraten ist dieser Fisch ideal für Kalorienbewußte und Diabetiker. Für die Soße kann man statt Wasser Fischfond aus dem Glas nehmen.

1 Portion enthält:

kJ/kcal	*958/228*	*Kohlenhydrate*	*9g*
Eiweiß	*31g*	*Ballaststoffe*	*4g*
Fett total	*5g*	*BE*	*0,75*
Cholesterin	*70mg*	*Natrium*	*198mg*
Unges. Fettsäuren	*+*		

Gratinierte Jakobsmuscheln

Arbeitsaufwand:
20 Minuten
Kochzeit:
10 Minuten
Backzeit:
6 Minuten
Für 4 Personen

1 Portion enthält:

kJ/kcal	*911/217*	*Kohlenhydrate*	*4g*
Eiweiß	*16g*	*Ballaststoffe*	*1g*
Fett total	*15g*	*BE*	*0,5*
Cholesterin	*222mg*	*Natrium*	*417mg*
Unges. Fettsäuren	*+*		

12 Jakobsmuscheln
4 EL Zitronensaft
125 g kleine Austernpilze
2 kleine Tomaten
1 Knoblauchzehe
1 EL Diätmargarine
125 ml Schlagsahne (30%)
1 TL heller Instant-Soßenbinder
4 EL geriebener salz- und fettarmer Gouda (30%)

- Den Backofen auf 220°C vorheizen.
- Die Muscheln mit Zitronensaft beträufeln.
- Die Austernpilze grob zerschneiden.
- Die Tomaten schälen und vierteln.
- Die Knoblauchzehe zerdrücken.
- Die Margarine in einem kleinen Topf erhitzen und den Knoblauch darin kurz erwärmen. Die Jakobsmuscheln zufügen, von beiden Seiten 2–3 Minuten andünsten und dann auf vier feuerfeste Förmchen oder Muschelschalen verteilen.
- Die Pilze kurz im restlichen Bratfett andünsten und zusammen mit den Tomaten auf die Muscheln geben.
- Die übrigen Zutaten miteinander verrühren und über die Muschel-Gemüse-Mischung gießen.
- Auf einem Rost in den Ofen schieben und auf der obersten Schiene 5–7 Minuten überbacken.
- In den Förmchen oder Muschelschalen auftragen.

Makrelen nach Art der armen Fischer

Arbeitsaufwand:
15 Minuten
Grillzeit:
15–20 Minuten
Für 4 Personen

1 Portion enthält:

kJ/kcal	*1562/372*	*Kohlenhydrate*	*+*
Eiweiß	*38g*	*Ballaststoffe*	*0g*
Fett total	*25g*	*BE*	*+*
Cholesterin	*140mg*	*Natrium*	*190mg*
Unges. Fettsäuren	*5g*		

2 große Makrelen (800–1000 g)
2 EL Zitronensaft
1/4 TL Salz
frischgemahlener weißer Pfeffer
1 TL Sojaöl
einige Zweige Dill oder Koriandergrün
4 Zitronenscheiben

- Den Grill vorheizen.
- Die Makrelen schnell waschen, trocknen, mit Zitronensaft beträufeln und mit Salz und Pfeffer würzen. Bei Raumtemperatur mindestens 5 Minuten ruhen lassen.
- Einen Grillrost mit einer doppelten Lage Alufolie belegen und diese mit dem Öl einfetten. Die Fische im Abstand von etwa 20cm zueinander in 15–20 Minuten darauf grillen.
- Die Filets von Haut und Gräten befreien, auf vorgewärmte Teller geben und mit Dill und Zitronenscheiben garnieren und zu Ratatouille (S. 247) servieren.

Abbildung S. 98/99

Wittlingsteaks mit Champignons

Arbeitsaufwand:
6 Minuten
Bratzeit:
10 Minuten
Für 4 Personen

8	**kleine Wittlingsteaks (600 g)**
1 EL	**Weißweinessig**
1/4 TL	**Salz**
1 EL	**Mehl**
1	**kleine Stange Lauch**
200 g	**kleine Champignons**
1 EL	**Zitronensaft**
4	**Tomaten**
4 EL	**Sonnenblumenöl**
100 ml	**trockener Sherry**
1/4 TL	**Salz**

1 Portion enthält:

kJ/kcal	*1121/267*	*Kohlenhydrate*	*7g*
Eiweiß	*28g*	*Ballaststoffe*	*3g*
Fett total	*12g*	*BE*	*0,75*
Cholesterin	*50mg*	*Natrium*	*98mg*
Unges. Fettsäuren	*+*		

- Die Wittlingsteaks schnell waschen und trocknen, dann mit Essig beträufeln, salzen und mit Mehl bestäuben.
- Den Lauch in dünne Scheiben schneiden.
- Die Champignons putzen, in Scheiben schneiden und mit Zitronensaft beträufeln, damit sie nicht braun werden.
- Tomaten schälen, entkernen und würfeln.
- 2 EL Öl in einer beschichteten Pfanne erhitzen und bei sehr mäßiger Hitze den Fisch darin braten.
- Auf einer vorgewärmten Platte anrichten und warm stellen.
- Das restliche Öl in die Pfanne geben und bei starker Hitze die Lauchringe dünsten. Die Champignons zum Lauch geben und zuletzt die Tomaten mitbraten.
- Das Gemüse mit Sherry übergießen und salzen. 2 Minuten zugedeckt dünsten und zum Fisch servieren.

Gegrillte Lachssteaks

Arbeitsaufwand:
7 Minuten
Grillzeit:
10–12 Minuten
Für 4 Personen

4 Lachssteaks (600 g)
2 EL Zitronensaft
1/4 TL Salz
1 EL Maiskeimöl
4 Zitronenschnitze
250 g Magerquark
1 EL scharfer Dijonsenf (S. 31)
1 EL gehackte frische Estragonblätter
1 EL Zitronensaft
1/4 TL Salz

- Den Grill vorheizen.
- Die Lachssteaks rasch waschen, trocknen, mit Zitronensaft beträufeln und salzen.
- Mit dem Öl bepinseln und auf dem Grillrost jede Seite 4–6 Minuten grillen.
- Mit Zitronenschnitzen belegen.
- Den Quark mit den restlichen Zutaten verschlagen und zu den Lachssteaks reichen.

1 Portion enthält:

kJ/kcal	*1588/378*
Eiweiß	*39g*
Fett total	*23g*
Cholesterin	*53mg*
Unges. Fettsäuren	*8g*
Kohlenhydrate	*3g*
Ballaststoffe	*0g*
BE	*0,25*
Natrium	*102mg*

Gegrillte Fische

Arbeitsaufwand:
5 Minuten
Grillzeit:
15–45 Minuten
Für 4 Personen

4 frische kleine Fische (Felchen, Forellen, Heringe, Renken, Weißfische)
2–4 EL Weißweinessig
1/2 TL Salz
1 Bund gemischte Kräuter
2 EL Sonnenblumenöl
Zitronensaft

- Den Grill frühzeitig vorheizen. Bei einem Holzkohlengrill muß man dafür mit 20–30 Minuten rechnen. Den Rost kann man zusätzlich mit einer doppelten Lage Alufolie belegen.
- Die Fische ausnehmen, gut waschen und trocknen, mit Essig beträufeln und salzen.
- Jeweils einige Kräuter in die Bauchhöhle stecken und die Fische außen mit Öl bepinseln.
- Die Fische auf den Rost legen. Je größer und dicker die Fische, um so weiter müssen Feuerstelle und Rost voneinander entfernt sein, damit die Hitze bis zur Mittelgräte durchdringt.
- Gelegentlich wenden und u.U. die Haut nochmals mit Öl bepinseln; sie wird nachher nicht mitgegessen.
- Die gegrillten Fische mit frischem Zitronensaft beträufeln und am besten knuspriges Vollkornbaguette dazu reichen.

Variante: Statt der 4 kleinen Fische kann man 1 Barbe, 1 Brasse oder 1 Thunfisch nehmen.

1 Portion enthält:

kJ/kcal	*844/201*	*Kohlenhydrate*	+
Eiweiß	*30g*	*Ballaststoffe*	*0g*
Fett total	*9g*	*BE*	+
Cholesterin	*83mg*	*Natrium*	*60mg*
Unges. Fettsäuren	+		

Seezungenfilets auf Blattspinat

Arbeitsaufwand:
15 Minuten
Backzeit:
18 Minuten
Für 4 Personen

1 Portion enthält:

kJ/kcal	*848/202*	*Kohlenhydrate*	*4g*
Eiweiß	*29g*	*Ballaststoffe*	*4g*
Fett total	*7g*	*BE*	*0,5*
Cholesterin	*10mg*	*Natrium*	*267mg*
Unges. Fettsäuren	*+*		

4 frische oder TK-Seezungenfilets (500 g)
450 g TK-Blattspinat
2 EL Zitronensaft
1/4 TL Salz
1 TL Sojaöl
1/4 TL Salz
Muskat
1 EL Mehl
200 ml entrahmte Milch (0,3%)
je 2 EL geriebener Parmesan und Emmentaler
1 EL Schlagsahne (30%)

- Eingefrorene Seezungenfilets sowie den Spinat auftauen lassen.
- Den Backofen auf 200°C vorheizen.
- Die Seezungenfilets rasch waschen und trocknen. Mit Zitronensaft beträufeln, salzen und 5 Minuten ziehen lassen.
- Ein flache Auflaufform mit dem Sojaöl einfetten. Den Spinat mit Salz und Muskat würzen und in die Auflaufform geben. Mit Alufolie abdecken. 10 Minuten auf einem Rost auf der mittleren Schiene im Backofen vorgaren.
- Die Form aus dem Ofen nehmen, die Fischfilets auf den Spinat legen und 5–6 Minuten backen.
- Inzwischen Mehl und Milch verrühren und in einem kleinen Topf zu einer sämigen Soße aufkochen. Den Käse darin schmelzen und die Sahne zugeben.
- Die Käsesoße über den Fisch gießen und unter dem Grill 2 Minuten leicht bräunen.

Flundern vom Grillblech

Arbeitsaufwand:
10 Minuten
Backzeit:
15 Minuten
Für 4 Personen

1 Portion enthält:

kJ/kcal	*899/214*	*Kohlenhydrate*	*3g*
Eiweiß	*41g*	*Ballaststoffe*	*+*
Fett total	*20g*	*BE*	*0,25*
Cholesterin	*125mg*	*Natrium*	*231mg*
Unges. Fettsäuren	*2g*		

4 Flundern (1kg)
2 EL Essig
1 EL Sojaöl
1/4 TL Salz
1 Zitrone

- Den Backofen auf 220°C vorheizen.
- Die Fische gut säubern, waschen und mit Küchenkrepp trocknen. Mit Essig beträufeln, dann mit Öl bepinseln und salzen.
- Das Grillblech mit Alufolie auslegen, wobei die glänzende Seite der Folie nach oben zeigen sollte. Darauf die Flundern setzen.
- 15 Minuten auf der mittleren Schiene backen und mit Zitronenvierteln garniert auf warme Teller geben.

Tip: Die Zubereitung auf dem Blech hat – gegenüber dem Braten in der Pfanne – den großen Vorteil, daß man bis zu sechs Fische gleichzeitig zu Tisch bringen kann. Außerdem braucht man weitaus weniger Fett und reduziert damit die Kalorienmenge. Auf diese Weise lassen sich auch Schollen zubereiten.

Serbischer Fischreis

Arbeitsaufwand:
6 Minuten
Garzeit:
30–35 Minuten
Für 4 Personen

1	**große Zwiebel**
1	**Stange Lauch**
1	**Knoblauchzehe**
2 EL	**natives Olivenöl**
200 g	**Rundkorn-Milchreis**
500 ml	**salzarme Gemüsebrühe**
600 g	**TK-Goldbarschfilet**
1 EL	**Weißweinessig**
1/4 TL	**Salz**
2 EL	**feingehackte Petersilie**

- Die Zwiebel schälen und klein würfeln, den Lauch in Ringe schneiden.
- Die Knoblauchzehe kleinhacken.
- Das Olivenöl in einem dickwandigen Topf erhitzen.
- Die Zwiebel darin hell andünsten. Lauch und Knoblauch dazugeben und alles insgesamt 3 Minuten braten.
- Den trockenen Reis zufügen und nach und nach mit der Gemüsebrühe aufgießen. Bei halbgeöffnetem Deckel in etwa 20 Minuten knapp garen.
- Die Fischfilets schnell waschen, trocknen, mit Essig beträufeln und salzen. In gulaschgroße Würfel schneiden.
- Wenn sich die Reiskörner zwischen zwei Fingerspitzen beinahe zerdrücken lassen, die Fischwürfel flach nebeneinander auf den Reis verteilen. Erst wenn sie nicht mehr glasig aussehen, unter den Reis heben.
- Alles abschmecken und ohne das Gericht sehr zu rühren, mit Petersilie bestreuen und am besten noch im Kochgefäß auf den Tisch stellen.

1 Portion enthält:

kJ/kcal	*1663/396*	*Kohlenhydrate*	*43g*
Eiweiß	*25g*	*Ballaststoffe*	*3g*
Fett total	*11g*	*BE*	*3,75*
Cholesterin	*57mg*	*Natrium*	*129mg*
Unges. Fettsäuren	*1g*		

Rehfilet (S. 144) und Kalbsmedaillons mit Safransoße (S. 122)

Fleisch und Wild

In Maßen genossen, ist Fleisch durchaus gesund, denn es liefert neben hochwertigem Eiweiß wertvolle Mineralstoffe und Vitamine. Die Rezepte bevorzugen magere Stücke, von denen das sichtbare Fett abgeschnitten wird. Bei allen Garmethoden – Grillen, Poschieren und Braten – wird auf hohe Salzzugaben zugunsten von Gewürzen und Kräutern verzichtet.

Hamburger Lindström

Zu diesen pikant abgeschmeckten Frikadellen passen am besten Pellkartoffeln und Salat.

Arbeitsaufwand:
10 Minuten
Bratzeit:
10 Minuten
Für 4 Personen

350 g mageres Rinderhackfleisch
50 g feingeraspelte gegarte rote Bete
1 EL feingehackte Zwiebel
4 EL Paniermehl
1 EL Rotweinessig
1 Ei (Gewichtsklasse 3)
1 TL Senf
1/2 TL Salz
1/2 TL getrockneter Dill
frischgemahlener schwarzer Pfeffer
2 EL Sojaöl
4 TL saure Sahne
etwas frischer oder getrockneter Dill

- Für den Hackteig Fleisch, rote Bete, Zwiebel, Paniermehl, Essig, Ei, Senf, Salz, Dill und Pfeffer mit den Knethaken des Handrührgeräts in 2–3 Minuten gut miteinander vermengen.
- Mit angefeuchteten Händen aus dem angemachten Hackfleischteig 4 flache Frikadellen formen.
- In einer beschichteten Pfanne das Öl erhitzen. Die Frikadellen bei nicht zu starker Hitze ohne Deckel von beiden Seiten in insgesamt etwa 8 Minuten gut braun braten.
- Das Fleisch auf eine vorgewärmte Platte geben und jeweils mit einem Löffel saurer Sahne und einigen Dillzweigen oder getrocknetem Dill garnieren.

Tip: Wer auf seine Cholesterinwerte achten muß, macht das Hackfleisch mit 2 Eiweiß an.

1 Portion enthält:

kJ/kcal	*1218/290*	*Kohlenhydrate*	*10 g*
Eiweiß	*23 g*	*Ballaststoffe*	*+*
Fett total	*18 g*	*BE*	*1*
Cholesterin	*2 mg*	*Natrium*	*17 mg*
Unges. Fettsäuren	*+*		

Fleischbällchen

Dieses in Schweden sehr beliebte Hackfleischgericht wird mit Bratkartoffeln oder Nudeln und Preiselbeeren serviert.

Arbeitsaufwand:
8 Minuten
Bratzeit:
15 Minuten
Für 4 Personen

1 Portion enthält:

kJ/kcal	*1218/290*	*Kohlenhydrate*	*14g*
Eiweiß	*25g*	*Ballaststoffe*	*+*
Fett total	*15g*	*BE*	*1,25*
Cholesterin	*1mg*	*Natrium*	*9mg*
Unges. Fettsäuren	*+*		

1 kleine Zwiebel
1 TL Sojaöl
250 g mageres Rinderhackfleisch
150 g Kalbshackfleisch
5 EL Paniermehl
2 EL entrahmte Milch (0,3%)
1/2 TL Salz
frischgemahlener schwarzer Pfeffer
Muskat
Thymian
1 1/2 EL Sojaöl
1 EL Mehl
1 EL salzfreies Tomatenmark
1/2 TL Salz
125 ml salzarme Fleischbrühe (S. 84)
1 EL saure Sahne
1 EL Joghurt
Paprika

- Die Zwiebel kleinschneiden und im Öl goldbraun braten.
- Hackfleisch mit Paniermehl, Milch, Zwiebel und Gewürzen in 3–4 Minuten mit den Knethaken des Handrührgeräts zu einem glatten Teig verkneten. Mit angefeuchteten Händen walnußgroße Fleischkugeln formen.
- In einer beschichteten Pfanne das Öl erhitzen und darin die Fleischbällchen bei nicht zu großer Hitze rundum braun braten.
- Die Bällchen an den Pfannenrand schieben, das Mehl in die Pfannenmitte geben und etwas rösten. Tomatenmark und Salz zufügen; mit der Brühe ablöschen. Die Fleischbällchen in der Soße wenden.
- Kurz vor dem Servieren die Soße mit saurer Sahne und Joghurt verfeinern, mit Paprika bestreuen und in der Pfanne auftragen.

Pikante Fleischklößchen

Auf bunten Bandnudeln, die mit geriebenem Emmentaler Käse und Joghurt oder Sahne zubereitet wurden, schmecken die Klößchen besonders gut.

Arbeitsaufwand:
5 Minuten
Kochzeit:
10 Minuten
Für 4 Personen

1 Portion enthält:

kJ/kcal	*983/234*	*Kohlenhydrate*	*1g*
Eiweiß	*24g*	*Ballaststoffe*	*+*
Fett total	*8g*	*BE*	*0,25*
Cholesterin	*79mg*	*Natrium*	*70mg*
Unges. Fettsäuren	*+*		

1 l Wasser
1/2 TL Salz
4 EL Paniermehl
4 EL entrahmte Milch (0,3%)
1 TL Sojaöl
2 EL feingehackte Zwiebeln
200 g Kalbshackfleisch
200 g mageres Rinderhackfleisch
1 Ei (Gewichtsklasse 3)
1/4 TL Salz
Paprika oder Curry
frischgemahlener weißer Pfeffer

- In einem flachen Topf etwa 1 l leicht gesalzenes Wasser zum Kochen bringen.
- Das Paniermehl in der Milch 3 Minuten quellen lassen.
- In einer beschichteten Pfanne das Öl erhitzen und die Zwiebelwürfel darin goldgelb braten.
- Paniermehl, Zwiebel, Hackfleisch, Ei und Gewürze zu einem glatten Teig verarbeiten. Mit angefeuchteten Händen kleine Klößchen formen.
- Bei mäßiger Hitze die Fleischbällchen im heißen Wasser in etwa 8 Minuten garen.

Tip: Statt der Milch kann man dieselbe Menge Weißwein verwenden. Wer zu hohe Cholesterinwerte hat, ersetzt das Ei durch 2 Eiweiß.

Kreolische Frikadellen

Arbeitsaufwand:
8 Minuten
Kochzeit:
15 Minuten
Für 4 Personen

1 Portion enthält:

kJ/kcal	*1222/291*	*Kohlenhydrate*	*8g*
Eiweiß	*28g*	*Ballaststoffe*	*1g*
Fett total	*16g*	*BE*	*0,75*
Cholesterin	*127mg*	*Natrium*	*113mg*
Unges. Fettsäuren	+		

1 mittelgroße Zwiebel
1 Knoblauchzehe
200 g salzarme Tomaten aus der Dose
ungespritzte Orangenschale
2 EL Sonnenblumenöl
250 g mageres Schweinehackfleisch
150 g mageres Rinder- oder Lammhackfleisch
1 Ei (Gewichtsklasse 3)
1 EL Paniermehl
2 EL geriebener Parmesan
1 EL feingehackte Petersilie
getrockneter Salbei, Muskat
1/2 TL Salz
frischgemahlener schwarzer Pfeffer
1/2 EL Mehl
100 ml salzarme Hühnerbrühe (S. 84)
75 ml Orangensaft
1 Pr Salz
1 Pr Zimt

- Zwiebel klein würfeln und die Knoblauchzehe feinhacken. Die Tomaten pürieren und die Orangenschale in Streifen schneiden.
- Zwiebel und Knoblauch in 1 EL Öl goldgelb braten. Dann mit Hackfleisch, Ei, Paniermehl, Käse und Gewürzen zu einem glatten Teig verarbeiten. Daraus eine 4cm dicke Rolle formen und in 20 Scheiben schneiden.
- In einer Pfanne 1EL Öl erhitzen und darin die Frikadellen beidseitig braun braten.
- Das Mehl dazugeben und kurz bräunen. Mit Brühe, Tomatenmasse und Orangensaft ablöschen. Die Soße mit Salz, Zimt und Orangenschale würzen und 5 Minuten schmoren lassen.

Chili con carne

Eine mexikanische Spezialität für alle, die gern scharf Gewürztes mögen. Dazu serviert man körnigen Reis oder Vollkornbaguette.

Arbeitsaufwand:
20 Minuten
Kochzeit:
35 Minuten
Für 4 Personen

1 Portion enthält:

kJ/kcal	*1323/315*	*Kohlenhydrate*	*26g*
Eiweiß	*32g*	*Ballaststoffe*	*9g*
Fett total	*9g*	*BE*	*2,25*
Cholesterin	*30mg*	*Natrium*	*43mg*
Unges. Fettsäuren	+		

200 g Hühnerbrust
1 große Zwiebel
2 Knoblauchzehen
1 große grüne Paprikaschote
200 g mageres Rinderhackfleisch
1 TL Paprika
je 1/2 TL kleingestoßene Chilischote und Koriander
je 1 TL Oregano und Basilikum
1 Lorbeerblatt
1/4 TL Salz
frischgemahlener schwarzer Pfeffer
200 ml salzarme Fleischbrühe (S. 84)
400 g salzarme pürierte Tomaten aus der Dose
250 g gegarte Kidneybohnen

- Hühnerbrust, Zwiebel und Knoblauchzehen kleinhacken.
- Die Paprikaschote waschen und kleinschneiden.
- Hühner- und Rinderhackfleisch ohne Fett in einer beschichteten Pfanne mit dickem Boden unter Rühren etwa 4 Minuten erhitzen, bis es nicht mehr rosa ist.
- Zwiebel und Gewürze zum Fleisch geben, umrühren und etwa 5 Minuten braten. Mit Brühe und Tomatenmasse ablöschen und ohne Deckel bei schwacher Hitze 20 Minuten schmoren lassen.
- Zuletzt die Bohnen untermischen und 5 Minuten mitkochen.
- Das Gericht würzig-scharf abschmecken.

Wirsingrouladen mit Wildreis

Arbeitsaufwand:
20 Minuten
Kochzeit:
70–80 Minuten
Für 4 Personen

1	**kleiner Wirsing**
200 ml	**Wasser**
1/2 TL	**Salz**
100 g	**Wildreis**
200 g	**mageres Schweinehackfleisch**
1/2 TL	**Salz**
	frischgemahlener schwarzer Pfeffer
500 ml	**salzarme Fleischbrühe (S. 84)**
1	**mittelgroße Zwiebel**
2	**Tomaten**
1 EL	**Sonnenblumenöl**
1 TL	**Mehl**
250 ml	**entrahmte Milch (0,3%)**
1/4 TL	**Salz**
1/2 g	**Safran**

- Die äußeren 8 Blätter vom Wirsing vorsichtig ablösen und die Rippen mit einem Messer abflachen.
- Die Blätter etwa 3 Minuten in kochendem Wasser blanchieren.
- Den restlichen Wirsing in Streifen schneiden und in dem Salzwasser garen.
- Für die Füllung den Reis in sprudelnd kochendem Wasser 40 Minuten garen und in einem Sieb abtropfen lassen.
- Das Hackfleisch salzen und pfeffern und mit dem Reis vermengen.
- Auf die Wirsingblätter verteilen, diese seitlich einschlagen, zu kleinen Rouladen aufrollen und mit Hölzchen oder Zwirn befestigen.
- Die Brühe zum Kochen bringen und die Rouladen darin ohne Deckel 10 Minuten garen.
- Inzwischen die Zwiebel klein würfeln und die Tomaten schälen und würfeln.
- Das Öl erhitzen und darin die Zwiebelwürfel goldgelb rösten. Mit Mehl bestäuben und mit Milch ablöschen. Dann mit Salz und Safran würzen und pürieren.
- Die Tomatenwürfel leicht erwärmen und mit Salz und Pfeffer würzen.
- Zunächst die Soße mit etwas Wirsing und Tomatenwürfeln anrichten und darauf die Rouladen betten.

1 Portion enthält:

kJ/kcal	*1231/293*	*Kohlenhydrate*	*30g*
Eiweiß	*22g*	*Ballaststoffe*	*5g*
Fett total	*7g*	*BE*	*2,5*
Cholesterin	*38mg*	*Natrium*	*87mg*
Unges. Fettsäuren	*+*		

Pikante Hackfleischrolle

Arbeitsaufwand:
15 Minuten
Backzeit:
45 Minuten
Für 4 Personen

Für die Füllung:

1	**Brötchen**
1/2	**Zwiebel**
1 TL	**Sonnenblumenöl**
400 g	**mageres gemischtes Hackfleisch**
1	**Ei (Gewichtsklasse 3)**
1	**Knoblauchzehe nach Belieben**
1/4 TL	**Salz**
	frischgemahlener schwarzer Pfeffer, Paprika oder Curry
200 g	**salzarm eingelegte Tomatenpaprikastreifen**

Für den Teig:

65 g	**trockener Magerquark**
1	**Ei (Gewichtsklasse 3)**
2 EL	**Sonnenblumenöl**
175 g	**Mehl**
2 TL	**Weinsteinbackpulver**
	Mehl zum Ausrollen
2 EL	**Milch zum Bepinseln (3,5 %)**

- Den Quark über Nacht in einem feinmaschigen Sieb abtropfen lassen.
- Den Backofen auf 200 °C vorheizen.
- Das Brötchen in reichlich Wasser einweichen und gut ausdrücken.
- Die Zwiebel kleinhacken.
- Das Öl in einer beschichteten Pfanne erhitzen und die Zwiebelwürfel darin anbraten.
- Das Brötchen mit den Zwiebelwürfeln, dem Hackfleisch und dem Ei vermischen und mit dem zerdrückten Knoblauch und den Gewürzen abschmecken.
- Den Quark zusammen mit Ei, Öl, Mehl und Backpulver mit dem Handrührgerät sehr rasch zu einem Teig verkneten.
- Auf einer bemehlten Unterlage den Teig zu einem 30 × 40 cm großen Rechteck ausrollen.
- Mit der Hackfleischmasse bestreichen, darauf die abgetropften Tomatenpaprikastreifen verteilen und aufrollen.
- Mit der Nahtstelle nach unten auf ein mit Backpapier belegtes Blech legen und mit Milch bepinseln.
- Auf der mittleren Schiene in 45 Minuten goldbraun backen. Noch heiß in 5 cm breite Scheiben aufschneiden.

Tip: Wer einen zu hohen Cholesterinspiegel hat, nimmt sowohl für den Teig wie für die Füllung statt des ganzen Eis jeweils 2 Eiweiß.

1 Portion enthält:

kJ/kcal	*1054/251*	*Kohlenhydrate*	*8 g*
Eiweiß	*28 g*	*Ballaststoffe*	*1 g*
Fett total	*12 g*	*BE*	*0,75*
Cholesterin	*210 mg*	*Natrium*	*117 mg*
Unges. Fettsäuren	*1 g*		

Schinkenpastete mit Pilzen

Kalt am nächsten Tag schmeckt diese Pastete genauso gut wie ofenwarm. Daher empfiehlt es sich, gleich eine größere Portion zuzubereiten.

1 Portion enthält:	
kJ/kcal	*1508/359*
Eiweiß	*37g*
Fett total	*15g*
Cholesterin	*271 mg*
Unges. Fettsäuren	*1g*
Kohlenhydrate	*15g*
Ballaststoffe	*4g*
BE	*1,25*
Natrium	*157mg*

Arbeitsaufwand:
30 Minuten
Bratzeit:
70 Minuten
Für 8 Personen

1 EL Sonnenblumenöl
1 große Zwiebel
3 Möhren
350 g Champignons
1 TL Zitronensaft
200 g magerer salzarmer gekochter Schinken
1 Knoblauchzehe nach Belieben
350 g mageres Schweinehackfleisch
2 Eier (Gewichtsklasse 3)
100 ml entrahmte Milch (0,3%)
50 ml trockener Weißwein
5 EL Paniermehl
1 EL feingehackte Kräuter
4 feingehackte Salbeiblätter
1 TL Salz
frischgemahlener schwarzer Pfeffer
4 Lorbeerblätter

- Den Backofen auf 200°C vorheizen.
- Eine Auflaufform dünn mit Öl ausfetten.
- Die Zwiebel kleinhacken.
- Die Möhren schälen und reiben.
- Die Champignons putzen, fein hacken und mit Zitronensaft beträufeln.
- Den Schinken grob hacken.
- Das übrige Öl in einem Topf erhitzen. Bei mäßiger Hitze die Zwiebel darin dünsten, zerdrückten Knoblauch, Möhren und Champignons dazugeben und unter gelegentlichem Umrühren in etwa 25 Minuten weich dünsten.
- Den Schinken mit den restlichen Zutaten bis auf die Lorbeerblätter gut vermengen. Das abgekühlte Gemüse dazugeben, alles abschmecken und in die Auflaufform füllen.
- Die Oberfläche glattstreichen, mit Lorbeerblättern belegen und mit Alufolie abdecken.
- Auf dem Rost auf der zweituntersten Schiene in 65–70 Minuten backen. Die Folie während der letzten 10 Minuten entfernen. Die Pastete ist gar, wenn man mit einer Nadel einsticht und bei Löffeldruck nur klarer Fleischsaft austritt.
- Die Pastete aus dem Ofen nehmen, 10 Minuten ruhen lassen, dann das abgesonderte Fett abgießen und in fingerdicke Scheiben schneiden.

Tip: Dazu reicht man pikant marinierte Zwiebelringe (S. 35) oder selbstgemachtes Ketchup (S. 32). Wer zu hohe Cholesterinwerte hat, bereitet die Pastete mit nur 2 Eiweiß zu.

Kalbsmedaillons mit Safransoße

Arbeitsaufwand:
10 Minuten
Kochzeit:
10 Minuten
Für 4 Personen

1 Portion enthält:

kJ/kcal	*811/193*	*Kohlenhydrate*	*3g*
Eiweiß	*32g*	*Ballaststoffe*	+
Fett total	*5g*	*BE*	*0,25*
Cholesterin	*136mg*	*Natrium*	*149mg*
Unges. Fettsäuren	+		

1 EL Mehl
1 g Safran
8 Kalbsmedaillons
1 EL Sonnenblumenöl
1/4 TL Salz
1/2 TL zerstoßene grüne Pfefferkörner
50 ml trockener Weißwein
50 ml salzarme Fleischbrühe (S. 84)
1 EL unbehandelte Zitronenschale, in feine Streifen geschnitten
4 EL Zitronensaft
2 EL Magerjoghurt

- Das Mehl mit der Hälfte des Safrans mischen und die Medaillons damit bestäuben.
- Das Öl in einer großen beschichteten Pfanne mit dickem Boden erhitzen. Das Fleisch bei starker Hitze auf beiden Seiten insgesamt 1 Minute anbraten, dann bei mäßiger Hitze insgesamt 5 Minuten garen; dabei einmal wenden.
- Aus der Pfanne nehmen, mit Salz und Pfeffer würzen, mit Alufolie abdecken und warm halten.
- Den Bratenfond mit Weißwein und Brühe lösen. Den restlichen Safran, die Zitronenschale und den Zitronensaft dazugeben und alles kurz einkochen lassen.
- Die Soße von der Kochstelle nehmen, abschmecken und den Joghurt unterrühren. Über das Fleisch gießen und sofort servieren.

Abbildung S. 114/115

Variante: Statt des teuren Safrans können die Kalbsmedaillons auch mit Curry zubereitet werden.

Saltim Bocca

„Spring in den Mund" heißt diese italienische Spezialität – ein passender Name für einen kulinarischen Leckerbissen.

Arbeitsaufwand:
10 Minuten
Kochzeit:
10 Minuten
Für 4 Personen

1 Portion enthält:

kJ/kcal	*815/194*	*Kohlenhydrate*	*4g*
Eiweiß	*29g*	*Ballaststoffe*	+
Fett total	*5g*	*BE*	*0,5*
Cholesterin	*0mg*	*Natrium*	+
Unges. Fettsäuren	+		

4 Kalbsschnitzel
4 dünne Scheiben salzarmer magerer geräucherter Schinken
4 frische, eingeweichte Salbeiblätter
2 EL Mehl
frischgemahlener weißer Pfeffer
1 EL Sonnenblumenöl
50 ml trockener Sherry
50 ml salzarme Fleischbrühe (S. 84)
2 EL Zitronensaft
4 dünne Zitronenscheiben

- Auf die Schnitzel jeweils eine Scheibe Schinken und ein Salbeiblatt legen und mit einem Zahnstocher feststecken.
- Mehl und Pfeffer miteinander mischen und die Schnitzel damit bestäuben.
- Öl in einer großen beschichteten Pfanne mit dickem Boden erhitzen. Das Fleisch bei starker Hitze 1 Minute anbraten und weitere 5 Minuten bei mäßiger Hitze durchbraten; dabei einmal wenden.
- Aus der Pfanne nehmen, mit Alufolie abdecken und warm halten.
- Den Bratenfond mit Sherry und Brühe lösen. Den Zitronensaft hineingeben und alles kurz einkochen lassen. Die Soße abschmecken.
- Die Schnitzel mit der Soße übergießen und mit einer Zitronenscheibe garniert servieren.

Tip: Nimmt man für das Gericht getrocknete Salbeiblätter, muß man diese vorher 5 Minuten in Wasser einweichen.

Zürcher Geschnetzeltes

Eines der bekanntesten Gerichte aus der Schweizer Küche, zu dem Rösti als klassische Beilage gereicht werden.

Kühlzeit:
20 Minuten
Arbeitsaufwand:
10 Minuten
Kochzeit:
10 Minuten
Für 4 Personen

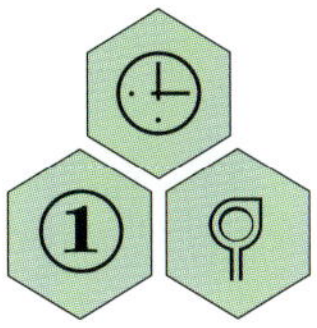

400 g Kalbfleisch in dicken Scheiben
1 kleine Zwiebel
250 g kleine Champignons
2 EL Zitronensaft
1 EL Sonnenblumenöl
2 EL Mehl
100 ml trockener Weißwein
100 ml salzarme Fleischbrühe (S. 84)
1/4 TL Salz
frischgemahlener weißer Pfeffer
2 EL Magerjoghurt

- Das Fleisch für 20 Minuten in das Gefrierfach legen – leicht gefroren läßt es sich besser schneiden. Mit einem Messer mit glatter Klinge fein schnetzeln.
- Die Zwiebel würfeln und die Champignons vierteln oder in Scheiben schneiden und mit Zitronensaft beträufeln.
- Das Öl in einer beschichteten Pfanne mit dickem Boden erhitzen. Das Fleisch darin etwa 3 Minuten braten, bis es nicht mehr rosa ist. Dann an den Pfannenrand schieben.
- Im Bratfett die Zwiebelwürfel bei schwacher Hitze hell dünsten. Die Champignons dazugeben und zusammen etwa 3 Minuten garen.
- Das Mehl zufügen, mit Wein und Brühe ablöschen, salzen und pfeffern. Alles gut verrühren, erhitzen und abschmecken.
- Die Pfanne von der Kochstelle nehmen, den Joghurt in die Soße rühren und das Geschnetzelte gleich servieren.

1 Portion enthält:

kJ/kcal	*769/183*	*Kohlenhydrate*	*7g*
Eiweiß	*24g*	*Ballaststoffe*	*2g*
Fett total	*5g*	*BE*	*0,75*
Cholesterin	+	*Natrium*	*15mg*
Unges. Fettsäuren	+		

Sommerliches Kalbsragout

Arbeitsaufwand:
15 Minuten
Kochzeit:
60 Minuten
Für 4 Personen

250 g	**kleine Zwiebeln**
2	**Knoblauchzehen**
500 g	**Kalbfleisch**
2 EL	**Sojaöl**
1 EL	**Mehl**
50 ml	**trockener Weißwein**
100 ml	**Wasser**
1 EL	**salzfreies Tomatenmark**
1/2 TL	**Rosmarin**
1/2 TL	**Salz**
	frischgemahlener weißer Pfeffer
250 g	**Möhren**
250 g	**Zucchini**
2 EL	**feingehackte Petersilie**

- Die Zwiebeln schälen und die Knoblauchzehen kleinhacken.
- Das Kalbfleisch in Würfel schneiden.
- 1 EL Öl in einem dickwandigen Topf erhitzen, die Zwiebeln darin goldbraun dünsten und herausnehmen.
- Die Kalbfleischwürfel mit Mehl bestäuben. Das restliche Öl in den Topf geben und darin das Fleisch hell anbraten. Wasser, Wein, Knoblauch, Tomatenmark, Rosmarin, Salz und Pfeffer zufügen.
- Das Gericht im geschlossenen Topf bei mäßiger Hitze 30–40 Minuten schmoren lassen. Gelegentlich umrühren und verkochte Flüssigkeit durch Wasser ersetzen.
- Das Gemüse putzen, kleinschneiden und zum Fleisch geben. Zugedeckt nochmals etwa 15 Minuten bißfest garen.
- Abschmecken und mit Petersilie bestreuen.

Variante: Statt Möhren kann das Ragout mit derselben Menge Kürbis oder Birnen zubereitet werden.

1 Portion enthält:

kJ/kcal	*1012/241*	*Kohlenhydrate*	*13g*
Eiweiß	*30g*	*Ballaststoffe*	*3g*
Fett total	*7g*	*BE*	*1,25*
Cholesterin	*0mg*	*Natrium*	*7mg*
Unges. Fettsäuren	*+*		

Mailänder Kalbshaxe

Arbeitsaufwand:
25 Minuten
Kochzeit:
90 Minuten
Für 4 Personen

1	**große Zwiebel**
1	**Möhre**
100 g	**Sellerie**
1–3	**Knoblauchzehen**
2	**Tomaten**
2 EL	**natives Olivenöl**
4	**etwa 2 cm dicke Scheiben Kalbshaxe mit Knochen**
125 ml	**trockener Weißwein**
1	**Lorbeerblatt**
1/4 TL	**Salz**
	frischgemahlener weißer Pfeffer
1/2 TL	**getrockneter Thymian**
1/2 TL	**getrockneter Salbei**
125 ml	**salzarme Fleischbrühe (S. 84) nach Bedarf**
1 TL	**feingeschnittene ungespritzte Zitronenschale**
2 EL	**feingehackte Petersilie**

- Die Zwiebel schälen und kleinwürfeln, die Möhre und den Sellerie putzen, die Möhre in Scheiben schneiden und den Sellerie klein

würfeln. Den Knoblauch kleinhacken. Die Tomaten schälen und kleinschneiden.

- 1 EL Öl in einem dickwandigen Schmortopf erhitzen. Das Fleisch bei starker Hitze von beiden Seiten jeweils etwa 2 Minuten anbraten und dann aus dem Topf nehmen.
- Die Hitze reduzieren, das restliche Öl in den Topf geben und darin die Zwiebel glasig dünsten. Möhre, Sellerie und Knoblauch zufügen und 5 Minuten anbraten.
- Fleisch, Tomaten, Wein und Gewürze zugeben und zugedeckt schmoren. Zwischendurch das Fleisch wenden, mit dem Sud begießen und nach Bedarf Brühe zufügen.

Das Fleisch ist gar, wenn es sich leicht vom Röhrenknochen löst.

- Die Soße abschmecken, Zitronenschale und Petersilie miteinander mischen und die Kalbshaxe damit garnieren.

1 Portion enthält:

kJ/kcal	*1155/275*	*Kohlenhydrate*	*7g*
Eiweiß	*43g*	*Ballaststoffe*	*3g*
Fett total	*6g*	*BE*	*0,75*
Cholesterin	*180mg*	*Natrium*	*283mg*
Unges. Fettsäuren	+		

Lammschnitzel mit Zucchini und Paprika

Arbeitsaufwand:
10 Minuten
Kochzeit:
12 Minuten
Für 4 Personen

1 Portion enthält:

kJ/kcal	*1029/245*	*Kohlenhydrate*	*6g*
Eiweiß	*26g*	*Ballaststoffe*	*2g*
Fett total	*11g*	*BE*	*0,5*
Cholesterin	*0mg*	*Natrium*	*102mg*
Unges. Fettsäuren	+		

4 Lammschnitzel aus der Keule
2 Knoblauchzehen
1/4 TL Salz
frischgemahlener schwarzer Pfeffer
2 kleine Zucchini
1 rote Paprikaschote
1 grüne Paprikaschote
1 EL natives Olivenöl
1 EL salzarmes Tomatenmark
100 ml trockener Rotwein
1/4 TL Rosmarin
1/4 TL Thymian

- Die Schnitzel sorgfältig von Fetträndern befreien, auf beiden Seiten mit einer halbierten Knoblauchzehe einreiben, salzen und pfeffern.
- Zucchini und Paprikaschoten waschen. Zucchini in Scheiben und die Paprikaschoten in Streifen schneiden.
- Das Öl in einer beschichteten Pfanne mit dickem Boden erhitzen. Das Fleisch zunächst bei sehr starker, dann bei mäßiger Hitze auf beiden Seiten insgesamt 4–5 Minuten anbraten. Aus der Pfanne nehmen und mit Alufolie bedeckt warm halten.
- Im Bratfett das Gemüse kurz braten und mit Tomatenmark, Wein und Gewürzen aufkochen.
- Das Fleisch mit dem ausgetretenen Saft dazugeben, kurz erhitzen und abschmecken.

Lammschnitzel mit Kräutern

Bei Feinschmeckern besonders beliebt ist das zarte lachsfarbene Fleisch aus der Keule, das dank des geringen Fettgehalts von jungem Lamm leicht und bekömmlich ist.

Arbeitsaufwand:
3 Minuten
Kochzeit:
10 Minuten
Für 4 Personen

1 Portion enthält:

kJ/kcal	*1411/336*	*Kohlenhydrate*	*1g*
Eiweiß	*23g*	*Ballaststoffe*	*0g*
Fett total	*25g*	*BE*	*0,25*
Cholesterin	*89mg*	*Natrium*	*98mg*
Unges. Fettsäuren	*1g*		

4 Lammschnitzel aus der Keule
2 Knoblauchzehen
1 EL Provencekräuter
1/4 TL Salz
frischgemahlener schwarzer Pfeffer
1 EL natives Olivenöl
100 ml trockener Rotwein
4 dünne Zitronenscheiben

- Die Schnitzel auf beiden Seiten zunächst mit einer halbierten Knoblauchzehe, dann mit Provencekräutern einreiben, salzen und pfeffern.
- Das Öl in einer beschichteten Pfanne mit dickem Boden erhitzen und die Schnitzel auf beiden Seiten insgesamt etwa 5–6 Minuten braten.
- Den Wein zugeben und etwas einkochen lassen.
- Das Fleisch mit Zitronenscheiben garnieren und zusammen mit grünen Bohnen und Ofenkartoffeln (S. 178) servieren.

Variante: Man kann die Schnitzel zunächst nur mit Knoblauch einreiben, mit Öl bepinseln und beidseitig 4 Minuten grillen. Dann würzt man sie mit Kräutern, Salz und Pfeffer und grillt sie fertig.

Lammcurry mit Bananen und Ananas

Arbeitsaufwand:
20 Minuten
Kochzeit:
50 Minuten
Für 4 Personen

1 Portion enthält:

kJ/kcal	*1798/428*	*Kohlenhydrate*	*29g*
Eiweiß	*29g*	*Ballaststoffe*	*5g*
Fett total	*9g*	*BE*	*2,5*
Cholesterin	*89mg*	*Natrium*	*138mg*
Unges. Fettsäuren	*3g*		

500 g Lammschulter
2 große Zwiebeln
1 Apfel
1 EL Zitronensaft
2 EL Diätmargarine
1 1/2 EL Curry
1 EL Mehl
250 ml salzarme Fleischbrühe (S. 84)
1/2 TL Salz
frischgemahlener schwarzer Pfeffer
250 g frische Ananas
2–3 Bananen
4 EL Magerjoghurt

- Das Fleisch sorgfältig von Fett befreien.
- Die Zwiebeln würfeln, den Apfel schälen, reiben und mit dem Zitronensaft mischen.
- Die Margarine in einem dickwandigen Schmortopf erhitzen und das Fleisch darin gleichmäßig hellbraun anbraten. Die Zwiebeln zufügen und etwas bräunen.
- Curry, Apfel, Mehl und Fleischbrühe dazugeben, würzen und alles zugedeckt 45–50 Minuten schmoren lassen.
- Die Ananas würfeln, die Bananen in Scheiben schneiden und beides kurz vor Ende der Kochzeit zum Fleisch geben.
- Die Soße abschmecken und unmittelbar vor dem Servieren mit dem Magerjoghurt verfeinern.

Tip: Curry sollte immer mindestens einige Minuten mit dem Gericht mitkochen, denn dann ist er besser verdaulich.

Gefüllte Lammkeule mit Orangensoße

Arbeitsaufwand:
30 Minuten
Kochzeit:
90–120 Minuten
Für 8–10 Personen

1	**große Zwiebel**
3–4	**Knoblauchzehen**
500 g	**Champignons**
2	**Scheiben Vollkorntoast**
1 EL	**natives Olivenöl**
1 TL	**feingeschnittene ungespritzte Orangenschale**
4 EL	**feingehackte Petersilie**
1 TL	**Basilikum**
1 TL	**Majoran oder Oregano**
1 TL	**Salz**
	frischgemahlener schwarzer Pfeffer
1	**ausgelöste Lammkeule**
200 ml	**salzarme Fleischbrühe (S. 84)**
100 ml	**Orangensaft**
1 EL	**dunkler Instant-Soßenbinder**

- Den Backofen auf 200 °C vorheizen.
- Die Zwiebel klein würfeln, den Knoblauch hacken und die Champignons in Scheiben schneiden.
- Das Toastbrot kleinwürfelig schneiden.
- Das Öl in einer beschichteten Pfanne mit dickem Boden erhitzen. Die Zwiebel darin andünsten und mit dem Knoblauch und den Pilzen weitere 5 Minuten garen. Brot, Orangenschale und Gewürze dazugeben, abschmecken.
- Die Keule öffnen, mit der Pilzmasse füllen und mit einem dicken Zwirn zunähen.
- Auf dem Rost über der Fettpfanne 15 Minuten bei 200 °C braten, damit sich die Poren schließen.
- Die Temperatur auf 180 °C senken, die Brühe in die Fettpfanne gießen und das Fleisch mit Alufolie abdecken. Die Keule je nach gewünschtem Garzustand 55–90 Minuten garen lassen; dabei gelegentlich mit Brühe übergießen.
- Auf eine Platte legen und in doppelter Alufolie eingewickelt etwa 15 Minuten ruhen lassen, damit sich der Fleischsaft setzen kann.
- Inzwischen den Bratenfond loskochen und zusammen mit dem Orangensaft und dem Soßenbinder in einem kleinen Topf aufkochen lassen. Abschmecken.
- Das Fleisch in kleinfingerdicke Scheiben schneiden und die Soße dazureichen.

1 Portion enthält:

kJ/kcal	*3137/747*	*Kohlenhydrate*	*5g*
Eiweiß	*56g*	*Ballaststoffe*	*5g*
Fett total	*55g*	*BE*	*0,5*
Cholesterin	*210mg*	*Natrium*	*266mg*
Unges. Fettsäuren	*2g*		

Carpaccio mit Kräutersoße

Arbeitsaufwand:
10 Minuten
Für 4 Personen

Für die Soße:

1 Bund Schnittlauch
1 Bund Basilikum
1 Bund Kerbel
150 g Magerjoghurt
1 TL natives Olivenöl extra
1 Msp gepreßter Knoblauch
1/2 TL zerdrückte grüne Pfefferkörner
1/4 TL Salz

Für das Carpaccio:

400 g Rinderfilet
einige Raukenblätter
1 EL rosa Pfefferkörner

- Den Schnittlauch fein schneiden, Basilikum und Kerbel kleinhacken.
- Den Joghurt mit dem Öl, dem Knoblauch, den Kräutern und den Gewürzen mit dem Mixer oder dem Schneidstab des Handrührgeräts zu einer Soße verrühren. Abschmecken und kalt stellen.
- Das Fleisch im Gefrierfach leicht gefrieren lassen – so läßt es sich besser schneiden –, dann mit der Brotmaschine oder mit dem Elektromesser in sehr dünne Scheiben schneiden.
- Die Raukenblätter grob zerschneiden.
- Das Fleisch fächerförmig auf Tellern anrichten.
- Jeweils mit einem Löffel Soße, Raukenblättern und rosa Pfefferkörnern garnieren und sofort mit der restlichen Soße servieren.
- Dazu Baguette reichen.

Tip: Da das geschnittene Fleisch schnell seine appetitliche Farbe verliert und rasch verdirbt, sollte das Carpaccio immer erst unmittelbar vor dem Servieren zubereitet werden.

1 Portion enthält:

kJ/kcal	*643/153*	*Kohlenhydrate*	*3g*
Eiweiß	*21g*	*Ballaststoffe*	*+*
Fett total	*6g*	*BE*	*0,25*
Cholesterin	*72mg*	*Natrium*	*70mg*
Unges. Fettsäuren	*+*		

Kalter Lendenbraten

Arbeitsaufwand:
10 Minuten
Bratzeit:
30–40 Minuten
Kühlzeit:
3–4 Stunden
Für 8 Personen

1 kg Rinderlende
frischgemahlener schwarzer Pfeffer
1 EL Sonnenblumenöl
1 Zwiebel
100 g Suppengrün (S. 38)
100 ml salzarme Fleischbrühe (S. 84)
1/4 TL Salz

- Den Backofen auf 220 °C vorheizen.
- Das Fleisch mit Pfeffer und Öl einreiben.
- Die Zwiebel grob schneiden, zusammen mit dem Suppengrün und der Brühe in die Fettpfanne geben und auf der mittleren Schiene in den Ofen schieben.
- Nach etwa 15 Minuten das Fleisch auf einem Rost über der Fettpfanne in den Ofen geben und in 40 Minuten garen; dabei ab und zu mit der Brühe übergießen.
- Auskühlen lassen und mit der Brotmaschine oder einem Elektromesser in dünne Scheiben aufschneiden. Leicht salzen.

Tip: Ausgezeichnet schmecken dazu Bratkartoffeln.

1 Portion enthält:

kJ/kcal	*1004/239*	*Kohlenhydrate*	*1g*
Eiweiß	*26g*	*Ballaststoffe*	*2g*
Fett total	*14g*	*BE*	*0,25*
Cholesterin	*300mg*	*Natrium*	*196mg*
Unges. Fettsäuren	*+*		

Rindfleisch-spießchen mit Zwiebeln und Tomaten

Arbeitsaufwand:
20 Minuten
Kühlzeit:
60 Minuten
Grill- oder Bratzeit:
15–20 Minuten
Für 4 Personen

1 Portion enthält:

kJ/kcal	*1159/276*	*Kohlenhydrate*	*9g*
Eiweiß	*24g*	*Ballaststoffe*	*3g*
Fett total	*14g*	*BE*	*0,75*
Cholesterin	*121mg*	*Natrium*	*96mg*
Unges. Fettsäuren	*+*		

Für die Marinade:

2 Knoblauchzehen
5 EL Joghurt
2 EL Zitronensaft
2 EL feingeriebener frischer Ingwer
1 EL Paprika
je 1/2 TL gemahlener Cayennepfeffer, Koriander, Kreuzkümmel, Muskat und Pfeffer

Für die Spießchen:

400 g zarte Rinderlende
2 kleine Zucchini
4 kleine Zwiebeln
16 große Kirschtomaten
2 EL natives Olivenöl

- Die Knoblauchzehen zerdrücken und mit den restlichen Zutaten für die Marinade gut mischen.
- Das Fleisch in 24 Würfel schneiden, in der Marinade wenden und zugedeckt 60 Minuten in den Kühlschrank stellen.
- Die Zucchini waschen und in daumendicke Scheiben schneiden.
- Die Zwiebeln schälen, vierteln und in kochendem Wasser 2 Minuten blanchieren.
- Fleischwürfel und Gemüsestücke abwechselnd nicht zu eng auf die Spieße stecken, sonst werden die einzelnen Zutaten in der Mitte nicht gar. Die Spießchen mit der restlichen Marinade bepinseln.
- Das Öl in einer beschichteten Pfanne mit dickem Boden erhitzen. Die Spieße darin immer wieder wenden. Zwischendurch einen Deckel auflegen, damit die Hitze auch das Bratgut durchdringt.

Tip: Bis zu 6 Stunden kann man die Fleischwürfel in der indischen Joghurtmarinade ziehen lassen; dadurch wird das Fleisch schön zart. Die Spieße können auch auf einem Rost im Abstand von etwa 15 cm zur Heizquelle gegrillt werden.

Rindermedaillons mit Tomatenreis

Arbeitsaufwand:
15 Minuten
Kochzeit:
25 Minuten
Für 4 Personen

Für den Reis:

1–2	**Knoblauchzehen**
500 g	**salzarme Tomaten aus der Dose**
1 EL	**Sonnenblumenöl**
3 EL	**klein gewürfelte Zwiebeln**
150 g	**Natur-Wildreismischung**
¼ TL	**Salz**
je ½ TL	**Oregano, Basilikum und Thymian**

Für die Medaillons:

4	**kleine Rinderfilets**
4	**Scheiben magerer Frühstücksspeck**
1 EL	**Sojaöl**
	frischgeschroteter schwarzer Pfeffer
¼ TL	**Salz**

- Den Knoblauch kleinhacken und die Tomaten grob zerkleinern.
- Das Öl in einem dickwandigen Topf erhitzen, Zwiebeln darin 2 Minuten glasig braten, Knoblauch und Reis zufügen und wenden.
- Tomaten und Gewürze dazugeben, alles zum Kochen bringen und in 25 Minuten, ohne umzurühren, ausquellen lassen. Wenn nötig, etwas Wasser zufügen.
- Die Filets vom sichtbaren Fett befreien und mit einer Scheibe Frühstücksspeck umwickeln. Diese mit Zahnstochern befestigen.
- In einer beschichteten Pfanne das Öl erhitzen. Die Hitze reduzieren und die Medaillons, je nach gewünschtem Garzustand, auf jeder Seite 3–5 Minuten braten.
- Den Speck entfernen, das Fleisch pfeffern, salzen und auf warmen Tellern anrichten. Den Reis dazu servieren.

Tip: Der Speck hält das Fleisch in Form und verleiht ihm Geschmack, ist aber salzig, kalorienreich und reich an gesättigten Fettsäuren.

1 Portion enthält:

kJ/kcal	*1604/382*	*Kohlenhydrate*	*33 g*
Eiweiß	*33 g*	*Ballaststoffe*	*3 g*
Fett total	*13 g*	*BE*	*2,75*
Cholesterin	*105 mg*	*Natrium*	*89 mg*
Unges. Fettsäuren	*+*		

Filetsteaks mit Avocadosoße

Arbeitsaufwand:
15 Minuten
Bratzeit:
10 Minuten
Für 4 Personen

1 Portion enthält:

kJ/kcal	*1982/472*	*Kohlenhydrate*	*1 g*
Eiweiß	*34 g*	*Ballaststoffe*	*2 g*
Fett total	*36 g*	*BE*	*0,25*
Cholesterin	*138 mg*	*Natrium*	*82 mg*
Unges. Fettsäuren	*+*		

Für die Soße:
1/2 große Avocado
1 EL Zitronensaft
2 EL Crème fraîche
1 TL Worcestersoße
1 Pr Cayennepfeffer
etwas feingeriebene unbehandelte Zitronenschale
frischgemahlener weißer Pfeffer

Für die Steaks:
1/2 große Avocado
1 EL Zitronensaft
4 Rinderfilets
80 g Edelpilzkäse
1 EL Sonnenblumenöl
1/4 TL Salz

- Für die Soße die halbe Avocado schälen und alle Zutaten in einer kleinen Schüssel mit dem Schneidstab des Handrührgeräts oder im Mixer pürieren und abschmecken. Zugedeckt kalt stellen.
- Die halbe Avocado schälen, in schmale Schnitze schneiden und mit Zitronensaft beträufeln, damit sie hell bleiben.
- Die küchenwarmen Steaks mit einem sehr scharfen Messer taschenförmig einschneiden und mit einem Stückchen Käse und einem Avocadoschnitz füllen.
- Das Öl in einer beschichteten Pfanne mit dickem Boden erhitzen. Die Steaks auf beiden Seiten in 4 Minuten bei nicht zu starker Hitze braten.
- Leicht salzen und auf einer vorgewärmten Platte mit Alufolie abgedeckt warm halten.
- Die Soße in der Pfanne erhitzen. Den ausgetretenen Fleischsaft der Steaks darunter mischen und würzig abschmecken.
- Das Fleisch auf vier Tellern anrichten, mit den restlichen Avocadoschnitzen belegen und die Soße dazugeben.

Variante: Zu den Steaks kann man auch eine Tomatensoße (S. 211) oder marinierte Champignons (S. 36) servieren.

Geschnetzeltes Rinderfilet in Petersiliensoße

Am besten paßt dazu eine einfache Beilage wie Reis oder Nudeln.

Arbeitsaufwand:
10 Minuten
Bratzeit:
8 Minuten
Für 4 Personen

1 Portion enthält:

kJ/kcal	*756/180*	*Kohlenhydrate*	*3g*
Eiweiß	*20g*	*Ballaststoffe*	*1g*
Fett total	*10g*	*BE*	*0,25*
Cholesterin	*70mg*	*Natrium*	*57mg*
Unges. Fettsäuren	*+*		

400 g gekühltes Rinderfilet
1 EL Zitronensaft
2 Bund Petersilie
2 EL Sojaöl
6 EL feingehackte Frühlingszwiebeln oder Zwiebeln
70 ml salzarme Fleischbrühe (S. 84)
1 TL feingeriebene ungespritzte Zitronenschale
1/2 TL Salz
grobgeschroteter schwarzer Pfeffer

- Das Filet ins Gefrierfach legen. Wenn es fest ist, mit einem scharfen Messer sehr fein schnetzeln und mit Zitronensaft beträufeln.
- Die Petersilie kleinhacken.
- Das Öl in einer beschichteten Pfanne erhitzen und darin das Fleisch unter ständigem Rühren höchstens 2 Minuten braten, bis es sich weißgrau färbt. Dann entweder aus der Pfanne nehmen oder an den Rand schieben.
- Im restlichen Öl die Zwiebeln andünsten und sie mit Brühe ablöschen. Zitronenschale und Salz hinzufügen.
- Das Fleisch zur Soße geben und die Petersilie hineinrühren.
- Das Gericht mit Pfeffer bestreuen und sofort servieren.

Geschnetzeltes Rindfleisch

Im Wok, der hochwandigen Pfanne der chinesischen Küche, lassen sich Fleisch und Gemüse nicht nur mit wenig Fett, sondern auch schonend zubereiten. Denn durch das rasche Erhitzen bleiben die meisten Vitamine erhalten.

Arbeitsaufwand:
15 Minuten
Bratzeit:
8 Minuten
Für 4 Personen

1 Portion enthält:

kJ/kcal	*1117/266*	*Kohlenhydrate*	*6g*
Eiweiß	*24g*	*Ballaststoffe*	*3g*
Fett total	*16g*	*BE*	*0,5*
Cholesterin	*120mg*	*Natrium*	*81mg*
Unges. Fettsäuren	*+*		

400 g zarte Rinderlende
2 Knoblauchzehen
1 kleine rote Paprikaschote
1 kleine grüne Paprikaschote
1 Frühlingszwiebel
150 g Champignons
1 EL Zitronensaft
1 EL salzarme Sojasoße
1 EL Weißweinessig
1 EL trockener Sherry
1 EL feingeriebener frischer Ingwer
2 EL Sojaöl
125 ml salzarme Fleischbrühe (S. 84)
1 EL dunkler Instant-Soßenbinder

- Das Fleisch ins Kühlfach legen, bis es leicht gefroren ist.
- Die Knoblauchzehen kleinhacken.
- Die Paprikaschoten waschen und in Streifen schneiden.
- Die Frühlingszwiebel in feine Ringe schneiden.
- Die Champignons putzen, in Scheiben schneiden und mit Zitronensaft beträufeln.
- Sojasoße, Essig, Sherry und Ingwer zu einer Marinade gut verrühren.
- Das leicht gefrorene Fleisch mit einem sehr scharfen Messer dünn schnetzeln und in der Marinade wenden.
- Das Öl in einer großen beschichteten Pfanne mit dickem Boden oder im Wok erhitzen. Darin die Knoblauchzehen für etwa

30 Sekunden braten, das Fleisch zufügen und unter stetigem Rühren so lange braten, bis es sich weißgrau färbt.
- Auf eine angewärmte Platte geben und mit Alufolie abdecken.
- Die Hitze reduzieren und im restlichen Bratfett die Zwiebel rösten.
- Die Paprikastreifen zufügen und unter Rühren 3 Minuten braten.
- Die Pilze dazugeben, die Temperatur wieder erhöhen und das Gemüse bißfest braten.
- Mit der Marinade und der Fleischbrühe aufgießen.
- Das Fleisch mit dem ausgetretenen Saft unterrühren, alles nochmals erhitzen, mit dem Soßenbinder binden und abschmecken.
- Das Geschnetzelte sofort zu Tisch bringen, damit das Fleisch nicht hart wird.

Variante: Das Gericht läßt sich ebensogut mit Geflügelbrust, Lamm-, Kalb- oder Schweinefleisch zubereiten. Die Paprikastreifen können durch Lauch, Sojasprossen oder Zucchini ersetzt werden.

Rindfleisch-ragout

Zu diesem herzhaften Gericht passen am besten Klöße.

Arbeitsaufwand:
10 Minuten
Kochzeit:
10 Minuten
Für 4 Personen

1 Portion enthält:

kJ/kcal	*827/197*	*Kohlenhydrate*	*7g*
Eiweiß	*30g*	*Ballaststoffe*	*2g*
Fett total	*5g*	*BE*	*0,75*
Cholesterin	*91mg*	*Natrium*	*79mg*
Unges. Fettsäuren	*+*		

1 kleine rote Paprikaschote
1 kleine grüne Paprikaschote
1–2 salzarme Gewürzgurken
400 g mageres gekochtes Rindfleisch
1 EL Sonnenblumenöl
4 EL klein gewürfelte Zwiebeln
4 EL Wasser
250 ml salzarme Fleischbrühe (S. 84)
2 EL dunkler Instant-Soßenbinder
1 EL Zitronensaft
1 TL mittelscharfer Senf
1/4 TL Salz
frischgemahlener schwarzer Pfeffer

- Die Paprikaschoten waschen und in schmale Streifen schneiden.
- Die Gewürzgurken stifteln.
- Das Rindfleisch in Streifen schneiden.
- Das Öl in einem Topf mit dickem Boden erhitzen. Die Zwiebelwürfel darin in 2 Minuten glasig braten.
- Das Wasser und die Paprikastreifen dazugeben, den Topf mit dem Deckel verschließen und alles bei geringer Hitze 5 Minuten garen.
- Die Gurken, das Fleisch und die Brühe zufügen, alles zum Kochen bringen und mit dem Soßenbinder andicken.
- Mit Zitronensaft, Senf und Gewürzen abschmecken.

Variante: Auch mageres Lammfleisch eignet sich gut für das Ragout.

Gulasch mit Gemüse

Arbeitsaufwand:
20 Minuten
Kochzeit:
60–80 Minuten
Für 4 Personen

1 Portion enthält:

kJ/kcal	*1294/308*	*Kohlenhydrate*	*23 g*
Eiweiß	*33 g*	*Ballaststoffe*	*6 g*
Fett total	*7 g*	*BE*	*2*
Cholesterin	*88 mg*	*Natrium*	*137 mg*
Unges. Fettsäuren	*+*		

500 g mageres Rindfleisch
2 große Zwiebeln
1–2 Knoblauchzehen
4 Möhren
1 Bund Basilikum oder Petersilie
1 EL Sojaöl
100 g Suppengrün (S. 38)
400 g salzarm konservierte Tomaten aus der Dose
100 ml trockener Rotwein
250 ml salzarme Fleischbrühe (S. 84)
2 EL salzarmes Tomatenmark
1 Stückchen ungespritzte Orangenschale
1/2 TL Salz
1 Lorbeerblatt
je 1/2 TL Thymian, Paprika, Fenchel und Senfkörner nach Wahl
200 g TK-Erbsen, -Mais oder -Champignons

• Das Fleisch vom sichtbaren Fett befreien und in gulaschgroße Würfel schneiden.
• Die Zwiebeln grob schneiden und den Knoblauch kleinhacken.
• Die Möhren putzen und in 5 mm dicke Scheiben schneiden.
• Das Basilikum bzw. die Petersilie fein zerzupfen.
• Das Öl in einem dickwandigen, nicht zu großen Schmortopf erhitzen. Die Rindfleischwürfel darin so lange braten, bis der Fleischsaft verkocht und das Fleisch braun ist. An den Topfrand schieben.
• Im Bratensatz bei mäßiger Hitze die Zwiebeln anbraten, dann das Suppengrün hineingeben und mitdünsten.
• Tomaten, Rotwein, Brühe, Tomatenmark, Orangenschale und Gewürze dazugeben und im geschlossenen Topf gut 1 Stunde schmoren lassen. Gelegentlich umrühren und darauf achten, daß das Fleisch stets mit Flüssigkeit bedeckt ist.
• 20 Minuten vor Ende der Garzeit die Möhren, 15 Minuten später das Gefriergemüse zum Fleisch geben.
• Das Gulasch abschmecken und mit Basilikum oder Petersilie bestreut servieren.

Pochiertes Rindfleisch mit grüner Soße

Arbeitsaufwand:
10 Minuten
Kochzeit:
60–90 Minuten
Für 8 Personen

1 Portion enthält:

kJ/kcal	*743/177*	*Kohlenhydrate*	*5 g*
Eiweiß	*32 g*	*Ballaststoffe*	*1 g*
Fett total	*3 g*	*BE*	*0,5*
Cholesterin	*88 mg*	*Natrium*	*95 mg*
Unges. Fettsäuren	*+*		

1 große Zwiebel
1 TL Maiskeimöl
100 g Suppengrün (S. 38)
1 TL Salz
1,5 l Wasser
1 kg mageres Suppenfleisch

Für die Soße:
250 g Magerquark
4–8 EL Milch
4 EL feingehackte gemischte Kräuter
1/4 TL Salz

• Die Zwiebel ungeschält vierteln.
• Das Öl in einem Topf passender Größe erhitzen. Zwiebelstücke und Suppengrün darin 5 Minuten andünsten.
• Umrühren, Salz und Wasser zufügen und zum Kochen bringen.
• Das Fleisch zufügen; durch die Hitze und das Salz schließen sich die Poren rasch, und das Fleisch bleibt saftig. Je nach Qualität 50–90 Minuten garen.

- Das Fleisch 5 Minuten ruhen lassen, damit sich der Saft im Fleisch setzen kann.
- Den Quark mit Milch, Kräutern und Salz zu einer dickflüssigen Soße verrühren und abschmecken.
- Das Fleisch in Scheiben schneiden und das sichtbare Fett entfernen.
- Die grüne Soße in eine Schüssel füllen und extra reichen.

Tip: Suppen- oder Siedfleisch schmeckt besser, wenn man ein größeres Stück kocht. Einen Teil kann man dann kalt als Aufschnitt servieren oder einfrieren.

Sauerbraten

Klöße oder Nudeln und Rotkohl sind die klassischen Beilagen zu der rheinischen Spezialität.

Arbeitsaufwand:
15 Minuten
Marinierzeit:
1–3 Tage
Kochzeit:
80–100 Minuten
Für 8 Personen

1 Portion enthält:

kJ/kcal	*1142/272*	*Kohlenhydrate*	*8g*
Eiweiß	*27g*	*Ballaststoffe*	*1g*
Fett total	*13g*	*BE*	*0,75*
Cholesterin	*153mg*	*Natrium*	*105mg*
Unges. Fettsäuren	*+*		

Für die Marinade:

1 mittelgroße Zwiebel
100 ml Rotweinessig
100 ml trockener Rotwein
2 Lorbeerblätter
1 EL Senfkörner
1 EL schwarze Pfefferkörner
1 Stück ungespritzte Zitronenschale
1 Nelke

Für den Sauerbraten:

1 kg Rinderbraten
2 EL Sojaöl
100 g Suppengrün (S. 38)
4 EL Sultaninen
50 g Lebkuchen
1/2 TL Salz

- Für die Marinade die Zwiebel in Scheiben schneiden, mit den anderen Zutaten vermischen und in einen Gefrierbeutel füllen.
- Das Fleisch von sichtbarem Fett befreien, zur Marinade in den Beutel geben und diesen mit einem Gefrierclip oder einem Gummiband verschließen.
- Den Gefrierbeutel sicherheitshalber, sollte er undicht sein, in eine Schüssel legen und in den Kühlschrank stellen.
- Jeweils nach 12 Stunden den Beutel mit dem Fleisch wenden, so daß das ganze Bratenstück mit der geringen Menge an Flüssigkeit gebeizt werden kann.
- Den Braten aus der Beize nehmen und abtropfen lassen.
- Das Öl in einem dickwandigen, nicht zu großen Schmortopf erhitzen und darin das Fleisch von allen Seiten bei nicht zu hoher Temperatur bräunen.
- Das Suppengrün zufügen und im Bratensatz wenden.
- Mit der Hälfte der Beize aufgießen, die Gewürze aus der Beize zufügen und alles zugedeckt 60–90 Minuten schmoren lassen.
- Nach und nach die restliche Beize und etwas Wasser zugeben. Den Braten gelegentlich wenden.
- Inzwischen die Sultaninen einweichen.
- Den Lebkuchen zerbröseln und in den letzten 15 Minuten mitkochen lassen.
- Der Braten ist gar, wenn man hineinsticht und nur noch klarer Fleischsaft austritt. Dann aus dem Topf nehmen und noch etwas ruhen lassen.
- Währenddessen die Soße durchsieben und dabei etwas von dem Suppengrün und dem Lebkuchen passieren.
- Mit Salz abschmecken und mit den eingeweichten Sultaninen noch einmal aufkochen.
- Das Fleisch aufschneiden und gleich zur Soße geben.

Tip: Reste lassen sich portioniert sehr gut einfrieren.

Gefüllte Schweinelende

Arbeitsaufwand:
30 Minuten
Bratzeit:
45 Minuten
Für 8 Personen

Für die Füllung:

1/2	**rote Paprikaschote**
2 EL	**klein gewürfelte Zwiebeln**
2 EL	**klein gewürfelte Möhren**
1	**Scheibe Vollkornbrot**
1/2 TL	**Salz**
1 Msp	**feingeriebener Ingwer**
1 Msp	**Nelkenpulver**
	frischgemahlener schwarzer Pfeffer

Für die Lende:

1 kg	**Schweinelende**
1 EL	**Zitronensaft**
1/4 TL	**Salz**
1 EL	**mittelscharfer Senf**
250 ml	**salzarme Fleischbrühe (S. 84)**

- Den Backofen auf 200 °C vorheizen.
- Die Paprikaschote waschen, klein würfeln und mit den Zwiebel- und Möhrenwürfeln in einem kleinen Stieltopf mit sehr wenig Wasser zugedeckt 4 Minuten vorgaren.
- Inzwischen das Brot in reichlich Wasser quellen lassen. Sehr gut ausdrücken und mit dem abgetropften Gemüse und den Gewürzen vermischen.
- Das Fleisch der Länge nach aufschneiden, ohne das untere Ende zu durchtrennen, die Gemüsefüllung hineinstopfen und die offene Seite mit Küchengarn zunähen.
- Die Lende außen mit Zitronensaft, Salz und Senf bestreichen und in eine flache Auflaufform legen.
- 20 Minuten bei 200 °C, dann weitere 20–25 Minuten bei 180 °C im Ofen auf der zweituntersten Schiene braten. Zwischendurch den Braten immer wieder mit etwas Brühe begießen, damit er nicht trocken wird.
- Die Schweinelende mindestens 5 Minuten ruhen lassen.
- Den Bratenfond für die Soße loskochen.
- Den Faden entfernen, den Braten in 2 cm dicke Scheiben schneiden und auf einer Platte anrichten.

Tip: Das Gemüse für die Füllung kann man auch mit wenig Flüssigkeit zugedeckt 5 Minuten bei 100% im Mikrowellenherd dünsten.

1 Portion enthält:

kJ/kcal	*1050/250*	*Kohlenhydrate*	*3g*
Eiweiß	*24g*	*Ballaststoffe*	*1g*
Fett total	*15g*	*BE*	*0,25*
Cholesterin	*75mg*	*Natrium*	*116mg*
Unges. Fettsäuren	*+*		

Schweinebraten mit Honigglasur

Arbeitsaufwand:
5 Minuten
Marinierzeit:
8–12 Stunden
Bratzeit:
90 Minuten
Für 8 Personen

1 Portion enthält:

kJ/kcal	*1537/366*	*Kohlenhydrate*	*6g*
Eiweiß	*21g*	*Ballaststoffe*	*0g*
Fett total	*29g*	*BE*	*0,5*
Cholesterin	*106mg*	*Natrium*	*91mg*
Unges. Fettsäuren	*4g*		

1 kg Schweinebraten
2 Knoblauchzehen
4 EL Zitronensaft
1 EL brauner Rum
2 EL Orangensaft
2 EL Honig
2 Pr Cayennepfeffer
1/2 TL Salz

- Das Fleisch von sichtbarem Fett befreien und an verschiedenen Stellen mit einem kleinen spitzen Messer einritzen.
- Den Knoblauch in Stifte schneiden, das Fleisch mit ihnen bespicken und mit Zitronensaft einreiben.
- Den Braten über Nacht in den Kühlschrank stellen. Die übrigen Zutaten bis auf das Salz vermischen und in den Beutel füllen. Diesen gut verschließen, in eine Schüssel legen und in den Kühlschrank stellen. Den Beutel ein paarmal wenden.
- Den Backofen auf 220 °C vorheizen.
- Den Braten aus dem Beutel nehmen, in einen Bräter legen, mit der Beize begießen und so hoch wie möglich in den Ofen schieben.
- Nach 10 Minuten die Temperatur auf 180 °C reduzieren. Nach 30–40 Minuten das Fleisch wenden. Ab und zu mit Beize begießen. Wird das Fleisch zu dunkel, deckt man die Oberfläche mit Alufolie ab.
- Den Braten mit Alufolie bedeckt 10 Minuten bei Raumtemperatur stehenlassen, damit sich der Fleischsaft setzt.
- Das Fleisch aufschneiden und ganz leicht salzen.

Tip: Reste eignen sich als Brotaufschnitt, für einen Salat oder zum Einfrieren.

Indonesische Saté-Spießchen

Stilgerecht reicht man dazu Reis, der mit bunten Gemüsestreifen und Garnelen kurz gebraten wurde, und Sambal Oelek, eine scharfe indonesische Würzpaste.

Arbeitsaufwand:
10 Minuten
Marinierzeit:
60 Minuten
Grillzeit:
15–20 Minuten
Für 4 Personen

1 Portion enthält:

kJ/kcal	*1546/368*	*Kohlenhydrate*	*3g*
Eiweiß	*21g*	*Ballaststoffe*	*+*
Fett total	*29g*	*BE*	*0,25*
Cholesterin	*85mg*	*Natrium*	*73mg*
Unges. Fettsäuren	*5g*		

2 Knoblauchzehen
2 EL Erdnußbutter
2 EL Sojasoße
2 EL Zitronensaft
1 EL klein gewürfelte Zwiebeln
1 TL geriebener frischer Ingwer
1 TL brauner Zucker
je 1 Msp gemahlener Koriander, Kumin (Kreuzkümmel) und Zimt
400 g mageres Schweinefleisch

- Die Knoblauchzehen kleinhacken, mit den restlichen Zutaten außer dem Fleisch in ein kleines halbhohes Gefäß geben und mit dem Handrührgerät oder einer Gabel verrühren.
- Das Fleisch von sichtbarem Fett befreien und in 2 cm große Würfel schneiden. Diese in der Marinade wenden und darin zugedeckt 60 Minuten kalt stellen.
- Den Grill vorheizen.
- Die Fleischwürfel nicht zu eng – damit sie rundum gar werden – auf Bambusspieße stecken. Die Spieße im Abstand von 20 cm zueinander auf ein großes Stück doppelte Alufolie legen und gut braun grillen. Ab und zu mit der restlichen Marinade bepinseln.

Tip: Statt der Erdnußbutter kann man auch 50 g gemahlene geröstete Erdnüsse nehmen.

Geschnetzeltes Schweinefleisch chinesische Art

Arbeitsaufwand:
20 Minuten
Bratzeit:
12 Minuten
Für 4 Personen

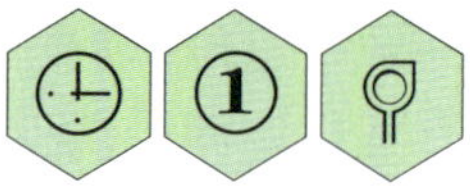

400 g	**mageres Schweinefleisch**
2	**Knoblauchzehen**
1	**etwa 3 cm großes Stück Ingwer**
1	**Möhre**
1	**Frühlingszwiebel**
1	**kleine rote Paprikaschote**
100 g	**Salatgurke**
2 EL	**Sonnenblumenöl**
100 g	**Sojabohnenkeime**

Für die Marinade:

1 TL	**Speisestärke**
2 EL	**salzarme Hühnerbrühe (S. 84)**
1 EL	**Sojasoße**
1 EL	**Apfelessig**
2 EL	**trockener Sherry**
1 TL	**Zucker**

- Das Fleisch ins Kühlfach legen und leicht anfrieren lassen.
- Inzwischen die Zutaten für die Marinade miteinander mischen.
- Das angefrorene Fleisch mit einem scharfen Messer schnetzeln und 5 Minuten marinieren. Abtropfen lassen.
- Knoblauch und Ingwer hacken. Die geputzte Möhre und die Frühlingszwiebel in dünne Scheiben, die Paprika in Streifen und die Gurke in Stifte schneiden.
- Das Öl in einer beschichteten Pfanne oder im Wok mit dem Knoblauch und dem Ingwer 2 Minuten erhitzen. Bei großer Hitze das Fleisch in etwa 4 Minuten braten, bis es nicht mehr rosa ist. An den Pfannenrand schieben, Möhre, Paprika und Zwiebel hineingeben und unter ständigem Rühren 3–4 Minuten braten.
- Die Gurkenstifte zufügen und alles zusammen weitere 3 Minuten bißfest braten.
- Mit der Marinade ablöschen, nach Bedarf etwas Wasser zugeben und aufkochen lassen. Abschmecken und zu körnigem Reis sofort zu Tisch bringen.

1 Portion enthält:

kJ/kcal	*1575/375*	*Kohlenhydrate*	*20g*
Eiweiß	*20g*	*Ballaststoffe*	*3g*
Fett total	*28g*	*BE*	*1,75*
Cholesterin	*85mg*	*Natrium*	*92mg*
Unges. Fettsäuren	*4g*		

Chop-suey mit Sauerkraut

Kleingehackte Reste heißt das Gericht in der deutschen Übersetzung, doch hinter dem nüchtern klingenden Namen verbirgt sich eine der Köstlichkeiten der asiatischen Küche.

Arbeitsaufwand:
10 Minuten
Kühlzeit:
1–2 Tage
Kochzeit:
10 Minuten
Für 4 Personen

400 g mageres Schweinefleisch

Für die Marinade:
50 ml trockener Sherry
2 EL Wasser
2 EL dunkle Sojasoße
1 EL brauner Zucker
1 Stückchen Stangenzimt
1 TL geriebener frischer Ingwer
je 1/2 TL Anis und Fenchel
frischgemahlener schwarzer Pfeffer

Für das Sauerkraut:
1 Frühlingszwiebel
1 EL Sojaöl
1 kleine rote Paprikaschote
200 g Sojabohnenkeime
400 g Sauerkraut
1/2–1 TL Sambal Oelek

- Das Fleisch vom sichtbaren Fett befreien, für 20 Minuten gefrieren und dann in feine Streifen schneiden.
- Die Zutaten für die Marinade miteinander verrühren, über das Fleisch gießen und beides zusammen zugedeckt im Kühlschrank 1–2 Tage marinieren.
- Die Frühlingszwiebel in dünne Scheiben und die Paprikaschote in Streifen schneiden.
- Sojabohnenkeime 2 Minuten blanchieren.
- 1 EL Öl in einer großen beschichteten Pfanne oder in einem Wok erhitzen.
- Das Fleisch aus der Marinade nehmen, abtropfen lassen und unter kräftigem Rühren kurz anbraten.
- Aus der Pfanne nehmen und mit Alufolie abgedeckt warm halten.
- Das restliche Öl in die Pfanne oder den Wok geben und darin die Frühlingszwiebel und die Paprikastreifen unter Rühren bißfest braten.
- Das Sauerkraut zerzupfen und mit den Sojabohnenkeimen in die Pfanne geben, mit der übrigen Marinade ablöschen und heiß werden lassen.
- Das Fleisch mit dem ausgetretenen Fleischsaft in die Pfanne geben und alles umrühren. Mit Sambal Oelek nach Geschmack mehr oder minder scharf abschmecken.

Tip: Am besten schmeckt das Gericht, wenn das Sauerkraut noch beinah roh ist. Wegen des Salzgehalts vom Sauerkraut ist es unnötig, das Chop-suey nachzusalzen.

1 Portion enthält:

kJ/kcal	*1571/374*	*Kohlenhydrate*	*12g*
Eiweiß	*23g*	*Ballaststoffe*	*4g*
Fett total	*26g*	*BE*	*1*
Cholesterin	*85mg*	*Natrium*	*430mg*
Unges. Fettsäuren	*4g*		

Schweinefleisch mit Rotkohl

Arbeitsaufwand:
10 Minuten
Koch- und Backzeit:
90 Minuten
Für 4 Personen

1	**Zwiebel**
1	**Knoblauchzehe nach Belieben**
1	**Apfel**
400 g	**Rotkohl**
400 g	**mageres Schweinefleisch**
2 EL	**Mehl**
1 EL	**Sonnenblumenöl**
3 EL	**Rotweinessig**
125 ml	**salzarme Fleischbrühe (S. 84)**
1–2	**Lorbeerblätter**
6	**Gewürzkörner (Piment)**
6	**schwarze Pfefferkörner**
1/2 TL	**Salz**

• Die Zwiebel kleinschneiden, den Knoblauch kleinhacken, den Apfel würfeln und den Rotkohl in Streifen schneiden.
• Das Fleisch von sichtbarem Fett befreien, in Würfel schneiden und mit Mehl bestäuben.
• Das Öl in einem Schmortopf ohne Kunststoffgriffe erhitzen und das Fleisch unter Rühren anbraten. Nach 10 Minuten aus dem Topf nehmen.
• Den Backofen auf 200 °C vorheizen.
• Im restlichen Bratfett die Zwiebel 3 Minuten braten. Dann die Apfelwürfel und den Kohl zugeben und 2 Minuten braten.
• Die übrigen Zutaten miteinander vermischen und mit dem Fleisch über das Gemüse geben. Den Deckel auflegen und alles zum Kochen bringen.
• Den Topf auf einen Rost auf der zweituntersten Schiene in den Backofen schieben und 60 Minuten backen. Zwischendurch Wasser nach Bedarf aufgießen.
• Abschmecken und zu Kümmelkartoffeln vom Blech (S. 176) servieren.

Variante: Statt Rotkohl nimmt man Wirsing oder Weißkohl und statt Schweinefleisch Lamm- oder Rindfleisch.

1 Portion enthält:

kJ/kcal	*1575/375*	*Kohlenhydrate*	*16 g*
Eiweiß	*19 g*	*Ballaststoffe*	*4 g*
Fett total	*26 g*	*BE*	*1,5*
Cholesterin	*85 mg*	*Natrium*	*80 mg*
Unges. Fettsäuren	*4 g*		

Senfschnitzel

Arbeitsaufwand:
5 Minuten
Kühlzeit:
20 Minuten
Bratzeit:
10 Minuten
Für 4 Personen

4	**magere Schweineschnitzel**
1 EL	**Dijonsenf (S. 31)**
1 EL	**Senfkörner**
1 EL	**Honig**
1	**Ei (Gewichtsklasse 6)**
1 EL	**Wasser**
100 g	**Paniermehl**
1 EL	**Maiskeimöl**
4	**Zitronenscheiben**

• Das sichtbare Fett von den Schnitzeln entfernen.
• Senf, Senfkörner und Honig verrühren und damit die Schnitzel beidseitig bestreichen.
• Das Ei und das Wasser miteinander verquirlen.
• Die Schnitzel durch die Ei-Wasser-Mischung ziehen und anschließend in Paniermehl wenden. Überschüssiges Paniermehl abschütteln.
• Flach nebeneinanderliegend 20 Minuten kühlen. Dadurch haftet die Panade besser.
• Das Öl in einer beschichteten Pfanne mit dickem Boden erhitzen. Die Schnitzel bei nicht zu starker Hitze von jeder Seite 4–5 Minuten braun braten.
• Mit Zitronenscheiben garniert servieren.

1 Portion enthält:

kJ/kcal	*1785/425*	*Kohlenhydrate*	*22 g*
Eiweiß	*22 g*	*Ballaststoffe*	*0 g*
Fett total	*27 g*	*BE*	*2*
Cholesterin	*164 mg*	*Natrium*	*89 mg*
Unges. Fettsäuren	*4 g*		

Schweinefilet mit Käsesoße

Arbeitsaufwand:
10 Minuten
Kochzeit:
20 Minuten
Für 4 Personen

500 g Schweinefilet
1 EL Mehl
1 EL Sojaöl
4 EL fein gewürfelte Zwiebeln
125 ml salzarme Fleischbrühe (S. 84)
125 ml trockener Weißwein
1 EL Zitronensaft
1/4 TL Salz
frischgemahlener weißer Pfeffer
50 g Blauschimmelkäse
4 EL Schlagsahne (30%)
1/2 Bund Schnittlauch

- Das Filet vom sichtbaren Fett befreien, in 4 Stücke schneiden und dünn mit Mehl bestäuben.
- Das Öl in einer beschichteten Pfanne mit dickem Boden erhitzen. Bei nicht zu starker Hitze das Fleisch in 15 Minuten braten, so daß es innen noch zart rosa ist.
- Aus der Pfanne nehmen und mit Alufolie abgedeckt warm stellen.
- Die Zwiebeln im Bratfett hell andünsten. Brühe, Weißwein, Zitronensaft und Gewürze zugeben und alles kurz einkochen lassen.
- Den Käse zerkrümeln und mit der Sahne unter die Soße rühren. Abschmecken.
- Das Fleisch auf vier Teller verteilen. Den ausgetretenen Fleischsaft zur Soße geben und diese über die vier Filetstücke verteilen.
- Den Schnittlauch fein schneiden und über das Fleisch geben.

1 Portion enthält:

kJ/kcal	*1558/371*	*Kohlenhydrate*	*5g*
Eiweiß	*27g*	*Ballaststoffe*	*1g*
Fett total	*25g*	*BE*	*0,5*
Cholesterin	*97mg*	*Natrium*	*280mg*
Unges. Fettsäuren	*+*		

Schweinefilet auf Kreolenreis

Arbeitsaufwand:
10 Minuten
Kochzeit:
40 Minuten
Für 4 Personen

Für den Kreolenreis:

2 Knoblauchzehen
1 Apfel
1 rote Paprikaschote
200 g helle Weintrauben
1 Pfirsich
2 EL Sojaöl
4 EL fein gewürfelte Zwiebeln
150 g Wildreis
350 ml salzarme Fleischbrühe (S. 84)

Für das Filet:

400 g Schweinefilet
1 EL Mehl
1 EL Sojaöl
1/4 TL Salz
frischgemahlener weißer Pfeffer

- Die Knoblauchzehen kleinhacken, den Apfel in Spalten und die Paprikaschote in Streifen schneiden. Die Weintrauben halbieren und entkernen, den Pfirsich schälen und in Schnitze schneiden.
- In einem Topf 1 EL Öl erhitzen. Darin die Zwiebeln leicht andünsten, den Knoblauch unterrühren, dann den Reis und die Brühe zufügen. Alles unter Rühren zum Kochen bringen. Den Deckel auflegen und in 40 Minuten ausquellen lassen. Der Wildreis ist gar, wenn die Hälfte der Reiskörner geöffnet ist.
- Erneut 1 EL Öl erhitzen und darin die Apfelspalten und Paprikastreifen andünsten. Die Weintrauben und Pfirsichschnitze zugeben. Alles kurz heiß werden lassen. Den Reis vorsichtig unter die Früchte heben und abschmecken.
- Das Fleisch von sichtbarem Fett befreien und dünn mit Mehl bestäuben.
- Das Öl in einer beschichteten Pfanne erhitzen. Bei nicht zu starker Hitze das Fleisch in 15 Minuten braten, so daß es innen noch zart rosa ist. Salzen und pfeffern, mit Alufolie abdecken und etwas ruhen lassen.
- Das Filet aufschneiden und auf dem bunten Reis anrichten.

1 Portion enthält:

kJ/kcal	*2029/483*	*Kohlenhydrate*	*49g*
Eiweiß	*23g*	*Ballaststoffe*	*4g*
Fett total	*21g*	*BE*	*4,25*
Cholesterin	*60mg*	*Natrium*	*83mg*
Unges. Fettsäuren	*+*		

Koteletts indische Art

Arbeitsaufwand:
5 Minuten
Kühlzeit:
60 Minuten
Grillzeit:
10 Minuten
Für 4 Personen

4 magere Schweinekoteletts
2 eingeweichte oder frische Lorbeerblätter
1 TL gemahlener Kumin (Kreuzkümmel)
je 1/2 TL gemahlene Gelbwurz, Ingwer und Koriander
4 Zitronenviertel

- Die Koteletts von allem Fett befreien und etwas vom Knochen lösen, damit sie gleichmäßig garen.
- Die Lorbeerblätter kleinhacken. Alle Gewürze mischen, das Fleisch damit bestreuen und 60 Minuten kühlen.
- Den Grill vorheizen.
- Die Koteletts gut braun grillen und mit Zitronenvierteln garniert servieren.

Tip: Gelbwurz, Ingwer und Koriander können durch 1 EL Curry ersetzt werden.

1 Portion enthält:

kJ/kcal	*1012/241*	*Kohlenhydrate*	*+*
Eiweiß	*24g*	*Ballaststoffe*	*0g*
Fett total	*16g*	*BE*	*+*
Cholesterin	*88mg*	*Natrium*	*78mg*
Unges. Fettsäuren	*4g*		

Wildsteaks mit Orangensoße

Arbeitsaufwand:
5 Minuten
Marinierzeit:
12 Stunden
Bratzeit:
15 Minuten
Für 4 Personen

4	**Steaks vom Reh oder jungen Hirsch (500 g)**
je 1/2 TL	**zerdrückte Pfefferkörner und Wacholderbeeren**
1 TL	**Sojaöl**
2 EL	**Diätmargarine**
100 ml	**frisch gepreßter Orangensaft**
1 TL	**feingeschnittene unbehandelte Orangenschale**
125 g	**Magerjoghurt**
1 EL	**dunkler Instant-Soßenbinder**
1	**Eiweiß (Gewichtsklasse 6)**
1 EL	**bittere Orangenmarmelade**
4 EL	**Portwein oder Madeira**
1/4 TL	**Salz**
	frischgemahlener Pfeffer

- Die Steaks mit den zerdrückten Gewürzen und dem Öl einreiben und zugedeckt über Nacht in den Kühlschrank stellen.
- Die Margarine in einer beschichteten Pfanne mit dickem Boden erhitzen. Die Steaks darin kurz an- und dann bei reduzierter Hitze rosig braten. Das Fleisch aus der Pfanne nehmen, mit Alufolie abdecken und warm halten.
- Den Bratenfond mit dem Orangensaft und der Orangenschale loskochen.
- Joghurt mit Soßenbinder und Eiweiß in einem kleinen Stieltopf zunächst gut miteinander verschlagen, dann zum Kochen bringen; dabei die Masse ständig mit einem Schneebesen kräftig rühren.
- Marmelade, Portwein, Salz und Pfeffer zugeben und 2–3 Minuten kochen lassen.
- Den Bratenfond und den ausgetretenen Fleischsaft unterrühren. Die Soße abschmecken.
- Die Steaks auf eine warme Platte geben und mit der Soße übergießen. Dazu reicht man am besten selbstgemachte Spätzle (S. 182) und auf Orangenscheiben gehäufte Preiselbeeren.

1 Portion enthält:

kJ/kcal	*991/236*	*Kohlenhydrate*	*10g*
Eiweiß	*28g*	*Ballaststoffe*	*+*
Fett total	*10g*	*BE*	*1*
Cholesterin	*2mg*	*Natrium*	*107mg*
Unges. Fettsäuren	*+*		

Wildgulasch

Arbeitsaufwand:
10 Minuten
Kochzeit:
45–70 Minuten
Für 4 Personen

1 Portion enthält:

kJ/kcal	*991/236*	*Kohlenhydrate*	*10g*
Eiweiß	*26g*	*Ballaststoffe*	*1g*
Fett total	*9g*	*BE*	*1*
Cholesterin	*1mg*	*Natrium*	*15mg*
Unges. Fettsäuren	*+*		

500 g Hasenfleisch
1 EL Mehl
1 Zwiebel
2 EL Diätmargarine
125 ml dunkler Rotwein
125 ml salzarme Fleischbrühe (S. 84)
1 EL Rotweinessig
1 EL Preiselbeeren oder Johannisbeergelee
1 TL salzarmes Tomatenmark
je 1/2 TL Gewürz-, Senf- und Pfefferkörner und Wacholderbeeren
1 Lorbeerblatt
1 Nelke
1/2 TL Salz
4 EL Magerjoghurt

• Das Fleisch würfeln und mit dem Mehl bestäuben.
• Die Zwiebel würfeln.
• Die Margarine im Schmortopf erhitzen und das Fleisch braun braten. Zwiebel dazugeben und unter gelegentlichem Rühren kurz mitbräunen.
• Mit Rotwein, Brühe und Essig aufgießen und die restlichen Zutaten bis auf den Joghurt dazugeben. Den Topf schließen und das Fleisch bei mäßiger Hitze in knapp 60 Minuten garen. Nach Bedarf etwas Flüssigkeit zufügen.
• Die Soße abschmecken. Den Joghurt erst unmittelbar vor dem Servieren unterrühren.
• Spätzle (S. 182) oder Nudeln (S. 182) und Rosen- oder Rotkohl sind die klassischen Beilagen.

Tip: Zum Wildgulasch eignet sich auch Reh- oder junges Wildschweinfleisch. Die Garzeit richtet sich immer nach dem Alter des Tieres.

Rehfilet

Arbeitsaufwand:
5 Minuten
Bratzeit:
25–40 Minuten
Für 4 Personen

1 Portion enthält:

kJ/kcal	*1100/262*	*Kohlenhydrate*	*8g*
Eiweiß	*29g*	*Ballaststoffe*	*2g*
Fett total	*13g*	*BE*	*0,75*
Cholesterin	*+*	*Natrium*	*116mg*
Unges. Fettsäuren	*+*		

1–2 Rehfilets (500 g)
je 1/2 TL zerdrückte Pfefferkörner und Wacholderbeeren
1/2 TL Salz
4 EL Diätmargarine
1 Zwiebel
100 g Suppengrün (S. 38)
1/2 Lorbeerblatt
200 ml salzarme Fleischbrühe (S. 84)
50 ml dunkler trockener Rotwein
1 EL dunkler Instant-Soßenbinder
1 EL Preiselbeeren

• Den Backofen auf 220°C vorheizen.
• Die Filets sorgfältig häuten, mit den Gewürzen einreiben und mit der Margarine bestreichen.
• Die Zwiebel kleinwürfelig schneiden.
• In einen kleinen Schmortopf ohne Kunststoffgriffe oder in einen kleinen Bräter das Fleisch, das Suppengrün, die Zwiebelwürfel und das Lorbeerblatt legen. Mit der Hälfte der Brühe und dem Wein aufgießen.
• Den Topf auf einen Rost stellen und auf der mittleren Schiene im Ofen braten. Immer wieder mit dem Bratensaft begießen und die restliche Brühe dazugeben. Nach etwa 25 Minuten ist das Filet innen noch rosa; nach Belieben noch 5–10 Minuten garen.
• Das Fleisch 5 Minuten ruhen lassen.
• In der Zwischenzeit die Flüssigkeit passieren und 250ml davon für die Soße abmessen. Mit Soßenbinder und Preiselbeeren aufkochen und abschmecken.
• Das Fleisch in kleinfingerdicke Scheiben schneiden.
• Die Soße extra reichen.

Abbildung S. 114/115

Rehrücken mit Sauerkirschen

Arbeitsaufwand:
10 Minuten
Bratzeit:
35–50 Minuten
Für 4 Personen

600 g	**Rehrücken**
	frischgemahlener Pfeffer
1/2 TL	**Salz**
4 EL	**Diätmargarine**
1	**Zwiebel**
1 TL	**zerdrückte Wacholderbeeren**
100 ml	**dunkler trockener Rotwein**
100 ml	**salzarme Fleischbrühe (S. 84)**
1 EL	**dunkler Instant-Soßenbinder**
1/4 TL	**Zucker**
100 g	**entsteinte Sauerkirschen aus dem Glas**
100 ml	**saure Sahne**

- Den Backofen auf 225°C vorheizen.
- Den Rehrücken häuten, mit Pfeffer und Salz einreiben und mit Margarine bestreichen.
- Die Zwiebel kleinschneiden, mit den Wacholderbeeren, dem Fleisch, dem Rotwein in einen kleinen Bräter geben und auf einem Rost in den heißen Ofen schieben.
- Nach 10 Minuten die Hitze auf 200°C reduzieren. Das Fleisch immer wieder mit der Brühe begießen. Je nachdem, wie durchgebraten der Rehrücken sein soll, läßt man ihn noch 25–40 Minuten garen.
- Das Fleisch aus dem Ofen nehmen und zugedeckt bei Raumtemperatur 5 Minuten stehenlassen.
- Für die Soße den Bratensaft loskochen. In einen Stieltopf sieben, mit Soßenbinder andicken und mit Zucker abschmecken.
- Die Sauerkirschen zugeben und eben heiß werden lassen.
- Den Topf von der Kochstelle nehmen und vorsichtig die saure Sahne unterheben.
- Die Filets vom Knochen lösen und diagonal in fingerdicke Scheiben schneiden.
- Die Soße extra reichen.

1 Portion enthält:

kJ/kcal	*1420/338*	*Kohlenhydrate*	*15g*
Eiweiß	*35g*	*Ballaststoffe*	*1g*
Fett total	*16g*	*BE*	*1,25*
Cholesterin	*9mg*	*Natrium*	*145mg*
Unges. Fettsäuren	*+*		

Fasan mit Aprikosen-Reis-Füllung (S. 171) und Flugentenbrust chinesische Art (S. 168)

Geflügel und Wild-geflügel

Hühner, Puten, Tauben und Wachteln, aber auch Wildgeflügel wie Fasan und Rebhühner gehören zu den gesündesten Eiweißlieferanten und bieten vielfältige Zubereitungs- und Würzmöglichkeiten. Wenn das sichtbare Fett und die Haut vor dem Kochen entfernt werden, ist der Kaloriengehalt gering.

Hühnchen-carpaccio mit Dillsoße

Arbeitsaufwand:
10 Minuten
Kochzeit:
12 Minuten
Kühlzeit:
20 Minuten
Für 4 Personen

1 Portion enthält:

kJ/kcal	*1571/374*	*Kohlenhydrate*	*25g*
Eiweiß	*32g*	*Ballaststoffe*	*+*
Fett total	*14g*	*BE*	*2,25*
Cholesterin	*61mg*	*Natrium*	*53mg*
Unges. Fettsäuren	*+*		

Für das Carpaccio:

150 ml trockener Weißwein
150 ml salzarme Hühnerbrühe (S. 84)
300 g Hühnerbrüstchen
1/4 TL Salz
frischgemahlener weißer Pfeffer
2 kleine Tomaten
4 Buchweizenbratlinge (S. 214)
150 g geräucherter Lachs, in Scheiben geschnitten
4 Salatblätter

Für die Dillsoße:

2 EL Walnußöl
2 EL Balsamessig
1 Bund feingehackter Dill
1/2 TL Zucker

- Den Wein mit der Hühnerbrühe zum Kochen bringen.
- Die Hühnerbrüstchen abspülen, in der Brühe 6 Minuten poschieren und weitere 6 Minuten ohne Hitzezufuhr ziehen lassen.
- Das Fleisch herausnehmen, abdecken und zum Kühlen in den Kühlschrank stellen.
- Hühnerbrüstchen in dünne Scheiben schneiden. Mit Salz und Pfeffer leicht würzen.
- Die Tomaten sechsteln.
- Die Buchweizenbratlinge braten.
- Hühnerbrustscheiben mit Lachs, Tomatenstücken, Salatblättern und Bratlingen auf Portionstellern anrichten.
- Die Zutaten für die Dillsoße miteinander verrühren und über die Hühnerbrüstchen verteilen.

Ostindische Hühnerpfanne

Arbeitsaufwand:
20 Minuten
Bratzeit:
15 Minuten
Für 4 Personen

1 Portion enthält:

kJ/kcal	*802/191*	*Kohlenhydrate*	*21g*
Eiweiß	*17g*	*Ballaststoffe*	*5g*
Fett total	*6g*	*BE*	*1,75*
Cholesterin	*30mg*	*Natrium*	*43mg*
Unges. Fettsäuren	*+*		

200 g Romanesco oder Blumenkohl
150 g Champignons
1 EL Zitronensaft
100 g Zucchini
200 g Hühnerbrüstchen
4 kleine Tomaten
1 Mango
2 kleine Bananen
2 EL Sojaöl
100 g konservierte Sojasprossen
1/4 TL Salz
frischgemahlener weißer Pfeffer
einige Basilikumblättchen

- Den Romanesco oder Blumenkohl in Röschen zerteilen und mit wenig Wasser bedeckt in einem zugedeckten kleinen Topf in 8 Minuten bißfest garen. Abtropfen lassen.
- Die Champignons in Scheiben schneiden. 1 EL Wasser mit dem Zitronensaft mischen und über die Champignons geben.
- Zucchini in Stifte schneiden, Hühnerbrüstchen würfeln, Tomaten vierteln, Mango würfeln und die Bananen in Scheiben schneiden.
- Die Champignons ohne Fett für etwa 2 Minuten bei mäßiger Hitze in der Pfanne etwas dünsten. Aus der Pfanne nehmen.
- Die Zucchinistifte mit 1 TL Öl in der Pfanne 3–4 Minuten zugedeckt bei mäßiger Hitze al dente dünsten. Ebenfalls herausnehmen.
- Das übrige Öl in die Pfanne geben und die Hühnerbrüstchen unter Rühren etwa 5 Minuten hellbraun braten. An den Rand schieben.
- Tomaten dazugeben und kurz erhitzen.
- Mango, Bananen und Sojasprossen kurz erwärmen.
- Auf Tellern alle Zutaten gruppenweise anrichten. Leicht salzen und pfeffern.
- Mit Basilikumblättchen sparsam garnieren.

Hühnersaté

Arbeitsaufwand:
12 Minuten
Bratzeit:
6–8 Minuten
Für 4 Personen

400 g Hühnerbrüstchen
2 EL Zitronensaft
1 TL Dijonsenf (S. 31)
1 TL gemahlener getrockneter Ingwer
2 EL Paprika edelsüß
1 Pr Muskat
¼ TL Salz
2 EL Soja

- Die Hühnerbrüstchen in daumenbreite Streifen schneiden und mit Zitronensaft bepinseln.
- Senf und Ingwer vermischen und damit eine Hälfte der Hühnerbruststreifen würzen.
- Paprika und Muskat vermengen. Damit die andere Hälfte der Fleischstreifen gleichmäßig bestäuben.
- Jeweils 4 kleine Filets auf Holzspießchen stecken und leicht salzen.
- Entweder in einer großen beschichteten Pfanne mit dickem Boden in heißem Öl beidseitig goldgelb braten oder die Spießchen mit Öl beträufeln und auf einem doppelten Stück Alufolie im Abstand von 15 cm unter den Grill schieben. Zwischendurch einmal wenden.

1 Portion enthält:

kJ/kcal	*794/189*	*Kohlenhydrate*	+
Eiweiß	*21 g*	*Ballaststoffe*	*0 g*
Fett total	*6 g*	*BE*	+
Cholesterin	*75 mg*	*Natrium*	*66 mg*
Unges. Fettsäuren	+		

Hühnerbrüstchen mit Edelpilzkäse

Arbeitsaufwand:
10 Minuten
Kochzeit:
10 Minuten
Grillzeit:
3 Minuten
Für 4 Personen

1 Portion enthält:

kJ/kcal	*1205/287*	*Kohlenhydrate*	*7g*
Eiweiß	*34g*	*Ballaststoffe*	+
Fett total	*13g*	*BE*	*0,75*
Cholesterin	*119mg*	*Natrium*	*395mg*
Unges. Fettsäuren	+		

4 Hühnerbrüstchen
80 g Edelpilzkäse
1 EL Zitronensaft
1/4 TL Salz
1 EL Mehl
2 EL Maiskeimöl
1 EL Honig
4 EL trockener Sherry
200 ml salzarme Hühnerbrühe (S. 84)
1 EL heller Instant-Soßenbinder

- Die Hühnerbrüstchen taschenförmig einschneiden. Mit dem Edelpilzkäse füllen und mit Küchengarn zunähen. Sparsam mit Zitronensaft und Salz würzen und leicht mit Mehl bestäuben.
- Das Hühnerfleisch bei mäßiger Hitze in einer beschichteten Pfanne mit dickem Boden in heißem Öl unter Wenden etwa 5 Minuten braten. Herausnehmen.
- Den flüssigen Honig mit 2 EL Sherry mischen. Damit die Hühnerbrüstchen bestreichen und für 3 Minuten unter den Grill legen. Zwischendurch einmal wenden.
- Den Bratenfond mit Brühe loskochen. Leicht mit Soßenbinder andicken und mit dem restlichen Sherry abschmecken.

Tip: Diabetiker können die Soße auch mit 1/2 TL Johannisbrotkernmehl binden.

Hühnerbrüstchen mit Morchelsoße

Quellzeit:
15 Minuten
Arbeitsaufwand:
10 Minuten
Kochzeit:
12 Minuten
Für 4 Personen

1 Portion enthält:

kJ/kcal	*777/185*	*Kohlenhydrate*	*3g*
Eiweiß	*43g*	*Ballaststoffe*	*1g*
Fett total	*5g*	*BE*	*0,25*
Cholesterin	*107mg*	*Natrium*	*108mg*
Unges. Fettsäuren	*1g*		

Für die Soße:
10 g getrocknete Morcheln
2 EL feingehackte Zwiebeln
1 EL Diätmargarine
1 TL Mehl
2 EL Weinbrand
100 ml salzarme Fleischbrühe (S. 84)
1 TL Zitronensaft
1/4 TL Salz
2 EL Schlagsahne (30%)

Für die Hühnerbrüstchen:
4 Hühnerbrüstchen
1 EL Zitronensaft
1/4 TL Salz
2 EL Sojaöl

- Die Morcheln in Wasser 15 Minuten quellen lassen, dabei gelegentlich bewegen, damit der Sand aus den Pilzen fällt.
- Die Zwiebelwürfel in heißer Margarine in einem kleinen Topf hell andünsten. Mit Mehl bestäuben. Die Morcheln zugeben.
- Den Weinbrand erwärmen und über die Pilze und die Zwiebeln gießen. Mit einem Streichholz anzünden und kurz flambieren.
- Mit Brühe ablöschen, mit Zitronensaft und Salz würzen und etwas einkochen lassen. Warm halten.
- Die Hühnerbrüstchen etwas flachdrücken. Mit Zitronensaft und Salz würzen.
- In einer beschichteten Pfanne mit dickem Boden in heißem Öl bei nicht zu starker Hitze in etwa 6 Minuten beidseitig braun braten.
- Die Hühnerbrüstchen auf vorgewärmten Tellern anrichten.
- Die Soße abschmecken und die Sahne hineinrühren. Über das Fleisch verteilen.

Hühnerbrüstchen mit Gurken

Arbeitsaufwand:
12 Minuten
Bratzeit:
15 Minuten
Für 4 Personen

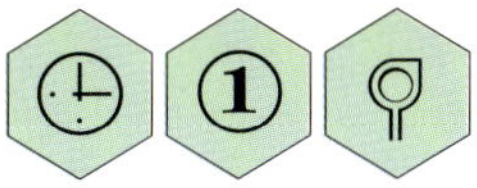

400 g	**Gurke**
1	**kleine Zwiebel**
500 g	**Hühnerbrüstchen**
100 ml	**salzarme Hühnerbrühe (S. 84)**
1 EL	**natives Olivenöl**
3–4 EL	**Zitronensaft**
1/4 TL	**Salz**
	frischgemahlener weißer Pfeffer
1 EL	**heller Instant-Soßenbinder nach Belieben**

1 Portion enthält:

kJ/kcal	*727/173*
Eiweiß	*35g*
Fett total	*7g*
Cholesterin	*75mg*
Unges. Fettsäuren	+
Kohlenhydrate	*4g*
Ballaststoffe	*2g*
BE	*0,5*
Natrium	*93mg*

- Die Gurke entkernen und würfeln.
- Die Zwiebel kleinhacken.
- Hühnerbrüstchen in Streifen schneiden.
- Die Gurkenwürfel mit der Brühe in einer beschichteten Pfanne mit dickem Boden zugedeckt etwa 5 Minuten dünsten. Alles aus der Pfanne nehmen und warm halten.
- 4 EL Flüssigkeit mit dem Öl zurück in die Pfanne geben. Die Zwiebel unter Rühren 3–4 Minuten darin dünsten.
- Ist die Flüssigkeit verkocht, das Geflügelfleisch dazugeben. Unter stetigem Rühren bei starker Hitze insgesamt 5 Minuten braten.
- Mit Zitronensaft, Salz und Pfeffer würzen. Die Gurkenwürfel mit der Flüssigkeit wieder in die Pfanne geben.
- Wer die Soße lieber etwas sämig haben möchte, bindet sie leicht mit Instant-Soßenbinder.

Tip: Diabetiker binden die Soße mit 1/2–1 TL Johannisbrotkernmehl.

Hühnerbrüstchen provenzalische Art

Arbeitsaufwand:
10 Minuten
Bratzeit:
15 Minuten
Für 4 Personen

1	**große Zwiebel**
2–3	**Knoblauchzehen**
1	**rote Paprikaschote**
1	**kleine Zucchini**
1	**sehr kleine Aubergine**
3 EL	**natives Olivenöl extra**
4	**kleine Hühnerbrüstchen**
200 ml	**salzarme pürierte Tomaten aus der Dose**
6	**ungefüllte grüne Oliven**
1 TL	**getrocknete Provencekräuter**
$^1/_2$ TL	**Salz**
1 EL	**feingehackte Petersilie**
2	**frische Basilikumzweige**

- Die Zwiebel grob würfeln.
- Die Knoblauchzehen zerdrücken.
- Die Paprikaschote zuerst putzen und dann in Streifen schneiden.
- Zucchini und Aubergine würfeln.
- In einer beschichteten Pfanne 2 EL Öl erhitzen und die Hühnerbrüstchen beidseitig je 2–3 Minuten anbraten. Herausnehmen und warm stellen.
- Das restliche Öl in die Pfanne geben. Erst die Zwiebeln, den Knoblauch und nach und nach das Gemüse dazugeben und bißfest dünsten. Mit den Tomaten ablöschen.
- Die Oliven halbieren und mit den Kräutern und dem Salz zum Gemüse fügen.
- Das Fleisch in der Gemüsemischung bei mäßiger Hitze 5 Minuten schmoren. Alles nochmals abschmecken.
- Auf eine Platte geben und mit Petersilie und zerzupften Basilikumblättchen verziert servieren.

1 Portion enthält:

kJ/kcal	*1218/290*	*Kohlenhydrate*	*7g*
Eiweiß	*28g*	*Ballaststoffe*	*4g*
Fett total	*16g*	*BE*	*0,75*
Cholesterin	*101 mg*	*Natrium*	*253 mg*
Unges. Fettsäuren	*2g*		

Hühnerbrüstchen in Zitronen-Kapern-Soße

Arbeitsaufwand:
2 Minuten
Bratzeit:
7 Minuten
Für 4 Personen

1 Portion enthält:

kJ/kcal	*1029/245*	*Kohlenhydrate*	*6g*
Eiweiß	*27g*	*Ballaststoffe*	*+*
Fett total	*13g*	*BE*	*0,5*
Cholesterin	*101mg*	*Natrium*	*105mg*
Unges. Fettsäuren	*2g*		

500 g Hühnerbrüstchen
2 EL Zitronensaft
frischgemahlener weißer Pfeffer
Paprika edelsüß
3 EL Mehl
2 EL Kapern
2 EL Sojaöl
250 ml salzarme Hühnerbrühe (S. 84)
$^1/_2$ TL Salz
etwas ungespritzte Zitronenschale

- Die Hühnerbrüstchen in vier Stücke teilen und mit 1EL Zitronensaft beträufeln, damit das Fleisch fest wird.
- Den Pfeffer mit der Paprika und 2 EL Mehl mischen und damit das Fleisch bestäuben.
- Die Kapern abtropfen lassen.
- Das Öl in einer beschichteten Pfanne erhitzen. Das Fleisch von jeder Seite etwa 3 Minuten braten. Aus der Pfanne nehmen.
- Das restliche Mehl in die Pfanne stäuben. Brühe, Zitronensaft, Salz und Kapern dazugeben.
- Die Hühnerbrüstchen mit dem ausgetretenen Fleischsaft kurz in der Soße heiß werden lassen.
- Mit sehr schmalen Streifen Zitronenschale garnieren.

Hühnerbrüstchen in Folie

Arbeitsaufwand:
6 Minuten
Kochzeit:
15 Minuten
Bratzeit:
15–20 Minuten
Für 4 Personen

1 Portion enthält:

kJ/kcal	*1201/286*	*Kohlenhydrate*	*5g*
Eiweiß	*39g*	*Ballaststoffe*	*13g*
Fett total	*8g*	*BE*	*0,5*
Cholesterin	*101mg*	*Natrium*	*104mg*
Unges. Fettsäuren	*2g*		

2 Frühlingszwiebeln
2 Knoblauchzehen
250 g Waldpilze (z.B. Butterpilze, Pfifferlinge, Steinpilze)
50 ml salzarme Hühnerbrühe (S. 84)
je $^1/_4$ TL Thymian und Oregano
2 EL trockener Weißwein
4 kleine Hühnerbrüstchen
1 EL Zitronensaft
$^1/_4$ TL Salz
4 dünne Scheiben salzarmer roher Schinken

- Die Frühlingszwiebeln kleinschneiden und die Knoblauchzehen kleinhacken.
- Die Pilze putzen und grob zerschneiden.
- Den Backofen auf 180 °C vorheizen.
- Die Zwiebeln mit den Knoblauchzehen und der Brühe in einem kleinen Topf unter Rühren etwa 6 Minuten dünsten. Dann die Pilze dazugeben, mit Kräutern und Wein würzen und 5 Minuten dünsten, bis die meiste Flüssigkeit verdampft ist.
- Die Hühnerbrüstchen mit Zitronensaft benetzen, salzen und auf die glänzende Seite von vier Stücken Alufolie in passender Größe legen. Erst die Pilzmischung und dann jeweils eine Schinkenscheibe darauf geben. Die Päckchen sehr sorgfältig verschließen.
- Die Päckchen in eine große flache Auflaufform oder auf die Fettpfanne legen. Auf der zweitobersten Schiene im heißen Backofen 15–20 Minuten garen.
- Die Folie kreuzweise aufschneiden und zu Tisch bringen.

Tip: Am besten schmecken Zwiebeln in Kräutercreme (S. 238) dazu.

Hühnertopf mit Zucchini

Arbeitsaufwand:
15 Minuten
Kochzeit:
20 Minuten
Für 4 Personen

1	**große Zwiebel**
1	**Knoblauchzehe**
$^{1}/_{2}$	**grüne Paprikaschote**
300 g	**Zucchini**
400 g	**salzarme Tomaten aus der Dose**
300 g	**gegartes Hühnerfleisch**
1 TL	**natives Olivenöl**
100 ml	**salzarme Hühnerbrühe (S. 84)**
$^{1}/_{4}$ TL	**Salz**
	einige Tropfen Tabasco
1 EL	**heller Instant-Soßenbinder**
1 TL	**Zitronensaft**

- Die Zwiebel und die Knoblauchzehe kleinhacken.
- Die Paprikaschote in Streifen schneiden.
- Die Zucchini in kleinfingergroße Stifte schneiden.
- Die Tomaten grob zerschneiden.
- Das Hühnerfleisch würfeln.
- Das Öl mit der Hühnerbrühe in einem festschließenden Topf mit dickem Boden erhitzen.
- Zunächst die Zwiebelwürfel darin dünsten, dann den Knoblauch und die Zucchini dazugeben. Mit den Tomaten und deren Saft auffüllen und mit Salz und Tabasco würzen.
- Zugedeckt zum Kochen bringen und 8–10 Minuten knapp garen.
- Die Fleischwürfel dazugeben und 5 Minuten zugedeckt garen.
- Die Soße mit dem Soßenbinder leicht andicken und alles mit dem Zitronensaft abschmecken.

Tip: Diabetiker nehmen statt des Soßenbinders $^{1}/_{2}$TL anrechnungsfreies Johannisbrotkernmehl.

1 Portion enthält:

kJ/kcal	*655/156*	*Kohlenhydrate*	*9g*
Eiweiß	*23g*	*Ballaststoffe*	*3g*
Fett total	*3g*	*BE*	*0,75*
Cholesterin	*53mg*	*Natrium*	*66mg*
Unges. Fettsäuren	*+*		

Hühner-jambalaya

Arbeitsaufwand:
20 Minuten
Kochzeit:
30 Minuten
Für 4 Personen

1 Portion enthält:

kJ/kcal	*1205/287*	*Kohlenhydrate*	*36g*
Eiweiß	*25g*	*Ballaststoffe*	*3g*
Fett total	*4g*	*BE*	*3*
Cholesterin	*53mg*	*Natrium*	*69mg*
Unges. Fettsäuren	*+*		

1	**Zwiebel**
1	**Knoblauchzehe**
100 g	**Sellerie**
1	**grüne Paprikaschote**
300 g	**gegartes Hühnerfleisch**
1 EL	**natives Olivenöl**
150 g	**parboiled Langkornreis**
300 ml	**salzarme Hühnerbrühe (S. 84)**
400 g	**salzarme pürierte Tomaten**
2 Msp	**getrockneter Thymian**
je 1 Pr	**gemahlener Cayennepfeffer und Nelkenpfeffer**
1/4 TL	**Salz**
	frischgemahlener schwarzer Pfeffer

- Die Zwiebel grob würfeln.
- Die Knoblauchzehe kleinhacken.
- Den Sellerie klein würfeln.
- Die Paprikaschote putzen und in Streifen schneiden.
- Das Hühnerfleisch in kleine Würfel schneiden.
- Die Zwiebel in heißem Öl in einem Topf mit dickem Boden unter stetigem Rühren hell dünsten.
- Knoblauch, Sellerie und Paprika dazugeben und umrühren.
- Die Hitze reduzieren und das Gemüse weitere 5 Minuten dünsten.
- Den Reis, die Hühnerbrühe und die Tomatenmasse mit den Gewürzen in den Topf geben.
- Alles zum Kochen bringen und ohne Deckel in 15–20 Minuten garen.
- Das Hühnerfleisch darunterrühren und nochmals abschmecken.

Zitronenhuhn

Arbeitsaufwand:
2 × 10 Minuten
Kochzeit:
50–60 Minuten
Für 4 Personen

1 Portion enthält:

kJ/kcal	*2260/538*	*Kohlenhydrate*	*6g*
Eiweiß	*69g*	*Ballaststoffe*	*3g*
Fett total	*26g*	*BE*	*0,5*
Cholesterin	*263mg*	*Natrium*	*300mg*
Unges. Fettsäuren	*4g*		

Für das Huhn:

1	**kleines Huhn**
1	**ungespritzte Zitrone**
1 TL	**Salz**
1	**Lorbeerblatt**
1/2 TL	**Rosmarin**
1	**Stückchen Muskatblüte**
1–2	**Knoblauchzehen**
1	**Zwiebel**
2	**Möhren**
1	**kleines Bund Petersilie**

Für die Soße:

2	**Knoblauchzehen**
2	**Bund Petersilie**
125 ml	**entfettete Hühnerbrühe (S. 84)**
3 EL	**feingehackte Frühlingszwiebeln oder Zwiebeln**
3 EL	**Zitronensaft**
3 EL	**natives Olivenöl extra**
1 EL	**Kapern**
1/2 TL	**Salz**

- Das Huhn ausnehmen und gründlich waschen. Die Zitrone mehrmals mit der Gabel anstechen und mit den Gewürzen in die Bauchhöhle des Huhns schieben. Die Öffnung mit einem Zahnstocher zustecken.
- Die Zwiebel ungeschält halbieren und die Möhren putzen.
- Das Huhn in einem kleinen Topf knapp mit Wasser bedecken und mit der Zwiebel, den Möhren und der Petersilie in 40–60 Minuten weich kochen.
- Die Brühe absieben. Das Huhn etwas erkalten lassen. Dann das Fleisch von Haut und Knochen lösen und auf eine Platte geben. Nach Belieben warm halten oder kühl stellen.
- Für die Soße die Knoblauchzehen zerdrücken und die Petersilie abzupfen. Mit den übrigen Zutaten in einem kleinen Gefäß pürieren und separat zum Huhn reichen.

Gebeiztes Huhn provenzalisch

Arbeitsaufwand:
15 Minuten
Marinierzeit:
12 Stunden
Backzeit:
30–35 Minuten
Für 4 Personen

Für die Beize:

2 Zitronen
1 kleine Zwiebel
1 Knoblauchzehe
1 EL natives Olivenöl
1 TL Paprika edelsüß
1 TL Provencekräuter
frischgemahlener weißer Pfeffer

Für das Huhn:

1 kleines Huhn
1 EL natives Olivenöl
1/2 TL Salz

• Die Zitronen auspressen, die Zwiebel kleinwürfeln und die Knoblauchzehe zerdrücken.

• Die Zutaten für die Beize in einer kleinen Schüssel mit der Gabel oder dem Pürierstab gut verrühren.

• Das Huhn von Haut und Fett befreien und in 8–12 Teile zerlegen. Mit der Beize in einen Gefrierbeutel geben. Diesen fest verschließen und für 12 Stunden in einer Schüssel in den Kühlschrank stellen. Ab und zu wenden.

• Den Backofen auf 200 °C vorheizen.

• 8–12 Alufolienstücke auf der glänzenden Seite mit Öl bepinseln. Die Hühnerteile leicht salzen und mit etwas Marinade auf die Folie geben. Diese fest verschließen.

• Die Päckchen am besten in der Fettpfanne auf der mittleren Schiene für 30–35 Minuten in den Ofen schieben. Unbedingt die Garprobe machen.

• In der kreuzweise eingeschnittenen Folie zu Tisch bringen.

1 Portion enthält:

kJ/kcal	*2062/491*	*Kohlenhydrate*	*3g*
Eiweiß	*68g*	*Ballaststoffe*	*+*
Fett total	*23g*	*BE*	*0,25*
Cholesterin	*263mg*	*Natrium*	*272mg*
Unges. Fettsäuren	*4g*		

Huhn in Aprikosensoße

Arbeitsaufwand:
10 Minuten
Kochzeit:
30 Minuten
Für 4 Personen

1 Portion enthält:

kJ/kcal	*2495/594*	*Kohlenhydrate*	*21g*
Eiweiß	*69g*	*Ballaststoffe*	*2g*
Fett total	*23g*	*BE*	*1,75*
Cholesterin	*263mg*	*Natrium*	*275mg*
Unges. Fettsäuren	*4g*		

10 getrocknete Aprikosen
100 ml trockener Weißwein
1 EL Apfelessig
1 Knoblauchzehe
1 kleines Huhn
1/4 TL Salz
frischgemahlener weißer Pfeffer
2 EL Sojaöl
1 EL geriebener frischer Ingwer
1 TL brauner Zucker
150 ml frisch gepreßter Orangensaft
2 EL Zitronensaft
1 TL mittelscharfer Senf
1 EL heller Instant-Soßenbinder

- Die Aprikosen kleinschneiden und einweichen. Mit etwas Einweichwasser, Wein und Essig in einem kleinen Topf 3 Minuten aufkochen.
- Die Knoblauchzehe kleinhacken.
- Die Haut und das sichtbare Fett des Huhns entfernen, das Huhn in 8–12 Stücke zerteilen und leicht mit Salz und Pfeffer würzen.
- Das Öl in einer großen beschichteten Pfanne mit dickem Boden oder in einem Wok erhitzen.
- Den Ingwer und nach etwa 30 Sekunden den Knoblauch hineingeben und kurz unter Rühren darin braten. Knoblauch und Ingwer auf die Seite schieben.
- Das Huhn unter stetigem Wenden 5–6 Minuten in der Pfanne leicht bräunen.
- Den Zucker breit in die Mitte der Pfanne streuen und kurz karamelisieren lassen. Mit Orangen- und Zitronensaft ablöschen.
- Die Aprikosen zugeben und das Gericht etwa 15 Minuten zugedeckt schmoren lassen.
- Die Soße mit Senf abschmecken und leicht binden.

Huhn in Paprikacremesoße

Arbeitsaufwand:
10 Minuten
Grillzeit:
20 Minuten
Kochzeit:
30 Minuten
Für 4 Personen

1 Portion enthält:

kJ/kcal	*2197/523*	*Kohlenhydrate*	*7g*
Eiweiß	*81g*	*Ballaststoffe*	*3g*
Fett total	*27g*	*BE*	*0,75*
Cholesterin	*265mg*	*Natrium*	*288mg*
Unges. Fettsäuren	*4g*		

1 große Zwiebel
1 Knoblauchzehe
1 kleines Huhn
1 EL Sonnenblumenöl
100 ml trockener Weißwein
200 ml salzarme Hühnerbrühe (S. 84)
2 große rote Paprikaschoten
1/2 TL Salz
1 EL Paprika edelsüß
100 ml Magerjoghurt

- Die Zwiebel grob schneiden und die Knoblauchzehe kleinhacken. Das Huhn vierteln und von sichtbarem Fett befreien.
- Die Zwiebelwürfel in heißem Öl in einem dickwandigen Schmortopf hell andünsten. Dann die Knoblauchzehe und die Hühnerviertel in den Topf geben und kurz anbraten. Mit Weißwein und Hühnerbrühe ablöschen und würzen. Zugedeckt 25–30 Minuten schmoren lassen.
- Die Paprikaschoten entkernen, längs dritteln und mit der Hautseite nach oben unter den Grill legen. Etwa 20 Minuten grillen, dabei gelegentlich wenden. Wenn die Haut schwarz ist und Blasen wirft, die Stücke in einen Gefrierbeutel geben und diesen fest verschließen. Auskühlen lassen und dann die Haut abziehen.
- Die Hühnerstücke in eine vorgewärmte Schüssel legen.
- Die Paprikastücke zur Soße geben und mit dem Schneidstab des Handrührers pürieren. Einmal aufkochen lassen und nochmals abschmecken.
- Kurz vor dem Servieren, wenn die Soße nicht mehr kocht, den Joghurt unterrühren.

Hühnertopf mit Gemüse

Arbeitsaufwand:
15 Minuten
Kochzeit:
40 Minuten
Für 4 Personen

1 Portion enthält:

kJ/kcal	*2176/518*	*Kohlenhydrate*	*8g*
Eiweiß	*71g*	*Ballaststoffe*	*4g*
Fett total	*22g*	*BE*	*0,75*
Cholesterin	*317mg*	*Natrium*	*265mg*
Unges. Fettsäuren	*4g*		

200 g kleine Champignons
1 EL Zitronensaft
2 Möhren
1 Huhn
1 EL Sojaöl
8 kleine weiße Zwiebeln
2 EL Wasser
1–3 Knoblauchzehen
2 EL frisch gepreßter Orangensaft oder Sherry
200 ml salzarme Hühnerbrühe (S. 84)
$^1/_2$ TL Salz
frischgemahlener weißer Pfeffer
100 ml Magerjoghurt

- Die Champignons putzen, vierteln und mit Zitronensaft beträufeln.
- Die Möhren in dünne Scheiben schneiden.
- Das Huhn von der Haut befreien und in acht Stücke teilen.
- Die Zwiebeln putzen und im restlichen Bratfett mit dem Wasser 5 Minuten glasieren. Dann den geschälten ganzen Knoblauch, Orangensaft, Brühe, Salz und Pfeffer zufügen. Die Hühnerstücke wieder in den Topf geben und zugedeckt 10 Minuten schmoren lassen.
- Pilze und Möhren zufügen. Evtl. verkochte Flüssigkeit durch Wasser ersetzen. Alles umrühren und nochmals 5–6 Minuten garen. Pilze und Möhren sollten bißfest sein. Abschmecken.
- Fleisch und Gemüse auf eine Platte geben.
- In einem Schmortopf oder einer hohen Pfanne mit dickem Boden das Öl erhitzen und die Hühnerstücke unter gelegentlichem Wenden in etwa 6 Minuten rundum braun braten. Aus der Pfanne nehmen.
- Die Soße mit Joghurt verschlagen und über das Fleisch gießen.

Huhn mit Grapefruit

Arbeitsaufwand:
10 Minuten
Kochzeit:
40 Minuten
Für 4 Personen

1 Portion enthält:

kJ/kcal	*1869/445*	*Kohlenhydrate*	*11g*
Eiweiß	*68g*	*Ballaststoffe*	*2g*
Fett total	*13g*	*BE*	*1*
Cholesterin	*241mg*	*Natrium*	*314mg*
Unges. Fettsäuren	*2g*		

1 Knoblauchzehe
1 kleine Zwiebel
2 Möhren
1 rosa Grapefruit
4 Hühnerkeulen mit Knochen
1 EL Sonnenblumenöl
1 EL Weinbrand
50 ml trockener Weißwein
50 ml frisch gepreßter rosa Grapefruitsaft
$^1/_2$ TL rosa Pfefferkörner
$^1/_4$ TL Salz
$^1/_2$ TL heller Instant-Soßenbinder

- Die Knoblauchzehe kleinhacken.
- Die Zwiebel in dünne Scheiben hobeln.
- Die Möhre putzen und in dünne Scheiben schneiden.
- Die Grapefruit schälen und ebenfalls in dünne Scheiben schneiden.
- Das sichtbare Fett von den Hühnerkeulen entfernen.
- Die Keulen in einem dickwandigen beschichteten Schmortopf in heißem Öl etwa 10 Minuten rundherum braun braten.
- Den Knoblauch 1–2 Minuten mitbraten, dann den Weinbrand und den Wein zufügen. Alles 5 Minuten ohne Deckel dünsten. Das Huhn mit dem Grapefruitsaft begießen und mit Salz und Pfeffer würzen.
- Die Zwiebel und die Möhren zufügen und alles zugedeckt weitere 20–25 Minuten schmoren.
- Die Soße leicht binden und dann abschmecken.
- Die Grapefruitscheiben unmittelbar vor dem Essen dazugeben und in nur 1–2 Minuten heiß werden lassen.

Huhn nach Art des Kapitäns

Arbeitsaufwand:
10 Minuten
Kochzeit:
45 Minuten
Für 4 Personen

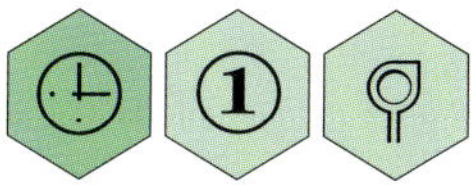

1 Portion enthält:

kJ/kcal	*2268/540*	*Kohlenhydrate*	*11 g*
Eiweiß	*70 g*	*Ballaststoffe*	*3 g*
Fett total	*24 g*	*BE*	*1*
Cholesterin	*263 mg*	*Natrium*	*283 mg*
Unges. Fettsäuren	*4 g*		

1 kleines Huhn
1 Zwiebel
1 Knoblauchzehe
1/2 grüne Paprikaschote
2 EL Sultaninen
1 EL Sonnenblumenöl
400 g salzarme pürierte Tomaten aus der Dose
1 EL Curry
1 EL Zitronensaft
1/2 TL Thymian
1/4 TL Salz
frischgemahlener schwarzer Pfeffer
2 EL geröstete Mandelstifte (S. 40)

- Das Huhn in 8 Stücke teilen, und das sichtbare Fett entfernen.
- Die Zwiebel grob hacken.
- Die Knoblauchzehe kleinhacken.
- Paprika putzen und grob zerschneiden.
- Sultaninen in Wasser einweichen.
- Das Fleisch in einem Schmortopf in heißem Öl etwa 5 Minuten braten, bis es sich weißbraun verfärbt. Aus dem Topf nehmen.
- Die Zwiebel im restlichen Fett unter Rühren 2–3 Minuten braten.
- Knoblauch und Paprika zufügen und kurz mitbraten.
- Tomaten und Gewürze in den Topf geben und alles 5 Minuten zugedeckt dünsten.
- Die Keulen in den Topf geben. Nach 10 Minuten die Bruststücke zufügen. Zugedeckt 10–15 Minuten schmoren.
- Die abgetropften Sultaninen in den letzten 5 Minuten mitgaren.
- Die Soße abschmecken.
- Das Gericht mit gerösteten Mandelstiften bestreut servieren.

Hühnerfrikassee mit Champignons

Arbeitsaufwand:
10 Minuten
Kochzeit:
12 Minuten
Für 4 Personen

1 Portion enthält:

kJ/kcal	*1000/238*	*Kohlenhydrate*	*6g*
Eiweiß	*30g*	*Ballaststoffe*	*5g*
Fett total	*9g*	*BE*	*0,5*
Cholesterin	*72mg*	*Natrium*	*309mg*
Unges. Fettsäuren	*4g*		

250 g Champignons aus der Dose
400 g gegartes Hühnerfleisch
350 ml salzarme Hühnerbrühe (S. 84)
3 EL Diätmargarine
3 EL Mehl
1 EL Zitronensaft
3 EL Sherry oder Weißwein
1/4 TL Salz
Muskat
2 EL Sahne (30 %)

- Die Champignons abtropfen lassen.
- Das Hühnerfleisch würfeln.
- Die Hühnerbrühe zum Kochen bringen.
- Die Margarine im Topf schmelzen und das Mehl darin anschwitzen; es darf keinesfalls bräunen. Mit der heißen Hühnerbrühe ablöschen und 2–3 Minuten kochen lassen.
- Die Soße mit Zitronensaft, Sherry, Salz und Muskat feinwürzig abschmecken.
- Die Champignons und die Hühnerfleischwürfel in der Soße erwärmen.
- Unmittelbar vor dem Servieren erst die Sahne unterziehen.

Tip: Wer einen zu hohen Cholesterinspiegel hat, verzichtet auf Sahne und Margarine. Statt dessen verrührt man zunächst die kalten Zutaten miteinander und bringt sie dann unter stetigem Schlagen mit dem Schneebesen zum Kochen.

Hühnerfrikassee mit Kräuterklößchen

Arbeitsaufwand:
20 Minuten
Kochzeit:
50 Minuten
Für 4 Personen

1 Portion enthält:

kJ/kcal	*2650/631*	*Kohlenhydrate*	*26g*
Eiweiß	*74g*	*Ballaststoffe*	*3g*
Fett total	*25g*	*BE*	*2,25*
Cholesterin	*264mg*	*Natrium*	*285mg*
Unges. Fettsäuren	*4g*		

Für das Huhn:
1 kleines Huhn
600 ml salzarme Hühnerbrühe (S. 84)
1 Bund Suppengrün
1 Zwiebel
1 Gewürznelke
je 1/2 TL Thymian und Dill
3 EL heller Instant-Soßenbinder
1/4 TL Salz
50 ml Magerjoghurt
2 EL feingehackte gemischte frische oder TK-Kräuter

Für die Klößchen:
125 g Weizenmehl, Type 405
1/4 Würfel Hefe
50 ml eiskaltes Wasser
2 EL natives Olivenöl extra
1/4 TL Salz
2 EL feingehackte gemischte frische oder TK-Kräuter

- Das Huhn in 4 Stücke teilen und die Haut ablösen.
- Mit der Brühe, dem Suppengrün, der Zwiebel, der Gewürznelke, dem Thymian und Dill in 30–40 Minuten garen, bis sich das Fleisch von den Knochen lösen läßt.
- Die Brühe absieben.
- Das Huhn etwas abkühlen lassen und das Fleisch in möglichst großen Stücken von den Knochen trennen.
- Während das Huhn gart, für die Klößchen die Hefe mit wenig Wasser verrühren. Mit Mehl, Öl, Salz und Kräutern vermengen. So viel Wasser zufügen, daß ein geschmeidiger Teig entsteht. 12 Klöße formen und 15 Minuten an warmer Stelle gehen lassen.

• Die Brühe mit den Hühnerstücken wieder aufkochen und leicht binden.
• Die Klöße hineingeben, einen Deckel auflegen und 15 Minuten köcheln lassen, ohne den Topf aufzumachen.
• Das Hühnerfleisch mit den Klößchen vorsichtig in eine angewärmte Schüssel geben.
• Die Soße mit Salz abschmecken, mit Joghurt und frischen Kräutern verrühren und am Rand in die Schüssel füllen.

Hühnchen in Pernod

Arbeitsaufwand:
10 Minuten
Bratzeit:
40 Minuten
Für 4 Personen

1 kleines Huhn
1/2 TL Salz
frischgemahlener weißer Pfeffer
1 TL Thymian
1 TL Rosmarin
2 Lorbeerblätter
500 g sehr kleine Kartoffeln
4 Knoblauchzehen
125 ml Pernod

• Das Huhn von sichtbarem Fett befreien, dann innen und außen sorgfältig mit Salz, Pfeffer und Kräutern einreiben.
• Die Lorbeerblätter in die Bauchhöhle stecken. Die Keulen zusammenbinden.
• Die Kartoffeln gründlich bürsten.
• Das Huhn mit der Brustseite nach oben in eine flache runde Auflaufform legen. Kartoffeln und ungepellte Knoblauchzehen rundherum verteilen. Den Pernod dazugießen.
• Auf dem niedrigen Rost für 40–45 Minuten in das Mikrowellenkombigerät stellen. 220 °C einstellen und das Huhn mit Alufolie abdecken. Nach 20 Minuten die Folie entfernen und die Kartoffeln wenden und drehen, damit sie gleichmäßig garen.

1 Portion enthält:

kJ/kcal	*2524/601*	*Kohlenhydrate*	*19g*
Eiweiß	*69g*	*Ballaststoffe*	*3g*
Fett total	*18g*	*BE*	*1,75*
Cholesterin	*263 mg*	*Natrium*	*273 mg*
Unges. Fettsäuren	*4g*		

Ofenhuhn mit Gemüse

Arbeitsaufwand:
10 Minuten
Bratzeit:
45 Minuten
Für 4 Personen

1 Portion enthält:

kJ/kcal	*2545/606*	*Kohlenhydrate*	*24 g*
Eiweiß	*71 g*	*Ballaststoffe*	*6 g*
Fett total	*20 g*	*BE*	*2*
Cholesterin	*263 mg*	*Natrium*	*277 mg*
Unges. Fettsäuren	*6 g*		

1 EL natives Olivenöl
500 g sehr kleine Kartoffeln
400 g zerkleinertes gemischtes, zartes Gemüse (Champignons, Brokkoliröschen, Erbsen, Möhren, Paprika, Zucchini)
1 Huhn
je 1/4 TL Basilikum, Majoran, Paprika, Rosmarin und Thymian
frischgemahlener weißer Pfeffer
4 Knoblauchzehen
1/2 TL Salz
125 ml trockener Weißwein

- Den Backofen auf 200 °C vorheizen.
- Eine große flache Auflaufform mit Öl bepinseln. Die geputzten und halbierten rohen Kartoffeln hineingeben und auf ihnen das Gemüse verteilen.
- Das Huhn von sichtbarem Fett befreien und in acht bis zwölf Stücke teilen.
- Die Kräuter zerreiben und den Knoblauch zerdrücken, mit Salz mischen und die Hühnerteile damit einreiben.
- Mit der Hautseite nach oben gleichmäßig auf das Gemüsebett verteilen. Den Wein seitlich aufgießen. Die Form sorgfältig mit Alufolie abdecken.
- Das Huhn auf der zweituntersten Schiene für 40–45 Minuten in den Ofen schieben. Die Alufolie nach 20 Minuten entfernen und das Huhn dann 2–3mal mit der Flüssigkeit begießen. Während der letzten 5 Minuten den Grill zuschalten.
- In der Auflaufform zu Tisch bringen.

Tip: Wer mit Cholesterin Probleme hat, entfernt auch die Haut vom Huhn vor dem Würzen.

Putenbrust mit Mittelmeergemüse

Arbeitsaufwand:
10 Minuten
Kochzeit:
10 Minuten
Für 4 Personen

500 g Putenfilet
1 EL Zitronensaft
2 Zucchini
400 g salzarme Tomaten aus der Dose oder große frische Fleischtomaten
2 Knoblauchzehen
2 EL natives Olivenöl
2 EL salzarmes Tomatenmark
125 ml salzarme Hühnerbrühe (S. 84)
4 EL trockener dunkler Rotwein
je 1/4 TL Basilikum, Oregano, Rosmarin und Thymian
1/2 TL Salz
1 Pr Cayennepfeffer
frischgemahlener weißer Pfeffer
einige Blätter Zitronenmelisse oder Minze

- Das Putenfilet in Streifen schneiden oder würfeln und mit Zitronensaft beträufeln.
- Die Zucchini würfeln und die Tomaten aus der Dose grob zerschneiden, frische Tomaten schälen, entkernen und würfeln.
- Die Knoblauchzehen durchpressen.
- Das Putenfleisch in einer beschichteten Pfanne in 1 EL heißem Olivenöl unter stetigem Wenden etwa 3 Minuten braten, bis es nicht mehr rosa ist.
- Aus der Pfanne nehmen und mit Alufolie abgedeckt warm halten.
- 1 EL Öl in die Pfanne geben. Darin die Zucchini kurz anbraten und die Tomaten zugeben.
- Tomatenmark und Hühnerbrühe verrühren und den Rotwein und die Gewürze zufügen.
- Zugedeckt zum Kochen bringen und 3 Minuten bei mäßiger Hitze garen.
- Das Fleisch mit dem ausgetretenen Saft 2 Minuten in dem Gemüse erhitzen und pikant-aromatisch abschmecken.
- Mit Zitronenmelisse oder Minze garnieren.

1 Portion enthält:

kJ/kcal	*911/217*	*Kohlenhydrate*	*5g*
Eiweiß	*32g*	*Ballaststoffe*	*2g*
Fett total	*7g*	*BE*	*0,5*
Cholesterin	*75mg*	*Natrium*	*63mg*
Unges. Fettsäuren	+		

Putenschnitzel italienische Art

Zubereitet wie die italienische Spezialität Saltim Bocca, was wörtlich übersetzt „Spring in den Mund" heißt, schmeckt das Putenschnitzel köstlich.

Arbeitsaufwand:
3 Minuten
Bratzeit:
7 Minuten
Für 4 Personen

1 Portion enthält:

kJ/kcal	*945/225*	*Kohlenhydrate*	*2g*
Eiweiß	*36g*	*Ballaststoffe*	+
Fett total	*7g*	*BE*	*0,25*
Cholesterin	*75mg*	*Natrium*	*58mg*
Unges. Fettsäuren	+		

4 Salbeiblätter
500 g Putenschnitzel
1 EL Zitronensaft
4 dünne Scheiben magerer, salzarmer roher Schinken
2 EL natives Olivenöl
1 TL Mehl
70 ml trockener Weißwein
$^1/_2$ TL Salz
grobgeschroteter weißer Pfeffer

- Getrocknete Salbeiblätter in lauwarmem Wasser mindestens 10 Minuten quellen lassen, frische nur waschen.
- Die Schnitzel mit Zitronensaft beträufeln. Auf jedes Schnitzel erst ein Salbeiblatt, dann eine Schinkenscheibe legen und diese mit einem Hölzchen befestigen.
- Das Öl in einer beschichteten Pfanne erhitzen. Die Schnitzel von jeder Seite etwa 3 Minuten braten, dabei mit dem Bratenwender etwas flachdrücken. Das Fleisch auf die Seite schieben.
- Das Mehl in die Pfanne stäuben und mit Wein ablöschen. Salzen und die Flüssigkeit etwas einkochen lassen.
- Die Schnitzel auf eine vorgewärmte Platte geben, die Soße darübergießen und mit grob geschrotetem Pfeffer bestreuen.

Putenschnitzel mit Balsamessig

Arbeitsaufwand:
5 Minuten
Bratzeit:
10 Minuten
Für 4 Personen

4	**Putenschnitzel**
	frischgemahlener weißer Pfeffer
2 EL	**Mehl**
3 EL	**Sonnenblumenöl**
2	**rote Paprikaschoten**
1–2	**Knoblauchzehen**
½ TL	**Salz**
1–2 EL	**Balsamessig**
4	**Zweiglein frisches Basilikum**
	frischer, grob geschroteter weißer Pfeffer

- Die Putenschnitzel leicht pfeffern und mit Mehl bestäuben.
- 2 EL Öl in einer beschichteten Pfanne erhitzen. Darin die Putenschnitzel beidseitig insgesamt etwa 5 Minuten braten und aus der Pfanne nehmen.
- Die Paprikaschoten putzen und in Streifen schneiden. Den Knoblauch zerdrücken.
- Das restliche Öl, die Paprika und den Knoblauch in die Pfanne geben und rund 5 Minuten bei mäßiger Hitze braten. Die Paprika sollten noch bißfest sein. Mit Salz und Balsamessig würzen.
- Das Fleisch nochmals kurz mit dem Gemüse erhitzen. Abschmecken.
- Auf eine vorgewärmte Platte geben. Mit grob geschrotetem Pfeffer und fein zerzupftem Basilikum bestreuen.

Tip: Frisches Basilikum darf man nicht erhitzen, da es sonst das Aroma verliert. Man sollte es auch nicht mit dem Messer hacken, denn Metall verfärbt es schwarz.

1 Portion enthält:	
kJ/kcal	*983/234*
Eiweiß	*32g*
Fett total	*9g*
Cholesterin	*75mg*
Unges. Fettsäuren	*+*
Kohlenhydrate	*7g*
Ballaststoffe	*2g*
BE	*0,75*
Natrium	*59mg*

Putenschnitzel in Sherrycremesoße

Arbeitsaufwand:
2 Minuten
Bratzeit:
7 Minuten
Für 4 Personen

1 Portion enthält:

kJ/kcal	*924/220*	*Kohlenhydrate*	*6g*
Eiweiß	*31g*	*Ballaststoffe*	*1g*
Fett total	*7g*	*BE*	*0,5*
Cholesterin	*75mg*	*Natrium*	*64mg*
Unges. Fettsäuren	*+*		

2 EL Mehl
Rosmarin, Thymian, weißer Pfeffer
4 Putenschnitzel
2 EL natives Olivenöl

Für die Soße:
50 ml trockener Sherry
70 ml salzarme Hühnerbrühe (S. 84)
1 TL Speisestärke
1 TL mittelscharfer Senf
1/2 TL Salz
2 EL saure Sahne
2 EL Magerjoghurt
feingehackte Petersilie

- Mehl und Gewürze mischen und damit die Putenschnitzel bestäuben.
- Das Öl in einer beschichteten Pfanne erhitzen. Das Fleisch von beiden Seiten je 3 Minuten braten. Auf eine vorgewärmte Platte geben und abdecken, damit es nicht auskühlt.
- Die Pfanne säubern. Dann den Sherry kurz darin sieden lassen.
- Die Hühnerbrühe mit der Stärke und dem Senf mischen und zum Sherry geben. 2 Minuten aufkochen lassen.
- Die Pfanne von der Kochstelle nehmen. Die Soße mit Salz abschmecken, Sahne und Joghurt unterrühren und über das Fleisch geben.
- Mit Petersilie bestreuen.

Tip: Als Beilage schmeckt Curryreis mit Aprikosen (S. 190) oder selbstgemachte Bandnudeln (S. 182) besonders gut.

Putenfrikassee mit Spargel

Arbeitsaufwand:
10 Minuten
Kochzeit:
12 Minuten
Für 4 Personen

1 Portion enthält:

kJ/kcal	*1012/241*	*Kohlenhydrate*	*7g*
Eiweiß	*30g*	*Ballaststoffe*	*2g*
Fett total	*8g*	*BE*	*0,75*
Cholesterin	*72mg*	*Natrium*	*348mg*
Unges. Fettsäuren	*4g*		

350 ml salzarme Hühnerbrühe (S. 84)
400 g Spargelspitzen aus der Dose
400 g gegartes Putenfleisch
3 EL Diätmargarine
3 EL Mehl
1 EL Zitronensaft
3 EL Sherry oder Weißwein
1/4 TL Salz
Muskat
2 EL Schlagsahne (30%)

- Die Hühnerbrühe zum Kochen bringen.
- Spargelspitzen abtropfen lassen.
- Das Putenfleisch würfeln.
- Die Margarine im Topf schmelzen und das Mehl darin anschwitzen; es darf jedoch nicht braun werden. Mit der heißen Hühnerbrühe ablöschen und 2–3 Minuten kochen lassen.
- Die Soße mit Zitronensaft, Sherry, Salz und Muskat fein-würzig abschmecken.
- Die Spargelspitzen und die Putenfleischwürfel in der Soße erwärmen.
- Die Sahne erst unmittelbar vor dem Servieren unter die Soße ziehen.

Tip: Wer zu hohe Cholesterinwerte hat, läßt Sahne und Margarine weg, mischt statt dessen alle Zutaten für die Soße kalt und bringt sie dann unter stetigem Schlagen mit dem Schneebesen zum Kochen. Zu dem Frikassee passen sehr gut Curryreis (S. 190) und Brokkoli mit Basilikum (S. 233).

Putencurry

Basmatireis – der Name heißt Duft – paßt besonders gut zu diesem nach indischer Art gewürzten Gericht.

Arbeitsaufwand:
10 Minuten
Kochzeit:
10 Minuten
Für 4 Personen

1 Portion enthält:

kJ/kcal	*1411/336*	*Kohlenhydrate*	*33g*
Eiweiß	*33g*	*Ballaststoffe*	*5g*
Fett total	*7g*	*BE*	*2,75*
Cholesterin	*75mg*	*Natrium*	*64mg*
Unges. Fettsäuren	*+*		

500 g Putenbrüstchen
1 EL Zitronensaft
4 Pr Cayennepfeffer
1 EL Mehl
2 EL Sojaöl
200 g Zwiebeln
2 kleine Bananen
150 ml salzarme Hühnerbrühe (S. 84)
150 ml trockener Sherry oder Weißwein
2 EL Mango-Chutney
1 1/2 EL Curry
1/2 TL Salz

- Die Putenbrüstchen in gulaschgroße Würfel schneiden und mit Zitronensaft beträufeln.
- Den Cayennepfeffer und das Mehl mischen und damit die Fleischwürfel bestäuben.
- Das Öl in einer beschichteten Pfanne mit dickem Boden erhitzen. Die Putenfleischwürfel unter stetigem Wenden darin von allen Seiten in 5–6 Minuten goldbraun braten. Herausnehmen und mit Alufolie bedeckt warm halten.
- Die Zwiebeln klein würfeln.
- Die Bananen in Scheiben schneiden.
- Im restlichen Bratfett die Zwiebelwürfel 2 Minuten dünsten. Mit Brühe und Sherry ablöschen. Chutney, Curry und Bananenscheiben zufügen und alles heiß werden lassen.
- Die Putenfleischwürfel mit dem Fleischsaft wieder in die Pfanne geben und mit Salz abschmecken.

Putenhackbraten mit Estragon

Arbeitsaufwand:
20 Minuten
Backzeit:
45 Minuten
Für 4 Personen

1 Portion enthält:

kJ/kcal	*1004/239*	*Kohlenhydrate*	*12g*
Eiweiß	*33g*	*Ballaststoffe*	*2g*
Fett total	*7g*	*BE*	*1*
Cholesterin	*76mg*	*Natrium*	*100mg*
Unges. Fettsäuren	*+*		

500 g Putenfilet
1 Zwiebel
100 g Sellerie
2 EL natives Olivenöl
5 EL feingehackte Petersilie
5 EL Paniermehl
5 EL entrahmte Milch (0,3%)
1 Eiweiß (Gewichtsklasse 3)
1 EL feingehackter frischer Estragon
1/2 TL Salz
frischgemahlener weißer Pfeffer

- Das Putenfilet zweimal durch den Fleischwolf drehen und kalt stellen.
- Die Zwiebel und den Sellerie kleinwürfelig schneiden.
- Den Backofen auf 180°C vorheizen.
- 1 EL Öl in einer beschichteten Pfanne erhitzen. Darin zunächst die Zwiebelwürfel, dann den Sellerie halbweich dünsten.
- In einer Schüssel Hackfleisch, Gemüse, Paniermehl, Milch, Eiweiß und Gewürze mit den Knethaken des Handrührers gut vermengen. Die Masse abschmecken.
- Eine 24cm lange Kastenform mit Backpapier auslegen und mit Öl bepinseln. Die Hackmasse in die Form füllen und diese mehrmals fest auf die Arbeitsplatte stoßen, damit die Luft aus dem Hackteig entweicht.
- Auf einem Rost auf der zweituntersten Schiene 45 Minuten backen, bis die Oberfläche leicht gebräunt ist.
- Den Hackbraten in der Form 15 Minuten bei Raumtemperatur ruhen lassen, stürzen und in fingerdicke Scheiben aufschneiden.

Tip: Statt des frischen Estragons kann man auch 1/2TL getrockneten nehmen.

Putenrollbraten mit Minze

Arbeitsaufwand:
20 Minuten
Kochzeit:
70 Minuten
Für 4 Personen

600 g	**Putenfleisch von der Brust (möglichst eine große fingerdicke Scheibe)**
1 EL	**Zitronensaft**
2–4	**Knoblauchzehen**
1 TL	**feingeriebene unbehandelte Zitronenschale**
1 EL	**Paprika edelsüß**
1/2 TL	**Salz**
	frischgemahlener weißer Pfeffer
20	**Minze- oder Petersilienblätter**
80 g	**salzarmer gekochter Schinken ohne Fettrand am Stück**
2 EL	**Sojaöl**
200 ml	**salzarme Hühnerbrühe (S. 84)**
1 TL	**heller Instant-Soßenbinder**
2 EL	**trockener Sherry**
3 EL	**Magerjoghurt**

- Die Knoblauchzehen zerdrücken.
- Das Putenfleisch mit Zitronensaft beträufeln, dann mit den übrigen Gewürzen einreiben. Die Minze- oder Petersilienblätter und die Schinkenscheibe darauflegen. Aufrollen und mit Küchengarn umwickeln.
- Das Öl in einem kleinen Schmortopf mit dickem Boden erhitzen und das Fleisch in etwa 8 Minuten auf allen Seiten darin anbraten.
- Mit Hühnerbrühe aufgießen und im geschlossenen Topf bei mäßiger Hitze in einer guten Stunde garschmoren. Verdampfte Flüssigkeit durch Brühe oder Wasser ersetzen.
- Die Soße leicht binden. Mit Sherry abschmecken und unmittelbar vor dem Servieren mit dem Joghurt verschlagen.
- Das Küchengarn entfernen. Den Braten 5 Minuten zugedeckt ruhen lassen und in kleinfingerdicke Scheiben schneiden.

1 Portion enthält:

kJ/kcal	*1100/262*	*Kohlenhydrate*	*1g*
Eiweiß	*41g*	*Ballaststoffe*	*+*
Fett total	*10g*	*BE*	*0,25*
Cholesterin	*108mg*	*Natrium*	*77mg*
Unges. Fettsäuren	*1g*		

Flugentenbrust chinesische Art

Ein schnell zubereitetes, doch festliches Essen, zu dem mit Vorliebe körniger Reis gereicht wird.

Arbeitsaufwand:
7 Minuten
Kochzeit:
8 Minuten
Für 4 Personen

1 Portion enthält:

kJ/kcal	*1428/340*	*Kohlenhydrate*	*8g*
Eiweiß	*5g*	*Ballaststoffe*	*2g*
Fett total	*13g*	*BE*	*0,75*
Cholesterin	*113mg*	*Natrium*	*4mg*
Unges. Fettsäuren	+		

2 Flugentenbrüstchen
2 EL Zitronensaft
1 TL Speisestärke
30 g frischer Ingwer
1 Knoblauchzehe
200 g Mandarinorangen aus der Dose
2 EL Sojaöl
100 ml salzarme Fleischbrühe (S. 84)
50 ml frisch gepreßter Orangensaft
50 ml trockener Sherry
2 EL dunkle Sojasoße
200 g Sojabohnensprossen
1/2 TL feingeriebene unbehandelte Orangenschale
1 TL dunkler Instant-Soßenbinder
2 EL geröstete Mandelblättchen (S. 40)

- Die Flugentenbrüstchen sorgfältig von Haut und Fett befreien und 5 Minuten ins Gefrierfach legen. Herausnehmen und quer zur Faser in 3mm dicke Scheiben schneiden. Dann mit Zitronensaft beträufeln und leicht mit Stärke überpudern.
- Den Ingwer kleinschneiden.
- Die Knoblauchzehe kleinhacken.
- Die Mandarinorangen abtropfen lassen.
- In einer großen beschichteten Pfanne mit dickem Boden oder in einem Wok das Öl erhitzen und unter Rühren den Ingwer darin anbraten. Nach etwa 30 Sekunden den Knoblauch zugeben und weiterbraten, bis beides goldgelb ist. Dann an den Rand der Pfanne schieben.
- Das Entenfleisch unter stetigem Rühren nur so lange im restlichen Öl anbraten, bis es nicht mehr rot ist.
- Mit Brühe, Orangensaft, Sherry und Sojasoße aufgießen und die Sojasprossen dazugeben. Frische Sojabohnensprossen blanchieren und in 2 Minuten bißfest garen; konservierte Sprossen, ebenso wie die Mandarinorangen, nur erhitzen.
- Die Soße mit Orangenschale abschmecken und mit der Stärke binden.
- Erst unmittelbar vor dem Servieren die Mandelblättchen daraufstreuen.

Abbildung S. 146/147

Wachteln mit Kalbsbrätfüllung

Bei Feinschmeckern sind Wachteln, die aus Züchtungen stammen, ihres feinen Aromas und ihres geringen Fettgehalts wegen besonders geschätzt.

Arbeitsaufwand:
10 Minuten
Kochzeit:
12 Minuten
Für 4 Personen

1 Portion enthält:

kJ/kcal	*1134/270*	*Kohlenhydrate*	*1g*
Eiweiß	*45g*	*Ballaststoffe*	+
Fett total	*9g*	*BE*	*0,25*
Cholesterin	*68mg*	*Natrium*	*1mg*
Unges. Fettsäuren	+		

200 g Kalbsbrät
1 EL feingehackte Petersilie
etwas feingeriebene unbehandelte Zitronenschale
4 Wachteln
frischgemahlener schwarzer Pfeffer
2 EL Sojaöl
200 ml salzarme Fleischbrühe (S. 84)
1 EL Sherry
1 EL dunkler Instant-Soßenbinder

- Das Kalbsbrät mit der Petersilie und der Zitronenschale vermengen.
- Die Wachteln leicht pfeffern und mit der Kalbsbrätmischung füllen.
- Die Öffnungen mit Hölzchen sorgfältig ver-

schließen und die Wachteln dünn mit etwas Sojaöl bestreichen.

- Das übrige Öl in einer kleinen beschichteten Pfanne mit dickem Boden erhitzen und die Wachteln unter stetigem Wenden darin bräunen.
- Nach 4 Minuten die Fleischbrühe aufgießen, einen Deckel auflegen und die Wachteln 6 Minuten schmoren lassen. Wenn sich die Schenkel leicht hin und her bewegen lassen, sind sie gar.
- Die Soße mit Sherry abschmecken und leicht mit Soßenbinder andicken.
- Vor dem Servieren die Hölzchen herausnehmen.

Tauben mit Kräuterfüllung

Arbeitsaufwand:
12 Minuten
Kochzeit:
35–50 Minuten
Für 4 Personen

Für die Füllung:
3 Scheiben Vollkorntoast
1 TL natives Olivenöl
50 g Magerquark
1 Ei (Gewichtsklasse 3)
4 EL feingehackte frische gemischte Kräuter
etwas feingeriebene unbehandelte Zitronenschale
je 1 Pr Salz und weißer Pfeffer

Für die Tauben:
2 junge Tauben
1/4 TL Salz
frischgemahlener schwarzer Pfeffer
2 EL natives Olivenöl
200 ml salzarme Hühnerbrühe (S. 84)
2 EL Portwein
2 EL frisch gepreßter Orangensaft
etwas feingeriebene unbehandelte Orangenschale
1 EL dunkler Instant-Soßenbinder

- Den Vollkorntoast würfeln und mit Öl beträufelt entweder im Mikrowellengerät ohne Abdeckung in 2 1/2 Minuten bei 100% unter einmaligem Wenden oder in der Pfanne unter stetigem Rühren goldbraun rösten.
- Mit dem Quark, dem Ei, den Kräutern und Gewürzen gut vermengen. Ist die Masse sehr fest, gibt man etwas Wasser dazu.
- Die Tauben innen und außen leicht salzen und pfeffern und mit der Kräutermasse füllen. Die Bauchöffnungen mit Hölzchen zustecken und die Haut leicht mit Öl einpinseln.
- Das restliche Öl in einer großen beschichteten Pfanne erhitzen. Die Tauben bei mäßiger Hitze rundherum in 6 Minuten anbraten.
- Mit Brühe ablöschen, den Deckel auflegen und die Tauben je nach Alter 30–45 Minuten schmoren lassen. Verkochte Flüssigkeit durch Wasser ergänzen und ab und zu das Geflügel wenden.
- Die Soße mit Portwein, Orangensaft und -schale abschmecken. Leicht mit dunklem Soßenbinder andicken.
- Vor dem Auftragen die Hölzchen entfernen und die Tauben halbieren.

Tip: Das ganze Ei kann durch 2 Eiweiß und frische Kräuter können durch 1 Päckchen gemischte TK-Kräuter ersetzt werden.

1 Portion enthält:

kJ/kcal	*1688/402*	*Kohlenhydrate*	*10g*
Eiweiß	*54g*	*Ballaststoffe*	*2g*
Fett total	*22g*	*BE*	*1*
Cholesterin	*79mg*	*Natrium*	*123mg*
Unges. Fettsäuren	*+*		

Rebhühner mit Zwiebel-Knoblauch-Füllung

Arbeitsaufwand:
15 Minuten
Kochzeit:
50 Minuten
Für 4 Personen

Für die Füllung:

- **80 g salzarmer magerer roher Schinken**
- **1 Zwiebel**
- **2 Knoblauchzehen**
- **1 EL Diätmargarine**
- **1 EL feingehackte Petersilie**
- **frischgemahlener weißer Pfeffer**
- **1 Eiweiß (Gewichtsklasse 3)**

Für die Rebhühner:

- **2 junge Rebhühner**
- **1/2 TL Salz**
- **frischgemahlener schwarzer Pfeffer**
- **4 EL Diätmargarine**
- **einige frische Wein- oder Salbeiblätter**
- **1 Zwiebel**
- **1 EL Wacholderbeeren**
- **1 TL Pfefferkörner**
- **250 ml Roséwein**
- **1 TL dunkler Instant-Soßenbinder**
- **2 EL saure Sahne**

1 Portion enthält:

kJ/kcal	*2428/578*	*Kohlenhydrate*	*13 g*
Eiweiß	*78 g*	*Ballaststoffe*	*2 g*
Fett total	*18 g*	*BE*	*1,25*
Cholesterin	*184 mg*	*Natrium*	*33 mg*
Unges. Fettsäuren	*1 g*		

- Den Backofen auf 220 °C vorheizen.
- Den Schinken klein würfeln. Die Zwiebel kleinhacken und den Knoblauch zerdrücken.
- Den Schinken mit der Margarine erhitzen, dann die Zwiebelwürfel in 2–3 Minuten goldgelb andünsten. Knoblauch, Petersilie und Pfeffer zufügen. Abkühlen lassen und dann erst das Eiweiß untermengen.
- Die Rebhühner absengen, innen und außen mit Küchenkrepp reinigen, leicht salzen und pfeffern.
- Die Füllung in die Bauchhöhlungen geben und mit Küchengarn vernähen. Die Haut großzügig mit Margarine einpinseln.
- Einen Bräter mit Margarine ausfetten. Die Rebhühner auf der Seite liegend hineingeben. Mit Wein- oder Salbeiblättern abdecken.
- Die Zwiebeln ungeschält vierteln, die Gewürze zerdrücken und zufügen.
- Roséwein aufgießen und den Bräter mit ei-

nem Deckel oder dicker Alufolie verschließen.

- Das Geflügel je nach Alter und Größe 35–45 Minuten braten. Nach der halben Bratzeit wenden, alle 15 Minuten mit Bratenfond begießen und verkochte Flüssigkeit mit Wasser aufgießen.
- Die fertigen Rebhühner mit Alufolie abgedeckt 10 Minuten stehen lassen.
- Den Bratenfond in einen kleinen Topf sieben. Mit dunklem Soßenbinder leicht andicken und abschmecken. Die saure Sahne erst kurz vor dem Servieren mit dem Schneebesen darunterschlagen.
- Die Fäden entfernen und die Rebhühner halbieren.

Fasan mit Aprikosen-Reis-Füllung

Das Federwild, das einst auf keiner fürstlichen Festtafel fehlen durfte, bekommt man frisch im Herbst, tiefgekühlt jedoch das ganze Jahr über. Gourmets schätzen gerade den feinen Geschmack der Jungtiere.

Arbeitsaufwand:
15 Minuten
Kochzeit:
80–125 Minuten
Für 4 Personen

Für die Füllung:

35 g gegarte Natur-Wildreismischung
5 getrocknete Aprikosen
1 EL feingehackte Zwiebelwürfel
5 EL Sultaninen
2 EL Sherry
1 TL feingeriebene unbehandelte Orangenschale
Muskat

Für den Fasan:

1 Zwiebel
250 g kleine Champignons
2 EL Zitronensaft
1 junger Fasan oder Fasanhenne
$^1/_2$ TL Salz
frischgemahlener schwarzer Pfeffer
4 EL Diätmargarine
100 ml Madeira oder Sherry
200 ml salzarme Hühnerbrühe (S. 84)
1 TL dunkler Instant-Soßenbinder
2 EL saure Sahne

- Den Reis nach Packungsvorschrift garen.
- Die Aprikosen kleinschneiden, mit den anderen Zutaten für die Füllung vermengen und abschmecken.
- Die Zwiebel kleinschneiden. Die Champignons vierteln und mit etwas von dem Zitronensaft beträufeln.
- Den Fasan gründlich waschen und trocknen. Mit Zitronensaft abreiben und innen und außen salzen und pfeffern.
- Die Füllung in die Bauchhöhle pressen und diese mit Küchengarn zunähen. Dann das Geflügel außen dick mit Margarine bestreichen.
- Die übrige Margarine in einem Schmortopf mit dickem Boden und festschließendem Deckel erwärmen. Den Fasan bei mäßiger Hitze von allen Seiten bräunen.
- Zwiebel und Champignons dazugeben, mit Madeira oder Sherry aufgießen und den Deckel auflegen.
- Je nach Alter des Fasans 45–90 Minuten garen.
- Die Brühe nach und nach dazugeben. Gelegentlich den Fasan begießen. Wenn die Keulen sich leicht hin und her bewegen lassen, ist er servierfertig.
- Den Fasan mit Alufolie abdecken und ruhen lassen.
- Die Soße loskochen, in einen kleinen Topf geben und leicht mit Soßenbinder binden.
- Die saure Sahne erst kurz vor dem Servieren mit der Soße verschlagen.
- Den Fasan tranchieren. Die Soße getrennt dazu servieren.

Abbildung S. 146/147

1 Portion enthält:

kJ/kcal	*1659/395*	*Kohlenhydrate*	*25g*
Eiweiß	*37g*	*Ballaststoffe*	*3g*
Fett total	*12g*	*BE*	*2,25*
Cholesterin	*82mg*	*Natrium*	*24mg*
Unges. Fettsäuren	*5g*		

Risotto mit Spargel und Zucchini (S. 191), Fusilli mit Champignons (S. 183) und Dauphinkartoffeln (S. 179)

Kartoffeln, Nudeln und Reis

Die aparten Rezepte dieses Kapitels beweisen, daß die Kartoffel durchaus ihren Platz in der Feinschmeckerküche verdient und wie Nudeln und Reis nicht nur eine Beilage, sondern auch ein köstliches Hauptgericht sein kann. Die Rezepte aus der neuen Körnerküche werden selbst Skeptiker überzeugen.

Neue Kartoffeln auf dänische Art

Arbeitsaufwand:
5 Minuten
Kochzeit:
20 Minuten
Für 4 Personen

600 g kleine neue Kartoffeln
2 EL brauner Zucker
50 ml Wasser
1 EL Diätmargarine
1/4 TL Salz
2 EL feingehackter Dill

- Die Kartoffeln gründlich waschen und bürsten. Dann in einem dickwandigen Topf mit Deckel mit wenig Wasser in etwa 15 Minuten knapp garen. Abtropfen lassen. Nach Belieben schälen.
- In einem Topf oder einer beschichteten Pfanne den Zucker mit etwas Wasser 2–3 Minuten erhitzen. Die Margarine zufügen und rühren, damit sich die Zutaten vermischen.
- Die Kartoffeln zugeben und erhitzen. Dabei den Topf oder die Pfanne immer wieder schütteln, so daß die Kartoffeln dünn mit der Karamelmasse überzogen und von hellbrauner Farbe sind.
- Schließlich mit Salz und Dill bestreut servieren.

1 Portion enthält:

kJ/kcal	*651/155*	*Kohlenhydrate*	*30g*
Eiweiß	*3g*	*Ballaststoffe*	*4g*
Fett total	*2g*	*BE*	*2,5*
Cholesterin	+	*Natrium*	*7mg*
Unges. Fettsäuren	+		

Currykartoffeln

Arbeitsaufwand:
10 Minuten
Kochzeit:
20 Minuten
Für 4 Personen

500 ml Wasser
600 g Kartoffeln
3 EL Diätmargarine
1 Zwiebel
1 EL Curry
1 EL Zitronensaft
1/4 TL Salz

- Kartoffeln schälen und vierteln.
- Das Wasser zum Kochen bringen. Darin die Kartoffeln 15 Minuten gerade weich kochen.
- Die Zwiebel kleinwürfelig schneiden.
- Die Margarine in einer beschichteten Pfanne schmelzen und die Zwiebelwürfel darin unter gelegentlichem Rühren goldgelb dünsten.
- Curry, Zitronensaft und Salz unterrühren.
- Die Kartoffeln darin wenden.

1 Portion enthält:

kJ/kcal	*714/170*	*Kohlenhydrate*	*25g*
Eiweiß	*3g*	*Ballaststoffe*	*5g*
Fett total	*6g*	*BE*	*2,25*
Cholesterin	*0mg*	*Natrium*	*10mg*
Unges. Fettsäuren	*4g*		

Kartoffelsalat

Arbeitsaufwand:
10 Minuten
Kochzeit:
25 Minuten
Für 4 Personen

500 ml	**Wasser**
600 g	**festkochende Salatkartoffeln**
1	**kleine Zwiebel**
150 ml	**salzarme Fleischbrühe (S. 84)**
2 EL	**Sonnenblumenöl**
3 EL	**Weißweinessig**
1 TL	**Senf**
1/4 TL	**Salz**
	frischgemahlener weißer Pfeffer
40 g	**magerer geräucherter Schinkenspeck**
1	**Bund Schnittlauch**

- Das Wasser zum Kochen bringen und dann darin die ungeschälten Kartoffeln zugedeckt knapp garen.
- Das Wasser abgießen, die Kartoffeln auskühlen lassen.
- Inzwischen die Zwiebel klein würfeln und zusammen mit der Fleischbrühe in einem kleinen Topf aufkochen. Von der Kochstelle nehmen und Öl, Essig, Senf, Salz und Pfeffer unterrühren.
- Die Kartoffeln schälen, in gleichmäßig dünne Scheiben schneiden und mindestens 15 Minuten in der Soße ziehen lassen. Abschmecken.
- Den Speck würfeln und in einer beschichteten Pfanne oder im Mikrowellengerät auslassen. Das Fett abgießen und die Speckwürfel mit Küchenkrepp abtupfen.
- Den Schnittlauch kleinschneiden und unmittelbar vor dem Servieren mit den knusprigen Speckwürfeln auf den Salat verteilen.

Tip: Kleine Salatkartoffeln lassen sich schön gleichmäßig und schnell mit dem Eischneider zerteilen.

Variante: Soja- statt Sonnenblumenöl gibt dem Kartoffelsalat eine aparte Geschmacksnote; man kann ihn auch mit Kapern, Gurken- oder Zucchinischeiben, Pfirsichschnitzen oder gehackten Walnüssen verfeinern.

1 Portion enthält:

kJ/kcal	*974/232*	*Kohlenhydrate*	*25g*
Eiweiß	*5g*	*Ballaststoffe*	*5g*
Fett total	*12g*	*BE*	*2,25*
Cholesterin	*9mg*	*Natrium*	*184mg*
Unges. Fettsäuren	*1g*		

Kartoffelpüree mit Möhren

Arbeitsaufwand:
10 Minuten
Kochzeit:
25 Minuten
Für 4 Personen

1 Portion enthält:

kJ/kcal	*605/144*	*Kohlenhydrate*	*25 g*
Eiweiß	*4 g*	*Ballaststoffe*	*6 g*
Fett total	*3 g*	*BE*	*2,25*
Cholesterin	*0 mg*	*Natrium*	*52 mg*
Unges. Fettsäuren	+		

500 g mehlig kochende Kartoffeln
300 g Möhren
1 kleine Zwiebel
1 Knoblauchzehe nach Belieben
400 ml Wasser
1 Lorbeerblatt
1 EL Sonnenblumenöl
100 ml salzarme Hühnerbrühe (S. 84)
$^1/_2$ TL Zucker
$^1/_4$ TL Salz
1 EL feingehackte Petersilie

- Kartoffeln und Möhren zuerst schälen. Die Kartoffeln würfeln, die Möhren grob schneiden, die Zwiebel klein würfeln und die Knoblauchzehe kleinhacken.
- Das Wasser mit dem Lorbeerblatt aufkochen lassen, Kartoffeln und Möhren hineingeben und in etwa 20 Minuten zugedeckt garen. Das Wasser abgießen
- In der Zwischenzeit das Öl in einem Topf erhitzen. Zwiebel und Knoblauch zufügen und unter Rühren hell andünsten.
- Die gegarten Kartoffeln und Möhren ohne das Lorbeerblatt dazugeben und mit der Hühnerbrühe vermischen.
- Alles mit einem Stampfer gut zerkleinern und das Püree mit den Quirlen des Handrührers noch aufschlagen.
- Mit Zucker und Salz abschmecken und mit Petersilie bestreuen.

Variante: Die Hühnerbrühe durch dieselbe Menge entrahmter Milch ersetzen.

Kümmelkartoffeln vom Blech

Arbeitsaufwand:
2 Minuten
Backzeit:
40 Minuten
Für 4 Personen

1 Portion enthält:

kJ/kcal	*596/142*	*Kohlenhydrate*	*23 g*
Eiweiß	*3 g*	*Ballaststoffe*	*4 g*
Fett total	*6 g*	*BE*	*2*
Cholesterin	*0 mg*	*Natrium*	*5 mg*
Unges. Fettsäuren	*2 g*		

15 gleich große, mehlig kochende Kartoffeln
4 EL Sonnenblumenöl
1 TL Salz
2 EL Kümmel

- Den Backofen auf 200 °C vorheizen.
- Die Kartoffeln gründlich waschen, bürsten und der Länge nach halbieren.
- Ein Backblech mit Backpapier auslegen, das mit etwas Öl eingefettet wird. Die Kartoffelhälften mit der Schnittfläche nach unten auf das Papier legen, die nach oben zeigenden Seiten mit Öl bepinseln und mit Salz und Kümmel bestreuen.
- Auf der zweitobersten Schiene in 40 Minuten garen. Eventuell zwischenzeitlich nochmals mit dem herabgetropften Öl bepinseln.

Tip: Zu den Kartoffeln, die nach Belieben vor dem Backen geschält werden können, schmeckt Kräuterquarkcreme (S. 63) gut. Einen nußigen Geschmack erhalten die Kartoffeln, wenn man das Sonnenblumenöl durch Walnußöl ersetzt.

Ofenkartoffeln mit Gemüsefüllung

Arbeitsaufwand:
10 Minuten
Kochzeit:
35 Minuten
Backzeit:
15 Minuten
Für 4 Personen

250 ml Wasser
1 EL Kümmel
4 große mehlig kochende Kartoffeln

Für die Füllung:
2 EL feingehackte Zwiebeln
1 kleine Zucchini
1 kleine Fleischtomate
75 g salz- und fettarmer Gouda (30%)
1 EL natives Olivenöl
1/2 TL Provencekräuter
frischgemahlener weißer Pfeffer
1/4 TL Salz
1 EL saure Sahne
einige Thymianzweige

- Das Wasser mit dem Kümmel zum Kochen bringen. Die Kartoffeln darin etwa 30 Minuten garen.
- Die Zucchini würfeln. Die Tomate schälen und dann ebenfalls in Würfel schneiden. Den Käse reiben oder würfeln.
- Die Zwiebeln in heißem Öl 2 Minuten dünsten. Zucchini und Gewürze zufügen und 3 Minuten garen.
- Den Topf von der Kochstelle nehmen und die restlichen Zutaten, bis auf die Thymianzweige, unterheben. Abschmecken.
- Den Backofen auf 200 °C vorheizen.
- Die Kartoffeln oben schälen und aushöhlen. Kartoffelmasse und Gemüse vermengen und bergartig in die Kartoffeln füllen.
- In eine Auflaufform setzen und auf der zweitobersten Schiene backen, bis der Käse geschmolzen ist. Mit Thymian garnieren.

1 Portion enthält:

kJ/kcal	*979/233*	*Kohlenhydrate*	*29g*
Eiweiß	*9g*	*Ballaststoffe*	*6g*
Fett total	*9g*	*BE*	*2,5*
Cholesterin	*23 mg*	*Natrium*	*120 mg*
Unges. Fettsäuren	*+*		

Gefüllte Ofenkartoffeln

Arbeitsaufwand:
5 Minuten
Kochzeit:
30 Minuten
Backzeit:
10 Minuten
Für 4 Personen

2 sehr große, mehlig kochende Kartoffeln
250 ml Wasser

Für die Füllung:
1 sehr kleine Frühlingszwiebel
2 EL Crème fraîche
frischgemahlener weißer Pfeffer
1/4 TL Salz
2 EL feingeriebener Emmentaler oder Sbrinz

- Die Kartoffeln sehr gründlich waschen und in Wasser in etwa 30 Minuten zugedeckt garen. Das Wasser abgießen.
- Den Backofen auf 200 °C vorheizen.
- Für die Füllung die Zwiebel fein hacken und mit der Crème fraîche, dem Pfeffer und Salz verrühren.
- Die Kartoffeln längs halbieren und mit einem Teelöffel aushöhlen. Kartoffelmasse und Crème fraîche miteinander vermischen und damit die Kartoffeln bergartig füllen.
- Mit Reibkäse bestreuen und in eine Auflaufform setzen.
- Auf einem Rost so hoch wie möglich in den Backofen schieben und in 10 Minuten goldgelb überbacken.

1 Portion enthält:

kJ/kcal	*748/178*	*Kohlenhydrate*	*24 g*
Eiweiß	*6 g*	*Ballaststoffe*	*4 g*
Fett total	*6 g*	*BE*	*2*
Cholesterin	*20 mg*	*Natrium*	*43 mg*
Unges. Fettsäuren	*+*		

Dauphinkartoffeln

Arbeitsaufwand:
15 Minuten
Backzeit:
75 Minuten
Für 4 Personen

1 Portion enthält:

kJ/kcal	*1436/342*	*Kohlenhydrate*	*24g*
Eiweiß	*15g*	*Ballaststoffe*	*4g*
Fett total	*19g*	*BE*	*2*
Cholesterin	*56mg*	*Natrium*	*191mg*
Unges. Fettsäuren	*4g*		

1 TL Öl
1 Knoblauchzehe
600 g gleich große, mehlig kochende Kartoffeln
1/4 TL Salz
frischgemahlener weißer Pfeffer
300 ml Vollmilch (3,5%)
100 ml Schlagsahne (30%)
125 g geriebener Emmentaler

- Den Backofen auf 200°C vorheizen.
- Eine flache Auflaufform mit Öl und Knoblauch ausreiben.
- Die Kartoffeln waschen, schälen und in etwa 2 mm dicke Scheiben schneiden. Diese mit einem Geschirrtuch trocknen, salzen und pfeffern.
- Die Milch mit der Sahne verschlagen.
- Die Kartoffelscheiben darin eintunken, eine Lage in die Form schichten und mit Käse bestreuen. Darauf wieder schuppenartig Kartoffeln und Käse legen, bis alles aufgebraucht ist. Mit der restlichen Milch-Sahne-Mischung übergießen.
- Die Form auf einem Rost auf der untersten Schiene in den Backofen schieben. Die Temperatur auf 80°C reduzieren.
- Nach 60 Minuten die Temperatur auf 200°C stellen und den Auflauf weitere 10–15 Minuten backen, bis sich eine Kruste bildet.

Abbildung S. 172/173

Variante: Statt Milch kann man salzarme Fleischbrühe (S. 84) nehmen. Herzhafter im Geschmack wird das Gratin, wenn man 200g in Scheiben gehobelte Zwiebeln und einige kleingeschnittene Oliven zugibt.

Dillkartoffeln

Arbeitsaufwand:
5 Minuten
Garzeit:
20 Minuten
Für 4 Personen

1 Portion enthält:

kJ/kcal	*525/125*	*Kohlenhydrate*	*23g*
Eiweiß	*3g*	*Ballaststoffe*	*4g*
Fett total	*2g*	*BE*	*2*
Cholesterin	*+*	*Natrium*	*6mg*
Unges. Fettsäuren	*1g*		

4 mittelgroße, mehlig kochende Kartoffeln
1 EL Diätmargarine
1/4 TL Salz
frischgemahlener weißer Pfeffer
1 Bund Dill

- Die Kartoffeln gut waschen, bürsten und der Länge nach halbieren.
- Von allen Seiten mit weicher Margarine bestreichen, salzen und pfeffern.
- Mit der Schnittfläche nach oben auf den Metalldrehteller des Kombimikrowellengeräts legen.
- Bei 50% und zusätzlich eingeschaltetem Grill in 18–20 Minuten garen.
- Den Dill feinhacken.
- Damit die fertigen Kartoffeln bestreuen.

Kartoffelauflauf mit Äpfeln

Arbeitsaufwand:
15 Minuten
Kochzeit:
35 Minuten
Backzeit:
30 Minuten
Für 4 Personen

400 g Kartoffeln
2 säuerliche Äpfel
250 g Sauerkraut
50 g magerer roher Schinken
1/4 TL Salz
frischgemahlener weißer Pfeffer
1 TL Zucker
125 ml Wasser
1 TL Sonnenblumenöl
100 ml Vollmilch (3,5%)
50 ml saure Sahne
2 EL geriebener Emmentaler
2 EL Paniermehl
1 EL Diätmargarine

- Die Kartoffeln garen, schälen und in etwa 2 mm dicke Scheiben schneiden.
- Den Backofen auf 200°C vorheizen.
- Die Äpfel schälen und in Scheiben schneiden. Das Sauerkraut kleinschneiden und den Schinken würfeln.
- Äpfel, Sauerkraut und Schinken mit Salz, Pfeffer und Zucker in dem Wasser etwa 5 Minuten vorgaren.
- Eine flache Auflaufform mit Öl ausreiben. Den Boden mit den weniger schönen Kartoffelscheiben auslegen, darauf die Sauerkrautmischung geben und diese wiederum schuppenartig mit einer Schicht Kartoffeln belegen. Die Oberfläche flach drücken.
- Die Milch mit der sauren Sahne verschlagen und über den Auflauf gießen.
- Den Käse und das Paniermehl miteinander mischen und das Gratin damit bestreuen. Zuletzt einige Fettflöckchen oben aufsetzen.
- Den Auflauf auf der zweituntersten Schiene im Backofen 30 Minuten backen, bis er eine goldbraune Kruste hat. In der Form servieren.

Variante: Um das Rezept abzuwandeln, tauscht man Äpfel und Sauerkraut gegen Birnen und grüne Bohnen aus, die dann 10–12 Minuten vorgaren müssen.

1 Portion enthält:

kJ/kcal	*974/232*	*Kohlenhydrate*	*31g*
Eiweiß	*11g*	*Ballaststoffe*	*5g*
Fett total	*8g*	*BE*	*2,75*
Cholesterin	*11mg*	*Natrium*	*281mg*
Unges. Fettsäuren	*3g*		

Kartoffel-Quark-Auflauf mit Käse

Arbeitsaufwand:
15 Minuten
Kochzeit:
30 Minuten
Backzeit:
30 Minuten
Für 4 Personen

1 Portion enthält:

kJ/kcal	*1336/318*	*Kohlenhydrate*	*31 g*
Eiweiß	*23 g*	*Ballaststoffe*	*6 g*
Fett total	*11 g*	*BE*	*2,75*
Cholesterin	*102 mg*	*Natrium*	*366 mg*
Unges. Fettsäuren	*+*		

600 g mehlig kochende Kartoffeln
250 g Frühlingszwiebeln oder Lauch
3 EL Wasser
250 g Magerquark
1 Ei (Gewichtsklasse 3)
150 ml entrahmte Milch (0,3 %)
100 g geriebener Emmentaler
1/2 TL Salz
frischgemahlener schwarzer Pfeffer
1 TL natives Olivenöl extra

- Die Kartoffeln garen, schälen und in 3 mm dicke Scheiben schneiden.
- Den Backofen auf 200 °C vorheizen.
- Die Zwiebeln oder den Lauch in dünne Scheiben schneiden, zusammen mit dem Wasser in einen kleinen dickwandigen Topf mit festschließendem Deckel geben und 6 Minuten vorgaren.
- Den Quark mit Ei, Milch, der Hälfte des Käses, Salz und Pfeffer verrühren.
- Eine flache Auflaufform dünn mit Öl ausfetten.
- In die Form eine Lage Kartoffel- und Zwiebelscheiben geben, darauf eine Schicht Quark und etwas geriebenen Käse verteilen. Das Ganze wiederholen.
- 30 Minuten im Ofen auf dem mittleren Rost goldbraun backen. Bräunt der Auflauf zu stark, deckt man ihn für die letzten 10 Minuten Backzeit mit Alufolie ab.

Kartoffel-Fenchel-Auflauf

Arbeitsaufwand:
8 Minuten
Kochzeit:
10 Minuten
Backzeit:
35–40 Minuten
Für 4 Personen

1 Portion enthält:

kJ/kcal	*1054/251*	*Kohlenhydrate*	*27 g*
Eiweiß	*8 g*	*Ballaststoffe*	*6 g*
Fett total	*6 g*	*BE*	*2,25*
Cholesterin	*5 mg*	*Natrium*	*144 mg*
Unges. Fettsäuren	*3 g*		

500 g Kartoffeln
500 g Fenchel
200 ml Wasser
1–2 Knoblauchzehen
1 TL Sojaöl
1 TL Fenchelsamen
1/2 TL Salz
frischgemahlener weißer Pfeffer
250 ml trockener Weißwein
2 EL geriebener Parmesan
2 EL Paniermehl
1 EL Diätmargarine

- Den Backofen auf 200 °C vorheizen.
- Die Kartoffeln schälen, den Fenchel putzen und beides in etwa 4 mm dicke Scheiben schneiden.
- Die Kartoffel- und Fenchelscheiben mit dem zerdrückten Knoblauch und Wasser in einem breiten, festschließenden Topf 10 Minuten vorgaren. Das Wasser abgießen und das Gemüse abtropfen lassen.
- Eine flache Auflaufform leicht mit Öl einfetten.
- Das Kartoffel-Fenchel-Gemüse mit Fenchelsamen, Salz und Pfeffer würzen und in die Form geben. Die Oberfläche mit der flachen Hand andrücken. Dann mit dem Wein übergießen.
- Parmesan und Paniermehl mischen und den Auflauf damit bestreuen. Fettflöckchen darauf verteilen.
- Mit Alufolie abdecken und auf dem Rost auf der zweitobersten Schiene in 35–40 Minuten backen.

Spätzle

Arbeitsaufwand:
10 Minuten
Quellzeit:
30 Minuten
Kochzeit:
10 Minuten
Für 4 Personen

1 Portion enthält:

kJ/kcal	*1134/270*	*Kohlenhydrate*	*44 g*
Eiweiß	*10 g*	*Ballaststoffe*	*3 g*
Fett total	*6 g*	*BE*	*3,75*
Cholesterin	*157 mg*	*Natrium*	*34 mg*
Unges. Fettsäuren	*1 g*		

200 g Weizenmehl, Type 405 oder 550
50 g Hartweizengrieß
$^{1}/_{4}$ TL Salz
2 Eier (Gewichtsklasse 3)
$^{1}/_{8}$ l Wasser
3–4 l Wasser
1 EL Salz
1 EL Diätmargarine

• Mehl mit Grieß und Salz gut vermischen. Die zimmerwarmen Eier mit 4 EL Wasser verschlagen und zur Mehlmischung geben. Mit den Knethaken des Handrührers etwa 5 Minuten den Teig verkneten, bis er Blasen wirft. Dabei das restliche Wasser zugeben; der Teig soll zähflüssig sein.
• Den Teig zugedeckt quellen lassen.
• Einen breiten Topf randhoch mit 3–4 l Wasser füllen. Mit dem Salz zum Kochen bringen.
• Den Teig von Hand in das kochende Wasser schaben oder in 3–4 Portionen durch eine Spätzlepresse drücken.
• Nach jeweils 2–3 Minuten – wenn sie oben schwimmen – die Spätzle mit Hilfe eines Schaumlöffels herausnehmen und mit kaltem Wasser abschrecken.
• In einer beschichteten Pfanne die Margarine heiß werden lassen und die Spätzle unter Wenden darin erhitzen.

Tip: Da sich Spätzle gut einfrieren lassen, lohnt es sich, die doppelte Portion zuzubereiten. Zum Auftauen und Erwärmen mit etwas Wasser befeuchten und zugedeckt in das Mikrowellengerät geben oder mit wenig Fett in einer Pfanne braten.

Bandnudeln mit Sesam

Arbeitsaufwand:
20 Minuten
Quell- und Trockenzeit:
60 Minuten
Kochzeit:
6–10 Minuten
Für 4 Personen

1 Portion enthält:

kJ/kcal	*1550/369*	*Kohlenhydrate*	*54 g*
Eiweiß	*12 g*	*Ballaststoffe*	*4 g*
Fett total	*11 g*	*BE*	*4,5*
Cholesterin	*157 mg*	*Natrium*	*35 mg*
Unges. Fettsäuren	*2 g*		

2 Eier (Gewichtsklasse 3)
100 ml Wasser
$^{1}/_{4}$ TL Salz
1 EL Sonnenblumenöl
300 g Weizenmehl, Type 405 oder 550
$2^{1}/_{2}$ l Wasser
1 TL Salz
2 EL Sesamsamen
1 EL Nußöl

• Eier mit Wasser, Salz und Öl gut verrühren.
• Mehl auf die Arbeitsplatte geben. In die Mitte eine Vertiefung drücken und die Eimischung hineingießen. Den Teig von Hand 10 Minuten kneten, bis er Blasen wirft.
• Eine unglasierte Tonschüssel mit kochendem Wasser ausspülen. Mit ihr den Teig bedecken und ihn 30 Minuten quellen lassen.
• Nun den Teig mit wenig Mehl hauchdünn ausrollen. Mit einem scharfen Messer in $^{1}/_{2}$ cm breite Streifen schneiden. Locker ausgebreitet in 30 Minuten trocknen lassen.
• $2^{1}/_{2}$ l Wasser mit Salz zum Kochen bringen und die Nudeln in 3–5 Minuten bißfest garen. Abtropfen lassen.
• Inzwischen in einer Pfanne die Sesamsamen unter Rühren in 3 Minuten rösten. Die Pfanne von der Kochstelle nehmen, das Öl hineingeben und umrühren. Unter die Nudeln heben.

Tip: Selbstgemachte Nudeln halten sich, gut getrocknet und in verschließbaren Dosen aufbewahrt, 4–6 Wochen. Sie können mit einer Knoblauchknolle und einem Thymianzweig zum Aromatisieren aufbewahrt werden.

Nudeln mit Brokkoli

Arbeitsaufwand:
10 Minuten
Kochzeit:
20 Minuten
Für 4 Personen

1 Portion enthält:

kJ/kcal	*1336/318*	*Kohlenhydrate*	*47g*
Eiweiß	*15g*	*Ballaststoffe*	*7g*
Fett total	*8g*	*BE*	*4*
Cholesterin	*0mg*	*Natrium*	*43mg*
Unges. Fettsäuren	*4g*		

250 g Vollkornnudeln
400 g Brokkoli, geputzt gewogen
2 Knoblauchzehen
4 Fleischtomaten
1 EL Olivenöl
1/2 TL Salz
1 Pr Cayennepfeffer
2 EL geröstete Pinienkerne (S. 40)
2 EL feingehackte Petersilie

- Die Nudeln in reichlich Wasser, ohne Salz bißfest kochen. Abtropfen lassen und warm halten.
- Gleichzeitig den Brokkoli in nur wenig Wasser in 5 Minuten nicht zu weich garen. In einem Sieb abtropfen lassen.
- Die Knoblauchzehen kleinhacken; die Tomaten von den harten Stielansätzen befreien und in Stücke schneiden.
- In einer beschichteten Pfanne das Öl erhitzen. Darin den Knoblauch goldgelb braten.
- Die Tomaten zum Knoblauch geben und bei starker Hitze 3 Minuten braten. Mit Salz und Cayennepfeffer würzen.
- Die Brokkoliröschen daruntermischen. Nochmals abschmecken.
- Das Gemüse über die Nudeln geben und mit Pinienkernen und Petersilie bestreuen.

Variante: Man kann zusätzlich 2 EL eingeweichte Sultaninen oder 1/2 TL getrocknete Provencekräuter unter das Gemüse mischen. Die Pinienkerne lassen sich durch dieselbe Menge gerösteter Mandelstifte (S. 40) ersetzen. Auch mit eifreien Nudeln statt Vollkornnudeln schmeckt das Gericht gut.

Fusilli mit Champignons

Arbeitsaufwand:
15 Minuten
Kochzeit:
20 Minuten
Für 4 Personen

1 Portion enthält:

kJ/kcal	*1378/328*	*Kohlenhydrate*	*44g*
Eiweiß	*16g*	*Ballaststoffe*	*7g*
Fett total	*9g*	*BE*	*3,75*
Cholesterin	*11mg*	*Natrium*	*120mg*
Unges. Fettsäuren	*+*		

100 g Magerjoghurt
4 EL geriebener Parmesan
2 EL kleingehackte Petersilie
2 EL saure Sahne
frischgemahlener weißer Pfeffer
250 g Vollkornnudeln (Fusilli)
1 mittelgroße Zwiebel
1 Knoblauchzehe
200 g kleine Champignons
1 EL Zitronensaft
1 EL Olivenöl
50 ml trockener Weißwein
1/2 TL Salz
2 EL kleingehackte Petersilie

- Joghurt mit Parmesan, Petersilie, saurer Sahne und Pfeffer in einem Schälchen verrühren. Abdecken und in den Kühlschrank stellen.
- Die Nudeln in reichlich Wasser al dente garen. Abtropfen lassen.
- Die Zwiebel kleinwürfeln und die Knoblauchzehe kleinhacken.
- Die Champignons putzen, in Scheiben schneiden und mit Zitronensaft beträufeln.
- Das Öl in einer beschichteten Pfanne erhitzen. Erst die Zwiebelwürfel, dann den Knoblauch hineingeben und umrühren.
- Die Champignons zusammen mit dem Wein hinzufügen und alles weitere 3 Minuten erhitzen. Mit dem Salz und der Petersilie abschmecken.
- Die Nudeln mit der Pilzsoße vermengen. In eine vorgewärmte Schüssel füllen und mit Petersilie bestreuen.

Abbildung S. 172/173

Nudeln mit Thunfisch-Kapern-Soße

Arbeitsaufwand:
5 Minuten
Kochzeit:
15 Minuten
Für 4 Personen

1 Portion enthält:

kJ/kcal	*1373/327*	*Kohlenhydrate*	*44g*
Eiweiß	*16g*	*Ballaststoffe*	*6g*
Fett total	*8g*	*BE*	*3,75*
Cholesterin	*63mg*	*Natrium*	*33mg*
Unges. Fettsäuren	*+*		

250 g	**Vollkornnudeln (Birelli oder Fusilli)**
1 EL	**natives Olivenöl**
1	**Knoblauchzehe**
400 g	**salzarme Tomaten aus der Dose**
1 TL	**Oregano**
je 1 Pr	**Paprika, Thymian und Basilikum**
$^1/_4$ TL	**Salz**
4 EL	**Kapern**
130 g	**naturell konservierter Thunfisch aus der Dose**
2 EL	**feingehackte Petersilie**

- Die Nudeln nach Packungsvorschrift bißfest garen. Abgießen, warm stellen.
- Inzwischen die Knoblauchzehe kleinhacken und die Tomaten grob zerschneiden.
- Das Öl in einem Topf erhitzen und darin den Knoblauch kurz anbraten.
- Tomaten und Gewürze dazugeben und alles unter Rühren in etwa 8 Minuten einkochen lassen.
- Kurz vor dem Servieren den grob zerpflückten Thunfisch und die Nudeln untermischen.
- Das Gericht abschmecken und mit Petersilie bestreut servieren.

Nudeln mit Paprikacremesoße

Arbeitsaufwand:
20 Minuten
Kochzeit:
10 Minuten
Für 4 Personen

1 Portion enthält:

kJ/kcal	*1147/273*	*Kohlenhydrate*	*44g*
Eiweiß	*11g*	*Ballaststoffe*	*7g*
Fett total	*5g*	*BE*	*3,75*
Cholesterin	*1mg*	*Natrium*	*27mg*
Unges. Fettsäuren	*1g*		

250 g	**Vollkornnudeln (Birelli oder Fusilli)**
je 1	**große rote und gelbe Paprikaschote**
1	**Knoblauchzehe**
10	**frische Basilikumblättchen**
1 Msp	**Thymian**
2 EL	**abgespülte Kapern**
1 EL	**geriebener Parmesan**
2 EL	**Vollmilchjoghurt (3,5%)**
1 EL	**natives Olivenöl extra**
$^1/_2$ TL	**Paprikapulver**
1	**Bund Schnittlauch**

- Die Nudeln nach Packungsvorschrift in reichlich Wasser al dente garen.
- Die Paprikaschoten etwa 15 Minuten grillen, bis die Haut schwarz ist und Blasen wirft. Dabei mehrmals wenden. Dann in einen Kunststoffbeutel geben, diesen verschließen und kurz in den Kühlschrank legen. Nun die Haut ablösen, Stiele und Kerne entfernen und in Stücke schneiden.
- Paprika und Kräuter hackt man entweder klein und macht damit den Joghurt an, oder man püriert die Zutaten zusammen mit den Paprikastücken und dem abgetropften Paprikasaft in einem hohen Gefäß mit dem Pürierstab des Handrührers.
- Die Paprikacreme abschmecken und sogleich unter die heißen Nudeln mischen.
- Mit Paprikapulver und Schnittlauch bestreut zu Tisch bringen.

Schleifchennudeln toskanische Art

Arbeitsaufwand:
15 Minuten
Kochzeit:
15 Minuten
Für 4 Personen

250 g	**eifreie Schleifchennudeln (Farfalle)**
40 g	**magerer Schinkenspeck**
1	**Knoblauchzehe nach Belieben**
je 1	**mittelgroße gelbe und rote Paprikaschote**
100 g	**Spinat**
2 EL	**kleingewürfelte Zwiebeln**
1 EL	**natives Olivenöl**
125 ml	**salzarme Gemüsebrühe**
1/4 TL	**Salz**
	frischgemahlener weißer Pfeffer
40 g	**frischgehobelter Parmesan**

- Die Nudeln nach Vorschrift nicht zu weich garen, abgießen und warm halten.
- Inzwischen den Speck würfeln und die Knoblauchzehe kleinhacken. Die Paprikaschoten entkernen und wie den Spinat in Streifen schneiden.
- Die Speckwürfel in einem Topf auslassen. Das Fett abgießen und den Speck auf Küchenkrepp geben, damit das restliche Fett aufgesaugt wird.
- Im selben Topf das Öl erhitzen und zunächst die Zwiebeln in etwa 2 Minuten hell andünsten.
- Knoblauch und Paprika dazugeben, mit der Gemüsebrühe ablöschen und zugedeckt 5 Minuten garen.
- Spinat, Gewürze und die Nudeln daruntermischen.
- Die abgetropften Speckwürfel zum Schluß auf die Nudeln verteilen und mit Parmesanflocken garnieren.

1 Portion enthält:

kJ/kcal	*1516/361*	*Kohlenhydrate*	*43 g*
Eiweiß	*16 g*	*Ballaststoffe*	*7 g*
Fett total	*14 g*	*BE*	*3,75*
Cholesterin	*16 mg*	*Natrium*	*283 mg*
Unges. Fettsäuren	*1 g*		

Spaghetti mit Bologneser Soße

Arbeitsaufwand:
10 Minuten
Kochzeit:
70 Minuten
Für 8 Personen

1 Portion enthält:

kJ/kcal	*1726/411*	*Kohlenhydrate*	*50g*
Eiweiß	*24g*	*Ballaststoffe*	*9g*
Fett total	*12g*	*BE*	*4,25*
Cholesterin	*0mg*	*Natrium*	*72mg*
Unges. Fettsäuren	+		

1 große Zwiebel
2 Knoblauchzehen nach Belieben
2 mittelgroße Möhren
150 g Sellerie
2 kg Fleischtomaten
2 EL natives Olivenöl
400 g sehr mageres Rinderhackfleisch
125 ml Rotwein
1 TL fein zerriebener Oregano
1/2 TL Rosmarin
1 Lorbeerblatt
1 TL Salz
frischgemahlener schwarzer Pfeffer
500 g Vollkornspaghetti
1 Bund frisches Basilikum

- Die Zwiebel schälen und wie die Knoblauchzehen kleinhacken.
- Die Möhren und den Sellerie putzen und grob reiben.
- Die Tomaten schälen und kleinschneiden.
- In einem flachen Topf in heißem Öl die Zwiebeln goldgelb andünsten. Nach 3 Minuten Knoblauch, Möhren und Sellerie zufügen und alles 5 Minuten garen.
- Das Hackfleisch zugeben und umrühren. Nach etwa 3 Minuten Tomaten, Rotwein und Gewürze, bis auf das Basilikum, zufügen. Alles zum Kochen bringen, dann bei geringer Hitze eine gute Stunde köcheln lassen.
- Inzwischen die Spaghetti nach Packungsanweisung garen.
- Das Basilikum fein zerzupfen.
- Die Soße vor dem Servieren abschmecken und das Basilikum unterrühren.
- Spaghetti separat zur Soße reichen.

Tip: Außerhalb der Saison kann man die frischen Tomaten durch 2 große Dosen geschälte Tomaten ersetzen. Die Soße schmeckt besser, wenn man eine große Portion zubereitet. Was nicht benötigt wird, läßt sich gut einfrieren und ist bis zu 3 Monate haltbar.

Spaghetti mit Pfifferlingen

Arbeitsaufwand:
15 Minuten
Kochzeit:
15 Minuten
Für 4 Personen

250 g Vollkornspaghetti
40 g magerer Schinkenspeck
1 mittelgroße Zwiebel
1 Knoblauchzehe nach Belieben
200 g Pfifferlinge
2 Tomaten
100 g Edelpilzkäse
100 g Tilsiter
1 EL natives Olivenöl
1/4 TL Salz
frischgemahlener weißer Pfeffer

- Spaghetti bißfest garen und warm halten.
- Speck und Zwiebel klein würfeln und die Knoblauchzehe kleinhacken. Pfifferlinge putzen und halbieren. Die Tomaten in Scheiben schneiden. Den Edelpilzkäse zerbröckeln und den Tilsiter klein würfeln.
- Den Speck in einem Topf auslassen. Das Fett abgießen und die Speckwürfel auf Küchenkrepp legen.
- Im selben Topf in heißem Öl die Zwiebel hell andünsten. Knoblauch und Pfifferlinge zufügen und unter Rühren 4 Minuten garen.
- Käse, Salz, Pfeffer und Spaghetti zugeben und alles vermischen. Abschmecken.
- Mit den Speckwürfelchen und den Tomatenscheiben garnieren.

1 Portion enthält:

kJ/kcal	*2024/482*	*Kohlenhydrate*	*43g*
Eiweiß	*24g*	*Ballaststoffe*	*9g*
Fett total	*23g*	*BE*	*3,75*
Cholesterin	*46mg*	*Natrium*	*816mg*
Unges. Fettsäuren	*1g*		

Spaghetti mit Meeresfrüchten

Arbeitsaufwand:
12 Minuten
Kochzeit:
15 Minuten
Für 4 Personen

200 g TK-Garnelen
250 g Vollkornspaghetti
200 g frisches Lachsfilet
200 g frisches Seelachsfilet
2 EL Zitronensaft
1 Bund Schnittlauch

Für die Soße:
4 EL Magerjoghurt
4 EL saure Sahne
1 EL salzarmes Tomatenmark
1 EL Zitronensaft
frischgemahlener weißer Pfeffer

- Garnelen auftauen und abtropfen lassen.
- Die Nudeln nach Gebrauchsanweisung in reichlich leicht gesalzenem Wasser bißfest garen, abgießen und warm halten.
- Währenddessen die Fischfilets in gulaschgroße Würfel schneiden und mit Zitronensaft beträufeln. Entweder bei mäßiger Hitze im zugedeckten Topf oder bei 100% im Mikrowellengerät in etwa 5 Minuten garen. 1 Minute vor Ende der Kochzeit die Garnelen zum Fisch geben und erhitzen.
- Den Schnittlauch kleinschneiden.
- Die Zutaten für die Soße verrühren.
- Die Meeresfrüchte mit den Spaghetti vermengen und auf Teller verteilen. Mit Schnittlauch bestreuen.
- Die Soße teils über die angerichteten Portionen geben, teils extra dazureichen.

1 Portion enthält:

kJ/kcal	*1852/441*	*Kohlenhydrate*	*42g*
Eiweiß	*39g*	*Ballaststoffe*	*7g*
Fett total	*13g*	*BE*	*3,5*
Cholesterin	*112mg*	*Natrium*	*181mg*
Unges. Fettsäuren	*4g*		

Spinatravioli piemontische Art

Arbeitsaufwand:
40 Minuten
Kochzeit:
25 Minuten
Für 4 Personen

	Zutaten für Bandnudeln
	(S. 182)
150 g	**TK-Rahmspinat**
1	**Zwiebel**
1	**Knoblauchzehe**
1 EL	**natives Olivenöl**
200 g	**mageres Rinderhackfleisch**
100 ml	**trockener Rotwein**
	Muskat
1,5 l	**salzarme Fleischbrühe (S. 84)**
40 g	**frischgehobelter Parmesan**

1 Portion enthält:

kJ/kcal	*2247/535*	*Kohlenhydrate*	*57g*
Eiweiß	*28g*	*Ballaststoffe*	*4g*
Fett total	*20g*	*BE*	*4,75*
Cholesterin	*164mg*	*Natrium*	*107mg*
Unges. Fettsäuren	*1g*		

- Den Spinat auftauen lassen.
- Den Nudelteig – wie beschrieben – zubereiten und ruhen lassen.
- Inzwischen die Zwiebel klein würfeln und die Knoblauchzehe zerdrücken.
- In heißem Öl die Zwiebel andünsten. Knoblauch und Hackfleisch dazugeben und 4 Minuten braten.
- Rotwein und Spinat beifügen und bei mäßiger Hitzezufuhr 10 Minuten garen. Ab und zu umrühren. Mit Muskat abschmecken.
- Die Brühe zum Kochen bringen.
- Den Teig ausrollen und auf die Hälfte im Abstand von 4 cm je 1 gehäuften EL Füllung geben. Zwischenräume mit Wasser bepinseln.
- Die zweite Teighälfte umklappen, andrücken und 4 cm große Quadrate ausrädeln.
- In der Brühe 10 Minuten ziehen lassen.
- Ravioli mit etwas Brühe und mit Parmesan bestreut servieren.

Nudelauflauf mit Tomaten und Mozzarella

Arbeitsaufwand:
5 Minuten
Kochzeit:
15 Minuten
Backzeit:
20 Minuten
Für 4 Personen

1 Portion enthält:

kJ/kcal	*1365/325*	*Kohlenhydrate*	*50g*
Eiweiß	*15g*	*Ballaststoffe*	*8g*
Fett total	*7g*	*BE*	*4,25*
Cholesterin	*7mg*	*Natrium*	*33mg*
Unges. Fettsäuren	*+*		

250 g Vollkornnudeln
1 große Zwiebel
1 Knoblauchzehe
800 g salzarme Tomaten aus der Dose
120 g Mozzarella
1 EL natives Olivenöl
je 1 TL Oregano und Basilikum
je 1/2 TL Fenchel, Thymian, Pfeffer und Salz

- Den Backofen auf 200 °C vorheizen.
- Die Nudeln bißfest garen. Abgießen und warm stellen.
- Inzwischen die Zwiebel und die Knoblauchzehe kleinhacken, die Tomaten pürieren und den Mozzarella in kleine Stücke schneiden.
- In einem Topf das Öl erhitzen und darin die Zwiebel in 2–3 Minuten hell andünsten.
- Den Knoblauch mit den Tomaten und Gewürzen dazugeben und alles unter gelegentlichem Umrühren in etwa 8–10 Minuten einkochen lassen.
- Die Nudeln unterrühren und abschmecken.
- Eine Auflaufform einfetten, die Nudel-Gemüse-Mischung hineingeben und die Oberfläche glattstreichen. Den zerkleinerten Käse darauf verteilen.
- Auf einem Rost so hoch wie möglich im Backofen 20 Minuten backen.
- In den letzten 3 Minuten den Grill einschalten.

Risi e Bisi

Reis und Erbsen – eine einfache, aber schmackhafte Kombination aus Italien, die zu Fleischgerichten paßt.

Arbeitsaufwand:
5 Minuten
Kochzeit:
30 Minuten
Für 4 Personen

1 Portion enthält:

kJ/kcal	*882/210*	*Kohlenhydrate*	*28g*
Eiweiß	*8g*	*Ballaststoffe*	*1g*
Fett total	*5g*	*BE*	*2,5*
Cholesterin	*3mg*	*Natrium*	*10mg*
Unges. Fettsäuren	*+*		

150 g TK-Erbsen
300 ml salzarme Hühnerbrühe (S. 84)
1 EL Sonnenblumenöl
2 EL klein gewürfelte Zwiebeln
150 g Naturreis
1/4 TL Salz nach Belieben
2 EL geriebener Parmesan

- Die Erbsen auftauen.
- Die Hühnerbrühe zum Kochen bringen.
- In der Zwischenzeit das Öl in einem dickwandigen Topf erhitzen und die Zwiebelwürfel darin unter Rühren goldblond andünsten.
- Den Reis zufügen, einmal umrühren und mit heißer Brühe ablöschen. Eventuell etwas salzen.
- Zugedeckt zum Kochen bringen und einmal umrühren.
- Bei sehr geringer Hitze 15 Minuten quellen lassen.
- Die Erbsen dazugeben und weitere 5 Minuten garen. Erst jetzt wieder alles umrühren.
- Mit Parmesan bestreut servieren.

Tip: Bereitet man Risi e Bisi mit parboiled Langkornreis zu, verkürzt sich die Garzeit um 10 Minuten.

Curryreis mit Aprikosen

Arbeitsaufwand:
10 Minuten
Kochzeit:
35–50 Minuten
Für 4 Personen

1 Portion enthält:	
kJ/kcal	*979/233*
Eiweiß	*4g*
Fett total	*4g*
Cholesterin	*0mg*
Unges. Fettsäuren	*+*
Kohlenhydrate	*40g*
Ballaststoffe	*3g*
BE	*3,5*
Natrium	*8mg*

1 Knoblauchzehe
12 getrocknete Aprikosen
400 ml salzarme Gemüsebrühe
1 EL Sojaöl
2 EL feingehackte Zwiebelwürfel
1 TL brauner oder weißer Zucker
1 EL Curry
150 g Naturreis
1/4 TL Salz nach Belieben
1 Pr Thymian nach Belieben
1 EL Zitronensaft

- Die Knoblauchzehe kleinhacken und die Aprikosen kleinschneiden.
- Die Gemüsebrühe zum Kochen bringen.
- Das Sojaöl in einem dickwandigen Topf erhitzen und die Zwiebelwürfel darin hell andünsten.
- Den Knoblauch, die Aprikosenstückchen und den Zucker dazugeben und etwa 3 Minuten erhitzen, bis der Zucker leicht karamelisiert.
- Curry und Reis in der Mischung wenden und mit der Brühe ablöschen. Nach Belieben leicht würzen.
- Entsprechend der auf der Reispackung angegebenen Flüssigkeitsmenge die Brühe mit Wasser ergänzen, alles zum Kochen bringen und einmal umrühren.
- Je nach Reismarke in 25–40 Minuten im geschlossenen Topf ausquellen lassen.
- Mit Zitronensaft beträufeln.

Naturreis mit Nüssen

Arbeitsaufwand:
5 Minuten
Kochzeit:
25–40 Minuten
Für 4 Personen

1 Portion enthält:			
kJ/kcal	*773/184*	*Kohlenhydrate*	*24g*
Eiweiß	*4g*	*Ballaststoffe*	*1g*
Fett total	*6g*	*BE*	*2*
Cholesterin	*0mg*	*Natrium*	*1mg*
Unges. Fettsäuren	*2g*		

300 ml salzarme Hühnerbrühe (S. 84)
1 TL Walnußö
150 g Naturreis
2 EL gehackte Wal- oder Haselnüsse

- Die Hühnerbrühe zum Kochen bringen.
- Das Öl in einem dickwandigen Topf warm werden lassen und den trockenen Reis darin wenden. Mit der Hühnerbrühe aufgießen, entsprechend der auf der Reispackung angegebenen Flüssigkeitsmenge mit Wasser ergänzen und zum Kochen bringen. Einmal umrühren. Je nach Reismarke in 25–40 Minuten ausquellen lassen.
- Die Nüsse im Mikrowellengerät unter einmaligem Wenden oder im Backofen rösten und über den fertigen Reis streuen.

Risotto mit Spargel und Zucchini

Arbeitsaufwand:
10 Minuten
Kochzeit:
30 Minuten
Für 4 Personen

1 Portion enthält:

kJ/kcal	*1008/240*	*Kohlenhydrate*	*44g*
Eiweiß	*8g*	*Ballaststoffe*	*3g*
Fett total	*5g*	*BE*	*3,75*
Cholesterin	*4mg*	*Natrium*	*48mg*
Unges. Fettsäuren	*+*		

1 Frühlingszwiebel
1 Knoblauchzehe
200 g Zucchini
1 EL natives Olivenöl
250 g Rundkornreis
600 ml salzarme Gemüsebrühe
150 g frische Spargelspitzen
1/4 TL Salz
2 EL Magerjoghurt
2 EL geriebener Parmesan
1 EL frische Basilikumblättchen
1 Pr Cayennepfeffer

- Die Zwiebel kleinschneiden, die Knoblauchzehe kleinhacken und die Zucchini in Scheiben schneiden.
- Die Zwiebel in heißem Öl bei mäßiger Hitze im dickwandigen Topf glasig dünsten.
- Knoblauch, Zucchini und trockenen Reis zufügen und 2 Minuten unter Rühren braten.
- Mit etwas mehr als der Hälfte der Brühe aufgießen und leicht zugedeckt zum Kochen bringen. Nach und nach die restliche Brühe aufgießen. Hin und wieder umrühren.
- Nach 10 Minuten die frischen Spargelspitzen zufügen und in etwa 15 Minuten garen. Salzen.
- Joghurt mit Käse, fein zerzupftem Basilikum und Cayennepfeffer vermischen und erst unmittelbar vor dem Servieren unter den Risotto rühren, der nicht mehr kochen darf.

Abbildung S. 172/173

Tip: Nimmt man Spargelspitzen aus der Dose, werden sie erst nach 20–25 Minuten Garzeit unter den Risotto gerührt. Ein Teil der Brühe kann dann durch Spargelwasser ersetzt werden.

Reisrand mit Kräutern

Arbeitsaufwand:
5 Minuten
Kochzeit:
25 Minuten
Für 4 Personen

1 Portion enthält:

kJ/kcal	*827/197*	*Kohlenhydrate*	*40g*
Eiweiß	*5g*	*Ballaststoffe*	*1g*
Fett total	*2g*	*BE*	*3,5*
Cholesterin	*0mg*	*Natrium*	*4mg*
Unges. Fettsäuren	*+*		

200 g parboiled Langkornreis
300 ml salzarme Hühnerbrühe (S. 84)
1/4 TL Salz
4 EL feingehackte frische gemischte Kräuter
2 EL Zitronensaft
1 TL Walnußöl

- Den Reis mit der Brühe und dem Salz in einem festschließenden Topf zum Kochen bringen. Einmal umrühren, den Deckel auflegen und bei mäßiger Wärmezufuhr in 18–20 Minuten ausquellen lassen.
- Kräuter und Zitronensaft unterrühren. Die Masse in eine mit Öl eingefettete Reisrandform pressen und dann auf eine runde Platte stürzen.

Tip: Sind frische Kräuter nicht zu haben, kann man 1 Packung gemischte TK-Kräuter nehmen. Gefüllt werden kann der Reisrand mit Champignongemüse (S. 244).

Reispfanne auf indische Art

Ein farbenfrohes Gericht für die Liebhaber exotischer Geschmacksnoten.

Arbeitsaufwand:
10 Minuten
Kochzeit:
30 Minuten
Für 4 Personen

1 Portion enthält:

kJ/kcal	*1491/355*	*Kohlenhydrate*	*31g*
Eiweiß	*24g*	*Ballaststoffe*	*4g*
Fett total	*12g*	*BE*	*2,75*
Cholesterin	*51mg*	*Natrium*	*260mg*
Unges. Fettsäuren	*1*		

1 TL Sonnenblumenöl
2 EL feingehackte Zwiebeln
150 g Basmatireis
300 ml salzarme Hühnerbrühe (S. 84)
1 EL Curry
1 EL Zitronensaft
1 EL Sonnenblumenöl
1 große rote Paprikaschote
200 g TK-Erbsen
200 g gegarte Geflügelbrust
100 g magerer gekochter Schinken
2 EL Kokosflocken nach Belieben

- Das Öl in einem dickwandigen Topf erhitzen und die Zwiebelwürfel darin unter gelegentlichem Rühren in 2 Minuten goldblond andünsten.
- Den Reis in der Mischung wenden und mit der Hühnerbrühe ablöschen. Mit Curry und Zitronensaft würzen.
- Zugedeckt zum Kochen bringen, einmal umrühren und wieder zugedeckt in 15–20 Minuten bei milder Hitze ausquellen lassen.
- Paprikaschote, Geflügelbrust und Schinken würfeln.
- In einer Pfanne das Öl erhitzen und die Paprikawürfel darin 5 Minuten erwärmen; sie sollten aber unbedingt noch bißfest bleiben.
- Die tiefgekühlten Erbsen, das Geflügelfleisch und den Schinken mit dem gegarten Reis mischen, zu den Paprikawürfeln geben und 1–2 Minuten erwärmen.
- Die Kokosflocken im Mikrowellengerät bei 100% 2mal 30 Sekunden oder in der Pfanne 2 Minuten rösten und vor dem Servieren über das Gericht streuen.

Polenta mit Tomatensoße

Arbeitsaufwand:
10 Minuten
Kochzeit:
15 Minuten
Für 4 Personen

1 Portion enthält:

kJ/kcal	*1021/243*	*Kohlenhydrate*	*35g*
Eiweiß	*10g*	*Ballaststoffe*	*3g*
Fett total	*7g*	*BE*	*3*
Cholesterin	*7mg*	*Natrium*	*87mg*
Unges. Fettsäuren	*+*		

1 mittelgroße Zwiebel
1–2 Knoblauchzehen
500 g Fleischtomaten
600 ml salzarme Fleischbrühe (S. 84)
150 g Rapid-Maisgrieß
1 EL natives Olivenöl
1/2 TL Zucker
1/4 TL Salz
1 Stück ungespritzte Orangenschale
je 1/4 TL getrocknetes Basilikum und Oregano
je 1 Pr Thymian, Rosmarin und Zimt
4 EL geriebener Parmesan

- Die Zwiebel klein würfeln und den Knoblauch zerdrücken. Die Fleischtomaten schälen, entkernen und grob in Würfel schneiden.
- Die Fleischbrühe zum Kochen bringen und den Maisgrieß in feinem Strahl unter Rühren einrieseln lassen. Bei sehr mäßiger Hitze in 3 Minuten ausquellen lassen.
- Die Zwiebelwürfel im heißen Öl hell braten, dann Knoblauch, Tomaten und Gewürze dazugeben.
- Alles zum Kochen bringen und in 10 Minuten unter kräftigem Rühren die Soße etwas einkochen.
- Die Polenta gibt man entweder mit einem Löffel auf die Teller oder formt eine Torte, die mit einem Faden in daumendicke Scheiben geschnitten wird.
- Die Soße und den geriebenen Käse extra zur Polenta reichen.

Tip: Reste schmecken am folgenden Tag in der Pfanne aufgebraten vorzüglich. Die aromatische Tomatensoße, die auch mit 400 g salzarm konservierten, pürierten Tomaten aus der Dose zubereitet werden kann, paßt sehr gut zu Nudelgerichten, gedünstetem Fisch, gekochtem Fleisch oder Eiern; sie läßt sich außerdem problemlos einfrieren. Der vorbehandelte Rapid-Maisgrieß gart in wenigen Minuten; bei normalem Maisgrieß verlängert sich die Kochzeit auf 45 Minuten, und die Polenta setzt leicht an.

Hirsebratlinge

Durch ihren hohen Gehalt an Kieselsäure liefert die Hirse wertvolle Mineralstoffe.

Arbeitsaufwand:
10 Minuten
Kochzeit:
20 Minuten
Bratzeit:
6 Minuten
Für 4 Personen

1 Portion enthält:

kJ/kcal	*1147/273*	*Kohlenhydrate*	*30g*
Eiweiß	*9g*	*Ballaststoffe*	*2g*
Fett total	*12g*	*BE*	*2,5*
Cholesterin	*5mg*	*Natrium*	*69mg*
Unges. Fettsäuren	*1g*		

150 g Hirse
375 ml salzarme Gemüsebrühe
150 g Magerquark
2 EL feingehackte geröstete Haselnüsse (S. 40)
2 EL geriebener Parmesan
1 EL feingehackte gemischte Kräuter
1/2 TL Salz
2 EL Sonnenblumenöl

- Die Hirse mit der Gemüsebrühe zum Kochen bringen und bei ganz schwacher Hitze in 20 Minuten ausquellen lassen.
- Nun mit den restlichen Zutaten, bis auf das Öl, vermischen.
- Aus der Masse eine etwa 8cm dicke Rolle formen und diese in acht daumendicke Scheiben schneiden.
- In einer beschichteten Pfanne das Öl erhitzen. Darin die Bratlinge auf beiden Seiten braun braten.

Hirseklößchen auf Paprikasoße

Arbeitsaufwand:
5 Minuten
Kühlzeit:
5 Minuten
Kochzeit:
60 Minuten
Für 4 Personen

1 Portion enthält:

kJ/kcal	*869/207*	*Kohlenhydrate*	*26g*
Eiweiß	*6g*	*Ballaststoffe*	*1g*
Fett total	*8g*	*BE*	*2,25*
Cholesterin	*1mg*	*Natrium*	*22mg*
Unges. Fettsäuren	*5g*		

75 g Hirse
250 ml salzarme Fleischbrühe (S. 84)
1 Msp Safran
50 g Rapid-Maisgrieß
1 EL Diätmargarine
1 Bund Schnittlauch
1 Ei (Gewichtsklasse 3)
1/4 TL Salz
Cayennepfeffer
1 Msp gemahlener Koriander
1 EL Maiskeimöl
2 große rote Paprikaschoten
1 TL salzarme Brühpaste
4 EL Wasser

- Die Hirse waschen.
- Die Brühe mit dem Safran zum Kochen bringen, die Hirse hineinstreuen, einmal umrühren und zugedeckt bei schwacher Hitze 25 Minuten quellen lassen.
- Den Maisgrieß und die Margarine zugeben, weitere 3 Minuten garen und die Masse abkühlen lassen.
- In einem größeren Topf leicht gesalzenes Wasser zum Kochen bringen.
- Den Schnittlauch kleinschneiden und mit dem Ei und den Gewürzen unter den abgekühlten Brei rühren.
- Tischtennisballgroße Klößchen daraus formen. Im schwach kochenden Wasser ohne Deckel in 20 Minuten garen.
- Die Paprikaschoten entkernen, grob schneiden, in einem Topf in heißem Öl wenden und mit Brühpaste und Wasser zugedeckt bei sehr geringer Hitze in 15 Minuten weich dünsten. Dann mit dem Schneidstab des Handrührers pürieren und abschmecken.
- Die Klößchen auf der Soße anrichten.

Bulgur mit Gemüse

In der türkischen und libanesischen Küche wird der vorgegarte Weizen gern als Beilage zu Geflügel- und Rindfleischgerichten gereicht.

Arbeitsaufwand:
10 Minuten
Kochzeit:
20 Minuten
Für 4 Personen

100 g Sellerie
1 Stange Lauch
150 g Champignons
1 EL Maisöl
4 EL grobgehackte Zwiebeln
1 Ei (Gewichtsklasse 3)
200 g Bulgur
300 ml salzarme Fleischbrühe (S. 84)
Muskat
frischgemahlener weißer Pfeffer
2 EL Zitronensaft

- Den Sellerie klein würfeln, den Lauch in feine Ringe und die Champignons in Scheiben schneiden.
- Das Öl in einer großen beschichteten Pfanne erhitzen und die Zwiebeln, den Sellerie und den Lauch zugedeckt bei mäßiger Wärme 2–3 Minuten dünsten.
- Die Champignons zugeben und unter gelegentlichem Umrühren 3 Minuten garen.
- Das Ei in einer Schüssel mit einer Gabel verschlagen. Darin den Bulgur wenden und zu dem Gemüse in die Pfanne geben. Unter ständigem Rühren 3 Minuten erhitzen.
- Die Brühe mit Muskat und Pfeffer zugeben und aufkochen lassen.
- Zugedeckt 10 Minuten bei schwacher Hitze ausquellen lassen, bis das Getreide weich und trocken ist.
- Mit Zitronensaft beträufeln und servieren.

1 Portion enthält:

kJ/kcal	*1058/252*	*Kohlenhydrate*	*39g*
Eiweiß	*11g*	*Ballaststoffe*	*3g*
Fett total	*6g*	*BE*	*3,25*
Cholesterin	*79mg*	*Natrium*	*59mg*
Unges. Fettsäuren	*+*		

Getreiderisotto

Arbeitsaufwand:
20 Minuten
Quellzeit:
12 Stunden
Kochzeit:
55 Minuten
Für 4 Personen

1 Portion enthält:

kJ/kcal	*1583/377*	*Kohlenhydrate*	*43 g*
Eiweiß	*19 g*	*Ballaststoffe*	*10 g*
Fett total	*15 g*	*BE*	*3,75*
Cholesterin	*43 mg*	*Natrium*	*350 mg*
Unges. Fettsäuren	*1 g*		

125 g Sprießkornweizen
125 g Sprießkornroggen
500 ml Wasser
salzarmer Brühwürfel für 1 l Flüssigkeit
1 mittelgroße Zwiebel
je 1 rote und grüne Paprikaschote
1 kleine Salatgurke
1 EL natives Olivenöl
100 ml salzarme Fleischbrühe (S. 84)
$\frac{1}{2}$ TL Salz
150 g salz- und fettarmer Gouda (30 %), in Scheiben geschnitten

- Das Getreide waschen und über Nacht mit reichlich Wasser bedeckt quellen lassen.
- Am nächsten Tag in einem dickwandigen Topf mit dem Brühwürfel zum Kochen bringen und bei mäßiger Hitze 30 Minuten zugedeckt garen.
- Die Zwiebel und die Paprikaschoten klein würfeln; die Salatgurke schälen, entkernen und in kleinfingerdicke Streifen schneiden.
- Das Öl in einem zweiten Topf erhitzen und die Zwiebelwürfel darin anbraten.
- Die Paprikaschoten und die Salatgurke zufügen. Mit Brühe aufgießen.
- Nach 3 Minuten das Getreide zugeben und alles zusammen weitere 20 Minuten garen.
- Erst unmittelbar vor dem Servieren umrühren und mit Salz abschmecken.
- Die Käsescheiben in etwa 2 cm große Quadrate schneiden und unter den Getreiderisotto mischen.

Amerikanisches Maisbrot

Dieses Brot, das eher an Polenta erinnert, wird in Amerika zum traditionellen Putenbraten serviert.

Arbeitsaufwand:
10 Minuten
Backzeit:
20 Minuten
Für 4 Personen

1 Portion enthält:

kJ/kcal	*1075/256*	*Kohlenhydrate*	*46 g*
Eiweiß	*9 g*	*Ballaststoffe*	*1 g*
Fett total	*5 g*	*BE*	*4*
Cholesterin	*79 mg*	*Natrium*	*49 mg*
Unges. Fettsäuren	*1 g*		

125 g Maismehl
100 g Weizenmehl, Type 405
$2\frac{1}{2}$ TL Weinsteinbackpulver
$\frac{1}{2}$ TL Zucker
$\frac{1}{4}$ TL Salz
$\frac{1}{2}$ EL Diätmargarine
250 ml entrahmte Milch (0,3 %)
1 Ei (Gewichtsklasse 3)
$\frac{1}{2}$ EL Sojaöl

- Den Backofen auf 200 °C vorheizen.
- Das Mais- und Weizenmehl mit Backpulver, Zucker und Salz trocken vermischen.
- Die Margarine schmelzen, die Milch und das Ei dazugeben und über die Mehlmischung gießen. Alles rasch zu einer glatten Masse schlagen.
- Eine flache, etwa 20 cm lange Kastenform mit Öl ausfetten. Die Masse hineingeben und glattstreichen.
- Auf dem Rost auf der zweitobersten Schiene 20 Minuten backen, bis sich die Oberfläche fest anfühlt.
- In 8 Quadrate schneiden und noch warm servieren.

Variante: Pikanter schmeckt das Brot, wenn man entweder kleingeschnittenen Schnittlauch, Chilis oder kleingehackte Peperoni unter den Teig hebt.

Buchweizenbratlinge (S. 214) und gefüllte Auberginen (S. 204)

Vegetarische Gerichte

Immer mehr Menschen verzichten ganz oder teilweise auf tierische Eiweißlieferanten, ohne Mangelerscheinungen zu zeigen. Im Gegenteil: das Wohlbefinden steigt, manche Beschwerden wie Rheuma und Gicht verschwinden fast völlig. Die schmackhaften Eier- und Käsespeisen, die keineswegs trockenen Körnermahlzeiten, die Gemüse- und Tofuvariationen sollen den Gaumen befriedigen.

Omelett mit Spargel und Champignons

Arbeitsaufwand:
10 Minuten
Kochzeit:
12 Minuten
Für 4 Personen

4	**Stangen grüner Spargel**
100 g	**Champignons**
1 TL	**Zitronensaft**
1	**große Tomate**
4	**Eier (Gewichtsklasse 3)**
1 EL	**feingeschnittener Schnittlauch**
$^{1}/_{4}$ TL	**Salz**
	frischgemahlener weißer Pfeffer
2 EL	**Sonnenblumenöl**
1 EL	**feingehackte Petersilie**

- Den Spargel putzen und sehr klein schneiden. Die Champignons putzen, kleinhacken und mit Zitronensaft beträufeln. Die Tomate schälen und klein würfeln.
- Die Eier mit dem Schnittlauch und den Gewürzen gut verschlagen.
- In einer beschichteten Pfanne $^{1}/_{2}$ EL Öl erhitzen. Ein Viertel der Eimasse hineingießen, jeweils ein Viertel der Spargelstücke und Pilze dazugeben und bei mäßiger Hitze ein helles Omelett backen. Aufrollen und auf eine warme Platte legen. Aus dem restlichen Teig drei weitere Omeletts backen.
- Mit den Tomatenwürfeln und der Petersilie garnieren.

Tip: Der Cholesteringehalt der Omeletts läßt sich dadurch senken, daß man sie aus 1 Ei und 6 Eiweiß zubereitet.

1 Portion enthält:

kJ/kcal	*433/103*	*Kohlenhydrate*	*3g*
Eiweiß	*8g*	*Ballaststoffe*	*1g*
Fett total	*7g*	*BE*	*0,25*
Cholesterin	*163mg*	*Natrium*	*94mg*
Unges. Fettsäuren	*1g*		

Omelett mit bunter Gemüsefüllung

Arbeitsaufwand:
8 Minuten
Kochzeit:
10 Minuten
Für 4 Personen

1 Portion enthält:

kJ/kcal	*697/166*	*Kohlenhydrate*	*6g*
Eiweiß	*10g*	*Ballaststoffe*	*+*
Fett total	*12g*	*BE*	*0,5*
Cholesterin	*314mg*	*Natrium*	*69mg*
Unges. Fettsäuren	*1g*		

Für die Füllung:
300 g TK-Mischgemüse
50 ml salzarme Hühnerbrühe (S. 84)
1 TL heller Instant-Soßenbinder

Für das Omelett:
4 Eier (Gewichtsklasse 3)
1/2 TL heller Instant-Soßenbinder
2 EL Sonnenblumenöl
1 TL feingehackte Petersilie

- Das Gemüse mit der Brühe in einem Stieltopf erhitzen und 3–5 Minuten dünsten.
- Den Soßenbinder hineinrühren und die Füllung warm halten.
- Die Eier trennen, die Eiweiß sehr steif schlagen, dann vorsichtig die Eigelb und den Soßenbinder unterheben.
- Das Öl in einer beschichteten Pfanne erhitzen, ein Viertel der Eimasse hineingießen und ein Omelett backen.
- Sowie die Oberfläche fest ist, die Füllung darauf verteilen, das Omelett auf eine warme Platte geben und zusammenschlagen.
- Aus dem restlichen Teig drei weitere Omeletts backen und füllen.
- Mit etwas Petersilie bestreut servieren.

Tip: Wer einen hohen Cholesterinspiegel hat, nimmt statt der 4 Eier nur 1 Ei und 6 Eiweiß.

Omelett mit asiatischer Füllung

Arbeitsaufwand:
15 Minuten
Kochzeit:
10 Minuten
Für 4 Personen

1 Portion enthält:

kJ/kcal	*651/155*	*Kohlenhydrate*	*4g*
Eiweiß	*9g*	*Ballaststoffe*	*2g*
Fett total	*12g*	*BE*	*0,5*
Cholesterin	*314mg*	*Natrium*	*69mg*
Unges. Fettsäuren	*2g*		

Für die Füllung:
50 g frische Sojabohnenkeime
2 dünne Stangen Lauch
1 EL Erdnußöl
100 ml salzarme Gemüsebrühe
2 EL dunkle Sojasoße
1 TL heller Instant-Soßenbinder

Für das Omelett:
4 Eier (Gewichtsklasse 3)
1 EL Wasser
1 EL dunkle Sojasoße
1 EL Erdnußöl

- Sojabohnenkeime blanchieren und abtropfen lassen.
- Den Lauch in feine Ringe schneiden.
- Das Öl in einer beschichteten Pfanne mit dickem Boden erhitzen. Den Lauch dazugeben und bei nicht zu starker Hitze unter Rühren 5 Minuten andünsten.
- Die Sojakeime zufügen und mit der Brühe ablöschen. Den Deckel auflegen und den Pfanneninhalt in 3 Minuten knapp garen.
- Mit der Sojasoße kräftig abschmecken und mit dem Soßenbinder leicht andicken.
- Die Eier mit Wasser und Sojasoße sehr gut verschlagen.
- Das Öl in einer beschichteten Pfanne mit dickem Boden erhitzen. Die Eimasse hineingießen, den Deckel auflegen und bei mäßiger Wärme das Omelett langsam stocken lassen.
- Die Gemüsemischung darauf geben, das Omelett aus der Pfanne auf eine Platte gleiten lassen und dabei zusammenklappen.

Tip: Wer auf Cholesterin achten muß, macht die Omeletts aus 1 Ei und 6 Eiweiß.

Omelett mit Käsecreme

Arbeitsaufwand:
8 Minuten
Kochzeit:
6 Minuten
Für 4 Personen

1 Portion enthält:

kJ/kcal	*983/234*	*Kohlenhydrate*	*2g*
Eiweiß	*13g*	*Ballaststoffe*	*0g*
Fett total	*19g*	*BE*	*0,25*
Cholesterin	*337mg*	*Natrium*	*438mg*
Unges. Fettsäuren	*1g*		

Für die Füllung:
100 g Edelpilzkäse
4 EL Magerjoghurt
2 EL Portwein oder Madeira

Für das Omelett:
4 Eier (Gewichtsklasse 3)
1/2 TL heller Instant-Soßenbinder
2 EL Sonnenblumenöl

- Den Edelpilzkäse mit einer Gabel zerdrücken, dann mit Joghurt und Portwein zu einer cremig-dickflüssigen Masse verrühren.
- Die Eier trennen und das Eiweiß mit dem elektrischen Schneebesen sehr steif schlagen. Eigelb und Soßenbinder vorsichtig unter den Eischnee heben.
- In einer beschichteten Pfanne mit dickem Boden das Öl erhitzen. Die Eimasse hineingeben, den Deckel auflegen und bei mäßiger Hitze das Omelett fest werden lassen.
- Den Käse darauf verteilen und die Pfanne ohne Deckel kurz unter den Grill schieben.

- Das Omelett auf eine Platte geben und zusammenklappen.

Tip: Wer zu hohe Cholesterinwerte hat, verwendet 1 Ei und 6 Eiweiß für das Omelett.

Spinatpfannkuchen

Arbeitsaufwand:
20 Minuten
Kochzeit:
15 Minuten
Backzeit:
10 Minuten
Für 4 Personen

1 Portion enthält:

kJ/kcal	*1285/306*	*Kohlenhydrate*	*27g*
Eiweiß	*22g*	*Ballaststoffe*	*2g*
Fett total	*12g*	*BE*	*2,25*
Cholesterin	*84mg*	*Natrium*	*189mg*
Unges. Fettsäuren	*3g*		

Für die Pfannkuchen:
50 g TK-Spinat
100 g Mehl
1 Ei (Gewichtsklasse 3)
1 Eiweiß (Gewichtsklasse 3)
250 ml entrahmte Milch (0,3%)
1 TL natives Olivenöl
1/4 TL Salz
2 EL Sonnenblumenöl

Für die Füllung:
250 g TK-Spinat
250 g Magerquark
1 Eiweiß (Gewichtsklasse 3)
3 EL geriebener Parmesan
je 1 Pr Muskat und Pfeffer

Für die Soße:
400 g salzarme Tomaten aus der Dose
1 TL natives Olivenöl
je 1/4 TL Basilikum, Majoran und Thymian
je 1 Pr Salz und Zucker

- Den Spinat auftauen lassen.
- Alle Zutaten für den Pfannkuchenteig, bis auf das Sonnenblumenöl, in eine Schüssel geben und rasch mit den Schneebesen des

Handrührgeräts zu einem glatten Teig verrühren.

- Das Öl erhitzen und 8 gleichmäßig dünne, nicht zu dunkle Pfannkuchen backen und aufeinanderstapeln.
- Den Backofen auf 180 °C vorheizen.
- Die Zutaten für die Füllung miteinander verrühren und jeweils 1 EL als Streifen in der Mitte der Pfannkuchen verteilen.
- Die Pfannkuchen aufrollen und in eine leicht eingefettete flache Auflaufform geben.
- Auf der mittleren Schiene im heißen Ofen 10 Minuten backen.
- Für die Soße die Tomaten pürieren und mit den restlichen Zutaten unter Rühren in einem kleinen Stieltopf etwas einkochen lassen.
- Abschmecken und vor dem Servieren über die Pfannkuchen gießen.

Rührei mit Frischkäse

Arbeitsaufwand:
3 Minuten
Kochzeit:
3 Minuten
Für 4 Personen

1 Portion enthält:

kJ/kcal	*685/163*	*Kohlenhydrate*	*3g*
Eiweiß	*13g*	*Ballaststoffe*	*1g*
Fett total	*10g*	*BE*	*0,25*
Cholesterin	*314 mg*	*Natrium*	*183 mg*
Unges. Fettsäuren	*1g*		

1 Tomate
4 Eier (Gewichtsklasse 3)
2 EL Wasser
1/4 TL Salz
frischgemahlener weißer Pfeffer
1 EL Sonnenblumenöl
200 g körniger Frischkäse
1 TL feingehackte Zwiebelwürfel
je 1 TL feingehackte Petersilie und Schnittlauch

- Die Eier mit Wasser, Salz und Pfeffer gründlich verschlagen.
- Das Öl in einer beschichteten Pfanne erhitzen. Darin die Eimasse bei mäßiger Hitze zunächst etwas stocken lassen, dann rühren.
- Sind die Eier beinahe fest, die Pfanne von der Kochstelle nehmen und den Frischkäse unterheben.
- Die Tomate in Scheiben schneiden.
- Die Rühreier mit Tomatenscheiben und Zwiebelwürfeln garnieren und alles mit etwas Petersilie und Schnittlauch bestreuen.

Tip: Wer auf seinen Cholesterinspiegel achten muß, bereitet das Rührei aus 1 Ei und 6 Eiweiß zu.

Rührei mit Champignons

Arbeitsaufwand:
8 Minuten
Kochzeit:
7 Minuten
Für 4 Personen

1 Portion enthält:

kJ/kcal	*487/116*	*Kohlenhydrate*	*1g*
Eiweiß	*8g*	*Ballaststoffe*	*1g*
Fett total	*6g*	*BE*	*0,25*
Cholesterin	*314 mg*	*Natrium*	*72 mg*
Unges. Fettsäuren	*3g*		

200 g kleine Champignons
1 EL Zitronensaft
1 EL Sonnenblumenöl
4 Eier (Gewichtsklasse 3)
Salz
Pfeffer
1 TL feingehackte Petersilie

- Die Pilze putzen, vierteln und mit Zitronensaft benetzen.
- In einer beschichteten Pfanne das Öl erhitzen. Darin die Pilze 3–4 Minuten dünsten. Dabei kräftig rühren, damit die Flüssigkeit verdunstet.
- Die Eier mit Salz und Pfeffer verschlagen.
- In die Pfanne geben und bei mäßiger Hitze stocken lassen, dann etwas rühren.
- Von der Kochstelle nehmen und mit Petersilie bestreuen.

Tip: Wer sich cholesterinarm ernähren muß, nimmt für das Rührei 1 Ei und 6 Eiweiß.

Rührei mit Lauch

Arbeitsaufwand:
15 Minuten
Kochzeit:
30 Minuten
Für 4 Personen

1 Portion enthält:

kJ/kcal	*676/161*	*Kohlenhydrate*	*8g*
Eiweiß	*12g*	*Ballaststoffe*	*2g*
Fett total	*9g*	*BE*	*0,75*
Cholesterin	*157mg*	*Natrium*	*144mg*
Unges. Fettsäuren	*3g*		

800 g Lauch
250 ml entrahmte Milch (0,3%)
1 Msp gemahlener Safran
1/4 TL Salz
frischgemahlener weißer Pfeffer
4 Eier (Gewichtsklasse 3)
1 EL natives Olivenöl
2 EL feingehackte geröstete Walnüsse (S. 40)
1 EL feingehackte Petersilie

- Die grünen Blatteile des Lauchs entfernen. Dann den Lauch waschen und in fingerbreite Streifen schneiden.
- Mit Milch, Safran, Salz und Pfeffer 20 Minuten in einem geschlossenen dickwandigen Topf garen.
- Zusammen mit der Kochflüssigkeit im Mixer oder mit dem Schneidstab des Handrührers zu einem dicken Brei pürieren.
- Die Eier mit dem Handrührer gut verschlagen und den Lauchbrei dazugeben.
- In einer beschichteten Pfanne mit dickem Boden das Öl erhitzen und das Rührei bei nicht zu großer Wärme langsam, unter gelegentlichem Rühren stocken lassen.
- Mit Nüssen und Petersilie bestreut gleich servieren.

Tip: Wer zu hohe Cholesterinwerte hat, nimmt 1 Ei und 6 Eiweiß.

Krautpudding

Arbeitsaufwand:
25 Minuten
Kochzeit:
5 Minuten
Backzeit:
90 Minuten
Für 4 Personen

1 Portion enthält:

kJ/kcal	*470/112*	*Kohlenhydrate*	*14g*
Eiweiß	*8g*	*Ballaststoffe*	*6g*
Fett total	*4g*	*BE*	*1,25*
Cholesterin	*78mg*	*Natrium*	*100mg*
Unges. Fettsäuren	*+*		

4 große Weißkohlblätter
300 g früher Weißkohl
150 g Lauch
150 g Möhren
1 EL Diätmargarine
1 Ei (Gewichtsklasse 3)
1 Eiweiß (Gewichtsklasse 3)
200 ml entrahmte Milch (0,3%)
2 EL feingehackte Zwiebeln
1/2 TL Salz
frischgemahlener weißer Pfeffer
4 EL feingehackte gemischte frische oder TK-Kräuter

- Den Backofen auf 200°C vorheizen.
- Die Kohlblätter 3–4 Minuten in kochendem Wasser blanchieren, damit sie geschmeidig werden.
- Den Weißkohl, den Lauch und die Möhren fein schneiden.
- Eine Auflaufform von 20cm Ø mit der Diätmargarine einfetten und mit den Kohlblättern so auslegen, daß sie nachher über die Füllung gelegt werden können.
- Das Gemüse sortenweise 5 Minuten in etwas Wasser dünsten.
- Abwechselnd erst den Kohl, dann die Möhren und den Lauch in die Form schichten und alles fest andrücken.
- Die restlichen Zutaten miteinander verschlagen und über das Gemüse gießen.
- Die Füllung mit den Kohlblättern und die Form mit Alufolie abdecken.
- Die Auflaufform in eine größere feuerfeste Schüssel mit kochendem Wasser stellen und auf einem Rost auf der mittleren Schiene des Backofens garen.
- Den fertigen Krautpudding 10 Minuten ruhen lassen, dann aufschneiden.

Chinesisches Gemüse mit Nudeln

Arbeitsaufwand:
20 Minuten
Kochzeit:
15 Minuten
Für 4 Personen

150 g chinesische Eiernudeln
30 g Ingwer
2 Knoblauchzehen
2 Frühlingszwiebeln
100 g Sellerie
2 Möhren
150 g Champignons
1 EL Zitronensaft
150 g Brokkoliröschen
200 g Tofu
1 EL Sojaöl
200 ml ungesalzene Gemüsebrühe
je 1 EL Sojasoße und trockener Sherry
1 EL heller Instant-Soßenbinder
1/2 TL Zucker
1 EL feingeschnittenes Zwiebelgrün
1 TL Sesamöl nach Belieben

- Die Nudeln nach Gebrauchsanweisung in reichlich kochendem Wasser garen. Abtropfen lassen und warm stellen.
- Den Ingwer und die Knoblauchzehen kleinhacken. Die Frühlingszwiebeln in feine Ringe, den Sellerie in Stifte und die Möhren und Champignons in dünne Scheiben schneiden und diese mit Zitronensaft beträufeln. Den Tofu würfeln.
- Das Öl in einem großen Wok oder einer sehr großen beschichteten Pfanne mit dickem Boden rauchend heiß werden lassen. Darin Ingwer und Knoblauch etwa 30 Sekunden braten, dann an den Pfannen- oder Wokrand schieben.
- Das Gemüse in die Pfanne geben und 2–3 Minuten braten. Dabei kräftig rühren und das Gemüse wenden.
- Mit etwas Gemüsebrühe ablöschen und zugedeckt 3 Minuten dünsten; das Gemüse muß noch bißfest sein.
- Die restliche Brühe mit Sojasoße, Sherry, Soßenbinder und Zucker verrühren und an die Gemüsemischung geben. Alles einmal aufkochen lassen.
- Die Tofuwürfel und die Nudeln untermengen. Das Gericht abschmecken.
- Mit grünen Zwiebelringen garnieren, nach Belieben mit dem Sesamöl beträufeln und in dem Wok oder der Pfanne auftragen.

Variante: Die chinesischen Eiernudeln können durch Spaghettini ersetzt werden und die Frühlingszwiebeln durch 1 in dünne Ringe gehobelte Zwiebel. Statt Knollensellerie kann man 2 Selleriestangen verwenden, die in Scheiben geschnitten werden.

1 Portion enthält:	
kJ/kcal	*1100/262*
Eiweiß	*13g*
Fett total	*7g*
Cholesterin	*0mg*
Unges. Fettsäuren	*+*
Kohlenhydrate	*33g*
Ballaststoffe	*g*
BE	*2,75*
Natrium	*78mg*

Gefüllte Paprikaschoten

Arbeitsaufwand:
10 Minuten
Garzeit:
60 Minuten
Für 4 Personen

1 Portion enthält:

kJ/kcal	*508/121*	*Kohlenhydrate*	*17g*
Eiweiß	*7g*	*Ballaststoffe*	*4g*
Fett total	*3g*	*BE*	*1,5*
Cholesterin	*6mg*	*Natrium*	*37mg*
Unges. Fettsäuren	+		

100 g Natur- und Wildreismischung
200 ml Wasser
300 g TK-Gemüsemischung
4 EL Wasser
2 EL geriebener Emmentaler
2 EL saure Sahne
1/4 TL Salz
frischgemahlener weißer Pfeffer
4 mittelgroße grüne Paprikaschoten
1/4 l Tomatensoße (S. 211) nach Belieben

- Den Reis nach Packungsvorschrift garen.
- Die TK-Gemüsemischung mit 2 EL Wasser in einer Schüssel zugedeckt im Mikrowellengerät bei 100% in 8 Minuten garen. Nach der halben Garzeit einmal umrühren.
- Mit dem Reis, dem Käse und der Sahne verrühren und mit Salz und Pfeffer würzen.
- Die Paprikaschoten längs aufschneiden und entkernen. In eine mikrowellengeeignete Form legen, 2 EL Wasser dazugeben und zugedeckt bei 100% in der Mikrowelle 5 Minuten vorgaren. Nach der halben Garzeit in der Schüssel drehen und wenden.
- Die Paprikaschoten innen salzen und pfeffern, mit dem Gemüsereis füllen und wieder in die Form setzen.
- Den Deckel auf die Form legen und 13 Minuten bei 100% garen. Besonders gut werden die Paprikaschoten, wenn man während der letzten 3 Minuten Garzeit den Grill dazuschaltet.
- Nach Belieben beim letzten Garen die Tomatensoße zu den Paprikaschoten in die Form geben oder extra servieren.

Gefüllte Auberginen

Arbeitsaufwand:
20 Minuten
Kochzeit:
25 Minuten
Backzeit:
45 Minuten
Für 4 Personen

1 Portion enthält:

kJ/kcal	*1180/281*	*Kohlenhydrate*	*31g*
Eiweiß	*14g*	*Ballaststoffe*	*8g*
Fett total	*12g*	*BE*	*2,75*
Cholesterin	*9mg*	*Natrium*	*177mg*
Unges. Fettsäuren	+		

100 g Natur- und Wildreismischung
200 ml Wasser
2 große Auberginen
1/4 TL Salz
frischgemahlener weißer Pfeffer
2 EL Zitronensaft
2 Zwiebeln
1 Knoblauchzehe nach Belieben
200 g Champignons
1 große Tomate
100 g salz- und fettarmer Gouda (30%)
2 EL natives Olivenöl
1 Msp Thymian
250 ml salzarme Gemüsebrühe
1 EL heller Instant-Soßenbinder
3 EL Tomatenmark
4 EL Magerjoghurt

- Den Reis mit Wasser in einem kleinen zugedeckten Topf aufkochen und in 25 Minuten ausquellen lassen.
- Den Backofen auf 180 °C vorheizen.
- Die Auberginen der Länge nach halbieren und bis auf einen 5 mm dicken Rand aushöhlen. Mit Salz und Pfeffer leicht würzen und mit etwas Zitronensaft bepinseln. Das Fruchtfleisch der Auberginen klein würfeln.
- Zwiebel, Knoblauchzehe und Champignons kleinhacken und diese mit dem restlichen Zitronensaft beträufeln. Die Tomate schälen und würfeln. Den Käse reiben.
- 1 EL Öl in einem Topf erhitzen. Darin die Zwiebelwürfel und den Knoblauch hell andünsten. Die Pilze mit den Auberginen-, Tomatenwürfeln und dem Thymian dazugeben.

- Alles 5 Minuten unter Rühren schmoren lassen. Dann Reis und Käse dazugeben.
- Eine flache Auflaufform mit dem restlichen Öl bepinseln, die Auberginen hineinlegen und füllen. Die Brühe seitlich aufgießen.
- Die Auberginen auf der mittleren Schiene 45 Minuten backen. Die Form während der ersten 20 Minuten mit Alufolie abdecken, damit das Gemüse nicht austrocknet.
- Auf vier warme Teller verteilen.
- Die Soße mit Soßenbinder und Tomatenmark aufkochen und abschmecken. Von der Kochstelle nehmen und den Joghurt untermischen. Zum Gemüse reichen.

Abbildung S. 196/197

Brokkolipastete

Arbeitsaufwand: **20 Minuten**
Kochzeit: **5 Minuten**
Kühlzeit: **20 Minuten**
Backzeit: **30–35 Minuten**
Für 4 Personen

1 Portion enthält:

kJ/kcal	*2461/586*	*Kohlenhydrate*	*52g*
Eiweiß	*24g*	*Ballaststoffe*	*10g*
Fett total	*32g*	*BE*	*4,5*
Cholesterin	*250mg*	*Natrium*	*189mg*
Unges. Fettsäuren	*13g*		

Für den Teig:
250 g Weizenmehl, Type 550
100 g Diätmargarine
1 Ei (Gewichtsklasse 3)
3–4 EL Wasser
1/4 TL Salz

Für die Füllung:
500 g Brokkoliröschen
300 g Blumenkohlröschen
200 g grobgehackter TK-Spinat
1/2 EL Diätmargarine
2 EL sehr klein gehackte Zwiebelwürfel
2 Eier (Gewichtsklasse 3)
2 Eiweiß (Gewichtsklasse 3)
150 ml saure Sahne
Muskat
frischgemahlener weißer Pfeffer
2 EL geriebener salz- und fettarmer Gouda (30%)

- Den Backofen auf 200°C vorheizen.
- Die Zutaten für den Teig in einer Schüssel zunächst mit den Knethaken des Handrührers, dann rasch mit einer Hand zu einem geschmeidigen Teig verkneten. In Folie einschlagen und kalt stellen.
- Die Brokkoli- und Blumenkohlröschen in kochendem Wasser etwa 3–4 Minuten blanchieren. Gut abtropfen lassen.
- Den Spinat antauen lassen.
- Den Teig zwischen zwei Lagen Kunststofffolie ausrollen und Boden und Ränder einer runden, mit Margarine gefetteten Pastetenform damit auskleiden. Mit einer Gabel den Teig mehrmals einstechen, damit er keine Blasen wirft.
- Das Gemüse und die Zwiebelwürfelchen darauf verteilen.
- Eier, Eiweiß, Sahne und Gewürze gut verschlagen und über das Gemüse gießen. Mit Käse bestreuen.
- Auf einem Rost auf der untersten Schiene in 30–35 Minuten backen und in der Form auftragen.

Weißkohlkuchen

Arbeitsaufwand: **25 Minuten**
Gärzeit: **30 Minuten**
Garzeit: **20 Minuten**
Backzeit: **40 Minuten**
Für 4 Personen

Für den Teig:
150 ml entrahmte Milch (0,3%)
1/2 TL Zucker
1/2 Würfel Hefe
2 EL Maiskeimöl
1/4 TL Salz
250 g Weizenvollkornmehl, Type 1700
1/2 EL Diätmargarine

Für den Belag:
200 g Schafskäse
1 Zwiebel
je 1 kleine rote und grüne Paprikaschote
400 g Weißkohl
2 EL Maiskeimöl
125 ml salzarme Fleischbrühe (S. 84)
1/2 TL Salz
Paprika edelsüß
1 Bund Schnittlauch
200 g Magerjoghurt
2 Eier (Gewichtsklasse 3)
1 TL heller Instant-Soßenbinder

- Milch mit Zucker und Hefe gut verschlagen.
- Öl, Salz und Mehl zugeben und den Teig mit dem Knethaken des Handrührgeräts kneten, bis er sich vom Schüsselrand löst.
- Zugedeckt an einer warmen Stelle 30 Minuten gehen lassen.
- Den Käse wässern.
- Die Zwiebel in Ringe und die Paprikaschoten in Streifen schneiden. Den Weißkohl fein hobeln.
- Das Öl in einem breiten Topf erhitzen. Zunächst die Zwiebelringe darin andünsten, dann das übrige Gemüse mit Brühe und Gewürzen zugeben und zugedeckt bei mäßiger Hitze in 15 Minuten knapp garen.
- Die Kochflüssigkeit abgießen und das Gemüse etwas abkühlen lassen.
- Den Käse würfeln, Schnittlauch kleinschneiden und mit 150 g Käse und den restlichen Zutaten verschlagen. Das Gemüse daruntergeben.
- Den Backofen auf 200 °C vorheizen.
- Eine Springform von 26 cm Ø mit der Margarine ausfetten und den Boden und einen 3 cm hohen Rand mit dem Hefeteig auskleiden. Einige Male mit der Gabel einstechen.
- Die Gemüsemischung hineingeben, die Oberfläche flach drücken und mit dem restlichen Käse bestreuen. Auf der untersten Schiene goldbraun backen.

1 Portion enthält:

kJ/kcal	*1453/346*	*Kohlenhydrate*	*15 g*
Eiweiß	*28 g*	*Ballaststoffe*	*5 g*
Fett total	*15 g*	*BE*	*1,25*
Cholesterin	*176 mg*	*Natrium*	*95 mg*
Unges. Fettsäuren	*1 g*		

Normannischer Käsekuchen

Arbeitsaufwand: **25 Minuten**
Gärzeit: **30 Minuten**
Garzeit: **20 Minuten**
Backzeit: **30 Minuten**
Für 4 Personen

1 Portion enthält:

kJ/kcal	*1751/417*	*Kohlenhydrate*	*35g*
Eiweiß	*23g*	*Ballaststoffe*	*6g*
Fett total	*21g*	*BE*	*3*
Cholesterin	*31mg*	*Natrium*	*24mg*
Unges. Fettsäuren	*1g*		

Für den Teig:
125 ml entrahmte Milch (0,3%)
1/2 TL Zucker
1/2 Würfel Hefe
1 EL Maiskeimöl
1/4 TL Salz
200 g Weizenvollkornmehl, Type 1700
1/2 EL Diätmargarine

Für den Belag:
1 Zwiebel
1 kleine rote Paprikaschote
250 g fettarmer Brie (30%)
1 TL Sojaöl
2 EL feingehackte gemischte Kräuter

- Die Zutaten für den Teig, bis auf die Margarine, mit den Knethaken des Handrührgeräts so lange kneten, bis er sich vom Schüsselrand löst.
- Abgedeckt an einer warmen Stelle 20 Minuten gehen lassen.
- Den Backofen auf 200°C vorheizen.
- Die Zwiebel in Ringe, die Paprikaschote in Streifen und den Brie in Scheiben schneiden.
- Das Öl in einem Topf erhitzen. Darin die Zwiebelringe andünsten. Die Paprikastreifen zugeben und zugedeckt bei mäßiger Hitze in 15 Minuten knapp garen.
- Eine Springform von 26cm Ø mit Margarine ausfetten. Den Boden und einen 3cm hohen Rand mit dem Hefeteig auskleiden. Mehrmals mit der Gabel einstechen.
- Die Gemüsemischung hineingeben, andrücken und mit den Käsescheiben schuppenartig belegen. 10 Minuten gehen lassen.
- Auf der zweituntersten Schiene goldbraun backen. Mit Kräutern bestreut servieren.

Auberginengratin

Arbeitsaufwand:
20 Minuten
Backzeit:
40 Minuten
Für 4 Personen

1 Portion enthält:

kJ/kcal	*865/206*	*Kohlenhydrate*	*11g*
Eiweiß	*14g*	*Ballaststoffe*	*3g*
Fett total	*12g*	*BE*	*1*
Cholesterin	*17mg*	*Natrium*	*141mg*
Unges. Fettsäuren	*1g*		

500 g Auberginen
2 EL Zitronensaft
1 EL natives Olivenöl extra
1 Msp Salz
400 g salzfreie Tomaten aus der Dose
1–2 Knoblauchzehen
Oregano und getrocknetes Basilikum
1/2 TL Salz
1 TL natives Olivenöl extra
125 g Magerquark
2 EL geriebener Parmesan
5 EL entrahmte Milch (0,3%)
1 Msp Salz
4 EL geriebener Emmentaler Käse
4 EL Paniermehl
1 EL Diätmargarine

- Auberginen waschen, trocknen und ungeschält der Länge nach in 5mm dicke Scheiben schneiden. Mit Zitronensaft und Öl einreiben und leicht salzen.
- Tomaten pürieren und zerdrückten Knoblauch, Oregano, Basilikum und Salz zugeben.
- Den Backofen auf 200°C vorheizen.
- Eine flache Auflaufform dünn mit Öl auspinseln. Ein Drittel des Tomatenpürees in die Auflaufform geben und eine Schicht Auberginen darauf verteilen.
- Den Quark mit Parmesan, Milch und Salz verrühren und auf die Auberginen geben. Erneut Tomatenpüree und Auberginen in die Form schichten. Mit einer Lage Tomatenpüree abschließen.
- Den Käse mit Paniermehl mischen und darüber streuen. Darauf Fettflöckchen verteilen.
- 40 Minuten auf der mittleren Schiene backen. Ist die Oberfläche noch nicht knusprig braun, kurz den Grill dazuschalten.

Gemüselasagne

Arbeitsaufwand:
20 Minuten
Kochzeit:
15 Minuten
Backzeit:
35–40 Minuten
Für 4 Personen

1 Portion enthält:

kJ/kcal	*1474/351*	*Kohlenhydrate*	*46 g*
Eiweiß	*17 g*	*Ballaststoffe*	*3 g*
Fett total	*8 g*	*BE*	*4*
Cholesterin	*7 mg*	*Natrium*	*121 mg*
Unges. Fettsäuren	*+*		

3–4 Knoblauchzehen
1 große Zwiebel
250 g Zucchini
250 g Champignons
1 EL Zitronensaft
1 1/2 EL natives Olivenöl
50 ml salzarme Gemüsebrühe
150 g TK-Erbsen
1/4 TL Salz
1/4 TL Oregano
300 ml entrahmte Milch (0,3 %)
3 EL Mehl
40 g geriebener Parmesan
frischgemahlener weißer Pfeffer
1 Pr Cayennepfeffer
150 g eifreie Lasagne

- Die Knoblauchzehen kleinhacken und die Zwiebel klein würfeln. Zucchini und Champignons in Scheiben schneiden und diese mit Zitronensaft beträufeln.
- In einem Topf die Zwiebelwürfel in 1 EL heißem Öl andünsten. Nach 2 Minuten die Knoblauchzehen zufügen und mit Brühe ablöschen.
- Zucchini und Champignons dazugeben. Einen Deckel auflegen und das Gemüse 3 Minuten dünsten.
- Erbsen, Salz und Oregano zufügen und alles nochmals 3 Minuten garen.
- In einem zweiten Topf die Milch mit dem Mehl unter Rühren aufkochen. Mit 2 EL Parmesan, Pfeffer und Cayenne abschmecken.
- Den Backofen auf 200 °C vorheizen.
- Eine flache eckige Auflaufform mit dem restlichen Öl ausfetten. Lagenweise abwechselnd Lasagne – sie müssen nicht vorher gegart werden –, Gemüse und Käsesoße in die Form geben. Die oberste Schicht sollte aus Nudeln und Käsesoße bestehen. Diese mit dem restlichen Parmesan bestreuen.
- Mit Alufolie abdecken. Auf der mittleren Schiene in den Backofen schieben. Nach 20 Minuten die Folie abnehmen und die Lasagne fertigbacken.
- In der Form auftragen.

Gemüseauflauf mit Reis

Arbeitsaufwand:
30 Minuten
Backzeit:
35–40 Minuten
Für 4 Personen

Für den Reisteig:
150 g Naturreis
375 ml salzarme Hühnerbrühe (S. 84)
2 EL geriebener salz- und fettarmer Gouda (30 %)
1 Eiweiß (Gewichtsklasse 3)
1 EL Diätmargarine

Für die Füllung:
1 große Zwiebel
2 Möhren
1 Zucchini
1/4 TL Majoran
200 ml salzarme Hühnerbrühe (S. 84)
1 Ei (Gewichtsklasse 3)
2 Eiweiß (Gewichtsklasse 3)
100 g salz- und fettarmer Gouda (30 %)
200 ml entrahmte Milch (0,3 %)
1/4 TL Salz
Muskat
frischgemahlener weißer Pfeffer

- Den Reis in der Brühe aufkochen und 20 Minuten ausquellen lassen.
- Kurz abkühlen lassen, mit Käse und Eiweiß vermengen und damit eine große, runde, eingefettete Auflaufform auskleiden.
- Den Backofen auf 200 °C vorheizen.
- Die Zwiebel dünn hobeln. Die Möhren und die Zucchini grob reiben.
- Das Gemüse in einem kleinen geschlossenen Topf in der Brühe mit Majoran in 8 Minuten knapp garen; die letzten 3 Minuten den Deckel abnehmen und die Kochflüssigkeit einkochen lassen. Abkühlen lassen.

● Den Käse reiben und mit dem Ei und dem Eiweiß, der Milch und den Gewürzen vermischen. Das Gemüse untermengen und auf den Reisteig verteilen.
● Auf einem Rost auf der zweitobersten Schiene goldbraun backen. Mit Salat zu Tisch bringen.

Variante: Das Rezept kann auf vielerlei Weise variiert werden, etwa mit Couscous, Hirse- oder Maisbrei statt Reis. Oder man gibt Blumenkohl- oder Brokkoliröschen, rote und grüne Paprikastreifen, geriebenen Sellerie oder Kohlrabi oder feine Wirsingstreifen zu. Es eignet sich auch ausgezeichnet zur Resteverwertung.

1 Portion enthält:

kJ/kcal	*1247/297*	*Kohlenhydrate*	*34g*
Eiweiß	*19g*	*Ballaststoffe*	*3g*
Fett total	*8g*	*BE*	*3*
Cholesterin	*106mg*	*Natrium*	*255mg*
Unges. Fettsäuren	*1g*		

Zucchiniauflauf

Arbeitsaufwand:
10 Minuten
Kochzeit:
5 Minuten
Backzeit:
20 Minuten
Für 4 Personen

1	**Zwiebel**
700 g	**kleine Zucchini**
1 EL	**Sonnenblumenöl**
3 EL	**Wasser**
1 1/2 EL	**Diätmargarine**
100 g	**salz- und fettarmer Gouda (30%)**
4	**Eier (Gewichtsklasse 3)**
100 g	**Schlagsahne (30%)**
100 g	**Magerjoghurt**
150 g	**Paniermehl**
	Muskat

● Die Zwiebel zunächst kleinwürfelig und die Zucchini in Scheiben schneiden.
● Das Öl in einem breiten Topf mit dickem Boden erhitzen. Zuerst die Zwiebelwürfel, dann die Zucchinischeiben mit dem Wasser hineingeben. Die Hitze zurückschalten und den Deckel auflegen.
● Das Gemüse in 5 Minuten bißfest dünsten. Dabei gelegentlich wenden.
● Den Backofen auf 200°C vorheizen.
● Eine flache Auflaufform mit etwas Margarine ausfetten. Das Gemüse hineingeben.
● Den Käse reiben, mit Eiern, Sahne, Joghurt, zwei Dritteln vom Paniermehl und Muskat gut verrühren und über das Gemüse gießen.
● Das übrige Paniermehl obenauf streuen und die restliche Margarine flöckchenweise auf dem Gemüse verteilen.
● Auf einem Rost auf der zweitobersten Schiene in 20 Minuten goldbraun backen und in der Form auftragen.

Tip: Wer auf seine Cholesterinwerte achten muß, nimmt statt der 4 Eier 1 ganzes Ei und 6 Eiweiß. Der Auflauf kann mit anderen Gemüsesorten nach Belieben abgewandelt werden.

1 Portion enthält:

kJ/kcal	*1936/461*	*Kohlenhydrate*	*10g*
Eiweiß	*23g*	*Ballaststoffe*	*2g*
Fett total	*25g*	*BE*	*1*
Cholesterin	*377mg*	*Natrium*	*235mg*
Unges. Fettsäuren	*1g*		

Ramequin

Das französische Wort bedeutet Käsegebackenes, bezeichnet aber auch die Auflaufform, in der es zubereitet wird.

Arbeitsaufwand:
5 Minuten
Backzeit:
25 Minuten
Für 4 Personen

1 Portion enthält:

kJ/kcal	*1688/402*	*Kohlenhydrate*	*32g*
Eiweiß	*26g*	*Ballaststoffe*	*5g*
Fett total	*19g*	*BE*	*2,75*
Cholesterin	*254mg*	*Natrium*	*623mg*
Unges. Fettsäuren	*4g*		

200 g **salz- und fettarmer Gouda (30%)**
2 1/2 EL **Diätmargarine**
250 g **Vollkorntoast**
350 ml **entrahmte Milch (0,3%)**
3 **Eier (Gewichtsklasse 3)**
Muskat
Cayennepfeffer

- Den Backofen auf 200°C vorheizen.
- Den Käse in Scheiben schneiden.
- Eine flache Auflaufform mit etwas Margarine ausfetten und schuppenartig abwechselnd Toast- und Käsescheiben einschichten.
- Die Milch mit den Eiern und den Gewürzen verschlagen und über die Brotscheiben gießen.
- Die restliche Margarine flöckchenweise auf dem Brotauflauf verteilen.
- Auf dem Rost auf der mittleren Schiene 25 Minuten backen. Noch heiß mit Tomatensalat auftragen.

Tip: Wer auf seine Cholesterinwerte achtgeben muß, bereitet den Käsebrotauflauf nicht mit 3 Eiern zu, sondern mit 1 Ei und 4 Eiweiß.

Variante: Zur Abwechslung kann man Tomatenscheiben oder gedünstete Zwiebelringe mit dem Käse und dem Brot einschichten. In die Eimilch gibt man feingehackte Petersilie oder gemischte Kräuter.

Maisauflauf

Mit Tomaten-, Pilz- oder Kräutersoße und Salat ein köstliches Essen.

Arbeitsaufwand:
3 Minuten
Kochzeit:
40 Minuten
Backzeit:
30 Minuten
Für 4 Personen

1 Portion enthält:

kJ/kcal	*1130/269*	*Kohlenhydrate*	*36g*
Eiweiß	*17g*	*Ballaststoffe*	*1g*
Fett total	*6g*	*BE*	*3*
Cholesterin	*10mg*	*Natrium*	*224mg*
Unges. Fettsäuren	*1g*		

300 g **TK-Maiskörner**
je 1 **rote und grüne kleine Paprikaschote**
1 **Chilischote**
100 g **salz- und fettarmer Gouda (30%)**
600 ml **entrahmte Milch (0,3%)**
75 g **Maisgrieß**
2 EL **feingehackte gemischte Kräuter**
frischgemahlener schwarzer Pfeffer
1/2 EL **Diätmargarine**

- Die TK-Maiskörner nach Packungsvorschrift garen und abtropfen lassen.
- Die Paprikaschoten sehr klein würfeln und die Chilischote kleinhacken.
- Den Gouda reiben.
- Die Milch in einem Topf zum Kochen bringen. Den Maisgrieß einrieseln lassen und in 20 Minuten unter ständigem Rühren garen. Dann den Topf noch 10 Minuten auf der Kochplatte stehen lassen.
- Den Backofen auf 200°C vorheizen.
- 2 EL von dem Gouda zur Seite tun und den Rest mit den übrigen Zutaten, bis auf die Margarine, unter den Maisbrei rühren.
- Die Masse in eine gut gefettete Auflaufform füllen. Die Oberfläche glattstreichen und mit geriebenem Käse bestreuen.
- Auf der mittleren Schiene backen.

Tip: Im Mikrowellengerät ist der Auflauf bei 100% in 8 Minuten heiß und muß dann nur noch 5 Minuten übergrillt werden. Den Mais kann man auch in der Mikrowelle garen.

Polenta mit Gemüsehaube

Arbeitsaufwand:
10 Minuten
Kochzeit:
35 Minuten
Backzeit:
25 Minuten
Für 4 Personen

1 Portion enthält:			
kJ/kcal	*1151/274*	*Kohlenhydrate*	*23 g*
Eiweiß	*15 g*	*Ballaststoffe*	*4 g*
Fett total	*12 g*	*BE*	*2*
Cholesterin	*166 mg*	*Natrium*	*286 mg*
Unges. Fettsäuren	*1 g*		

500 ml entrahmte Milch (0,3 %)
1/4 TL Salz
Muskat
50 g Maisgrieß
1 TL natives Olivenöl extra
300 g Möhren
300 g Zucchini
100 g salz- und fettarmer Gouda (30 %)
200 ml entrahmte Milch (0,3 %)
2 Eier (Gewichtsklasse 3)
1/4 TL Salz
2 EL feingehackte Petersilie
1 Knoblauchzehe
2 EL feingehackte Haselnüsse

- Den Backofen auf 200 °C vorheizen.
- Die Milch mit Salz und Muskat zum Kochen bringen, den Maisgrieß einrieseln lassen und unter Rühren 20 Minuten garen. Noch 10 Minuten quellen lassen.
- In eine geölte flache Auflaufform geben und die Oberfläche glattstreichen.
- Das Gemüse waschen, die Möhren putzen und wie die Zucchini auf einer groben Rohkostreibe reiben.
- Den Käse reiben.
- Milch, Eier, Salz und Petersilie verschlagen und mit Gemüse, Käse und zerdrücktem Knoblauch mischen. Auf die Polenta geben, glätten und mit Haselnüssen bestreuen.
- Auf der zweitobersten Schiene in etwa 25 Minuten goldbraun backen.

Tip: Bei hohen Cholesterinwerten die Eier gegen 4 Eiweiß austauschen.

Tofuwürfel in Tomatensoße

Zu diesem einfachen, aber schmackhaften Gericht passen alle Arten gekochter Nudeln.

Arbeitsaufwand:
2 Minuten
Kochzeit:
10 Minuten
Für 4 Personen

1 Portion enthält:			
kJ/kcal	*613/146*	*Kohlenhydrate*	*13 g*
Eiweiß	*8 g*	*Ballaststoffe*	*3 g*
Fett total	*6 g*	*BE*	*1,25*
Cholesterin	*0 mg*	*Natrium*	*13 mg*
Unges. Fettsäuren	*0 g*		

1 Zwiebel
2 Knoblauchzehen
800 g salzarme Tomaten aus der Dose
300 g Tofu
1 EL natives Olivenöl
4 EL dunkler trockener Rotwein
4 EL Orangensaft
1 Stück unbehandelte Orangenschale
1/2 Lorbeerblatt
je 1/2 TL Oregano und Basilikum
je 1/2 TL Thymian und Rosmarin
frischgemahlener weißer Pfeffer

- Die Zwiebel klein würfeln und die Knoblauchzehen kleinhacken.
- Die Tomaten pürieren.
- Den Tofu grob würfeln.
- Das Öl in einer beschichteten Pfanne erhitzen und die Zwiebel unter Rühren andünsten; dann den Knoblauch noch kurz mitbräunen.
- Die Tomaten mit dem Wein, dem Orangensaft und den Gewürzen dazugeben und die Soße in 8 Minuten etwas einkochen lassen. Dabei gelegentlich umrühren. Zuletzt alles würzig abschmecken.
- Die Tofuwürfel erst kurz vor dem Servieren unterrühren; sie sollen zwar heiß werden, dürfen aber nicht zerfallen.

Gebratener Tofu mit Reis

Arbeitsaufwand:
20 Minuten
Kochzeit:
20 Minuten
Für 4 Personen

1 Portion enthält:

kJ/kcal	*1277/304*	*Kohlenhydrate*	*40g*
Eiweiß	*13g*	*Ballaststoffe*	*5g*
Fett total	*10g*	*BE*	*3,5*
Cholesterin	+	*Natrium*	*63mg*
Unges. Fettsäuren	+		

150 g parboiled Langkornreis
300 ml Wasser
1 EL Sesamsamen
30 g Ingwer
2 Knoblauchzehen
1 Zwiebel
100 g Sellerie
2 Möhren
2 kleine Zucchini
400 g Tofu
1 EL Sojaöl
150 ml ungesalzene Gemüsebrühe
1 EL trockener Sherry oder Reiswein
1 EL Sojasoße
1 EL heller Instant-Soßenbinder
1 TL Sesamöl

- Den Reis mit Wasser in einem dickwandigen Topf mit festschließendem Deckel zum Kochen bringen und bei mäßiger Hitze in 20 Minuten ausquellen lassen.
- Den Sesamsamen im Mikrowellengerät bei 100% in 2 Minuten oder in der Pfanne unter Rühren in 4 Minuten rösten. Beiseite stellen.
- Den Ingwer und die Knoblauchzehen kleinhacken. Die Zwiebel klein würfeln und den Sellerie kleinschneiden. Die Möhren und die Zucchini jeweils in Scheiben schneiden. Den Tofu würfeln.
- Das Öl in einer beschichteten Pfanne oder im Wok sehr heiß werden lassen. Den Ingwer darin wenden, den Knoblauch dazugeben und beides hellgelb werden lassen.
- Das Gemüse mit dem Tofu zufügen und den Pfanneninhalt unter kräftigem Rühren 3–4 Minuten dünsten.
- Die Brühe, den Sherry oder Reiswein und die Sojasoße dazugeben, den Deckel auflegen und in 2 Minuten al dente garen.
- Den Soßenbinder breit darauf streuen und einmal aufkochen lassen.
- Den Reis auf vorgewärmte Teller verteilen und die Gemüse-Tofu-Mischung in die Mitte geben. Einige Tropfen Sesamöl darauf träufeln und den Sesamsamen darüber streuen.

Tip: Das Gemüse kann je nach Jahreszeit durch andere, schnell garende Sorten ersetzt werden. Knollensellerie kann gegen 1 Stange Staudensellerie ausgetauscht werden, die in Scheiben geschnitten wird. Da Sojasoße viel Salz enthält, sollte man von jeder weiteren Salzzugabe absehen.

Pizza mit Bohnen

Arbeitsaufwand:
50 Minuten
Backzeit:
30 Minuten
Für 4 Personen

Für den Teig:
300 ml entrahmte Milch (0,3%)
75 g Maisgrieß
40 g geriebener Parmesan
1 EL natives Olivenöl

Für den Belag:
1 Zwiebel
2 Knoblauchzehen
1 kleine grüne Paprikaschote
100 g Champignons
1 TL Zitronensaft
200 g salzarme konservierte Tomaten
125 g Mozzarella
je 1/2 TL Oregano und Basilikum
125 g Kidneybohnen aus der Dose

- Die Milch zum Kochen bringen. Den Maisgrieß einrieseln lassen, unter Rühren in 20 Minuten zu einem Brei kochen und 10 Minuten quellen lassen. 2 EL Parmesan unterrühren.
- Den Backofen auf 180°C vorheizen.
- Eine Pizzaform von 30cm Ø leicht mit etwas Öl ausfetten. Mit nassen Händen den Boden und einen kleinen erhöhten Rand mit dem Maisbrei auskleiden.
- Auf einem Rost auf der mittleren Schiene in 15 Minuten goldgelb vorbacken.
- Zwiebel und Knoblauchzehen kleinhacken. Die Paprikaschote in feine Streifen, die Champignons in Scheiben schneiden und mit Zitronensaft beträufeln.

- Die Tomaten kleinschneiden.
- Den Mozzarella in Scheiben schneiden.
- Das restliche Öl in einem kleinen Topf erhitzen. Zuerst die Zwiebel darin anbraten. Dann nach und nach den Knoblauch, die Paprikastreifen und die Champignons zufügen. Alles bei mäßiger Hitze 3 Minuten dünsten. Zuletzt die abgespülten, gut abgetropften Bohnen untermischen und würzen.
- Die Gemüsemischung auf den Pizzaboden verteilen und die Tomatenstücke darauf geben. Alles mit Mozzarellascheiben belegen und mit dem restlichen Parmesan bestreuen.
- Die Pizza 15 Minuten backen.

Variante: Der Belag schmeckt auch auf einem Boden aus Vollkorn- oder Weißmehl.

1 Portion enthält:

kJ/kcal	*1197/285*	*Kohlenhydrate*	*28g*
Eiweiß	*18g*	*Ballaststoffe*	*3g*
Fett total	*11g*	*BE*	*2,5*
Cholesterin	*7mg*	*Natrium*	*133mg*
Unges. Fettsäuren	*+*		

Vollkornpizza

Arbeitsaufwand:
20 Minuten
Gärzeit:
30–40 Minuten
Backzeit:
15 Minuten
Für 4 Personen

Für den Teig:
100 ml entrahmte Milch (0,3%)
1/2 Würfel Hefe
1/2 TL Zucker
75 g Weizenmehl, Type 405
75 g Weizenvollkornmehl, Type 1700
1 TL natives Olivenöl

Für den Belag:
2 Knoblauchzehen
1 mittelgroße grüne Paprikaschote
400 g salzarme Tomaten aus der Dose
125 g Mozzarella
2 EL natives Olivenöl
1/2 TL Oregano
1/2 TL Basilikum
1 Pr Thymian
1 Pr Cayennepfeffer

- Den Backofen auf 50 °C vorheizen.
- Die Milch mit Hefe und Zucker verrühren. Das Mehl zugeben und mit den Knethaken des Handrührgeräts zu einem glatten Teig verkneten, bis sich die Teigkugel vom Schüsselrand löst.
- Mit Öl bepinseln und zugedeckt für 20 Minuten in den warmen Backofen stellen.
- Die Knoblauchzehen kleinhacken. Die Paprikaschoten in Streifen und die Tomaten kleinschneiden.
- Den Mozzarella in Scheiben schneiden.
- Für den Belag 1EL Öl erhitzen und den Knoblauch darin anbraten, dann die Paprikastreifen halbweich dünsten. Tomaten und Gewürze zugeben und in 5 Minuten etwas einkochen lassen.
- Den Ofen auf 220 °C vorheizen.
- Eine Pizzaform mit Öl ausfetten.
- Den aufgegangenen Teig in die Form geben und einen kleinen erhöhten Rand formen. Die Oberfläche dünn mit Öl einfetten.
- Darauf das Gemüse und dann den Mozzarella verteilen.
- Die Pizza nochmals etwa 15 Minuten an warmer Stelle gehen lassen.
- Auf einen Rost auf die zweitunterste Schiene in den Ofen schieben und 15 Minuten backen.

1 Portion enthält:

kJ/kcal	*1264/301*	*Kohlenhydrate*	*33g*
Eiweiß	*14g*	*Ballaststoffe*	*5g*
Fett total	*12g*	*BE*	*2,75*
Cholesterin	*+*	*Natrium*	*99mg*
Unges. Fettsäuren	*1g*		

Buchweizenbratlinge

Arbeitsaufwand:
10 Minuten
Quellzeit:
12 Stunden
Gar- und Bratzeit:
20 Minuten
Für 4 Personen

1 Portion enthält:

kJ/kcal	*2125/506*	*Kohlenhydrate*	*65g*
Eiweiß	*13g*	*Ballaststoffe*	*7g*
Fett total	*13g*	*BE*	*5,5*
Cholesterin	*157mg*	*Natrium*	*40mg*
Unges. Fettsäuren	*5g*		

Für die Bratlinge:
250 g mittelgrobe Buchweizengrütze
1 l salzarme Hühnerbrühe (S. 84)
1/4 TL Salz
1 Zwiebel
1 TL Sojaöl
3 EL feingehackte gemischte Kräuter
2 Eier (Gewichtsklasse 3)
2 EL Sojaöl
4 Blätter Kopfsalat

Für das Gemüse:
10 g Mu-Err-Pilze (Wolkenohren)
40 g chinesische Glasnudeln
2 Knoblauchzehen
150 g Zuckererbsen
150 g Frühlingszwiebeln
1 EL Sojaöl
150 g Sojabohnensprossen
3 EL trockener Sherry
2 EL dunkle Sojasoße
60 ml salzarme Gemüsebrühe
1 EL Zitronensaft
1 TL Honig
1 TL heller Instant-Soßenbinder
1 Bund Schnittlauch

• Die Buchweizengrütze über Nacht in der Brühe quellen lassen.
• Die Mu-Err-Pilze rasch waschen und mit reichlich Wasser bedeckt 3–4 Stunden quellen lassen.
• Die Buchweizengrütze zugedeckt in einem Topf mit dem Salz zum Kochen bringen und bei schwacher Hitze in etwa 1 Stunde ausquellen lassen.
• Die Glasnudeln 10 Minuten in kaltem Wasser einweichen, dann 2 Minuten kochen, kalt abspülen und abtropfen lassen.
• Die Knoblauchzehen kleinhacken, die Zuckererbsen putzen, die Frühlingszwiebeln diagonal schneiden.
• Das Öl in einer beschichteten Pfanne mit dickem Boden erhitzen. Zuerst den Knoblauch 30 Sekunden darin rösten. Erbsen und Frühlingszwiebeln zugeben und unter Rühren 4 Minuten dünsten. Dann die Sojabohnensprossen dazugeben.
• Die übrigen Zutaten für das Gemüse, bis auf den Schnittlauch, miteinander verrühren und über die Gemüsemischung gießen. Einmal aufkochen lassen und abschmecken. Warm halten.
• Für die Bratlinge die Zwiebel kleinhacken und in Öl in einer beschichteten Pfanne anbraten. Kräuter und Eier dazugeben und die Buchweizengrütze untermengen.
• Flache Klöße aus der Masse formen und in einer beschichteten Pfanne in heißem Öl gut braun braten.
• Bratlinge und Gemüse auf Salatblättern anrichten und mit feingeschnittenem Schnittlauch bestreuen.
Abbildung S. 196/197

Tip: Wer erhöhte Cholesterinwerte hat, nimmt statt der Eier 1 ganzes Ei und 2 Eiweiß.

Grünkernbratlinge mit Käse

Arbeitsaufwand:
10 Minuten
Quellzeit:
40 Minuten
Gar- und Bratzeit:
20 Minuten
Für 4 Personen

2 Frühlingszwiebeln
3 EL Sojaöl
200 g geschroteter Grünkern
500 ml salzarme Gemüsebrühe
1 EL feingemahlene Mandeln
2 EL Paniermehl
2 Eier (Gewichtsklasse 3)
100 g geriebener salz- und fettarmer Gouda (30%)
frischgemahlener schwarzer Pfeffer
1 Pr Oregano

- Zwiebeln in Scheiben schneiden und in 1 EL heißem Öl 3 Minuten halbweich dünsten.
- Den Grünkern zufügen, einmal umrühren und mit Brühe aufgießen. Zugedeckt bei sehr schwacher Hitze 40 Minuten quellen lassen.
- Abkühlen lassen. Die restlichen Zutaten unterrühren und zwölf Bratlinge formen.
- 2 EL Öl in einer beschichteten Pfanne erhitzen. Darin die Bratlinge braun braten.

1 Portion enthält:

kJ/kcal	*1735/413*	*Kohlenhydrate*	*40 g*
Eiweiß	*17 g*	*Ballaststoffe*	*7 g*
Fett total	*19 g*	*BE*	*3,5*
Cholesterin	*166 mg*	*Natrium*	*182 mg*
Unges. Fettsäuren	*1 g*		

Blumenkohl-bratlinge

Arbeitsaufwand:
20 Minuten
Kochzeit:
5 Minuten
Bratzeit:
6 Minuten
Für 4 Personen

1	**Stange Lauch**
300 g	**Blumenkohlröschen**
200 g	**salz- und fettarmer Gouda (30%)**
2	**Eier (Gewichtsklasse 3)**
1 EL	**heller Instant-Soßenbinder**
	Muskat
	frischgemahlener weißer Pfeffer
1 EL	**feingehackte Petersilie**
100 g	**Paniermehl**
4 EL	**Sonnenblumenöl**

- Den Lauch in dünne Scheiben schneiden.
- Blumenkohlröschen und Lauchringe in wenig Wasser zugedeckt in einem dickwandigen Topf knapp garen.
- Gut abtropfen lassen und mit einer Gabel fein zerdrücken.
- Den Käse reiben und mit Eiern, Soßenbinder, Gewürzen und Petersilie vermengen. Daraus Bratlinge formen und in Paniermehl wenden.
- In einer beschichteten Pfanne mit dickem Boden etwas Öl erhitzen. Die Gemüsebratlinge darin bei nicht zu starker Hitze goldbraun braten. Ab und zu rütteln, damit sich die Bratlinge nicht festsetzen.
- Zu Kartoffelpüree mit Möhren (S. 176) servieren.

1 Portion enthält:

kJ/kcal	*1596/380*	*Kohlenhydrate*	*30 g*
Eiweiß	*22 g*	*Ballaststoffe*	*2 g*
Fett total	*22 g*	*BE*	*2,5*
Cholesterin	*175 mg*	*Natrium*	*336 mg*
Unges. Fettsäuren	*2 g*		

Ratatouille (S. 247) und Broccoli mit Edelpilzkäse (S. 232)

Gemüse

Die gesunde Küche von heute schreibt größere Mengen an Gemüse und kürzere Garzeiten vor – noch bißfest, in wenig Flüssigkeit zubereitet und ohne kalorienreiche Mehlsoßen kommen die Vitamin- und Ballaststofflieferanten auf den Tisch. Fett wird in Form von Diätmargarine oder Ölen mit hohen Anteilen ungesättigter Fettsäuren verwendet, und der geringe Salzzusatz wird durch viele Kräuter und Naturgewürze wettgemacht.

Chicorée aus der Pfanne

Arbeitsaufwand:
10 Minuten
Kochzeit:
10 Minuten
Für 4 Personen

1 Portion enthält:

kJ/kcal	*357/85*	*Kohlenhydrate*	*5g*
Eiweiß	*2g*	*Ballaststoffe*	*2g*
Fett total	*7g*	*BE*	*0,5*
Cholesterin	*4mg*	*Natrium*	*15mg*
Unges. Fettsäuren	*+*		

600 g Chicorée
1 Zwiebel
2 EL natives Olivenöl
1 EL Zitronensaft
4 EL Wasser
1/4 TL Salz
je 1 Msp Salbei und Rosmarin
Muskat
frischgemahlener weißer Pfeffer
2 EL saure Sahne
1 EL feingehackte Petersilie

- Die bitteren Böden aus dem Chicorée herausschneiden und das Gemüse in kleinfingerdicke Streifen schneiden.
- Die Zwiebel schälen und in feine Ringe schneiden.
- Das Öl erhitzen. Die Zwiebelringe darin hell anbraten, dann den Chicorée mit dem Zitronensaft zufügen und umrühren. Nach 2 Minuten etwas Wasser aufgießen.
- Den Deckel auflegen, die Hitze reduzieren und das Gemüse weitere 5–6 Minuten dünsten. Dann mit Salz, Salbei, Rosmarin, Muskat und Pfeffer würzen.
- Die saure Sahne unter den Chicorée rühren, Petersilie darauf streuen und sofort servieren.

Überbackener Chicorée

Arbeitsaufwand:
10 Minuten
Kochzeit:
10 Minuten
Backzeit:
10 Minuten
Für 4 Personen

600 g Chicorée
150 ml Wasser
300 ml entrahmte Milch (0,3%)
2 EL Mehl
50 g salzarmer magerer gekochter Schinken
2 EL geriebener Parmesan
Muskat

- Den Backofen auf 200°C vorheizen.
- Die bitteren Böden aus dem Chicorée herausschneiden, dann das Gemüse längs halbieren.
- In dem Wasser bei geringer Hitze in etwa

6 Minuten knapp gar kochen. Abtropfen lassen und in eine Auflaufform geben.
- Die Milch mit dem Mehl mischen, unter ständigem Rühren zum Kochen bringen und 2–3 Minuten kochen lassen.
- Den Schinken in Streifen schneiden, mit Parmesan und Muskat zur Milch geben und über den Chicorée gießen.
- Auf der zweitobersten Schiene im Backofen etwa 10 Minuten überbacken, bis der Chicorée leicht braun ist. In der Auflaufform servieren.

Tip: Ist der Chicorée kalt, bis er in den Backofen geschoben wird, verlängert sich die Backzeit auf 25 Minuten.

1 Portion enthält:

kJ/kcal	*420/100*	*Kohlenhydrate*	*10g*
Eiweiß	*9g*	*Ballaststoffe*	*2g*
Fett total	*3g*	*BE*	*1*
Cholesterin	*14mg*	*Natrium*	*78mg*
Unges. Fettsäuren	+		

Artischocken aus dem Mikrowellengerät

Artischocken halten weit besser ihr Aroma, wenn sie nicht in althergebrachter Weise in viel Wasser gekocht, sondern in der Mikrowelle schonend gegart werden, denn dabei können sie nicht auslaugen.

Arbeitsaufwand:
2 Minuten
Garzeit:
18 Minuten
Für 4 Personen

1 Portion enthält:

kJ/kcal	*512/122*	*Kohlenhydrate*	*7g*
Eiweiß	*6g*	*Ballaststoffe*	*27g*
Fett total	*0g*	*BE*	*0,75*
Cholesterin	*0mg*	*Natrium*	*116mg*
Unges. Fettsäuren	*0g*		

1 kg Artischocken
1 unbehandelte Zitrone
100 ml Wasser

- Die Artischocken gründlich waschen und die Stiele abdrehen.
- Die Zitrone in Scheiben schneiden und auf den Boden einer mikrowellengeeigneten flachen Auflaufform legen.
- Die Artischocken mit den Stielansätzen nach unten auf die Zitronenscheiben setzen und mit etwas Wasser besprühen.
- Die Auflaufform mit einem mikrowellengeeigneten Deckel verschließen.
- Bei 100 % in 15–18 Minuten garen. Zwischendurch einmal das Gerät öffnen und die Artischocken um 180° drehen.
- Die Artischocken sind gar, wenn sich eins der unteren Blätter leicht herausziehen läßt.

Tip: Das Gemüse, das meist als Vorspeise serviert wird, schmeckt warm oder kalt mit einer Vinaigrettesoße (S. 264).

Grüner Spargel mit Kräuter-sahne

Er ist zwar zarter, dafür aber kräftiger im Geschmack als der weiße Spargel. Seine Farbe verdankt er der Tatsache, daß er während des Wachstums nicht angehäufelt wird. Verzehrt wird lediglich der obere, nicht holzige Teil.

Arbeitsaufwand:
5 Minuten
Kochzeit:
10 Minuten
Für 4 Personen

1 Portion enthält:

kJ/kcal	*302/72*	*Kohlenhydrate*	*7g*
Eiweiß	*6g*	*Ballaststoffe*	*3g*
Fett total	*3g*	*BE*	*0,75*
Cholesterin	*8mg*	*Natrium*	*24mg*
Unges. Fettsäuren	*0g*		

1 kg grüner Spargel
500 ml Wasser
1 EL Zitronensaft
1 TL Zucker
1/2 TL Salz

Für die Kräutersahne:
100 g saure Sahne
4 EL gemischte Kräuter
1 TL Zitronensaft
1/4 TL Salz

- Den grünen Spargel nicht schälen; das untere Viertel oder Drittel abschneiden.
- Wasser mit Zitronensaft, Zucker und Salz 1 Minute aufkochen, den Spargel hineingeben und zugedeckt garen.
- Den Spargel abtropfen lassen.
- Eine Serviette zusammengefaltet auf eine Platte legen und darauf den Spargel geben. Die Serviette saugt das restliche Wasser auf.
- Für die Soße alle Zutaten miteinander verrühren und abschmecken.

Spargel mit Käse überbacken

Arbeitsaufwand:
30 Minuten
Kochzeit:
10 Minuten
Grillzeit:
5 Minuten
Für 4 Personen

1 Portion enthält:

kJ/kcal	*365/87*	*Kohlenhydrate*	*8g*
Eiweiß	*8g*	*Ballaststoffe*	*3g*
Fett total	*5g*	*BE*	*0,75*
Cholesterin	*5mg*	*Natrium*	*74mg*
Unges. Fettsäuren	*1g*		

1 kg Spargel
500 ml Wasser
1 EL Zitronensaft
1 TL Zucker
1/2 TL Salz
2 EL geriebener Parmesan
2 EL geriebener salz- und fettarmer Gouda (30%)
2 EL Paniermehl
1 EL natives Olivenöl

- Den Spargel sorgfältig schälen und die holzigen Enden abschneiden.
- Wasser mit Zitronensaft, Zucker und Salz 1 Minute aufkochen, den Spargel hineingeben und zugedeckt knapp garen.
- Abtropfen lassen und in eine flache Auflaufform legen.
- Den Grill vorheizen.
- Die restlichen Zutaten gut miteinander vermischen und auf den Spargel verteilen. Für wenige Minuten unter den Grill schieben und in der Form auftragen.

Tip: Hat man den Spargel im voraus gekocht und abkühlen lassen, sollte er nicht gegrillt werden. Statt dessen bäckt man ihn für 10–15 Minuten im Backofen bei 200 °C auf der mittleren Schiene.

Kohlrabigemüse

Arbeitsaufwand:
10 Minuten
Kochzeit:
15 Minuten
Für 4 Personen

4	**zarte Kohlrabi**
125 ml	**salzarme Fleischbrühe (S. 84)**
40 g	**salzarmer magerer Schinken nach Belieben**
1 EL	**heller Instant-Soßenbinder**
1/4 TL	**Salz**
	Muskat oder frischgemahlener weißer Pfeffer
4 EL	**Magerjoghurt**
1 EL	**feingehacktes junges Kohlrabigrün**

- Die Kohlrabi zunächst schälen und in Stifte schneiden.
- Mit der Brühe in einen festschließenden Topf mit dickem Boden geben und in 10 Minuten knapp garen. Zwischendurch einmal umrühren.
- Währenddessen den Schinken klein würfeln und kurz in einer Pfanne anbraten.
- Die Brühe mit dem Soßenbinder andicken. Mit Salz und Muskat oder Pfeffer abschmecken.
- Unmittelbar vor dem Essen den Joghurt unter die Soße rühren, die nicht mehr kochen darf, weil sonst das Eiweiß des Joghurts gerinnt.
- Zum Schluß das Kohlrabigrün und die Schinkenwürfel über das Gemüse verteilen.

1 Portion enthält:

kJ/kcal	*189/45*	*Kohlenhydrate*	*7g*
Eiweiß	*3g*	*Ballaststoffe*	*2g*
Fett total	*+*	*BE*	*0,75*
Cholesterin	*+*	*Natrium*	*16 mg*
Unges. Fettsäuren	*0g*		

Pfannen-gerührtes Fenchelgemüse

Arbeitsaufwand:
4 Minuten
Kochzeit:
6 Minuten
Für 4 Personen

1 Portion enthält:

kJ/kcal	*546/130*	*Kohlenhydrate*	*4g*
Eiweiß	*5g*	*Ballaststoffe*	*4g*
Fett total	*7g*	*BE*	*0,5*
Cholesterin	*3mg*	*Natrium*	*143mg*
Unges. Fettsäuren	+		

600 g Fenchel
2 EL natives Olivenöl
100 ml trockener Weißwein
1/4 TL Salz
frischgemahlener weißer Pfeffer
2 EL feingeriebener Parmesan
1 EL feingehacktes Fenchelgrün

- Die Fenchelknollen putzen und mit einem Gurken- oder Krauthobel in sehr feine Ringe hobeln.
- In einem Wok oder einer sehr großen beschichteten Pfanne mit dickem Boden das Öl erhitzen. Darin den Fenchel unter ständigem Rühren 2 Minuten dünsten.
- Den Wein zugießen, die Pfanne mit einem Deckel verschließen und das Gemüse unter gelegentlichem Wenden in etwa 6 Minuten bißfest garen.
- Mit Salz und Pfeffer abschmecken.
- Mit Parmesan und Fenchelgrün bestreut servieren.

Möhren mit fünf Gewürzen

Arbeitsaufwand:
10 Minuten
Kochzeit:
15 Minuten
Für 4 Personen

1 Portion enthält:

kJ/kcal	*252/60*	*Kohlenhydrate*	*12g*
Eiweiß	*2g*	*Ballaststoffe*	*6g*
Fett total	+	*BE*	*1*
Cholesterin	+	*Natrium*	*113mg*
Unges. Fettsäuren	+		

750 g dünne Möhren
200 ml Wasser
1/4 TL Salz
1 Stückchen Stangenzimt
1 TL Kümmel
1/2 TL geriebener Ingwer
1 Msp Koriander
1 Pr Cayennepfeffer
1 EL Zitronensaft
1 TL flüssiger Honig

- Die Möhren schälen und diagonal in kleinfingerdicke Scheiben schneiden.
- Mit dem Wasser und den Gewürzen in einem dickwandigen Topf mit festschließendem Deckel bei geringer Hitze in 10–12 Minuten bißfest dünsten.
- Den Deckel abnehmen; die Kochflüssigkeit bei starker Hitze etwas einkochen lassen.
- Zitronensaft und Honig kurz vor dem Servieren unterrühren und abschmecken.

Pfannengerührte Möhren mit Paprika

Arbeitsaufwand:
10 Minuten
Kochzeit:
10 Minuten
Für 4 Personen

3 Frühlingszwiebeln
500 g Möhren
1 kleine grüne Paprikaschote
2 EL Sojaöl
100 ml salzarme Gemüsebrühe
1/4 TL Salz
1 EL Zitronensaft
2 EL saure Sahne
2 EL Magerjoghurt
2 EL feingehackte Petersilie

- Die Frühlingszwiebeln in feine Ringe schneiden.
- Die Möhren putzen und in dünne Scheiben hobeln.
- Die Paprikaschote putzen und fein würfeln.
- Das Öl in einer sehr großen beschichteten Pfanne mit dickem Boden oder in einem Wok erhitzen. Die Frühlingszwiebeln darin andünsten, dabei etwas vom Grün beiseite lassen.
- Die Möhren und Paprikawürfel dazugeben, mit Brühe ablöschen, einen Deckel auflegen und die Mischung 5 Minuten knapp garen.
- Den Deckel abnehmen und die Kochflüssigkeit bei starker Hitze einkochen lassen.
- Salz und Zitronensaft unterrühren, die Pfanne vom Herd nehmen, saure Sahne und Joghurt darunter rühren und mit Petersilie und Zwiebelgrün bestreuen.

1 Portion enthält:

kJ/kcal	*546/130*	*Kohlenhydrate*	*12g*
Eiweiß	*4g*	*Ballaststoffe*	*6g*
Fett total	*7g*	*BE*	*1*
Cholesterin	*5mg*	*Natrium*	*96mg*
Unges. Fettsäuren	*4g*		

Süßkartoffelauflauf

Wie ihr Name schon sagt, schmecken diese Wurzelknollen, die in allen warmen Gegenden der Erde angebaut werden, leicht süßlich. Wie hier zubereitet, passen sie besonders gut zu Wild.

Arbeitsaufwand:
8 Minuten
Backzeit:
40 Minuten
Für 4 Personen

1 Portion enthält:

kJ/kcal	*832/198*	*Kohlenhydrate*	*35g*
Eiweiß	*2g*	*Ballaststoffe*	*9g*
Fett total	*6g*	*BE*	*3*
Cholesterin	*+*	*Natrium*	*7mg*
Unges. Fettsäuren	*3g*		

400 g Süßkartoffeln
400 g aromatische, mürbe Äpfel (Boskop)
Muskat
1 TL Sojaöl
100 ml trockener Weißwein
1 EL brauner Zucker
2 EL Diätmargarine

- Den Backofen auf 200 °C vorheizen.
- Die Süßkartoffeln waschen und schälen.
- Die Äpfel schälen und entkernen.
- Kartoffeln und Äpfel in etwa 1,5 cm große Würfel schneiden.
- Mit Muskat würzen.
- Eine Auflaufform mit Öl ausfetten. Die Kartoffel- und Apfelwürfel hineingeben und mit dem Weißwein aufgießen.
- Die Oberfläche dünn mit Zucker bestreuen und Margarineflöckchen darauf verteilen.
- Die Form mit Alufolie oder einem Deckel verschließen.
- Erst 30 Minuten zugedeckt im Ofen backen, dann die Folie oder den Deckel abnehmen und weitere 10 Minuten backen.
- Vor dem Servieren prüfen, ob die Süßkartoffeln weich sind.

Variante: Süßkartoffeln lassen sich auch sehr gut mit frischen oder ungezuckert konservierten Ananaswürfeln kombinieren.

Topinamburpfanne

Die nach Nuß schmeckende Wurzelknolle ist auch unter den Namen Jerusalemartischocke und Erdbirne bekannt.

Arbeitsaufwand:
5 Minuten
Kochzeit:
25 Minuten
Für 4 Personen

1 Portion enthält:

kJ/kcal	*349/83*	*Kohlenhydrate*	*7g*
Eiweiß	*4g*	*Ballaststoffe*	*20g*
Fett total	*5g*	*BE*	*0,75*
Cholesterin	*+*	*Natrium*	*4mg*
Unges. Fettsäuren	*2g*		

1 l Wasser
4 EL Zitronensaft
600 g Topinambur
2 EL Diätmargarine
1/4 TL Salz
frischgemahlener weißer Pfeffer
2 EL feingehackte Petersilie

- Das Wasser mit 2 EL Zitronensaft zum Kochen bringen.
- Die Topinamburknollen sauber bürsten, ungeschält ins kochende Wasser geben und zugedeckt 15 Minuten garen. Mit der Gabel prüfen, ob sie weich sind. (Wenn sie zu lang gegart werden, werden sie wieder hart.)
- Abtropfen lassen, die braune Außenschicht abkratzen und kleinschneiden. Dann in Wasser mit dem restlichen Zitronensaft legen, damit sie nicht braun werden.
- Die Margarine in einer beschichteten Pfanne mit dickem Boden erwärmen und die zerkleinerten Knollen darin erhitzen.
- Mit Salz und Pfeffer würzen und mit Petersilie bestreuen.

Tip: Wegen des geringen Kohlenhydratgehalts und des 13%igen Inulingehalts ist das Gemüse für Diabetiker besonders empfehlenswert.

Steckrüben-gemüse

Arbeitsaufwand:
10 Minuten
Kochzeit:
30 Minuten
Für 4 Personen

1	**kleine Zwiebel**
1	**Knoblauchzehe nach Belieben**
600 g	**Steckrüben**
2 EL	**Zitronensaft**
1 EL	**Diätmargarine**
250 ml	**salzarme Gemüsebrühe**
2 EL	**Mehl**
4 EL	**trockener Weißwein**
1/4 TL	**Salz**
	Muskat
2 EL	**feingeschnittener Schnittlauch**

- Die Zwiebel putzen und kleinwürfeln.
- Die Knoblauchzehe kleinhacken.
- Die Steckrüben putzen, in 2 cm große Würfel schneiden und mit Zitronensaft benetzen.
- Die Margarine in einem Topf zergehen lassen und die Zwiebelwürfel und die Knoblauchzehe darin andünsten.
- Die Steckrübenwürfel dazugeben und etwa 3 Minuten bei mäßiger Hitze dünsten.
- Mit der Gemüsbrühe ablöschen, den Deckel auflegen und 20 Minuten garen.
- Das Mehl mit Wein, Salz und Muskat verrühren und die Brühe damit binden.
- Das Gemüse abschmecken und den Schnittlauch darauf streuen.

1 Portion enthält:

kJ/kcal	*294/70*
Eiweiß	*3 g*
Fett total	*3 g*
Cholesterin	*+*
Unges. Fettsäuren	*1 g*
Kohlenhydrate	*22 g*
Ballaststoffe	*5 g*
BE	*2*
Natrium	*18 mg*

Weiße Rübchen

Die Navets, wie die wohlschmeckenden Speiserübchen auch genannt werden, sind in Frankreich beliebt, bei uns jedoch relativ selten zu finden.

Arbeitsaufwand:
15 Minuten
Kochzeit:
20 Minuten
Für 4 Personen

1 Portion enthält:

kJ/kcal	*328/78*
Eiweiß	*5 g*
Fett total	*1 g*
Cholesterin	*+*
Unges. Fettsäuren	*+*
Kohlenhydrate	*9 g*
Ballaststoffe	*6 g*
BE	*1,5*
Natrium	*135 mg*

750 g	**weiße Rübchen (Navets)**
200 ml	**Wasser**
1 EL	**Zitronensaft**
250 ml	**entrahmte Milch (0,3 %)**
1 1/2 EL	**Mehl**
1/4 TL	**Salz**
	Muskat
	frischgemahlener weißer Pfeffer
2 EL	**feingehacktes Koriandergrün oder Petersilie**

- Die weißen Rübchen schälen und in Scheiben, Würfel oder Stifte schneiden.
- In einen dickwandigen Topf mit festschließendem Deckel geben, mit Wasser und Zitronensaft zugedeckt zum Kochen bringen und bei geringer Hitze in 15 Minuten knapp garen.
- Das Kochwasser abgießen.
- Die Milch mit dem Mehl, dem Salz, dem Muskat und dem Pfeffer vermischen und an das Gemüse geben. Unter Rühren zum Kochen bringen und 2 Minuten garen.
- Das Gemüse abschmecken und mit Koriandergrün oder Petersilie bestreut servieren.

Schwarzwurzeln in Cremesoße

Unter der schwarzen Schale verbirgt sich ein milchig weißes Fleisch, dessen feiner Geschmack dem des Spargels sehr ähnlich ist.

Arbeitsaufwand:
20 Minuten
Kochzeit:
20 Minuten
Für 4 Personen

300 ml salzarme Hühnerbrühe (S. 84)
600 g Schwarzwurzeln
1 l Wasser
1 EL Weißweinessig
1 EL Mehl
2 EL Diätmargarine
2 EL Mehl
1 TL Zitronensaft
1/2 TL feingeriebene unbehandelte Orangenschale
1/4 TL Salz
frischgemahlener weißer Pfeffer
2 EL Magerjoghurt

- Die Hühnerbrühe in einem Topf mit festschließendem Deckel zum Kochen bringen.
- Währenddessen die Schwarzwurzeln mit dem Kartoffelschäler schälen und in kleinfingerlange Stücke schneiden. Sehr dicke Schwarzwurzeln auch der Länge nach halbieren oder vierteln. Damit sie sich nicht verfärben, die Stücke sofort in eine Lösung aus Wasser, Essig und Mehl geben.
- Das Gemüse aus dem Essigwasser nehmen, in der kochenden Hühnerbrühe zugedeckt in 20 Minuten garen und abtropfen lassen
- In einem zweiten Topf die Margarine schmelzen und das Mehl darin anschwitzen. Mit der Hühnerbrühe ablöschen und mit Zitronensaft, Orangenschale, Salz und Pfeffer würzen.
- Das Gemüse zur Soße geben und erwärmen. Unmittelbar vor dem Servieren den Joghurt untermischen.

1 Portion enthält:

kJ/kcal	*391/93*
Eiweiß	*4g*
Fett total	*5g*
Cholesterin	*1mg*
Unges. Fettsäuren	*2g*
Kohlenhydrate	*9g*
Ballaststoffe	*19g*
BE	*0,75*
Natrium	*14mg*

Gebackene rote Bete

Zu gebratenem oder gegrilltem Fisch oder Fleisch schmeckt diese skandinavische Spezialität ausgezeichnet. Reste können zu einem köstlichen Salat verwertet werden.

Arbeitsaufwand:
5 Minuten
Backzeit:
50 Minuten
Für 4 Personen

800 g	**kleine rote Beten, alle möglichst gleich groß**
	Salz
	Pfeffer
2 EL	**Diätmargarine**

- Den Backofen auf 200 °C vorheizen.
- Die roten Beten gründlich waschen. Wurzeln und Stiele nicht abschneiden, da die Beten sonst ausbluten.
- Jede Knolle einzeln in Alufolie wickeln; dabei sollte die glänzende, also die Hitze stark reflektierende Seite nach innen zeigen. Die Päckchen entweder in einer großen flachen Auflaufform nebeneinander oder direkt auf dem Rost im Ofen je nach Größe 40–50 Minuten backen. Für die Garprobe sticht man mit der Gabel hinein.
- Noch heiß wie Pellkartoffeln schälen. Jeder würzt sich die aromatischen Knollen nach seinem Geschmack und läßt ein kleines Stück Margarine darauf schmelzen.

Tip: Die roten Beten kann jeder selbst bei Tisch schälen. Man spießt sie auf eine Gabel und hält am besten eine Rolle Küchenkrepp bereit, um sich damit die Hände reinigen zu können.

1 Portion enthält:

kJ/kcal	*454/108*	*Kohlenhydrate*	*15g*
Eiweiß	*3g*	*Ballaststoffe*	*4g*
Fett total	*4g*	*BE*	*1,25*
Cholesterin	*+*	*Natrium*	*110mg*
Unges. Fettsäuren	*2g*		

Pfannengerührter Sellerie mit Äpfeln

Arbeitsaufwand:
10 Minuten
Kochzeit:
12 Minuten
Für 4 Personen

500 g	**Sellerie**
1	**Apfel**
2 EL	**Zitronensaft**
2 EL	**natives Olivenöl**
100 ml	**ungesüßter Apfelsaft**
1/4 TL	**Salz**
	frischgemahlener weißer Pfeffer

- Den Sellerie putzen und zunächst mit der Brotschneidemaschine in Scheiben, dann mit einem Messer in feine Streifen schneiden.
- Den Apfel schälen und ebenfalls in feine Streifen schneiden.
- Apfel- und Selleriestreifen mit Zitronensaft beträufeln.
- Das Öl in einer großen beschichteten Pfanne mit dickem Boden erhitzen. Apfel- und Selleriestreifen in die Pfanne geben und umrühren.
- Nach 2 Minuten den Apfelsaft aufgießen, den Deckel auflegen, die Wärmezufuhr reduzieren und das Gemüse weitere 8–10 Minuten dünsten.
- Zum Schluß mit Salz und Pfeffer würzen.

1 Portion enthält:

kJ/kcal	*433/103*
Eiweiß	*2g*
Fett total	*6g*
Cholesterin	*+*
Unges. Fettsäuren	*+*
Kohlenhydrate	*12g*
Ballaststoffe	*5g*
BE	*1*
Natrium	*77mg*

Überbackener Staudensellerie

Ein ideales Gericht, wenn man Gäste erwartet, da es teilweise im voraus fertiggestellt werden kann.

Arbeitsaufwand:
10 Minuten
Kochzeit:
20 Minuten
Backzeit:
10 Minuten
Für 4 Personen

700 g Staudensellerie
300 ml Wasser
300 ml entrahmte Milch (0,3%)
2 EL Mehl
100 g salzarmer magerer gekochter Schinken
2 EL geriebener Parmesan
2 EL geriebener Emmentaler
Muskat

- Den Backofen auf 200°C vorheizen.
- Den Staudensellerie putzen und in 5cm lange Stücke schneiden.
- In dem Wasser bei geringer Hitze in etwa 15 Minuten knapp gar kochen. Abtropfen lassen und in eine Auflaufform geben.
- Milch und Mehl mischen, unter ständigem Rühren zum Kochen bringen und 2–3 Minuten kochen lassen.
- Den Schinken in Streifen schneiden und mit Parmesan, Emmentaler und Muskat zur Milch geben. Die fertige Soße über das Gemüse gießen.
- Auf der zweitobersten Schiene überbacken, bis die Oberfläche leicht braun ist.

Tip: Die Backzeit beträgt 25 Minuten, wenn der Sellerie schon zuvor gegart wurde und erkaltet ist.

1 Portion enthält:

kJ/kcal	*655/156*	*Kohlenhydrate*	*11g*
Eiweiß	*13g*	*Ballaststoffe*	*6g*
Fett total	*7g*	*BE*	*1*
Cholesterin	*33mg*	*Natrium*	*294mg*
Unges. Fettsäuren	*1g*		

Chinakohl in Dillsoße

Arbeitsaufwand:
10 Minuten
Kochzeit:
20 Minuten
Für 4 Personen

700 g Chinakohl
300 ml Wasser
300 ml entrahmte Milch (0,3 %)
2 EL Mehl
1 EL Zitronensaft
1/2 TL Senf
1/2 TL Zucker
1/4 TL Salz
3 EL feingehackter Dill

- Den Chinakohl waschen und in fingerbreite Streifen schneiden. Mit dem Wasser bei geringer Hitze in 10 Minuten knapp garen. Abtropfen lassen.
- Milch und Mehl vermischen, unter Rühren zum Kochen bringen und 2–3 Minuten kochen lassen.
- Zitronensaft, Senf, Zucker und Salz zufügen und die Soße mit dem Gemüse mischen.
- Unmittelbar vor dem Servieren den Dill an die Soße geben; er darf nicht kochen, weil er sonst braun wird und sein Aroma verliert.

Variante: Die Soße kann statt mit Dill auch mit Curry zubereitet werden.

1 Portion enthält:

kJ/kcal	*286/68*	*Kohlenhydrate*	*10g*
Eiweiß	*5g*	*Ballaststoffe*	*3g*
Fett total	*1g*	*BE*	*1*
Cholesterin	*0mg*	*Natrium*	*48mg*
Unges. Fettsäuren	*+*		

Grünkohl

Sein Aroma ist dann am kräftigsten, wenn er nach dem ersten Frost geerntet wurde.

Arbeitsaufwand:
15 Minuten
Kochzeit:
60 Minuten
Für 4 Personen

1 Portion enthält:

kJ/kcal	*802/191*	*Kohlenhydrate*	*6g*
Eiweiß	*9g*	*Ballaststoffe*	*7g*
Fett total	*15g*	*BE*	*0,5*
Cholesterin	*+*	*Natrium*	*92mg*
Unges. Fettsäuren	*8g*		

1 kg Grünkohl
50 g salzarmer magerer Schinken nach Belieben
3 EL Diätmargarine
4 EL kleingehackte Zwiebeln
je 1/2 TL zerdrückte Senf- und Pfefferkörner
1/4 TL Salz
frischgemahlener schwarzer Pfeffer

- Die Blätter von den Blattrippen des Grünkohls abstreifen, gründlich waschen und grob zerschneiden.
- Grünkohlblätter mit dem noch anhaftenden Wasser in einem festschließenden großen Topf mit dickem Boden zum Kochen bringen.
- Bei geringer Hitze langsam garen, dabei eventuell verkochte Flüssigkeit nachgießen, damit das Gemüse nicht anbrennt.
- Den Grünkohl abtropfen lassen und mit einem großen Messer mit glatter Klinge kleinhacken oder mit dem Schneidstab des Handrührgeräts fein pürieren.
- Den Schinken klein würfeln.
- In einer kleinen beschichteten Pfanne die Diätmargarine heiß werden lassen und die Zwiebelwürfel darin anbraten.
- Den Schinken zufügen und ausbraten.
- Die Gewürze dazugeben, alles zusammen mit dem Grünkohl mischen und abschmecken.

Tip: Statt Diätmargarine kann man die Zwiebeln auch in derselben Menge Sojaöl dünsten. Um Zeit und Arbeit zu sparen, kann man Grünkohl aus der Tiefkühltruhe verwenden; man benötigt dann 600 g.

Rotkohl mit Kürbis

Arbeitsaufwand:
10 Minuten
Kochzeit:
40 Minuten
Für 4 Personen

1 Portion enthält:

kJ/kcal	*407/97*	*Kohlenhydrate*	*7g*
Eiweiß	*1g*	*Ballaststoffe*	*1g*
Fett total	*4g*	*BE*	*0,75*
Cholesterin	*+*	*Natrium*	*6mg*
Unges. Fettsäuren	*2g*		

2	**Zwiebeln**
600 g	**Rotkohl**
200 g	**süß-sauer eingelegte Kürbiswürfel aus dem Glas**
2 EL	**Diätmargarine**
125 ml	**dunkler herber Rotwein**
1/4 TL	**Salz**
je 1 Msp	**Nelkenpulver und schwarzer Pfeffer**

- Zwiebeln grob hacken, Rotkohl in Streifen hobeln, Kürbiswürfel abtropfen lassen.
- Die Margarine in einem dickwandigen Topf mit festschließendem Deckel zergehen lassen. Die Zwiebeln darin hell dünsten.
- Rotkohl, Wein und Gewürze zufügen und den Deckel auflegen. Aufkochen lassen, dann bei mäßiger Hitze das Gemüse unter gelegentlichem Wenden garen.
- 5 Minuten vor Ende der Kochzeit die Kürbiswürfel dazugeben und abschmecken.

Rosenkohl in Senfsoße

Arbeitsaufwand:
10 Minuten
Kochzeit:
12–15 Minuten
Für 4 Personen

1 Portion enthält:

kJ/kcal	*353/84*	*Kohlenhydrate*	*8g*
Eiweiß	*9g*	*Ballaststoffe*	*9g*
Fett total	*3g*	*BE*	*0,75*
Cholesterin	*+*	*Natrium*	*15mg*
Unges. Fettsäuren	*2g*		

1 kg	**Rosenkohl**
200 ml	**Wasser**
1 EL	**Diätmargarine**
1/2 EL	**Dijonsenf (S. 31)**
100 ml	**salzarme Fleischbrühe (S. 84)**
1 TL	**Zitronensaft**
1/4 TL	**Salz**
	frischgemahlener schwarzer Pfeffer

- Den Rosenkohl putzen und in einem dickwandigen Topf mit festschließendem Deckel in dem Wasser in etwa 10–12 Minuten knapp garen. In einem Sieb abtropfen lassen.
- In dem noch heißen Topf die Margarine mit dem Senf, der Brühe, dem Zitronensaft und den Gewürzen erhitzen.
- Den Rosenkohl in der Soße kurz wenden und abschmecken. Gleich servieren.

Ofenkohl

Arbeitsaufwand:
8 Minuten
Backzeit:
60–70 Minuten
Für 4 Personen

1 Portion enthält:

kJ/kcal	*706/168*	*Kohlenhydrate*	*8g*
Eiweiß	*9g*	*Ballaststoffe*	*3g*
Fett total	*9g*	*BE*	*0,75*
Cholesterin	*3mg*	*Natrium*	*53mg*
Unges. Fettsäuren	*3g*		

800 g Weißkohl
2 EL Diätmargarine
250 ml salzarme Hühnerbrühe (S. 84)
50 ml trockener Weißwein
1/4 TL Salz
1/2 TL Kümmel
2 EL Paniermehl
2 EL geriebener Parmesan
1 EL natives Olivenöl

- Den Backofen auf 200 °C vorheizen.
- Den Weißkohl vom Strunk lösen und in etwa 4 cm große Würfel schneiden.
- Eine flache Auflaufform großzügig mit Margarine ausfetten und den Kohl hineingeben.
- Die Hühnerbrühe, den Wein und die Gewürze miteinander mischen und den Kohl damit übergießen.
- Die restliche Margarine in Flöckchen auf dem Gemüse verteilen und mit Alufolie abdecken.
- Die Form auf die mittlere Schiene in den Backofen schieben. Jeweils nach 20 Minuten das Gemüse mit der Flüssigkeit begießen und zwischendurch einmal wenden. Nach 45 Minuten die Alufolie entfernen.
- Nach weiteren 10 Minuten eine Mischung aus Paniermehl und geriebenem Käse auf den Kohl verteilen und mit Olivenöl beträufeln.
- Den Kohl weitere 5–8 Minuten backen, bis er eine hellbraune Farbe bekommt.

Variante: Der Ofenkohl läßt sich ebensogut mit Wirsing zubereiten. Wer keinen Kümmel mag, nimmt statt dessen Muskat.

Mangoldstiele in Tomatensoße

Arbeitsaufwand:
10 Minuten
Kochzeit:
25 Minuten
Für 4 Personen

1 Portion enthält:

kJ/kcal	*315/75*	*Kohlenhydrate*	*5g*
Eiweiß	*4g*	*Ballaststoffe*	*4g*
Fett total	*3g*	*BE*	*0,5*
Cholesterin	+	*Natrium*	*118mg*
Unges. Fettsäuren	+		

1 kg Mangold
300 ml Wasser
1 Knoblauchzehe
1 EL natives Olivenöl
2 EL feingehackte Zwiebelwürfel
400 g salzarme pürierte Tomaten
je 1 Msp Basilikum, Oregano, Rosmarin und Thymian
1/4 TL Salz
frischgemahlener schwarzer Pfeffer

- Das Blattgrün von den breiten weißen Mangoldstielen abstreifen.
- Die Stiele von Fasern befreien, in 3 cm lange Stücke schneiden und in dem Wasser in einem dickwandigen Topf mit festschließendem Deckel bei geringer Hitze in 10 Minuten knapp garen. Abtropfen lassen und warm halten.
- Die Knoblauchzehe kleinhacken.
- In einem zweiten Topf das Öl erhitzen, darin die Zwiebelwürfel glasig dünsten und den Knoblauch kurz mitbraten.
- Die Tomaten und die Gewürze zufügen und die Soße unter ständigem Rühren 5 Minuten kochen lassen.
- Den Mangold unter die Soße heben.
- Vor dem Servieren alles nochmals abschmecken.

Tip: Das Blattgrün von Mangold kann am folgenden Tag wie Spinat zubereitet werden.

Blumenkohl-auflauf

Arbeitsaufwand:
3 Minuten
Kochzeit:
20 Minuten
Backzeit:
10 Minuten
Für 4 Personen

1 Portion enthält:

kJ/kcal	*454/108*	*Kohlenhydrate*	*13g*
Eiweiß	*10g*	*Ballaststoffe*	*6g*
Fett total	*2g*	*BE*	*1,25*
Cholesterin	*3mg*	*Natrium*	*105mg*
Unges. Fettsäuren	+		

1 Blumenkohl
250 ml Wasser
300 ml entrahmte Milch (0,3 %)
2 EL Mehl
2 EL geriebener Parmesan
1/2 TL Curry
Muskat

- Den Blumenkohl putzen, waschen und in dem Wasser etwa 12 Minuten bei geringer Hitze knapp gar kochen. Abtropfen lassen und in eine Auflaufform setzen.
- Den Backofen auf 200 °C vorheizen.
- Die Milch mit dem Mehl mischen, unter Rühren zum Kochen bringen und 2–3 Minuten kochen lassen.
- Parmesan, Curry und Muskat zufügen und den Blumenkohl mit der Soße überziehen.
- Auf dem Rost auf der zweitobersten Schiene im Backofen überbacken, bis die Oberfläche eine hellbraune Farbe bekommt.
- Wenn der Blumenkohl vorher schon gegart wurde und daher kalt in den Backofen geschoben wird, verlängert sich die Backzeit auf 25 Minuten.

Variante: Auf diese Weise läßt sich auch Fenchel zubereiten; dafür benötigt man 4 Fenchelknollen. Man läßt den Curry weg, gibt nach Belieben 1 kleine, in Streifen geschnittene rote Paprikaschote zu und bestreut die Fenchelknollen mit feingehacktem Fenchelgrün.

Brokkoli mit Edelpilzkäse

Arbeitsaufwand:
6 Minuten
Kochzeit:
10 Minuten
Für 4 Personen

1 Portion enthält:

kJ/kcal	*500/119*	*Kohlenhydrate*	*7g*
Eiweiß	*11g*	*Ballaststoffe*	*6g*
Fett total	*6g*	*BE*	*0,75*
Cholesterin	*18mg*	*Natrium*	*318mg*
Unges. Fettsäuren	+		

800 g Brokkoli
200 ml Wasser
1/4 TL Salz
80 g Edelpilzkäse

- Den Brokkoli in kleine Röschen zerteilen, mit dem Wasser in eine mirkowellengeeignete Glasschüssel mit Deckel geben und leicht salzen.
- In 2mal 5 Minuten bei 100 % im Mikrowellengerät garen. Zwischendurch einmal das Gemüse umschichten, damit es gleichmäßig gart.
- Die Brokkoliröschen in eine mikrowellengeeignete Servierschüssel geben und den Edelpilzkäse darüber zerbröckeln. Nun alles ohne Abdeckung nochmals 2–3 Minuten bei 100 % erhitzen.

Abbildung S. 216/217

Brokkoli mit Basilikum

Arbeitsaufwand:
6 Minuten
Kochzeit:
6 Minuten
Für 4 Personen

800 g Brokkoli
200 ml Wasser
1 Bund frisches Basilikum
1 Knoblauchzehe
4 EL feingehackte Pinienkerne oder Mandeln
2 EL feingeriebener Parmesan
1 EL Zitronensaft
frischgemahlener schwarzer Pfeffer

- Den Brokkoli in kleine Röschen zerteilen und mit dem Wasser in einem dickwandigen Topf mit festschließendem Deckel bei geringer Hitze in etwa 5 Minuten knapp garen.
- Den Brokkoli abtropfen lassen und in eine warme Schüssel geben.
- Das Basilikum fein zerzupfen.
- Die Knoblauchzehe zerdrücken.
- Basilikum mit Knoblauch, Pinienkernen, Parmesan, Zitronensaft und Pfeffer vermischen und über das Gemüse geben.

1 Portion enthält:

kJ/kcal	*554/132*	*Kohlenhydrate*	*7g*
Eiweiß	*11g*	*Ballaststoffe*	*7g*
Fett total	*7g*	*BE*	*0,75*
Cholesterin	*4mg*	*Natrium*	*65mg*
Unges. Fettsäuren	*1g*		

Kürbisspießchen

Arbeitsaufwand:
5 Minuten
Beizzeit:
2 Stunden
Grillzeit:
6–8 Minuten
Für 4 Personen

1 Portion enthält:

kJ/kcal	*260/62*	*Kohlenhydrate*	*5g*
Eiweiß	*2g*	*Ballaststoffe*	*2g*
Fett total	*5g*	*BE*	*0,5*
Cholesterin	+	*Natrium*	*4mg*
Unges. Fettsäuren	*1g*		

Für die Marinade:
1 EL Sojasoße
1 EL Rotweinessig
1 EL Sesamöl
1 EL flüssiger Honig
1 Msp geriebener Ingwer
einige Tropfen Tabasco
1/4 TL Salz

Für das Gemüse:
2 kleine Zucchini
125 g Kürbis
200 g große Cocktailtomaten oder Kirschtomaten

- Alle Zutaten für die Marinade miteinander verrühren.
- Die Zucchini in kleinfingerdicke Scheiben schneiden.
- Den Kürbis in 2,5 cm große Würfel schneiden.
- Die Tomaten waschen.
- Das Gemüse in der Marinade wenden und zugedeckt 2 Stunden ziehen lassen.
- Den Grill vorheizen.
- Das Gemüse nicht zu eng auf Spieße stecken, damit es rundum gleichmäßig gart.
- Die Gemüsespießchen auf einen Rost legen und diesen im Abstand von 15 cm unter den Grill schieben; dabei eine Fettpfanne zum Auffangen der Tropfen darunter schieben.
- Die Spieße 6–8 Minuten grillen, dabei mit der restlichen Marinade bepinseln und gelegentlich wenden.

Tip: Am besten nimmt man flachgehämmerte Eisenspieße oder leicht angerauhte Bambusstäbchen, denn sind die Spieße zu glatt, haben die Gemüsestückchen keinen Halt.

Überbackene Zucchini

Arbeitsaufwand:
10 Minuten
Kochzeit:
10 Minuten
Backzeit:
25 Minuten
Für 4 Personen

700 g Zucchini
3 Frühlingszwiebeln
3 EL Gemüsebrühe
100 g Schafskäse
150 ml entrahmte Milch (0,3%)
5 EL Mehl
frischgemahlener weißer Pfeffer
2 Eiweiß
2 EL Diätmargarine
3 EL Paniermehl

- Den Backofen oder das Kombinationsgerät auf 200 °C vorheizen.
- Die Zucchini waschen und grob reiben.
- Die Frühlingszwiebeln in schmale Ringe schneiden.

- Die Zucchini mit den Zwiebeln und der Gemüsebrühe in einem zugedeckten Gefäß 8 Minuten bei 100 % im Mikrowellengerät vorgaren. Dabei einmal zwischendurch das Gefäß öffnen und den Inhalt durchrühren.
- Zucchini und Zwiebeln aus dem Gefäß nehmen und in einem Sieb abtropfen lassen.
- Den Käse zerbröckeln.
- Zur Kochflüssigkeit die Milch geben, mit Mehl verrühren und in einem Topf zum Kochen bringen. Den Käse und das Gemüse zugeben und mit Pfeffer würzen.
- Die Eiweiß steif schlagen und unterheben.
- Den Boden, aber nicht den Rand, einer flachen Auflaufform großzügig einfetten. Mit der Masse füllen und die Oberfläche glattstreichen. Das Paniermehl darauf streuen und das restliche Fett in Flöckchen darauf verteilen.
- In 20–25 Minuten backen.

1 Portion enthält:

kJ/kcal	*962/229*	*Kohlenhydrate*	*23g*
Eiweiß	*12g*	*Ballaststoffe*	*4g*
Fett total	*9g*	*BE*	*2*
Cholesterin	+	*Natrium*	*44mg*
Unges. Fettsäuren	*2g*		

Zucchini aus der Pfanne

Arbeitsaufwand:
10 Minuten
Kochzeit:
10 Minuten
Für 4 Personen

1 Portion enthält:

kJ/kcal	*441/105*	*Kohlenhydrate*	*6g*
Eiweiß	*5g*	*Ballaststoffe*	*2g*
Fett total	*7g*	*BE*	*0,5*
Cholesterin	*3mg*	*Natrium*	*38mg*
Unges. Fettsäuren	+		

1	**Zwiebel**
2–3	**Knoblauchzehen**
600 g	**Zucchini**
2 EL	**natives Olivenöl**
1 EL	**Zitronensaft**
4 EL	**salzarme Gemüsebrühe nach Belieben**
1/4 TL	**Salz**
je 4 Msp	**Basilikum und Oregano**
	frischgemahlener weißer Pfeffer
2 EL	**saure Sahne**
2 EL	**geriebener Parmesan**
1 EL	**feingehacktes frisches Basilikum oder Petersilie**

- Die Zwiebel putzen und in Ringe schneiden.
- Die Knoblauchzehen kleinhacken.
- Die Zucchini in kleinfingerdicke Scheiben schneiden.
- Das Öl in einer beschichteten Pfanne mit dickem Boden erhitzen. Darin erst die Zwiebelringe hell anbraten, dann die Knoblauchzehen kurz mitbraten, die Zucchinischeiben mit dem Zitronensaft zufügen und nach 2 Minuten mit etwas Brühe aufgießen.
- Den Deckel auflegen, die Hitze reduzieren und das Gemüse nun weitere 5–6 Minuten dünsten.
- Mit Salz, Basilikum, Oregano und Pfeffer würzen.
- Die saure Sahne mit dem Parmesan verrühren und unmittelbar vor dem Servieren unterheben. Basilikum oder Petersilie darauf streuen.

Auberginen südfranzösische Art

Arbeitsaufwand:
20 Minuten
Backzeit:
30 Minuten
Kühlzeit:
3 Stunden
Für 4 Personen

1 Portion enthält:

kJ/kcal	*487/116*	*Kohlenhydrate*	*7g*
Eiweiß	*2g*	*Ballaststoffe*	*3g*
Fett total	*8g*	*BE*	*0,75*
Cholesterin	*+*	*Natrium*	*10mg*
Unges. Fettsäuren	*6g*		

600 g kleine Auberginen
1/2 TL Salz
250 g sehr reife Tomaten
3 Knoblauchzehen
1 EL kleingehacktes frisches Koriandergrün
3 EL natives Olivenöl
50 ml Wasser
frischgemahlener schwarzer Pfeffer

- Die Auberginen der Länge nach in kleinfingerdicke Scheiben schneiden. Salzen, wieder zusammenlegen und 10 Minuten ziehen lassen. Abspülen.
- Die Tomaten überbrühen, schälen und kleinschneiden.
- Die Knoblauchzehen zerdrücken.
- Den Backofen auf 200 °C vorheizen.
- Tomaten, Koriandergrün und Knoblauch mischen.
- Darin die Auberginenscheiben wenden und in eine flache Auflaufform legen. Mit Olivenöl besprenkeln, mit etwas Wasser aufgießen und pfeffern.
- Die restliche Tomatenmasse auf den Auberginen verteilen und mit Alufolie abdecken.
- Das Gemüse 30 Minuten im Backofen erhitzen, dabei gelegentlich mit dem ausgetretenen Saft bepinseln.
- Zunächst abkühlen lassen, dann in den Kühlschrank stellen.
- Die kalten Auberginen als Vorspeise zu knusprigem Stangenweißbrot servieren.

Tomaten provenzalische Art

Arbeitsaufwand:
5 Minuten
Backzeit:
8 Minuten
Für 4 Personen

1 Portion enthält:

kJ/kcal	*752/179*	*Kohlenhydrate*	*17g*
Eiweiß	*14g*	*Ballaststoffe*	*3g*
Fett total	*4g*	*BE*	*1,5*
Cholesterin	*7mg*	*Natrium*	*81mg*
Unges. Fettsäuren	*+*		

1 TL natives Olivenöl extra
700 g mittelgroße Tomaten
2 Knoblauchzehen
6 EL Paniermehl
4 EL geriebener Parmesan
2 EL natives Olivenöl extra
1 EL feingehackte Petersilie
frischgemahlener schwarzer Pfeffer

- Den Backofen auf 200 °C vorheizen.
- Eine flache Auflaufform dünn mit Öl einfetten.
- Die Tomaten halbieren und nebeneinander in die Form setzen.
- Die Knoblauchzehen zerdrücken, mit den restlichen Zutaten vermischen und gleichmäßig auf die Tomaten verteilen.
- So hoch wie möglich auf einem Rost in den Ofen schieben und 8 Minuten backen; die Tomaten sollen weich, aber nicht verkocht sein. Nach Bedarf während der beiden letzten Minuten den Grill einschalten, damit sich die Oberfläche schön braun färbt.

Tip: Parmesan schmilzt nur, wenn er mit Fett vermischt wurde. Wenn man also Gerichte mit dem Hartkäse gratinieren möchte, muß man immer etwas Öl, Diätmargarine oder Sahne dazugeben.

Lauchgemüse mit Joghurt

Arbeitsaufwand:
10 Minuten
Kochzeit:
16 Minuten
Für 4 Personen

800 g Lauch
125 ml salzarme Fleischbrühe (S. 84)
1 EL heller Instant-Soßenbinder
1/4 TL Salz
frischgemahlener weißer Pfeffer oder Muskat
1 EL Zitronensaft
4 EL Magerjoghurt

- Den Lauch von den dunkelgrünen Blattteilen säubern, längs aufschlitzen, gründlich waschen und in Streifen schneiden.
- Mit der Brühe in einem festschließenden Topf mit dickem Boden in 12 Minuten knapp garen. Zwischendurch einmal wenden.
- Die Flüssigkeit ganz leicht mit etwas Soßenbinder andicken.
- Mit Salz, Pfeffer oder Muskat und Zitronensaft abschmecken.
- Den Joghurt erst unmittelbar vor dem Servieren unter die nicht mehr kochende Soße rühren, damit das Eiweiß nicht gerinnt.

1 Portion enthält:

kJ/kcal	*214/51*	*Kohlenhydrate*	*6g*
Eiweiß	*4g*	*Ballaststoffe*	*3g*
Fett total	*1g*	*BE*	*0,5*
Cholesterin	*1mg*	*Natrium*	*18mg*
Unges. Fettsäuren	*+*		

Karamelzwiebeln

Zu Braten jeglicher Art serviert man dieses schmackhafte Gemüse.

Arbeitsaufwand:
8 Minuten
Kochzeit:
20 Minuten
Für 4 Personen

1 Portion enthält:

kJ/kcal	*790/188*	*Kohlenhydrate*	*37g*
Eiweiß	*3g*	*Ballaststoffe*	*6g*
Fett total	*1g*	*BE*	*3,25*
Cholesterin	*0mg*	*Natrium*	*17mg*
Unges. Fettsäuren	*0g*		

2	**Knoblauchzehen**
700 g	**Gemüsezwiebeln**
1	**kleine rote Paprikaschote**
100 g	**brauner Zucker**
125 ml	**dunkler Rotwein**
1/2 TL	**Salz**
1 EL	**zerquetschte Senfkörner**
2	**Lorbeerblätter**

- Die Knoblauchzehen kleinhacken.
- Die Zwiebeln schälen und vierteln.
- Die Paprikaschote waschen und kleinschneiden.
- Den Zucker in einem Topf mit dickem Boden, ohne zu rühren, schmelzen lassen. Sobald er Blasen wirft, kräftig rühren und dabei braun werden lassen.
- Sobald er weniger Blasen bildet, mit Rotwein ablöschen und Salz, Senfkörner, Lorbeerblätter und Knoblauchzehen dazugeben. Alles einmal aufkochen lassen.
- Die Zwiebeln und die Paprikawürfel in die Zuckersoße geben. Alles zum Kochen bringen, einen Deckel auflegen und in 15 Minuten weich dünsten.
- Vor dem Servieren nochmals abschmecken.

Zwiebelchen in Kräutercreme

Arbeitsaufwand:
15 Minuten
Kochzeit:
25 Minuten
Für 4 Personen

1 Portion enthält:

kJ/kcal	*328/78*	*Kohlenhydrate*	*10g*
Eiweiß	*3g*	*Ballaststoffe*	*4g*
Fett total	*2g*	*BE*	*1*
Cholesterin	*+*	*Natrium*	*26mg*
Unges. Fettsäuren	*1g*		

500 g	**kleine Zwiebeln**
1 EL	**Diätmargarine**
200 ml	**salzarme Hühnerbrühe (S. 84)**
100 ml	**entrahmte Milch (0,3%)**
1/4 TL	**Salz**
je 1 Msp	**Majoran, Rosmarin und Salbei**
	frischgemahlener weißer Pfeffer
1 EL	**heller Instant-Soßenbinder**
1 EL	**feingehackte Petersilie oder feingeschnittener Schnittlauch**

- Die Zwiebeln schälen.
- Die Margarine in einer großen beschichteten Pfanne mit dickem Boden zerlassen. Darin die Zwiebeln bei mäßiger Hitze unter Rühren in etwa 6 Minuten braun dünsten.
- Mit Brühe und Milch ablöschen und mit Salz, Majoran, Rosmarin, Salbei und Pfeffer würzen.
- Zugedeckt 15 Minuten garziehen lassen.
- Dann die Soße leicht mit Soßenbinder andicken und nochmals abschmecken.
- Mit frischen Kräutern bestreut servieren.

Dicke Bohnen in Kräutersoße

Arbeitsaufwand:
10 Minuten
Kochzeit:
20 Minuten
Für 4 Personen

1,2 kg dicke Bohnen
400 ml Wasser
300 ml entrahmte Milch (0,3%)
2 EL Mehl
1 EL Zitronensaft
1/2 TL Senf
1/2 TL Zucker
1/4 TL Salz
4 EL feingehackte gemischte Kräuter

- Die Bohnen auspalen.
- Das Wasser zum Kochen bringen, die Bohnen hineingeben und zugedeckt in etwa 10 Minuten knapp gar kochen.
- Abtropfen lassen.
- Die Milch mit dem Mehl vermischen, unter Rühren zum Kochen bringen und 2–3 Minuten kochen lassen.
- Zitronensaft, Senf, Zucker und Salz dazugeben und zum Schluß das Gemüse unter die Soße heben.
- Kurz vor dem Servieren die Kräuter darunterrühren; sie dürfen nicht mitkochen, da sie sonst ihr Aroma verlieren.

Tip: Statt der frischen Bohnen kann man auch schnellgarende Gefrierware nehmen, die zunächst teuer erscheinen mag, bei der aber kein Abfall anfällt und die weniger Arbeit bereitet.

1 Portion enthält:

kJ/kcal	*580/138*	*Kohlenhydrate*	*19g*
Eiweiß	*11g*	*Ballaststoffe*	*+*
Fett total	*1g*	*BE*	*1,75*
Cholesterin	*+*	*Natrium*	*38mg*
Unges. Fettsäuren	*+*		

Weiße Bohnen mit Zucchini

Arbeitsaufwand:
10 Minuten
Kochzeit:
8 Minuten
Für 4 Personen

1 Portion enthält:			
kJ/kcal	*1163/277*	*Kohlenhydrate*	*40g*
Eiweiß	*20g*	*Ballaststoffe*	*13g*
Fett total	*3g*	*BE*	*3,5*
Cholesterin	*3mg*	*Natrium*	*39mg*
Unges. Fettsäuren	+		

600 g weiße Bohnen aus der Dose
250 g Zucchini
250 g salzarme Gemüsebrühe
2 EL salzarmes Tomatenmark
1/4 TL Thymian
1 Lorbeerblatt
1/4 TL Salz
frischgemahlener schwarzer Pfeffer
2 EL feingehackte Petersilie
2 EL geriebener Parmesan

- Die Bohnen abspülen und die Zucchini in kleinfingerdicke Scheiben schneiden.
- Bohnen mit Brühe, Tomatenmark und Gewürzen – ohne Petersilie – in einem dickwandigen Topf mit festschließendem Deckel zum Kochen bringen und mit den Zucchini zugedeckt in 4 Minuten knapp garen.
- Kurz vor dem Servieren das Lorbeerblatt herausnehmen und die Bohnen mit Petersilie und Käse bestreuen.

Bohnen mexikanisch

Arbeitsaufwand:
10 Minuten
Kochzeit:
12 Minuten
Für 4 Personen

1 Portion enthält:			
kJ/kcal	*533/127*	*Kohlenhydrate*	*10g*
Eiweiß	*5g*	*Ballaststoffe*	*4g*
Fett total	*7g*	*BE*	*1*
Cholesterin	+	*Natrium*	*5mg*
Unges. Fettsäuren	*1g*		

600 g grüne Bohnen
200 ml Wasser
1 Knoblauchzehe
100 g scharfe rote Paprikaschoten
1 EL natives Olivenöl extra
2 EL Zitronensaft
1/2 TL Salz
frischgemahlener schwarzer Pfeffer
3 EL gehackte geröstete Mandeln (S. 40)

- Bohnen waschen, putzen, brechen und mit wenig Wasser in einem festschließenden Topf in 7–10 Minuten bißfest garen. Abtropfen lassen.
- Die Knoblauchzehe kleinhacken, die Paprikaschoten waschen und ebenfalls kleinhacken.
- Das Öl in einer beschichteten Pfanne erhitzen. Den Knoblauch, die Paprika und die Bohnen darin wenden.
- Mit Zitronensaft, Salz und Pfeffer würzen und mit den Mandeln bestreut servieren.

Tip: Mit den aus Mexiko importierten Jalepo-Paprika schmecken die Bohnen am besten.

Erbsenpüree

Arbeitsaufwand:
5 Minuten
Kochzeit:
60 Minuten
Für 4 Personen

1 Portion enthält:

kJ/kcal	*1037/247*	*Kohlenhydrate*	*37g*
Eiweiß	*15g*	*Ballaststoffe*	*11g*
Fett total	*4g*	*BE*	*3,25*
Cholesterin	*1mg*	*Natrium*	*3mg*
Unges. Fettsäuren	*2g*		

250 g geschälte grüne Trockenerbsen
1 1/2 l Wasser
1 Knoblauchzehe
1/2 TL Salz
1 kleine Zwiebel
1 EL Sonnenblumenöl

- Die Erbsen in dem Wasser in einem festschließenden Topf zum Kochen bringen und bei mäßiger Hitze in 60 Minuten garen. Wenn sie beim Rühren nicht mehr rasseln, sind sie gar.
- Die Knoblauchzehe schälen und mit dem Salz zu den Erbsen geben.
- Mit dem Schneidstab des Handrührgeräts mit so viel Kochflüssigkeit pürieren, daß das Püree dickbreiig ist. Abschmecken.
- Die Zwiebel kleinhacken.
- In einer beschichteten Pfanne mit dickem Boden die Zwiebelwürfel in heißem Öl dünsten und über den Erbsenbrei geben.

Tip: Das Rezept kann auch mit Bohnen, Kichererbsen oder Linsen abgewandelt werden.

Pfannengerührte Erbsen mit Radicchio

Arbeitsaufwand:
5 Minuten
Kochzeit:
14 Minuten
Für 4 Personen

1 Portion enthält:

kJ/kcal	*458/109*	*Kohlenhydrate*	*12g*
Eiweiß	*6g*	*Ballaststoffe*	*6g*
Fett total	*3g*	*BE*	*1*
Cholesterin	*1mg*	*Natrium*	*4mg*
Unges. Fettsäuren	*2g*		

300 g TK-Erbsen
100 ml Wasser
1 kleine Zwiebel
1 Knoblauchzehe
1 dünne Stange Lauch
2 kleine Köpfe Radicchio
1 EL Sonnenblumenöl
50 ml trockener Weißwein
1/4 TL Salz
frischgemahlener schwarzer Pfeffer
2 EL feingehackte Petersilie

- Die Erbsen mit dem Wasser in einem kleinen dickwandigen Topf mit festschließendem Deckel in 4 Minuten knapp garen. Dann abtropfen lassen.
- Die Zwiebel putzen und kleinhacken.
- Den Knoblauch kleinhacken.
- Den Lauch putzen und in schmale Ringe schneiden.
- Den Radicchio in Streifen schneiden.
- In einer beschichteten Pfanne das Öl erhitzen. Darin die Zwiebel und den Lauch unter Wenden andünsten. Den Knoblauch zufügen und mit Weißwein ablöschen.
- Die Erbsen und den Radicchio dazugeben und unter Rühren so lange erhitzen, bis die Flüssigkeit verdampft ist.
- Alles mit Salz und Pfeffer würzen, mit Petersilie bestreuen und gleich servieren.

Variante: Das Gericht kann mit weißem Chicorée oder römischem Lattich abgewandelt werden.

Geschmorte Linsen

Arbeitsaufwand:
20 Minuten
Kochzeit:
60 Minuten
Für 4 Personen

1 Portion enthält:

kJ/kcal	*1688/402*	*Kohlenhydrate*	*62g*
Eiweiß	*21g*	*Ballaststoffe*	*15g*
Fett total	*6g*	*BE*	*5*
Cholesterin	*+*	*Natrium*	*95mg*
Unges. Fettsäuren	*2g*		

1 Zwiebel
100 g Sellerie
250 g Möhren
4 Kartoffeln nach Belieben
250 g geschälte rote Linsen
800 ml salzarme Gemüsebrühe
800 g salzarme pürierte Tomaten aus der Dose
1 TL Rosmarin
1/2 TL Salz
frischgemahlener schwarzer Pfeffer
100 g Schalotten
125 g kleine Champignons
2 EL Diätmargarine
2 EL feingehackte Petersilie

- Die Zwiebel schälen und grob schneiden, den Sellerie putzen und klein würfeln, die Möhren in Scheiben schneiden und die Kartoffeln schälen und grob würfeln.
- Die Linsen in der Brühe mit Zwiebel, Sellerie, Möhren, Tomaten und Gewürzen in einem festschließenden Topf mit dickem Boden in knapp 60 Minuten weich kochen. Nach 35 Minuten die Kartoffeln zugeben.
- Die Schalotten schälen und wie die Champignons halbieren.
- Die Margarine in einer beschichteten Pfanne schmelzen. Schalotten und Pilze darin 5 Minuten dünsten, dann zum Gemüse geben.
- Alles abschmecken, mit Petersilie bestreuen und zu Reis servieren.

Tip: Da sich die Linsen sehr gut zum Einfrieren eignen, kann man gleich größere Mengen davon zubereiten.

Pfannengerührte Bambussprossen

Arbeitsaufwand:
2 Minuten
Kochzeit:
6 Minuten
Für 4 Personen

1 große Zwiebel
1–2 Knoblauchzehen
20 g frischer Ingwer
200 g Zuckerschoten
300 g Bambussprossen aus der Dose
100 g Sojabohnenkeime aus der Dose
2 EL natives Olivenöl
100 ml salzarme Hühnerbrühe (S. 84)
2 EL dunkle Sojasoße
frisch gemahlener schwarzer Pfeffer
1 TL heller Instant-Soßenbinder
1 TL Zitronensaft
2 EL trockener Sherry oder Weißwein

- Die Zwiebel schälen und grob hacken.
- Den Knoblauch und den Ingwer kleinhacken.
- Die Zuckerschoten putzen.

• Bambus- und Sojasprossen gründlich abspülen und die Bambussprossen zunächst in 2 mm dicke Scheiben, dann in kleinfingerbreite Streifen schneiden.
• Das Öl in einem Wok oder in einer großen Pfanne mit hohem Rand erhitzen und darin die Zwiebel hell andünsten.
• Den Knoblauch und den Ingwer dazugeben und kurz mitbräunen. Die Zutaten im Wok an den oberen Rand schieben oder aus der Pfanne nehmen.
• Die Bambussprossen zusammen mit den Zuckerschoten in die Pfanne geben und 2 Minuten unter ständigem Rühren erhitzen.
• Die Sojasprossen zugeben und alles weitere 2 Minuten rühren. Dabei darauf achten, daß die Sojasprossen den für asiatische Gerichte typischen Biß unbedingt behalten.
• Zwiebeln, Knoblauch, Brühe, Sojasoße und Pfeffer in den Topf geben.
• Den Soßenbinder mit Zitronensaft und Sherry oder Weißwein anrühren, und die Gemüsemischung ganz leicht damit binden.
• Das Gemüse in der Pfanne zu Tisch bringen.

Tip: Bambussprossen werden hierzulande fast nur als Konservenware angeboten; dagegen gibt es in guten Gemüsefachgeschäften die aromatischen Zuckerschoten – eine Erbsenart, die mit der Umhüllung gegessen wird – und Sojasprossen aus Mungobohnen oft auch frisch zu kaufen.

1 Portion enthält:

kJ/kcal	*613/146*	*Kohlenhydrate*	*17g*
Eiweiß	*7g*	*Ballaststoffe*	*2g*
Fett total	*6g*	*BE*	*1,5*
Cholesterin	*0mg*	*Natrium*	*6mg*
Unges. Fettsäuren	+		

Geschmorte Sojasprossen

Arbeitsaufwand:
2 Minuten
Kochzeit:
8 Minuten
Für 4 Personen

1 Portion enthält:

kJ/kcal	*491/117*	*Kohlenhydrate*	*9g*
Eiweiß	*6g*	*Ballaststoffe*	*2g*
Fett total	*7g*	*BE*	*0,5*
Cholesterin	+	*Natrium*	*40mg*
Unges. Fettsäuren	+		

20 g	**frischer Ingwer**
1	**dünne Stange Lauch**
1	**Möhre**
1	**Stange Staudensellerie**
1/2	**kleine grüne Paprikaschote**
2 EL	**natives Olivenöl**
100 ml	**salzarme Hühnerbrühe (S. 84)**
300 g	**Sojabohnenkeime aus der Dose**
1 EL	**Apfelessig**
1 EL	**dunkle Sojasoße**
	frischgemahlener weißer Pfeffer
1 TL	**heller Instant-Soßenbinder**
1 TL	**Zitronensaft**
1 Msp	**Zucker**
2 EL	**trockener Sherry oder Weißwein**

• Den Ingwer kleinhacken; den Lauch in feine Ringe, die Möhre in Stifte, den Staudensellerie in feine Scheiben und die Paprikaschote in feine Streifen schneiden.
• Das Öl in einem Wok oder in einem Topf mit dickem Boden erhitzen und darin den Ingwer hell andünsten. Lauch, Möhren, Sellerie und Paprika dazugeben und unter Rühren 4 Minuten bei starker Hitze dünsten.
• Mit der Hühnerbrühe ablöschen, den Deckel auflegen und 2 Minuten garen. Dann die Sojasprossen mit Apfelessig, Sojasoße und Pfeffer zufügen. Die Sprossen sollten unbedingt noch knackig sein, wenn sie serviert werden.
• Den Soßenbinder mit Zitronensaft, Zucker und Sherry oder Weißwein mischen und damit das Gemüse leicht binden.

Pfannengerührte Austernpilze

Arbeitsaufwand:
10 Minuten
Kochzeit:
10 Minuten
Für 4 Personen

1 Portion enthält:

kJ/kcal	*315/75*	*Kohlenhydrate*	*4g*
Eiweiß	*4g*	*Ballaststoffe*	*3g*
Fett total	*3g*	*BE*	*0,5*
Cholesterin	+	*Natrium*	*20mg*
Unges. Fettsäuren	+		

1 große Zwiebel
1–2 Knoblauchzehen
500 g Austernpilze
2 EL natives Olivenöl
100 ml salzarme Hühnerbrühe (S. 84)
1/4 TL Salz
frischgemahlener schwarzer Pfeffer
1 TL heller Instant-Soßenbinder
1 TL Zitronensaft
2 EL trockener Sherry oder Weißwein

- Die Zwiebel grob und den Knoblauch kleinhacken.
- Die harten Stielansätze der Austernpilze entfernen; sie werden nicht gewaschen, weil sie sonst an Qualität und Aroma einbüßen. Dann grob zerschneiden.
- Die Zwiebel in einem Wok oder in einer Pfanne mit hohem Rand in heißem Öl hell andünsten, den Knoblauch dazugeben und kurz erwärmen. Die Zwiebel und den Knoblauch im Wok an die Seite schieben oder aus der Pfanne nehmen.
- Dann die Austernpilze bei starker Hitze 4–5 Minuten im restlichen Öl bißfest dünsten, dabei fortwährend mit dem Bratenwender umrühren.
- Die Zwiebeln, den Knoblauch, die Brühe und die Gewürze mit den Austernpilzen verrühren.
- Den Soßenbinder mit Zitronensaft und Sherry oder Weißwein anrühren und damit die Gemüsemischung ganz leicht binden.

Champignongemüse

Arbeitsaufwand:
10 Minuten
Kochzeit:
10 Minuten
Für 4 Personen

1 Portion enthält:

kJ/kcal	*420/100*	*Kohlenhydrate*	*8g*
Eiweiß	*7g*	*Ballaststoffe*	*4g*
Fett total	*4g*	*BE*	*0,75*
Cholesterin	*5mg*	*Natrium*	*48mg*
Unges. Fettsäuren	*1g*		

1 kleine Zwiebel
1 Knoblauchzehe nach Belieben
600 g Champignons
2 EL Zitronensaft
1 EL Diätmargarine
2 EL Mehl
200 ml entrahmte Milch (0,3%)
2 EL trockener Weißwein
1/4 TL Salz
je 1 Msp Curry und Muskat
2 EL Schlagsahne (30%)
1 EL feingehacktes Koriandergrün, Petersilie oder Schnittlauch

- Die Zwiebel klein würfeln.
- Den Knoblauch kleinhacken.
- Die Champignons putzen, halbieren und mit Zitronensaft beträufeln.
- Die Margarine in einem Topf zerlassen, die Zwiebelwürfel und die Knoblauchzehe darin hell dünsten.
- Dann die Champignons dazugeben und etwa 3 Minuten bei mäßiger Hitze dünsten.
- Leicht mit Mehl bestäuben und mit Milch ablöschen. Einmal umrühren, zum Kochen bringen und zugedeckt in 2–3 Minuten knapp garen.
- Die Soße mit Wein, Salz, Curry und Muskat abschmecken.
- Kurz vor dem Servieren die Sahne unterrühren und Koriandergrün, Petersilie oder Schnittlauch darauf streuen.

Variante: Für dieses Rezept kann man auch Austernpilze, Egerlinge, Pfifferlinge oder Steinpilze verwenden.

Pilzletcho ungarische Art

Arbeitsaufwand:
10 Minuten
Kochzeit:
35 Minuten
Für 4 Personen

1	**Zwiebel**
1	**Knoblauchzehe**
400 g	**gemischte Waldpilze**
je 1	**kleine rote und grüne Paprikaschote**
2	**frische Tomaten**
2 EL	**natives Olivenöl**
400 g	**salzarme pürierte Tomaten**
1/4 TL	**Salz**
1/2 TL	**Paprika edelsüß**
	frischgemahlener schwarzer Pfeffer

- Die Zwiebel grob würfeln.
- Die Knoblauchzehe kleinhacken.
- Die Waldpilze grob zerschneiden.
- Die Paprikaschoten in Streifen schneiden.
- Die frischen Tomaten schälen und vierteln.
- Das Öl in einem dickwandigen Topf mit festschließendem Deckel erhitzen und die Zwiebelwürfel unter Rühren in 2 Minuten hell andünsten.
- Den Knoblauch und 30 Sekunden später die Pilze zufügen und alles zusammen 5 Minuten offen dünsten.
- Die Paprikastreifen mit dem Tomatenpüree und den Tomatenstücken zu den Pilzen geben. Das Gemüsegericht nicht zu scharf mit Salz, Paprika und Pfeffer würzen.
- Den Deckel auflegen und bei mäßiger Wärme unter gelegentlichem Rühren in 25 Minuten weich schmoren.

Tip: Zu dem Pilzletcho schmecken Vollkornsemmelknödel ausgezeichnet, die man auch fertig kaufen kann.

1 Portion enthält:

kJ/kcal	*525/125*	*Kohlenhydrate*	*10g*
Eiweiß	*4g*	*Ballaststoffe*	*10g*
Fett total	*6g*	*BE*	*1*
Cholesterin	*+*	*Natrium*	*15mg*
Unges. Fettsäuren	*+*		

Tunesisches Mischgemüse

Arbeitsaufwand:
20 Minuten
Quellzeit:
12 Stunden
Kochzeit:
25 Minuten
Für 4 Personen

100 g	**Couscous (nordafrikanischer Weizengrieß)**
1	**kleiner Romanesco (Pagodenkohl, Minarettkohl)**
250 ml	**Wasser**
1	**Zwiebel**
2	**Knoblauchzehen**
200 g	**Stangenbohnen**
5	**Backpflaumen**
1 EL	**natives Olivenöl**
400 g	**salzarme pürierte Tomaten**
1	**kleines Stückchen Stangenzimt**
1/2 TL	**Ingwer**
1/2 TL	**Gelbwurz**
1/2 TL	**Paprika edelsüß**
1/4 TL	**Salz**
	frischgemahlener schwarzer Pfeffer
150 g	**gegarte Kichererbsen aus der Dose**

- Den Couscous über Nacht einweichen. Aufkochen und 1 Stunde quellen lassen.
- Den Romanesco in Röschen zerteilen, in dem Wasser 4 Minuten kochen und abtropfen lassen; die Kochflüssigkeit auffangen.
- Die Zwiebel kleinwürfeln und den Knoblauch kleinhacken. Die Stangenbohnen längs schneiden und die Backpflaumen entsteinen und kleinschneiden.
- Das Öl erhitzen, die Zwiebel darin hell anbraten, dann den Knoblauch zufügen. Die Tomaten und Gewürze dazugeben und 10 Minuten einkochen lassen.
- Die Bohnen zufügen, mit etwas Romanescowasser aufgießen und 5 Minuten garen.
- Romanesco, Kichererbsen und Backpflaumen unterrühren. Den Deckel auf den Topf legen und das Gemüse in 5 Minuten fertig garen. Abschmecken und den Stangenzimt entfernen.
- Auf einer vorgewärmten Platte einen Kranz aus dem Couscous formen und das Gemüse hineinfüllen.

1 Portion enthält:

kJ/kcal	*1239/295*	*Kohlenhydrate*	*48 g*
Eiweiß	*16 g*	*Ballaststoffe*	*11 g*
Fett total	*5 g*	*BE*	*4*
Cholesterin	*0 mg*	*Natrium*	*34 mg*
Unges. Fettsäuren	*+*		

Leipziger Allerlei

Arbeitsaufwand:
15 Minuten
Kochzeit:
25 Minuten
Für 4 Personen

1 Portion enthält:

kJ/kcal	*328/78*	*Kohlenhydrate*	*9g*
Eiweiß	*5g*	*Ballaststoffe*	*5g*
Fett total	*2g*	*BE*	*0,75*
Cholesterin	+	*Natrium*	*33mg*
Unges. Fettsäuren	*1g*		

500 g frische Erbsen
125 g kleine Karotten oder Möhren
1 Kohlrabi
1/4 Blumenkohl
4 Stangen Spargel
200 ml Wasser
1 EL Diätmargarine
1/4 TL Salz
1 TL Zitronensaft
2 EL feingehackte Petersilie

- Die Erbsen auspalen.
- Die Karotten putzen und in Scheiben schneiden.
- Den Kohlrabi schälen und in Stifte schneiden.
- Den Blumenkohl in Röschen zerteilen.
- Den Spargel schälen, in Stücke schneiden.
- Das Gemüse sortenweise in einem Dämpfeinsatz anordnen und mit fest verschlossenem Deckel über Wasser in 25 Minuten im Dampf garen. Verwendet man einen Schnellkochtopf, müssen die Garzeiten der Gebrauchsanweisung beachtet werden.
- Das Dämpfwasser abgießen, die Margarine im Topf schmelzen und das Gemüse mit schüttelnden Bewegungen darin wenden.
- Mit Salz und Zitronensaft würzen.
- Mit Petersilie bestreut servieren.

Ratatouille

Das Sommergemüse aus Frankreich zaubert den Duft der Provence in die Küche.

Arbeitsaufwand:
15 Minuten
Kochzeit:
60 Minuten
Für 4 Personen

1 Portion enthält:

kJ/kcal	*437/104*	*Kohlenhydrate*	*9g*
Eiweiß	*3g*	*Ballaststoffe*	*5g*
Fett total	*6g*	*BE*	*0,75*
Cholesterin	+	*Natrium*	*12mg*
Unges. Fettsäuren	+		

1 große Zwiebel
2 Knoblauchzehen
je 1 kleine rote und grüne Paprikaschote
200 g Auberginen
200 g Zucchini
2 große Tomaten
2 EL natives Olivenöl
1 Lorbeerblatt
je 1/4 TL Rosmarin und Salbei
1/4 TL Salz
2 EL feingehackte Petersilie
frischgemahlener schwarzer Pfeffer

- Zwiebel grob und Knoblauchzehen kleinhacken. Paprikaschoten grob zerschneiden, Auberginen würfeln, Zucchini waschen und in Scheiben schneiden und Tomaten schälen und kleinschneiden.
- Das Öl erhitzen und darin die Zwiebel hell andünsten. Den Knoblauch zugeben und kurz erhitzen. Zwiebel und Knoblauch aus dem Topf nehmen.
- Die Paprikaschoten bei starker Hitze 3–4 Minuten im restlichen Öl andünsten. Die Auberginen zufügen und 4 Minuten erhitzen. Die Zucchini dazugeben, dann die Tomaten, die Zwiebeln, den Knoblauch und alle Gewürze.
- Den Deckel auflegen, das Gemüse zum Kochen bringen und bei schwacher Hitze 45 Minuten kochen lassen. Gelegentlich umrühren. Das Gemüse soll etwas musig verkocht sein, darf aber nicht anbrennen; daher bei Bedarf etwas Wasser aufgießen.
- Abschmecken und das Lorbeerblatt herausnehmen.

Abbildung S. 216/217

Zucchinirohkost mit Nüssen (S. 258) und Chicorée mit Orangen (S. 254)

Salate

Ideal für den gesunden Feinschmecker ist die reichhaltige Palette von Salaten, die aus rohen oder gegarten Gemüsen schnell zubereitet werden. Sie sind sättigend und versorgen uns – sparsam geputzt, rasch gewaschen und kurz vor dem Verzehr fachgerecht zubereitet – mit wertvollen Vitaminen, Ballast- und Mineralstoffen. Damit der Körper die Vitamine nutzen kann, werden kleine Mengen hochwertiger Öle beigegeben.

Kopfsalat

Der große Vorteil dieser beliebten Salatpflanze: Sie läßt sich mit unzähligen Soßenvarianten immer wieder abwandeln.

Arbeitsaufwand:
10 Minuten
Für 4 Personen

1 Portion enthält:

kJ/kcal	*105/25*	*Kohlenhydrate*	*2g*
Eiweiß	*2g*	*Ballaststoffe*	*2g*
Fett total	*1g*	*BE*	*0,25*
Cholesterin	*1mg*	*Natrium*	*25mg*
Unges. Fettsäuren	*0g*		

1 Kopfsalat

Für die Soße:
4 EL Magerjoghurt
1/2 TL Johannisbrotkernmehl
2 EL Balsamessig
Nach Belieben:
1–2 kleingeschnittene Zwiebeln
1/2–2 zerdrückte Knoblauchzehen
1–2 EL salzfreies Tomatenketchup (S. 32)
1/2–1 TL Senf
1 TL Meerrettich
1/4–1/2 TL Zucker
1/2 TL salzarme Hefepaste
2 EL feingehackte geröstete Nüsse (S. 40)
1–4 EL feingehackte gemischte Kräuter

• Den Salat verlesen; dicke und harte dunkle Blatteile entfernen und zu große Rippen der Länge nach teilen.
• In reichlich Wasser, ohne zu drücken, waschen, die Blätter gut abtropfen lassen und nach Möglichkeit trockenschleudern.
• Für die Soße Joghurt, Johannisbrotkernmehl und Essig miteinander verrühren und weitere Zutaten nach Belieben hinzufügen.
• Am besten mischt man den Salat erst bei Tisch, denn dann bleibt er schön knackig.

Variante: Die Soße kann statt mit Magerjoghurt mit 2EL Magerquark und 2EL entrahmter Milch angemacht werden. Der Quark kann aber auch durch 1EL Öl – je nach Geschmack Distel-, Nuß-, Oliven- oder Sonnenblumenöl – und 3EL salzarme Gemüsebrühe ersetzt werden.

• Je nach Geschmack kann man Apfel-, Balsam-, Sherry- oder Weißweinessig wählen. Oder aber man nimmt statt Essig 2 EL Zitronensaft.
• Bietet der Markt Frühlingszwiebeln, nimmt man 100g davon statt der kleingeschnittenen Zwiebeln.
• Den Zucker kann man durch ein paar Tropfen Süßstoff ersetzen.
• Wer keine salzarme Hefepaste zur Hand hat, nimmt statt dessen 1/4 TL Salz.
• Geröstete Nüsse können gegen geröstete Mandeln oder Sonnenblumenkerne getauscht werden, frische gemischte Kräuter gegen feingehackte Petersilie oder Schnittlauch.

Friséesalat mit Kidneybohnen

Arbeitsaufwand:
6 Minuten
Für 4 Personen

1 Portion enthält:

kJ/kcal	*458/109*	*Kohlenhydrate*	*10g*
Eiweiß	*4g*	*Ballaststoffe*	*3g*
Fett total	*5g*	*BE*	*1*
Cholesterin	*0mg*	*Natrium*	*5mg*
Unges. Fettsäuren	*+*		

1/2 Kopf Friséesalat
200 g Kidneybohnen aus der Dose

Für die Soße:
2 EL natives Olivenöl extra
1 EL Balsamessig
1 kleingehackte Zwiebel
1 zerdrückte Knoblauchzehe
1 TL mittelscharfer Senf
1/2 TL Zucker
1/4 TL Salz
einige Tropfen Tabasco

• Den Salat putzen, waschen, abtropfen lassen und in daumenbreite Streifen schneiden.
• Die Bohnen unter fließendem Wasser abspülen, abtropfen lassen und mit dem Salat vermischen.
• Für die Soße alle Zutaten verschlagen und abschmecken. Kurz vor dem Servieren mit dem Salat vermengen.

Eisbergsalat mit Kiwis und Mandarinen

Arbeitsaufwand:
7 Minuten
Für 4 Personen

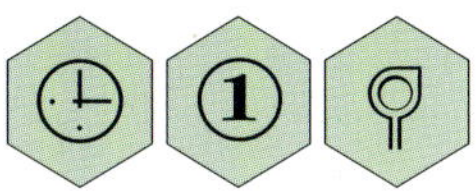

1 Kopf Eisbergsalat
3 Mandarinen
3 Kiwis
2 EL Haselnüsse

Für die Soße:
40 g Edelpilzkäse
3 EL Magerjoghurt
2 EL Zitronensaft
1/4 TL Zucker
1 Pr Salz
frischgemahlener weißer Pfeffer

- Den Eisbergsalat von den äußeren Blättern befreien, waschen und sehr gut abtropfen lassen. Dann vierteln, auseinanderlösen und auf einer Platte oder auf vier Portionstellern arrangieren.
- Die Mandarinen schälen und zerteilen.
- Die Kiwis schälen, in Scheiben schneiden und zusammen mit den Mandarinenschnitzen auf den Salat geben.
- Die Nüsse feinblättrig schneiden.
- Den Edelpilzkäse mit einer Gabel fein zerdrücken und mit den restlichen Zutaten vermischen. Die Soße erst kurz vor dem Verzehr über den Salat gießen.
- Die Nüsse darüberstreuen.

1 Portion enthält:

kJ/kcal	*676/161*	*Kohlenhydrate*	*19g*
Eiweiß	*6g*	*Ballaststoffe*	*6g*
Fett total	*7g*	*BE*	*1,75*
Cholesterin	*10mg*	*Natrium*	*166mg*
Unges. Fettsäuren	*1g*		

Spinatsalat mit Orangen und Radieschen

Eine ungewöhnliche Salatmischung, die dank der farbigen Zutaten besonders dekorativ wirkt.

Arbeitsaufwand:
15 Minuten
Für 4 Personen

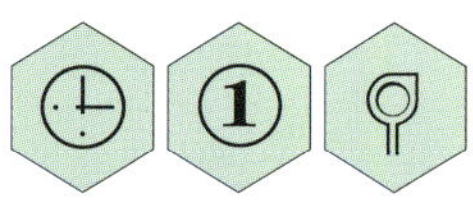

200 g zarter Treibhausspinat
1 große Orange
1 Bund Radieschen

Für die Soße:
4 EL frisch gepreßter Orangensaft
2 EL Distelöl
2 EL Kräuteressig
1 TL mittelscharfer Senf
1 TL Zucker
1/2 TL Johannisbrotkernmehl
1/4 TL Salz
frischgemahlener schwarzer Pfeffer

- Den Spinat zunächst waschen und dann in Streifen schneiden.
- Die Orange schälen, mit einem kleinen scharfen Messer die Fruchtsegmente zwischen den Trennhäuten herausschneiden und dann zerschneiden.
- Die Radieschen waschen und in Scheiben schneiden.
- Die Orangenstücke und die Radieschen mit dem Spinat mischen und auf eine Platte oder auf Portionsteller geben.
- Für die Soße alle Zutaten gut miteinander verschlagen und mit dem Johannisbrotkernmehl binden.
- Die Salatmischung mit der Soße übergießen und sofort zu Tisch bringen.

1 Portion enthält:

kJ/kcal	403/96
Eiweiß	3g
Fett total	5g
Cholesterin	0mg
Unges. Fettsäuren	4g
Kohlenhydrate	8g
Ballaststoffe	3g
BE	0,75
Natrium	36mg

Avocadosalat auf Radicchio mit Kräutersoße

Arbeitsaufwand:
7 Minuten
Für 4 Personen

1 Portion enthält:

kJ/kcal	*1226/292*	*Kohlenhydrate*	*4g*
Eiweiß	*2g*	*Ballaststoffe*	*5g*
Fett total	*29g*	*BE*	*0,5*
Cholesterin	*0mg*	*Natrium*	*10mg*
Unges. Fettsäuren	*4g*		

1 Kopf Radicchio
200 g Friséesalat
2 mittelgroße Avocados
1/4 Kästchen Kresse

Für die Soße:
1 Frühlingszwiebel
2 EL Distelöl
3 EL Sherryessig
2 EL Wasser
1 EL Kapern
1 TL Zucker
frischgemahlener Pfeffer

- Die Radicchioblätter voneinander lösen, waschen, gut abtropfen lassen und auf dem Rand einer Platte kranzartig verteilen.
- Den Friséesalat waschen, abtropfen lassen, zerzupfen und auf die Mitte der Platte legen.
- Die Avocados schälen, von ihrem Kern lösen und in Spalten schneiden. Auf dem Salat verteilen.
- Die Kresse dazugeben (nicht waschen, da sie sonst verklebt).
- Die Frühlingszwiebel kleinschneiden, mit den restlichen Zutaten für die Soße vermischen und sofort über den Salat gießen, damit die Avocadoschnitze sich nicht verfärben. Gleich servieren.

Holländischer Chicoréesalat

Die leicht bitter schmeckende Sprosse ist ein beliebtes Wintergemüse. Ihre vornehme Blässe erhält sie dadurch, daß sie im Dunkeln gebleicht wird und somit kein Blattgrün bilden kann.

Arbeitsaufwand:
10 Minuten
Für 4 Personen

1 Portion enthält:

kJ/kcal	*504/120*	*Kohlenhydrate*	*12g*
Eiweiß	*3g*	*Ballaststoffe*	*3g*
Fett total	*7g*	*BE*	*1*
Cholesterin	*2mg*	*Natrium*	*45mg*
Unges. Fettsäuren	*4g*		

2 Chicorée
1 großer säuerlicher Apfel
2 gegarte rote Beten

Für die Soße:
150 g Magerjoghurt
2 EL Balsamessig
1 EL geriebener Meerrettich
1 EL Distelöl
1/2 TL Senf
1/4 TL Zucker
frischgemahlener weißer Pfeffer

Zum Bestreuen:
2 EL gehackte Walnüsse

- Die bitteren Böden vom Chicorée keilförmig herausschneiden und das Gemüse in 1 cm breite Ringe zerkleinern.
- Den Apfel waschen, vierteln, entkernen und mit der Schale quer in kurze dünne Spalten schneiden.
- Die roten Beten schälen und in kleine dünne Scheiben schneiden.
- Chicorée, Apfel und rote Beten miteinander vermengen.
- Die Zutaten für die Soße verrühren und über die Salatmischung geben.
- Den angemachten Salat kurz ziehen lassen und nochmals abschmecken.
- Mit Nüssen bestreuen und servieren.

Chicoréesalat mit Orangen

Arbeitsaufwand:
10 Minuten
Für 4 Personen

3 Chicorée
1 große Orange

Für die Soße:
4 EL frisch gepreßter Orangensaft
2 EL Sonnenblumenöl
2 EL Weißweinessig
1 TL geriebener Meerrettich
1/2 TL Senf
1/4 TL Zucker
frischgemahlener weißer Pfeffer

Zum Bestreuen:
2 EL grobgehackte geröstete Mandeln (S. 40)

- Die bitteren Böden vom Chicorée keilförmig herausschneiden und das Gemüse in 1 cm breite Ringe schneiden.
- Die Orange schälen, die Fruchtsegmente trennen und in Scheiben schneiden.
- Die Zutaten für die Soße miteinander vermengen und über den Salat geben.
- Kurz durchziehen lassen und nochmals abschmecken.
- Den Salat mit Mandeln bestreuen und servieren.

Abbildung S. 248/249

1 Portion enthält:

kJ/kcal	*517/123*	*Kohlenhydrate*	*10g*
Eiweiß	*3g*	*Ballaststoffe*	*3g*
Fett total	*8g*	*BE*	*1*
Cholesterin	*+*	*Natrium*	*6mg*
Unges. Fettsäuren	*4g*		

Chinakohlsalat

Das kalorienarme Gemüse mit dem leichten Kohlgeschmack ist ein beliebter Vitaminlieferant in den salatarmen Wintermonaten.

Arbeitsaufwand:
15 Minuten
Für 4 Personen

1 kleiner Chinakohl

Für die Soße:
4 EL salzfreies Tomatenketchup (S. 32)
1 TL brauner Zucker
1 TL Senf
1/4 TL Salz
frischgemahlener weißer Pfeffer
2 EL Magerjoghurt
2 EL natives Olivenöl extra
2 EL Balsamessig

Zum Bestreuen:
2 EL feingehackte Petersilie oder Schnittlauch

- Den harten Boden vom Chinakohl keilförmig herauslösen, das Gemüse kurz waschen und in möglichst schmale Streifen schneiden.
- Zusammen mit Tomatenketchup, Zucker, Senf, Salz und Pfeffer in einer Schüssel mit einem Stampfer 5 Minuten kräftig stampfen, um das Zellgewebe zu lockern.
- Joghurt, Öl und Essig vermischen und über den Salat geben.
- Abschmecken und mit Petersilie oder Schnittlauch bestreuen.

Tip: Wem der Chinakohl zu rauh schmeckt, kann ihn zuvor 5 Minuten in kochendem Wasser blanchieren; dadurch wird allerdings ein Teil der Vitamine zerstört.

1 Portion enthält:

kJ/kcal	*353/84*	*Kohlenhydrate*	*6g*
Eiweiß	*2g*	*Ballaststoffe*	*3g*
Fett total	*5g*	*BE*	*0,5*
Cholesterin	*1mg*	*Natrium*	*15mg*
Unges. Fettsäuren	*+*		

Fenchelsalat

Arbeitsaufwand:
8 Minuten
Für 4 Personen

1 Portion enthält:

kJ/kcal	*437/104*	*Kohlenhydrate*	*6g*
Eiweiß	*4g*	*Ballaststoffe*	*4g*
Fett total	*6g*	*BE*	*0,5*
Cholesterin	*+*	*Natrium*	*73mg*
Unges. Fettsäuren	*2g*		

300 g Fenchel
1 kleine rote Paprikaschote

Für die Soße:
1 Zwiebel
1 EL natives Olivenöl extra
2 EL Magerjoghurt
1 EL Apfelessig
1/2 TL mittelscharfer Senf
1/2 TL Zucker
1/4 TL Salz
frischgemahlener weißer Pfeffer

Zum Bestreuen:
2 EL grobgehackte geröstete Walnüsse (S. 40)
1 EL feingehacktes Fenchelgrün

- Den Fenchel putzen, gut waschen und mit dem Gurken- oder Krauthobel in sehr feine Scheiben schneiden.
- Die Paprika in Streifen schneiden.
- Fenchel und Paprika miteinander vermischen und in eine Schüssel geben.
- Die Zwiebel kleinhacken und mit den restlichen Zutaten für die Soße verrühren und abschmecken.
- Mit dem Salat vermischen und kurz ziehen lassen.
- Fenchelgrün und Nüsse über den Salat streuen.

Gurken-Paprika-Salat

Arbeitsaufwand:
8 Minuten
Für 4 Personen

1 Portion enthält:

kJ/kcal	*202/48*	*Kohlenhydrate*	*7g*
Eiweiß	*2g*	*Ballaststoffe*	*2g*
Fett total	*1g*	*BE*	*0,75*
Cholesterin	*1mg*	*Natrium*	*23mg*
Unges. Fettsäuren	*0g*		

1 Salatgurke
1 kleine rote Paprikaschote
1 kleine grüne Paprikaschote

Für die Soße:
1 Zwiebel
4 EL Magerjoghurt
2 EL Sherryessig
1 TL mittelscharfer Senf
1/2 TL Zucker
1/4 TL Salz
frischgemahlener weißer Pfeffer

Zum Bestreuen:
1 EL feingehackter frischer Dill

- Die Gurke erst in 5 mm dicke Scheiben und dann in Stifte schneiden (Freilandware zuerst schälen).
- Die rote und die grüne Paprikaschote in schmale Streifen schneiden.
- Die Gurkenstifte zusammen mit den Paprikastreifen in eine Schüssel geben.
- Die Zwiebel kleinhacken und mit den restlichen Zutaten für die Soße vermischen und abschmecken.
- Gründlich mit dem Salat vermengen.
- Den Salat mit Dill bestreut servieren.

Gurkensalat mit Melone und Erdbeeren

Arbeitsaufwand:
10 Minuten
Für 4 Personen

1 Portion enthält:

kJ/kcal	*399/95*	*Kohlenhydrate*	*10g*
Eiweiß	*2g*	*Ballaststoffe*	*2g*
Fett total	*5g*	*BE*	*1*
Cholesterin	*0mg*	*Natrium*	*20mg*
Unges. Fettsäuren	*4g*		

1/2 große Salatgurke
1/2 Ogenmelone
150 g Erdbeeren

Für die Soße:
2 EL Zitronensaft
2 EL Haselnußöl
1/2 TL Zucker
1/4 TL Salz
frischgemahlener schwarzer Pfeffer

Zum Bestreuen:
feingehackte Petersilie oder Koriandergrün

- Die Gurke waschen und in dünne Scheiben schneiden (Freilandware muß man vorher schälen).
- Die Melone schälen und entkernen. Mit dem Kugelausstecher entweder Kugeln ausstechen oder das Fruchtfleisch grob würfeln.
- Die Erdbeeren waschen, abtropfen lassen und achteln.
- Die Zutaten für die Soße miteinander verrühren und über den Salat geben.
- Mit Petersilie oder Koriandergrün bestreuen und sofort servieren.

Tip: Gurkensalat sollte immer gleich verzehrt werden, weil er sonst zuviel Wasser zieht und schwer verdaulich wird.

Gurkensalat auf dreierlei Art

Arbeitsaufwand:
30 Minuten
Für 4 Personen

1 Portion enthält:

kJ/kcal	*260/62*	*Kohlenhydrate*	*3g*
Eiweiß	*1g*	*Ballaststoffe*	*+*
Fett total	*5g*	*BE*	*0,25*
Cholesterin	*+*	*Natrium*	*6mg*
Unges. Fettsäuren	*3g*		

Variante 1:
1 kleine Salatgurke

Für die Soße:
2 EL Baumwollsaatöl
1 1/2 EL Weißweinessig
1/2 TL Senf
1/2 TL Zucker
1/4 TL Salz
frischgemahlener weißer Pfeffer
2 EL feingehackter Dill zum Bestreuen

Variante 2:

½	**große Salatgurke**
1	**große Orange, geschält und kleingeschnitten**
150 g	**blaue Weintrauben**

Für die Soße:

3 EL	**Magerjoghurt**
1 TL	**Walnußöl**
2 EL	**Zitronensaft**
¼ TL	**Zucker**
	frischgemahlener weißer Pfeffer

Variante 3:

1	**kleine Salatgurke**
100 g	**salzarmer magerer gekochter Schinken, kleingewürfelt**

Für die Soße:

4 EL	**Magerjoghurt**
1 TL	**Haselnußöl**
2 EL	**Sherryessig**
1 TL	**Senf**
	frischgemahlener weißer Pfeffer
2 EL	**feingehackte Minze zum Bestreuen**

- Die Gurke waschen und in Scheiben schneiden oder würfeln (Freilandware vorher schälen).

- Die Zutaten für die Soße separat in einer kleinen Schüssel vermischen.
- Zu den Salatzutaten geben, abschmecken und gegebenenfalls mit Kräutern bestreuen.

Tip: Durch die unterschiedlichen Zutaten der Varianten verändern sich die Nährwerte: Variante 2 enthält 14 g Kohlenhydrate, somit 1,25 BE, und 15 mg Natrium, während Variante 3 23 mg Cholesterin und 18 mg Natrium enthält.

Gurkenteller

Arbeitsaufwand:
10 Minuten
Für 4 Personen

1 Portion enthält:

kJ/kcal	*332/79*	*Kohlenhydrate*	*8g*
Eiweiß	*4g*	*Ballaststoffe*	*3g*
Fett total	*5g*	*BE*	*0,75*
Cholesterin	*1 mg*	*Natrium*	*38 mg*
Unges. Fettsäuren	*+*		

1	**kleine Salatgurke**
1	**Bund Radieschen**
4	**Tomaten**

Für die Soße:

4 EL	**Magerjoghurt**
2 EL	**Magerquark**
1 EL	**natives Olivenöl extra**
1 EL	**Sherryessig**
½ TL	**Senf**
½ TL	**Zucker**
¼ TL	**Salz**
	frischgemahlener weißer Pfeffer
2 EL	**feingeschnittener Schnittlauch zum Bestreuen**

- Die Gurke und die Radieschen waschen und in Scheiben schneiden (Freilandgurken vorher schälen). Die Tomaten achteln.
- Gurken- und Radieschenscheiben kranzförmig auf vier Teller verteilen. Darauf die Tomatenachtel legen.
- Alle Zutaten für die Soße miteinander verrühren und auf die Portionen verteilen.
- Mit Schnittlauch bestreuen.

Zucchinirohkost mit Nüssen

Arbeitsaufwand:
10 Minuten
Für 4 Personen

1 Portion enthält:

kJ/kcal	*470/112*	*Kohlenhydrate*	*5g*
Eiweiß	*3g*	*Ballaststoffe*	*2g*
Fett total	*9g*	*BE*	*0,5*
Cholesterin	*+*	*Natrium*	*15mg*
Unges. Fettsäuren	*1g*		

300 g Zucchini
100 g Möhren oder Äpfel oder beides zu gleichen Teilen

Für die Soße:
1 EL natives Olivenöl extra
2 EL Zitronensaft
1/2 TL Zucker
1/4 TL Salz
frischgemahlener weißer Pfeffer

Zum Bestreuen:
4 EL gehackte geröstete Hasel- oder Walnüsse oder Mandeln (S. 40)

- Die Zucchini waschen und nach Belieben fein oder grob raffeln.
- Die Möhren putzen bzw. die Äpfel waschen und jeweils reiben.
- Dann das Obst und das Gemüse miteinander vermischen.
- Für die Soße alle Zutaten miteinander verrühren, zum Salat geben und gut vermengen.
- Abschmecken und mit den gerösteten Nüssen oder Mandeln bestreuen.

Abbildung S. 248/249

Variante: Geschmacklich läßt sich der Salat abwandeln, indem man ihm zerdrückten Knoblauch, kleingehackte Zwiebeln, Meerrettich oder Kapern zufügt. Statt der Möhren oder Äpfel kann man feingewiegtes Sauerkraut oder geriebene rote Bete zu den Zucchini geben.

Rettichrohkost

Mit einem deftigen Vollkornbrot gibt der hübsch garnierte Rettichsalat ein leichtes, aber herzhaftes Abendessen.

Arbeitsaufwand:
6 Minuten
Für 4 Personen

1 Portion enthält:

kJ/kcal	*210/50*	*Kohlenhydrate*	*5g*
Eiweiß	*6g*	*Ballaststoffe*	*1g*
Fett total	*1g*	*BE*	*0,5*
Cholesterin	*2mg*	*Natrium*	*46mg*
Unges. Fettsäuren	*0g*		

1 Rettich
125 g Magerquark
125 g Magerjoghurt
1/4 TL Salz
frischgemahlener weißer Pfeffer
4 EL sehr klein gewürfelte rote Paprikaschote
1 EL feingeschnittener Schnittlauch

- Den Rettich grob reiben.
- Mit Quark, Joghurt, Salz und Pfeffer mischen und in eine Schüssel geben.
- Außen mit einem Kranz Paprikawürfeln und zur Mitte hin mit einem Kranz Schnittlauch garnieren.

Möhrenrohkost

Arbeitsaufwand:
15 Minuten
Für 4 Personen

200 g Möhren
200 g Sellerie
3 Äpfel
100 g Magerjoghurt
2 EL Zitronensaft
1 EL Sojaöl
1 TL Zucker
1/4 TL Salz
1/4 TL feingeriebener Ingwer

- Die Möhren und den Sellerie putzen und fein reiben.
- Die Äpfel gut waschen und vom Kerngehäuse befreien und raspeln.
- Die restlichen Zutaten verrühren und mit der Rohkost vermengen.
- Kurz ziehen lassen und vor dem Servieren nochmals abschmecken.

1 Portion enthält:

kJ/kcal	*407/97*	*Kohlenhydrate*	*15g*
Eiweiß	*2g*	*Ballaststoffe*	*6g*
Fett total	*4g*	*BE*	*1,25*
Cholesterin	*1mg*	*Natrium*	*109mg*
Unges. Fettsäuren	*2g*		

Möhren-Zucchini-Salat

Arbeitsaufwand:
15 Minuten
Kochzeit:
5 Minuten
Für 4 Personen

300 g Möhren
50 g Sellerie
100 ml frisch gepreßter Orangensaft
1 Zucchini
1/2 kleine grüne Paprikaschote

Für die Soße:
2 EL natives Olivenöl extra
2 EL Zitronensaft
1 TL Zucker
1/4 TL Salz
frischgemahlener schwarzer Pfeffer

1 Portion enthält:

kJ/kcal	*386/92*
Eiweiß	*2g*
Fett total	*5g*
Cholesterin	*+*
Unges. Fettsäuren	*+*
Kohlenhydrate	*9g*
Ballaststoffe	*4g*
BE	*0,75*
Natrium	*62mg*

- Möhren und Sellerie putzen, waschen und entweder in schmale Stifte schneiden oder grob raffeln.
- Den Orangensaft in einem kleinen Topf aufkochen. Darin das Gemüse 3 Minuten blanchieren und wieder abkühlen lassen.
- Die Zucchini mit der Schale ebenfalls stifteln oder raffeln und die Paprikaschote in möglichst feine Ringe schneiden.
- Alle Zutaten für die Soße miteinander vermischen.
- Das Gemüse mit dem Orangensaft zufügen und alles abschmecken.

Roher Champignonsalat

Arbeitsaufwand:
10 Minuten
Für 4 Personen

1 Portion enthält:	
kJ/kcal	*298/71*
Eiweiß	*5g*
Fett total	*4g*
Cholesterin	*3 mg*
Unges. Fettsäuren	+
Kohlenhydrate	*4g*
Ballaststoffe	*3g*
BE	*0,5*
Natrium	*42 mg*

500 g kleine Champignons
2 EL Zitronensaft

Für die Soße:
200 g Magerjoghurt
1 EL natives Olivenöl extra
1 TL mittelscharfer Senf
1/2 TL Zucker
1/4 TL Salz
2 EL feingehackte gemischte TK-Kräuter

- Die Wurzelenden der Champignons abschneiden. Dann die Pilze rasch waschen und gut abtropfen lassen.
- Mit dem Eischneider in gleichmäßige Scheibchen schneiden und sofort mit Zitronensaft beträufeln, damit die Champignons nicht braun werden.
- Alle Zutaten für die Soße miteinander verschlagen.
- Die Champignons darin wenden und einige Minuten durchziehen lassen.

Sojasprossensalat

Arbeitsaufwand:
5 Minuten
Marinierzeit:
10 Minuten
Für 4 Personen

1 Portion enthält:	
kJ/kcal	*407/97*
Eiweiß	*5g*
Fett total	*6g*
Cholesterin	+
Unges. Fettsäuren	*4g*
Kohlenhydrate	*8g*
Ballaststoffe	*1g*
BE	*0,75*
Natrium	*2 mg*

400 g frische Sojabohnen- oder Mungosprossen (S. 37)
1 Frühlingszwiebel
1 Knoblauchzehe
2 EL Sesam- oder Walnußöl
1 EL salzfreies Tomatenketchup (S. 32)
1/2 TL geriebener frischer Ingwer
1 EL Zitronensaft
1 EL Weißweinessig

- Die Sprossen mit kochendem Wasser übergießen. Nach 1 Minute das Wasser abgießen und die Sprossen abtropfen lassen.
- Die Frühlingszwiebel fein schneiden.
- Die Knoblauchzehe kleinhacken.
- Das Öl in einem kleinen Topf erhitzen, die Zwiebel 1–2 Minuten unter Rühren darin andünsten, dann die restlichen Zutaten, bis auf den Zitronensaft und den Essig, zugeben und alles kurz erhitzen.
- Die Sprossen in einer Schüssel mit der Soße übergießen, abdecken und kalt stellen, damit der Salat durchzieht.
- Unmittelbar vor dem Servieren den Zitronensaft und den Essig untermischen.

Tomaten mit Edelpilzquark

Arbeitsaufwand:
10 Minuten
Für 4 Personen

1 Portion enthält:

kJ/kcal	*680/162*	*Kohlenhydrate*	*9g*
Eiweiß	*15g*	*Ballaststoffe*	*3g*
Fett total	*8g*	*BE*	*0,75*
Cholesterin	*23mg*	*Natrium*	*397mg*
Unges. Fettsäuren	*+*		

8 kleine Tomaten

Für den Edelpilzquark:
100 g Edelpilzkäse
250 g Magerquark
1/2 TL Zucker
einige Tropfen Worcestersoße
2–3 EL entrahmte Milch (0,3%) nach Bedarf
einige Petersilienzweige zum Garnieren

- Die Tomaten in Scheiben schneiden und auf vier Teller verteilen.
- Den Käse durch ein Sieb drücken und mit den restlichen Zutaten verschlagen. Ist der Quark sehr fest, mit der Milch verdünnen.
- Abschmecken und in einen Spritzbeutel füllen. Mit einer Sterntülle Tupfen auf die Tomaten spritzen und mit Petersilie garnieren.

Frühlingssalat

Arbeitsaufwand:
5 Minuten
Für 4 Personen

1 Portion enthält:

kJ/kcal	*634/151*	*Kohlenhydrate*	*14g*
Eiweiß	*5g*	*Ballaststoffe*	*+*
Fett total	*6g*	*BE*	*1,25*
Cholesterin	*+*	*Natrium*	*+*
Unges. Fettsäuren	*4g*		

500 g TK-Frühlingssalat (Zuckerschoten, Staudensellerie, Maiskörner, Ananaswürfel, Zwiebelwürfel und Haselnüsse)

Für die Soße:
2 EL Distelöl
3 EL Zitronensaft
frischgemahlener weißer Pfeffer

- Den noch gefrorenen Frühlingssalat in eine Schüssel geben und auflockern.
- Die Zutaten für die Soße vermischen und über den Salat gießen. Zugedeckt bei Zimmertemperatur auftauen lassen.
- Nochmals vermischen und abschmecken.

Schweizer Glückssalat

Arbeitsaufwand:
15 Minuten
Für 4 Personen

1 Portion enthält:	
kJ/kcal	*706/168*
Eiweiß	*7g*
Fett total	*6g*
Cholesterin	*+*
Unges. Fettsäuren	*2g*
Kohlenhydrate	*23g*
Ballaststoffe	*5g*
BE	*2*
Natrium	*56mg*

250 g Möhren
1 mittelgroße Orange
1 Banane
2 EL feingehackte geröstete Mandeln (S. 40)
2 EL Sultaninen

Für die Soße:
125 g Magerjoghurt
2 EL frisch gepreßter Orangensaft
2 EL Zitronensaft
1 EL Nußöl
1 TL Zucker
1/4 TL Salz

- Die Möhren putzen und fein reiben.
- Die Orange zunächst schälen und dann würfelig schneiden.
- Die Banane schälen und in Scheiben schneiden.
- Alle Zutaten miteinander vermischen.
- Vor dem Servieren abschmecken.

Spargelsalat

Arbeitsaufwand:
20 Minuten
Kochzeit:
15 Minuten
Kühlzeit:
10 Minuten
Für 4 Personen

800 g Spargel
500 ml Wasser
1 TL Zitronensaft
1/2 TL Zucker

Für die Soße:
100 g Magerjoghurt
2 EL frisch gepreßter Orangensaft
1 EL Weißweinessig
1/2 TL Dijonsenf (S. 31)
1/4 TL Salz
frischgemahlener weißer Pfeffer
feingeschnittene ungespritzte Orangenschale zum Bestreuen

- Den Spargel schälen und in kleinfingerlange Stücke brechen. Mit dem Zitronensaft und dem Zucker in wenig Wasser nicht zu weich dünsten.
- Abtropfen und erkalten lassen. Dann auf eine Platte geben.
- Alle Zutaten für die Soße verrühren, über den Spargel geben und mit der Orangenschale bestreut servieren.

1 Portion enthält:			
kJ/kcal	*214/51*	*Kohlenhydrate*	*7g*
Eiweiß	*5g*	*Ballaststoffe*	*3g*
Fett total	*1g*	*BE*	*0,75*
Cholesterin	*1 mg*	*Natrium*	*20mg*
Unges. Fettsäuren	*+*		

Selleriesalat

Arbeitsaufwand:
10 Minuten
Kochzeit:
20 Minuten
Kühlzeit:
10 Minuten
Für 4 Personen

1 Portion enthält:

kJ/kcal	*344/82*	*Kohlenhydrate*	*4g*
Eiweiß	*3g*	*Ballaststoffe*	*6g*
Fett total	*5g*	*BE*	*0,5*
Cholesterin	+	*Natrium*	*116mg*
Unges. Fettsäuren	*4g*		

1 kleine Sellerieknolle
4 EL Zitronensaft
1 kleines Stück ungespritzte Zitronenschale
1/4 TL Salz

Für die Soße:
2 EL Distelöl
1 EL Sherryessig
frischgemahlener weißer Pfeffer

Zum Bestreuen:
1 EL feingehacktes Selleriegrün oder Petersilie

- Die Sellerieknolle putzen und in Stifte schneiden.
- In einem festschließenden Topf mit dickem Boden mit dem Zitronensaft, der Zitronenschale und dem Salz etwa 3 Finger hoch mit Wasser bedecken und in 20 Minuten garen. Zwischendurch einmal umrühren.
- Die Zitronenschale herausnehmen; den Sellerie in der Kochflüssigkeit lassen.
- Alle Zutaten für die Soße miteinander vermischen und über den erkalteten, abgetropften Sellerie gießen.
- Das Selleriegrün oder die Petersilie erst kurz vor dem Servieren auf den Salat geben.

Sellerierohkost

Arbeitsaufwand:
10 Minuten
Für 4 Personen

1 Portion enthält:

kJ/kcal	*374/89*	*Kohlenhydrate*	*5g*
Eiweiß	*3g*	*Ballaststoffe*	*5g*
Fett total	*6g*	*BE*	*0,5*
Cholesterin	*1mg*	*Natrium*	*109mg*
Unges. Fettsäuren	*4g*		

1 kleine Sellerieknolle
4 EL Zitronensaft

Für die Soße:
100 g Magerjoghurt
2 EL Distelöl
1 EL Weißweinessig
1 TL Dijonsenf (S. 31)
1/4 TL Salz
frischgemahlener weißer Pfeffer

Zum Bestreuen:
1 EL feingehacktes Selleriegrün oder Petersilie

- Den Sellerie putzen und in kleine Stifte schneiden oder mit der Rohkostreibe reiben.
- Selleriestifte mit Zitronensaft beträufeln und mit kochendem Wasser übergießen oder 2 Minuten im Dampfkochtopf garen.
- Die Zutaten für die Soße verrühren und damit den warmen Salat übergießen.
- Kurz vor dem Servieren mit Selleriegrün oder Petersilie bestreuen.

Staudensellerie mit Currysoße

Arbeitsaufwand:
10 Minuten
Kochzeit:
25 Minuten
Kühlzeit:
10 Minuten
Für 4 Personen

1 Portion enthält:

kJ/kcal	*458/109*	*Kohlenhydrate*	*9g*
Eiweiß	*4g*	*Ballaststoffe*	*8g*
Fett total	*6g*	*BE*	*0,75*
Cholesterin	*2mg*	*Natrium*	*282mg*
Unges. Fettsäuren	*+*		

800 g Staudensellerie
300 ml Wasser
1/4 TL Salz

Für die Soße:
1 rote Zwiebel
2 EL natives Olivenöl
1 EL Mehl
125 ml salzarme Hühnerbrühe (S. 84)
2 EL Sherry
1 EL Curry
1/4 TL Salz
125 g Magerjoghurt

- Die Selleriestangen putzen, waschen und in 10 cm lange Stücke schneiden.
- Im leicht gesalzenen Wasser in einem festschließenden Topf mit dickem Boden bei mäßiger Hitze in 25 Minuten knapp garen.
- Abtropfen und abkühlen lassen, dann auf einer Platte bergartig anrichten.
- Während der Sellerie gart, die Zwiebel würfeln.
- Das Öl in einer Pfanne erhitzen und die Zwiebelwürfel darin dünsten.
- Mit Mehl bestäuben und nach 1 Minute mit Hühnerbrühe ablöschen; dabei ständig rühren.
- Mit Sherry, Curry und Salz würzen und unter gelegentlichem Rühren erkalten lassen.
- Zum Schluß den Joghurt untermischen.
- Die Soße getrennt zum Staudensellerie reichen.

Staudensellerie mit Vinaigrettesoße

Arbeitsaufwand:
10 Minuten
Kochzeit:
25 Minuten
Kühlzeit:
10 Minuten
Für 4 Personen

1 Portion enthält:

kJ/kcal	*403/96*	*Kohlenhydrate*	*7g*
Eiweiß	*3g*	*Ballaststoffe*	*8g*
Fett total	*6g*	*BE*	*0,75*
Cholesterin	*+*	*Natrium*	*406mg*
Unges. Fettsäuren	*+*		

800 g Staudensellerie
300 ml Wasser
1/4 TL Salz

Für die Soße:
2 EL natives Olivenöl extra
2 EL Sherryessig
4 EL feingehackte Zwiebeln
2 EL feingehackte Petersilie
2 EL feingeschnittener Schnittlauch
2 EL feingehackte Kapern
5 feingehackte Oliven
1/2 TL Zucker
1/2 TL Dijonsenf (S. 31)
1/4 TL Salz
frischgemahlener weißer Pfeffer
1 kleingehacktes hartgekochtes Ei (Gewichtsklasse 3)

- Die Selleriestangen putzen, waschen und in 10cm lange Stücke schneiden.
- In einem festschließenden Topf mit dickem Boden in dem leicht gesalzenen Wasser bei mäßiger Hitze in 25 Minuten knapp garen.
- Abtropfen und abkühlen lassen und auf einer Platte arrangieren.
- Die Zutaten für die Soße gut miteinander verschlagen und über den Sellerie gießen.

Tip: Wer einen hohen Cholesterinspiegel hat, sollte auf das kleingehackte Ei ganz verzichten oder nur das Eiweiß zerkleinern und über den Salat geben.

Rote-Bete-Salat mit Frühlingszwiebeln

Arbeitsaufwand:
10 Minuten
Kochzeit:
40–60 Minuten
Marinierzeit:
10 Minuten
Für 4 Personen

1 Portion enthält:

kJ/kcal	*479/114*	*Kohlenhydrate*	*20g*
Eiweiß	*3g*	*Ballaststoffe*	*5g*
Fett total	*2g*	*BE*	*1,75*
Cholesterin	*0mg*	*Natrium*	*110mg*
Unges. Fettsäuren	*1g*		

700 g rote Beten

Für die Soße:
6 schwarze Pfefferkörner
4 EL Apfelessig
1 EL Zucker
1 EL Senf
1 TL Distelöl
1 Gewürznelke
1 Lorbeerblatt
1 EL geriebener Meerrettich
$^1/_2$ TL Salz

Zum Bestreuen:
1 Frühlingszwiebel
1 EL feingehackter Dill

- Die roten Beten gründlich waschen, mit Wasser knapp bedecken und je nach Größe in 40–60 Minuten garen.
- Kalt spülen und auskühlen lassen, dann schälen und in feine Stifte schneiden.
- Die Pfefferkörner zerdrücken, mit den restlichen Zutaten für die Soße verrühren und über die roten Beten gießen.
- Zugedeckt im Kühlschrank ziehen lassen.
- Die Frühlingszwiebel fein hobeln. Dann damit und mit dem Dill den Salat bestreuen.

Tip: Rote Beten kocht man am besten in größeren Mengen, vorzugsweise im Schnellkochtopf; ungeschält in einem geschlossenen Gefrierbeutel verpackt, halten sie sich 2 Wochen im Kühlschrank. Nie die Wurzeln und Stielansätze entfernen, weil die Beten sonst ausbluten.

Rote-Bete-Salat mit Meerrettichsoße

Arbeitsaufwand:
10 Minuten
Kochzeit:
40–60 Minuten
Marinierzeit:
10 Minuten
Für 4 Personen

1 Portion enthält:

kJ/kcal	*512/122*	*Kohlenhydrate*	*18g*
Eiweiß	*4g*	*Ballaststoffe*	*5g*
Fett total	*3g*	*BE*	*1,5*
Cholesterin	*2mg*	*Natrium*	*125mg*
Unges. Fettsäuren	*2g*		

700 g rote Beten

Für die Soße:
1 EL Sonnenblumenöl
2 EL Rotweinessig
1 TL Zucker
$^1/_2$ TL Salz
frischgemahlener schwarzer Pfeffer

Zum Garnieren:
2 EL geriebener Meerrettich
125 g Magerjoghurt
1 EL feingehackter Dill

- Die roten Beten waschen und mit den Wurzeln und Stielansätzen mit etwas Wasser bedeckt je nach Größe in 40–60 Minuten garen.
- Kalt abspülen und auskühlen lassen, dann schälen und kleinschneiden.
- Alle Zutaten für die Salatsoße außer dem Meerrettich und dem Joghurt miteinander verrühren und über die roten Beten geben.
- Den Salat abdecken und im Kühlschrank ziehen lassen.
- Vor dem Servieren den Merrettich mit dem Joghurt mischen, auf dem Salat verteilen und mit Dill bestreuen.

Rote-Bete-Salat altdeutscher Art

Arbeitsaufwand:
8 Minuten
Für 4 Personen

600 g gegarte rote Beten
2 EL kleingehackte Zwiebeln

Für die Soße:
2 EL Sonnenblumenöl
2 EL Rotweinessig
1 Lorbeerblatt
1 TL feingeriebener frischer Meerrettich
1/2 TL zerdrückte Senfkörner
1/2 TL zerdrückte schwarze Pfefferkörner
1/2 TL brauner Zucker
1/4 TL Salz

- Die roten Beten schälen und entweder in Scheiben oder Stifte schneiden oder mit der groben Rohkostreibe raffeln.
- Zusammen mit den Zwiebelwürfeln in eine Schüssel geben.
- Für die Soße alle Zutaten miteinander gut verrühren.
- Den Salat mit der Soße begießen, alles gut vermischen und etwas ziehen lassen.

Tip: Von diesem Salat kann man gleich eine größere Portion zubereiten; abgedeckt in einer Schüssel im Kühlschrank, hält er dann 1 Woche.

1 Portion enthält:

kJ/kcal	*483/115*	*Kohlenhydrate*	*14g*
Eiweiß	*3g*	*Ballaststoffe*	*4g*
Fett total	*5g*	*BE*	*1,25*
Cholesterin	*+*	*Natrium*	*94mg*
Unges. Fettsäuren	*3g*		

Rotkohlsalat

Arbeitsaufwand:
15 Minuten
Marinierzeit:
30 Minuten
Für 4 Personen

1 Portion enthält:

kJ/kcal	*609/145*	*Kohlenhydrate*	*10g*
Eiweiß	*3g*	*Ballaststoffe*	*3g*
Fett total	*10g*	*BE*	*1*
Cholesterin	+	*Natrium*	*7mg*
Unges. Fettsäuren	*4g*		

300 g Rotkohl
1 kleine Zwiebel
4 EL Rotweinessig
1 TL Zucker
1/4 TL Salz
1 Apfel
1 Gewürzgurke
1/2 kleine grüne Paprikaschote nach Belieben
2 EL Sonnenblumenöl frischgemahlener schwarzer Pfeffer
3 EL gehackte geröstete Hasel- oder Walnüsse (S. 40)

- Den geputzten und gewaschenen Rotkohl am besten mit dem Kraut- oder Gurkenhobel in sehr feine Streifen hobeln.
- Die Zwiebel schälen und entweder in Ringe hobeln oder würfeln.
- Mit dem Rotkohl Essig, Zucker und Salz vermischen und mit einem Holz- oder Metallstampfer etwa 5 Minuten kräftig stampfen; dadurch werden die Zellwände gelockert und der Kohl läßt sich leichter verdauen.
- Den Apfel waschen, vierteln, entkernen und mit der Schale grob reiben.
- Die Gurke waschen (Freilandware schälen) und entweder reiben oder in Stifte schneiden.
- Die Paprikaschote waschen und in schmale Ringe schneiden.
- Den Rotkohl mit Apfel, Gurke, Paprika, Öl und Pfeffer vermengen und mindestens 30 Minuten ziehen lassen.
- Abschmecken und mit Nüssen bestreut servieren.

Tip: Statt den Kohl zu stampfen, kann man die Mischung zugedeckt bei 100 % für 6 Minuten im Mikrowellengerät blanchieren.

Weißkohlsalat

Arbeitsaufwand:
20 Minuten
Für 4 Personen

1 Portion enthält:

kJ/kcal	*437/104*	*Kohlenhydrate*	*5g*
Eiweiß	*3g*	*Ballaststoffe*	*3g*
Fett total	*8g*	*BE*	*0,5*
Cholesterin	*8mg*	*Natrium*	*13mg*
Unges. Fettsäuren	*4g*		

400 g Weißkohl

Für die Soße:
2 EL Distelöl
2 EL Apfelessig
1 EL Kümmel
1 TL mittelscharfer Senf
1/2 TL Salz
1/2 TL Zucker

Zum Bestreuen:
30 g salzarmer magerer roher Schinken

- Den Kohl fein hobeln und in eine Schüssel mit flachem Boden geben.
- Die Zutaten für die Soße miteinander verschlagen und über den Kohl gießen.
- Den Salat entweder mit einem Kartoffel- oder mit einem Holzstampfer kräftig etwa 5 Minuten stampfen; zwischendurch immer wieder umrühren. Durch das Stampfen lockern sich die Zellwände, das Gemüse nimmt dadurch die Marinade besser auf, wird schmackhafter und leichter verdaulich.
- Den Krautsalat abschmecken und zugedeckt ziehen lassen.
- In der Zwischenzeit den Schinken würfeln. In einer Pfanne knusprig braten, auf Küchenkrepp auskühlen lassen und unmittelbar vor dem Servieren über den Salat verteilen.

Tip: Statt den Salat zu stampfen kann man das Gemüse 6–8 Minuten in kochendem Wasser blanchieren; dabei geht allerdings ein kleiner Teil der Vitamine und Mineralstoffe verloren. Den blanchierten Kohl abkühlen lassen und dann erst mit der Salatsoße begießen.

Wirsingsalat

Arbeitsaufwand:
20 Minuten
Für 4 Personen

1 Portion enthält:

kJ/kcal	*470/112*	*Kohlenhydrate*	*5g*
Eiweiß	*4g*	*Ballaststoffe*	*2g*
Fett total	*7g*	*BE*	*0,5*
Cholesterin	*8mg*	*Natrium*	*19mg*
Unges. Fettsäuren	*2g*		

400 g Wirsing

Für die Soße:

2 EL fettarme Mayonnaise (50%)
4 EL Magerjoghurt
4 EL frisch gepreßter Orangensaft
2 EL Apfelessig
1 TL feingeriebene unbehandelte Orangen- oder Zitronenschale
1/2 TL mittelscharfer Senf
1/2 TL Salz
1/2 TL Zucker
frischgemahlener weißer Pfeffer

- Den Wirsing zuerst rasch waschen und dann fein hobeln.
- Wahlweise in kochendem Wasser 5 Minuten blanchieren oder 10 Minuten dämpfen, damit das Gewebe gelockert wird. Dabei zwischendurch einmal wenden.
- Die Zutaten für die Soße gut miteinander verschlagen und zum Gemüse geben. Beides gründlich vermischen und abschmecken.

Tip: Reste schmecken noch genausogut am nächsten Tag.

Birnensalat

Arbeitsaufwand:
15 Minuten
Für 4 Personen

1 Portion enthält:

kJ/kcal	*533/127*	*Kohlenhydrate*	*10g*
kJ/kcal (Diab.)	*470/112*	*Kohlenh. (Diab.)*	*7g*
Eiweiß	*2g*	*Ballaststoffe*	*2g*
Fett total	*8g*	*BE*	*1*
Cholesterin	*0mg*	*BE (Diab.)*	*0,75*
Unges. Fettsäuren	*1g*	*Natrium*	*28mg*

100 g frische Cranberries
1 EL Zucker
4 EL Wasser
1/4 Kopf Endiviensalat
1 frische oder konservierte Birne
3 EL Zitronensaft
1 EL Himbeeressig
2 EL natives Olivenöl extra
1/4 TL Salz
frischgemahlener schwarzer Pfeffer
2 EL geröstete Mandelblättchen (S. 40) zum Bestreuen

- Cranberries, Zucker und Wasser in einem Topf 3 Minuten kochen. Abkühlen lassen.
- Den Endiviensalat waschen, putzen und grob zerteilen.
- Die Birne schälen, in schmale Spalten schneiden und mit Zitronensaft beträufeln.
- Aus den übrigen Zutaten, bis auf die Mandelblättchen, eine würzige Marinade rühren.

- Endiviensalat, Birnen und abgetropfte Cranberries auf eine Platte geben.
- Mit der Marinade übergießen und mit den Mandelblättchen bestreuen.

Tip: Diabetiker nehmen wenig Süßstoff statt Zucker.

Palmherzensalat

Arbeitsaufwand:
6 Minuten
Für 4 Personen

1 Portion enthält:

kJ/kcal	*832/198*	*Kohlenhydrate*	*6g*
Eiweiß	*3g*	*Ballaststoffe*	*2g*
Fett total	*18g*	*BE*	*0,5*
Cholesterin	*0mg*	*Natrium*	*2mg*
Unges. Fettsäuren	+		

350 g Palmherzen aus der Dose
1 große oder 2 kleine Avocados

Für die Soße:
1 EL natives Olivenöl extra
2 EL Zitronensaft
1/2 TL Zucker
1/4 TL Salz
1 kleingeschnittene Knoblauchzehe, nach Belieben
frischgemahlener weißer Pfeffer

- Palmherzen abtropfen lassen, der Länge nach vierteln und in etwa 3cm lange Stücke schneiden.
- Avocados schälen, vom Kern lösen und in schmale Spalten schneiden.
- Beides auf einer Platte anrichten.
- Mit der aus den restlichen Zutaten gemischten Soße begießen.

Bunter Bohnensalat

Arbeitsaufwand:
10 Minuten
Marinierzeit:
30 Minuten
Für 4 Personen

1 Portion enthält:

kJ/kcal	*722/172*	*Kohlenhydrate*	*19g*
Eiweiß	*9g*	*Ballaststoffe*	*4g*
Fett total	*6g*	*BE*	*1,5*
Cholesterin	+	*Natrium*	*4mg*
Unges. Fettsäuren	+		

100 g braune, rote, schwarze und weiße gegarte Bohnenkerne aus der Dose
100 g gelbe oder breite Bohnen
100 g schmale grüne Brechbohnen

Für die Soße:
2 EL natives Olivenöl extra
2 EL Estragonessig
1 EL feingehackte Zwiebeln
1/2 TL scharfer Senf
1/4 TL Salz
einige Tropfen Worcestersoße
frischgemahlener schwarzer Pfeffer
feingeschnittener Schnittlauch zum Bestreuen

- Die Bohnenkerne abspülen.
- Die breiten Bohnen sehr knapp garen.
- Die Brechbohnen bißfest garen.
- Alle Zutaten für die Soße verrühren; etwas Schnittlauch zum Bestreuen zurückhalten.
- Die Bohnenkerne mit der Marinade vermischen und 30 Minuten ziehen lassen.
- Die restlichen Bohnen dazugeben, abschmecken und mit Schnittlauch bestreuen.

Eichblattsalat mit Hühnerbrust

Arbeitsaufwand:
7 Minuten
Für 4 Personen

1 Portion enthält:			
kJ/kcal	*546/130*	*Kohlenhydrate*	*11 g*
Eiweiß	*20 g*	*Ballaststoffe*	*3 g*
Fett total	*1 g*	*BE*	*1*
Cholesterin	*46 mg*	*Natrium*	*69 mg*
Unges. Fettsäuren	*+*		

400 g Eichblattsalat
250 g gegarte Hühnerbrust
200 g Ananaswürfel

Für die Soße:
3 EL Magerjoghurt
2 EL Zitronensaft
2 EL feingehackte Zwiebeln
1/4 TL Zucker
1/4 TL Salz
frischgemahlener weißer Pfeffer

- Den Eichblattsalat verlesen, waschen und sehr gut abtropfen lassen.
- Etwas zerpflücken und sternförmig entweder auf eine Platte oder auf vier Portionstellern anrichten.
- Die Hühnerbrust diagonal in 5 mm dicke Scheiben schneiden und mit den Ananaswürfeln auf den Salat geben.
- Für die Soße alle Zutaten vermengen und erst kurz vor dem Servieren über den Salat gießen.

Feldsalat mit Schweinefleisch

Arbeitsaufwand:
10 Minuten
Für 4 Personen

150 g Feldsalat
200 g magerer Schweinebraten
1 rosa Grapefruit
1 große Orange

Für die Soße:
2 Knoblauchzehen
2 EL natives Olivenöl extra
1 EL Rotweinessig
1/4 TL Salz
1 Msp geriebener Ingwer
1 Msp Cayennepfeffer

Zum Bestreuen:
1 Frühlingszwiebel

- Den Feldsalat putzen.
- Den Schweinebraten in dünne Scheiben schneiden und mit dem Feldsalat auf eine große Platte geben.
- Die Zitrusfrüchte schälen, dann mit einem feinen, scharfen Sägemesser die Fruchtsegmente zwischen den Trennhäuten herausschneiden.
- Die ganzen Fruchtstücke zum Salat geben.
- Die Knoblauchzehen zerdrücken und mit den restlichen Zutaten für die Soße in einem kleinen Gefäß verschlagen.
- Erst kurz vor dem Servieren über den Salat geben.
- Die Frühlingszwiebel mit dem Grün kleinschneiden.
- Den Salat mit dem Zwiebelgrün bestreuen.

1 Portion enthält:

kJ/kcal	*802/191*	*Kohlenhydrate*	*10g*
Eiweiß	*11g*	*Ballaststoffe*	*2g*
Fett total	*11g*	*BE*	*1*
Cholesterin	*30mg*	*Natrium*	*41mg*
Unges. Fettsäuren	*+*		

Eisbergsalat mit Orangen und Putenbrust

Arbeitsaufwand:
7 Minuten
Für 4 Personen

1 Portion enthält:

kJ/kcal	*546/130*	*Kohlenhydrate*	*10g*
Eiweiß	*20g*	*Ballaststoffe*	*3g*
Fett total	*1g*	*BE*	*1*
Cholesterin	*46mg*	*Natrium*	*67mg*
Unges. Fettsäuren	*+*		

1 Kopf Eisbergsalat
1 große Orange
250 g gegarte Putenbrust

Für die Soße:
3 EL Magerjoghurt
2 EL Zitronensaft
2 EL feingeschnittene Frühlingszwiebeln
1/4 TL Zucker
1 Pr Salz
frischgemahlener weißer Pfeffer

Zum Garnieren:
etwas Kresse

- Die äußeren Blätter des Eisbergsalates entfernen und den Salatkopf waschen. Sehr gut abtropfen lassen.
- Vierteln, auseinanderlösen und entweder auf einer Platte oder schon auf vier Portionstellern anrichten.
- Die Orange schälen und die Fruchtsegmente mit einem feinen, scharfen Sägemesser zwischen den Trennhäuten herausschneiden.
- Die Putenbrust diagonal in 5mm dicke Scheiben schneiden.
- Orangen- und Putenbrustscheiben auf den Salat geben.
- Für die Soße alle Zutaten vermengen und unmittelbar vor dem Servieren über den Salat gießen.
- Zum Schluß etwas Kresse locker darüber verteilen und auftragen.

Sommersalat mit Litschis (S. 277) und Aprikoseneis (S. 281)

Süß-
speisen

Auf das Dessert als krönenden Abschluß einer guten Mahlzeit braucht man nicht zu verzichten. Süßspeisen auf der Grundlage von Obst liefern lebenswichtige Vitamine und Mineralstoffe. Milchspeisen – besonders wenn sie aus Magermilchprodukten hergestellt wurden – enthalten nicht nur wertvolles Eiweiß, sondern ebenfalls viele für den menschlichen Körper notwendige Mineralstoffe.

Kirschsuppe mit Grießklößchen

Arbeitsaufwand:
5 Minuten
Kochzeit:
15 Minuten
Kühlzeit:
30 Minuten
Für 4 Personen

Für die Kirschsuppe:

500 g Schattenmorellen
400 ml Wasser
1 Stück ungespritzte Zitronenschale
2 EL Speisestärke
3 EL Zucker
1 EL Vanillezucker (S. 41)

Für die Klößchen:

250 ml entrahmte Milch (0,3%)
50 g Hartweizengrieß
1 EL Zucker
1 Eigelb (Gewichtsklasse 3)

- Die Schattenmorellen entsteinen und mit 300 ml Wasser und der Zitronenschale 6 Minuten kochen.
- Das restliche Wasser mit der Stärke verrühren und die Suppe damit binden.
- Die Zitronenschale aus der Suppe nehmen und Zucker und Vanillezucker zugeben.
- Die Suppe erkalten lassen; dabei gelegentlich umrühren, damit sich keine Haut bildet.
- Die Milch zum Kochen bringen. Den Grieß mit Zucker gemischt langsam hineinrühren und 3 Minuten kochen lassen.
- Die Masse von der Kochstelle nehmen und mit Eigelb legieren.
- In einem flachen Topf Wasser zum Kochen bringen. Mit zwei angefeuchteten Teelöffeln längliche Klößchen aus der Masse formen und in dem heißen Wasser 3 Minuten garen.
- Die Klößchen abtropfen lassen und in die abgekühlte Suppe geben.

Tip: Ohne Grießklößchen, ohne Vanillezucker und mit 1 TL flüssigen Süßstoff anstelle von Zucker zubereitet, hat die Suppe nur 2 BE. Sie kann mit Aprikosen, Rhabarber, Stachelbeeren oder Holunderbeerensaft abgewandelt werden; 1 l Saft wird mit 3 EL Stärke gebunden.

1 Portion enthält:

kJ/kcal	*1000/238*	*Kohlenhydrate*	*51 g*
Eiweiß	*13 g*	*Ballaststoffe*	*3 g*
Fett total	*2 g*	*BE*	*4,25*
Cholesterin	*79 mg*	*Natrium*	*38 mg*
Unges. Fettsäuren	+		

Apfelschaum mit Calvados

Der berühmte Apfelschnaps aus der Normandie, der aus Cidre gebrannt und mindestens ein Jahr in Eichenholzfässern gelagert wird, verleiht dem Apfelschaum einen besonderen Geschmack.

Arbeitsaufwand:
10 Minuten
Kühlzeit:
3 Stunden
Für 4 Personen

1 Portion enthält:

kJ/kcal	*609/145*	*Kohlenhydrate*	*25g*
kJ/kcal (Diab.)	*462/110*	*Kohlenh. (Diab.)*	*18g*
Eiweiß	*3g*	*Ballaststoffe*	*3g*
Fett total	*3g*	*BE*	*2,25*
Cholesterin	*0mg*	*BE (Diab.)*	*1,5*
Unges. Fettsäuren	+	*Natrium*	*32mg*

4 Äpfel
3 EL Zitronensaft
4 EL Orangensaft
2 EL brauner Zucker
1 EL Calvados (Apfelschnaps)
1 TL feingeriebene ungespritzte Orangenschale
2 Eiweiß (Gewichtsklasse 3)
2 EL kleingehackte geröstete Mandeln (S. 40)

- Die Äpfel schälen und kleinschneiden. Zusammen mit dem Zitronen- und Orangensaft im Mixer oder mit dem Pürierstab des Handrührers pürieren.
- Den Zucker in einem dickwandigen Topf so lange erhitzen, bis er karamelisiert.
- Das Apfelpüree dazugeben und unter Rühren den Zucker auflösen.
- Calvados und Orangenschale zufügen, die Masse abdecken und abkühlen lassen.
- Unmittelbar vor dem Servieren den steifgeschlagenen Eischnee unter die Masse heben. Abschmecken und mit Mandeln bestreuen.

Tip: Diabetiker und Kalorienbewußte sollten das Apfelpüree ohne Zucker erhitzen und mit etwas flüssigem Süßstoff süßen.

Himbeerdessert

Mit unterschiedlichen Obstsorten läßt sich diese leichte, knusprige Nachspeise variieren: sommerlich frisch mit Erdbeeren, exotisch mit Kiwis oder herzhaft mit Apfelmus.

Arbeitsaufwand:
6 Minuten
Kochzeit:
2 Minuten
Für 4 Personen

1 Portion enthält:

kJ/kcal	*777/185*	*Kohlenhydrate*	*32g*
kJ/kcal (Diab.)	*571/136*	*Kohlenh. (Diab.)*	*23g*
Eiweiß	*5g*	*Ballaststoffe*	*4g*
Fett total	*3g*	*BE*	*2,75*
Cholesterin	*6mg*	*BE (Diab.)*	*2*
Unges. Fettsäuren	*1g*	*Natrium*	*24mg*

300 g frische oder TK-Himbeeren
2 EL Zucker
2 EL Himbeergeist
80 g kernige Haferflocken
1 EL brauner Zucker
125 g Magerjoghurt
50 g saure Sahne

- Die Himbeeren verlesen. Mit Zucker und Himbeergeist kurz ziehen lassen.
- In einer beschichteten Pfanne mit dickem Boden die Haferflocken unter stetigem Rühren rösten. Den braunen Zucker kurz dazugeben und etwas karamelisieren lassen. Aus der Pfanne nehmen und abkühlen lassen.
- Joghurt und saure Sahne miteinander verrühren.
- In Gläser abwechselnd Himbeeren, Knusperflocken und Joghurtmasse schichten und mit ein paar Knusperflocken garnieren.
- Möglichst gleich servieren, solange die Haferflocken noch knusprig sind.

Tip: Diabetiker und Kalorienbewußte bereiten die Himbeeren mit 1 TL flüssigen Süßstoff zu und rösten die Haferflocken mit 1 TL Fruchtzucker.

Tropischer Fruchtsalat

Arbeitsaufwand:
25 Minuten
Kühlzeit:
30 Minuten
Für 4 Personen

1/2	**Ananas**
1	**Banane**
2	**Kiwis**
1	**rosa Grapefruit**
1	**Mango**
6 EL	**Zitronensaft**
2 EL	**Zucker**
125 g	**Magerquark**
2 EL	**entrahmte Milch (0,3%)**
1 EL	**Vanillezucker (S. 41)**
1 TL	**zerdrückte grüne Pfefferkörner**

- Die Ananashälfte so aushöhlen, daß eine 1–2 cm dicke Wand stehenbleibt. Das Fruchtfleisch würfeln.
- Banane und Kiwis schälen und in Scheiben schneiden.
- Die Grapefruit dick abschälen und die Fruchtsegmente mit einem kleinen scharfen Sägemesser zwischen den weißen Häutchen herausschneiden.
- Die Mango schälen, vom Stein lösen und würfeln.
- Das Obst mit dem Zitronensaft und dem Zucker abschmecken, in die Ananas füllen und kalt stellen.
- Den Quark mit Milch und Vanillezucker verrühren, unmittelbar vor dem Essen auf den Salat geben und mit grünen Pfefferkörnern garnieren.

Tip: Diabetiker ersetzen den Zucker durch 1–1 1/2 TL flüssigen Süßstoff und lassen den Vanillezucker weg.

1 Portion enthält:

kJ/kcal	*987/235*	*Kohlenhydrate*	*51g*
kJ/kcal (Diab.)	*832/198*	*Kohlenh. (Diab.)*	*42g*
Eiweiß	*6g*	*Ballaststoffe*	*7g*
Fett total	*1g*	*BE*	*4,25*
Cholesterin	*1mg*	*BE (Diab.)*	*3,5*
Unges. Fettsäuren	*0g*	*Natrium*	*24mg*

Sommersalat mit Litschis

In China ist die Litschi seit 4000 Jahren bekannt und gilt dort heute noch als die feinste Frucht.

Arbeitsaufwand:
15 Minuten
Kühlzeit:
30 Minuten
Für 4 Personen

1 Portion enthält:

kJ/kcal	*727/173*	*Kohlenhydrate*	*36g*
kJ/kcal (Diab.)	*605/144*	*Kohlenh. (Diab.)*	*29g*
Eiweiß	*2g*	*Ballaststoffe*	*6g*
Fett total	*1g*	*BE*	*3*
Cholesterin	*0mg*	*BE (Diab.)*	*2,5*
Unges. Fettsäuren	*0g*	*Natrium*	*6mg*

300 g Litschis aus der Dose
3 Kiwis
2 kleine gelbe Pfirsiche
100 g Erdbeeren
100 g Brombeeren
4 EL Zitronensaft
2 EL Kirschwasser
2 EL Zucker
1 TL ungespritzte Zitronenschale in feinen Streifen
einige Minze- oder Zitronenmelissenblättchen

- Die Litschis 10 Minuten im Gefrierfach kühlen.
- Die Kiwis und Pfirsiche schälen. Kiwis in Scheiben, Pfirsiche in Schnitze schneiden.
- Die Erdbeeren halbieren.
- Das Obst mit den gekühlten Litschis, Zitronensaft, Kirschwasser und Zucker ansetzen und kalt stellen.
- Kurz vor dem Servieren mit Zitronenschale und Minzeblättchen garnieren.

Abbildung S. 272/273

Tip: Diabetiker süßen den Obstsalat mit 1 TL flüssigen Süßstoff. Pfirsiche lassen sich mühelos schälen, wenn man sie für 1–2 Minuten in kochendes Wasser gibt und danach abschreckt.

Beerensalat

Arbeitsaufwand:
15 Minuten
Kühlzeit:
30 Minuten
Für 4 Personen

Eine Portion enthält:

kJ/kcal	*550/131*	*Kohlenhydrate*	*48g*
kJ/kcal (Diab.)	*424/101*	*Kohlenh. (Diab.)*	*41g*
Eiweiß	*2g*	*Ballaststoffe*	*6g*
Fett total	*1g*	*BE*	*4*
Cholesterin	*0mg*	*BE (Diab.)*	*3,5*
Unges. Fettsäuren	*0g*	*Natrium*	*3mg*

150 g Brombeeren
150 g Erdbeeren
150 g Heidelbeeren
150 g Johannisbeeren
100 g rote Kirschen
2 EL Zucker
4 EL Zitronensaft
4 EL Orangensaft
einige Minzeblättchen

- Beeren und Kirschen waschen und abtropfen lassen. Kirschen entsteinen.
- Etwa ein Viertel der Früchte mit dem Zucker und dem Zitronen- und Orangensaft im Mixer oder mit dem Pürierstab pürieren.
- Die Fruchtsoße über die übrigen Beeren gießen und 30 Minuten kühlen.
- Mit Minzeblättchen garnieren.

Tip: Der Beerensalat kann auch mit einer TK-Beerenmischung zubereitet werden. Diabetiker ersetzen den Zucker durch 1 TL flüssigen Süßstoff.

Rote Grütze

Arbeitsaufwand:
5 Minuten
Quellzeit:
15 Minuten
Für 4 Personen

Für die Grütze:
300 g Erdbeeren, Heidelbeeren, Himbeeren, Johannisbeeren und Kirschen
250 ml ungesüßter Himbeersaft
1 TL Johannisbrotkernmehl
1 TL flüssiger Süßstoff

Für die Vanillesoße:
250 ml entrahmte Milch (0,3%)
1/2 Vanilleschote
1 TL Johannisbrotkernmehl
1 TL flüssiger Süßstoff

- Beeren und Kirschen waschen und abtropfen lassen. Kirschen entsteinen.
- Für die Grütze den Himbeersaft mit Johannisbrotkernmehl und Süßstoff vermischen. Die Früchte daruntermischen. Quellen lassen.
- Das Mark aus der Vanilleschote entfernen und mit den übrigen Zutaten für die Soße vermischen.
- Abschmecken und kurz quellen lassen.

1 Portion enthält:

kJ/kcal	*307/73*	*Kohlenhydrate*	*14 g*
Eiweiß	*3 g*	*Ballaststoffe*	*2 g*
Fett total	+	*BE*	*1,25*
Cholesterin	+	*Natrium*	*38 mg*
Unges. Fettsäuren	+		

Erdbeeren mit Pistazienschaum

Die grünen Mandeln, wie Pistazien auch genannt werden, unterstreichen den frischen Geschmack der Erdbeeren und wirken zugleich dekorativ.

Arbeitsaufwand:
20 Minuten
Für 4 Personen

1 Portion enthält:	
kJ/kcal	*907/216*
kJ/kcal (Diab.)	*815/194*
Eiweiß	*9g*
Fett total	*8g*
Cholesterin	+
Unges. Fettsäuren	*1g*
Kohlenhydrate	*22g*
Kohlenh. (Diab.)	*18g*
Ballaststoffe	*4g*
BE	*2*
BE (Diab.)	*1,5*
Natrium	*65mg*

1 TL Johannisbrotkernmehl
500 ml entrahmte Milch (0,3%)
500 g Erdbeeren
2 EL Orangenlikör
1 EL Zucker
1 EL Vanillezucker (S. 41)
60 g geschälte gehackte Pistazien

- Das Johannisbrotkernmehl mit der Milch mischen und 15 Minuten quellen lassen.
- Inzwischen die Erdbeeren putzen und je nach Größe halbieren oder vierteln.
- Die Milch mit Orangenlikör, Zucker, Vanillezucker und 40g Pistazien gut schaumig schlagen.
- Die Masse auf Tellern anrichten, die Erdbeeren darauflegen und mit den restlichen Pistazien verzieren.

Tip: Diabetiker und Kalorienbewußte nehmen statt des Zuckers 1 TL flüssigen Süßstoff.

Orangengelee mit Vanillesoße

Arbeitsaufwand:
5 Minuten
Kochzeit:
1 Minute
Kühlzeit:
1 Stunde
Für 4 Personen

1 Portion enthält:	
kJ/kcal	*706/168*
kJ/kcal (Diab.)	*445/106*
Eiweiß	*10g*
Fett total	+
Cholesterin	+
Unges. Fettsäuren	*0g*
Kohlenhydrate	*31g*
Kohlenh. (Diab.)	*16g*
Ballaststoffe	*0g*
BE	*2,75*
BE (Diab.)	*1,5*
Natrium	*21mg*

Für das Orangengelee:
6 Blatt weiße Gelatine
2 EL Zitronensaft
500 ml durchgesiebter frisch gepreßter Orangensaft
3 EL Zucker

Für die Soße:
200 g Magerquark
6 EL Magermilch
1/2 Vanilleschote
1 EL Zucker

- Die Gelatine in reichlich kaltem Wasser 5 Minuten quellen, dann abtropfen und mit dem Zitronensaft in einem kleinen Topf auf dem Herd bei mäßiger Hitze unter Rühren in 1 Minute schmelzen lassen.
- Mit dem Orangensaft verschlagen und mit Zucker abschmecken.
- Das Mark aus der Vanilleschote kratzen, alle Zutaten für die Soße miteinander vermischen und separat zum Gelee reichen.

Tip: Das Orangengelee kann für Diabetiker mit 1–1 1/2 TL und die Soße mit 1 TL flüssigen Süßstoff zubereitet werden. Die Gelatine kann man zum Schmelzen zusammen mit dem Zitronensaft im Mikrowellengerät bei 100% genau 1 Minute erhitzen.

Verschleiertes Bauernmädchen

Eine aparte Nachspeise, die ursprünglich in Dänemark zu Hause ist. Hier eine kalorienarme Version, die man schnell auf den Tisch zaubern kann.

Arbeitsaufwand:
5 Minuten
Kochzeit:
5 Minuten
Kühlzeit:
10 Minuten
Für 4 Personen

1 Portion enthält:

kJ/kcal	*760/181*	*Kohlenhydrate*	*45g*
kJ/kcal (Diab.)	*676/161*	*Kohlenh. (Diab.)*	*40g*
Eiweiß	*3g*	*Ballaststoffe*	*3g*
Fett total	*4g*	*BE*	*3,75*
Cholesterin	*+*	*BE (Diab.)*	*3,5*
Unges. Fettsäuren	*1g*	*Natrium*	*166mg*

1 EL Diätmargarine
125 g Roggenvollkornbrot
2 EL weißer oder brauner Zucker
250 g ungezuckertes Apfelmus aus dem Glas
50 g Sprühsahne mit Süßstoff
2 EL Heidelbeeren

- Die Margarine in einer beschichteten Pfanne mit dickem Boden schmelzen. Das zerkrümelte Brot mit dem Zucker darin so lange erhitzen, bis der Zucker hell karamelisiert.
- Abwechselnd die Brotkrümel und das Apfelmus in hohe Gläser füllen. Kalt stellen.
- Vor dem Servieren mit Sprühsahne und einigen Heidelbeeren garnieren.

Tip: Diabetiker können anstelle von Zucker 2 EL Zuckeraustauschstoff nehmen.

Quarkbecher mit Früchten

Arbeitsaufwand:
8 Minuten
Kühlzeit:
15 Minuten
Für 4 Personen

1 Portion enthält:

kJ/kcal	*550/131*	*Kohlenhydrate*	*19g*
kJ/kcal (Diab.)	*500/119*	*Kohlenh. (Diab.)*	*7g*
Eiweiß	*10g*	*Ballaststoffe*	*2g*
Fett total	*1g*	*BE*	*1,75*
Cholesterin	*1mg*	*BE (Diab.)*	*0,75*
Unges. Fettsäuren	*0g*	*Natrium*	*31mg*

250 g Beeren oder Steinobst
250 g Magerquark
6 EL entrahmte Milch (0,3%)
2 EL weißer Rum oder Kirschwasser
2 EL Zucker
1 TL feingeriebene ungespritzte Zitronenschale

- Die Früchte säubern, waschen und abtropfen lassen.
- Den Quark anmachen und mit den Früchten in Portionsgläser schichten. Kühlen.

Tip: Als Zuckerersatz nehmen Diabetiker 1 TL flüssigen Süßstoff.

Schokoladen-pudding

Arbeitsaufwand:
1 Minute
Kochzeit:
10 Minuten
Kühlzeit:
30 Minuten
Für 4 Personen

1 Portion enthält:

kJ/kcal	*769/183*	*Kohlenhydrate*	*34 g*
kJ/kcal (Diab.)	*647/154*	*Kohlenh. (Diab.)*	*24 g*
Eiweiß	*6 g*	*Ballaststoffe*	*+*
Fett total	*3 g*	*BE*	*3*
Cholesterin	*0 mg*	*BE (Diab.)*	*2*
Unges. Fettsäuren	*+*	*Natrium*	*66 mg*

500 ml entrahmte Milch (0,3%)
30 g geriebene Bitterschokolade
1 EL dunkler Kakao
4 EL Speisestärke
3 EL Zucker
1 EL Vanillezucker (S. 41)
4 Erdbeeren

- 400 ml Milch mit der Schokolade und dem Kakao zum Kochen bringen.
- Die Stärke mit der restlichen Milch anrühren, zur Milch geben und 2 Minuten kochen. Zucker und Vanillezucker zufügen.
- Pudding auf vier Schälchen verteilen. Abdecken und erkalten lassen. Mit einer aufgeschnittenen Erdbeere garnieren.

Tip: Diabetiker verzichten auf den Vanillezucker und süßen den Pudding mit 1 EL Süßstoff.

Aprikoseneis

Arbeitsaufwand:
5 Minuten
Gefrierzeit:
3 Stunden
Für 8 Personen

500 g Aprikosenkompott
400 g Vollmilchjoghurt
2 EL Aprikosenlikör
2 EL Zucker
200 ml Schlagsahne (30%)
4 zuckerfrei konservierte Aprikosen
2 EL geröstete gehobelte Mandeln (S. 40)

- Das Kompott durchpassieren und mit Joghurt, Aprikosenlikör und Zucker mit dem Schneebesen verschlagen. In einem hohen, zugedeckten Gefäß in das Gefrierfach stellen.
- Nach 60 Minuten die Masse mit dem Schneidstab des Handrührgeräts pürieren.
- Die Sahne schlagen und unterheben. Das Eis zurück ins Gefrierfach stellen.
- Die Eismasse nach weiteren 120 Minuten nochmals pürieren.
- Mit einem Löffel oder Eisportionierer Kugeln formen und mit Aprikosenhälften und Mandelblättchen garnieren.

Abbildung S. 272/273

Tip: Man kann die doppelte Menge Eis zubereiten und die Hälfte im Gefriergerät aufheben.

1 Portion enthält:

kJ/kcal	*1827/435*	*Kohlenhydrate*	*41 g*
Eiweiß	*7 g*	*Ballaststoffe*	*+*
Fett total	*22 g*	*BE*	*3,5*
Cholesterin	*66 mg*	*Natrium*	*73 mg*
Unges. Fettsäuren	*1 g*		

Cassis-Sorbet

Arbeitsaufwand:
5 Minuten
Kühlzeit:
4 Stunden
Für 4 Personen

1 Portion enthält:

kJ/kcal	*319/76*	*Kohlenhydrate*	*17g*
Eiweiß	*2g*	*Ballaststoffe*	*0g*
Fett total	*+*	*BE*	*1,5*
Cholesterin	*0mg*	*Natrium*	*21mg*
Unges. Fettsäuren	*0g*		

2 Blatt weiße Gelatine
3 EL Zitronensaft
500 ml schwarzer Johannisbeersaft
1 Eiweiß (Gewichtsklasse 3)
Minzeblättchen

- Die Gelatine in reichlich kaltem Wasser 5 Minuten quellen und abtropfen lassen.
- Nach Packungsvorschrift mit dem Zitronensaft in einem kleinen Topf unter Rühren in 2 Minuten auflösen und mit dem schwarzen Johannisbeersaft mischen.
- Den Saft in einem verschlossenen Gefäß ins Gefrierfach stellen. Erstmals nach 2 Stunden die Masse mit einer Gabel auflockern und mit den Schneebesen des Handrührers aufschlagen.
- Das Eiweiß steif schlagen und vorsichtig unterheben. Das Eis wieder ins Gefrierfach stellen.
- Nach weiteren 2 Stunden die Masse wie oben nochmals auflockern und nochmals 2 Stunden gefrieren.
- Mit dem Eisportionierer Kugeln formen und mit den frischen Minzeblättern garniert servieren.

Tip: Die Gelatine kann man auch zum Schmelzen für 30 Sekunden ins Mikrowellengerät bei 100% stellen. Wer das Sorbet etwas süßer mag, gibt 2 EL Zucker in den Johannisbeersaft.

Joghurt-Fruchteis

Arbeitsaufwand:
10 Minuten
Kühlzeit:
3 Stunden
Für 6 Personen

1 Portion enthält:

kJ/kcal	*974/232*	*Kohlenhydrate*	*16g*
Eiweiß	*4g*	*Ballaststoffe*	*2g*
Fett total	*17g*	*BE*	*1,5*
Cholesterin	*56mg*	*Natrium*	*43mg*
Unges. Fettsäuren	*1g*		

1 Blatt weiße Gelatine
250 ml Wasser
50 ml entrahmte Milch (0,3%)
300 g frische Erdbeeren
150 g Magerjoghurt
2 EL Zucker
1 EL Zitronensaft
200 g Schlagsahne (30%)

- Die Gelatine im kalten Wasser 3 Minuten quellen und gut abtropfen lassen.
- Die Milch in einem kleinem Topf aufkochen und die Gelatine hineingeben, damit sie sich auflöst. Die Milch abkühlen lassen.
- Die Beeren mit Joghurt, Zucker und Zitronensaft im Mixer oder mit dem Schneidstab des Handrührgeräts pürieren. Mit der Milch aufgießen.
- Die Masse stellt man dann – am besten in einem hohen Gefäß mit Spritzschutz – ins Gefrierfach.
- Nach 1 Stunde das Eis mit dem Schneidstab des Handrührers pürieren.
- Die Sahne schlagen und unterheben. Das Eis zurück ins Gefrierfach stellen.
- Das Eis nach weiteren 2 Stunden nochmals pürieren und gleich servieren.

Tip: Statt der frischen Erdbeeren kann das Eis auch aus frischen Himbeeren oder Heidelbeeren zubereitet werden. Außerhalb der Saison greift man auf ungezuckerte TK-Beeren zurück.

Pfirsicheis

Arbeitsaufwand:
15 Minuten
Kühlzeit:
3 Stunden
Gefrierzeit:
6 Stunden
Für 8 Personen

1 Portion enthält:

kJ/kcal	*1567/373*	*Kohlenhydrate*	*55g*
Eiweiß	*4g*	*Ballaststoffe*	*5g*
Fett total	*16g*	*BE*	*4,75*
Cholesterin	*55mg*	*Natrium*	*20mg*
Unges. Fettsäuren	*1g*		

100 g Zucker
200 ml Wasser
5 große reife Pfirsiche
2 EL Zitronensaft
200 g Schlagsahne (30%)

- Den Zucker und das Wasser so lange kochen, bis sich der Zucker aufgelöst hat. Abkühlen lassen und für 2 Stunden in den Kühlschrank stellen.
- 4 Pfirsiche schälen und die Kerne entfernen. Zusammen mit dem Zuckersirup und dem Zitronensaft im Mixer oder mit dem Schneidstab des Handrührers pürieren.
- Die Masse in einem hohen Gefäß mit Spritzschutz ins Tiefkühlfach stellen.
- Nach 1 Stunde herausnehmen. Das Gefrorene mit dem Schneidstab des Handrührgeräts zunächst zerkleinern und dann mit den Quirlen schaumig rühren.
- Die Sahne schlagen und unterheben. Zurück ins Gefrierfach stellen.
- Nach 1 und schließlich nochmals nach 2 Stunden das Eis erneut aufschlagen.
- Mit einem Löffel oder Eisportionierer Kugeln formen und mit frischen Pfirsichschnitzen garnieren.

Tip: Statt der frischen Pfirsiche kann man sich auch mit zuckerfrei konservierten behelfen. Diabetiker nehmen statt des normalen Zuckers den für sie bekömmlicheren Fruchtzucker.

Mokkacreme

Arbeitsaufwand:
2 Minuten
Kochzeit:
5 Minuten
Kühlzeit:
30 Minuten
Für 4 Personen

2 Eiweiß (Gewichtsklasse 3)
3 EL Zucker
4 EL Schlagsahne nach Belieben
4 EL Speisestärke
450 ml entrahmte Milch (0,3%)
50 ml sehr starker Mokka
8 Schokoladen-Mokkabohnen nach Belieben

- Die Stärke in 6 EL Milch anrühren.
- Den Mokka – er kann auch aus Instantkaffee zubereitet sein – mit der restlichen Milch zum Kochen bringen.
- Inzwischen das Eiweiß steif schlagen. 1 EL Zucker zu dem Eischnee geben.
- Die Stärke unter kräftigem Rühren in die kochende Milch geben. 2 Minuten kochen lassen.
- Zunächst den restlichen Zucker, dann den Eischnee unter den heißen Pudding heben.
- In Portionsgläser oder in eine Schüssel füllen und abgedeckt erkalten lassen, damit sich keine Haut bilden kann.
- Die Sahne schlagen.
- Die Creme mit etwas Schlagsahne und Mokkabohnen garnieren.

Tip: Kalorienbewußte und Diabetiker bereiten die Mokkacreme mit 1 EL flüssigen Süßstoff statt Zucker zu. Die Mokkabohnen können durch 1 EL geraspelte Schokolade ersetzt werden.

1 Portion enthält:

kJ/kcal	*743/177*	*Kohlenhydrate*	*28g*
kJ/kcal (Diab.)	*470/112*	*Kohlenh. (Diab.)*	*15g*
Eiweiß	*6g*	*Ballaststoffe*	*0g*
Fett total	*5g*	*BE*	*2,5*
Cholesterin	*11mg*	*BE (Diab.)*	*1,25*
Unges. Fettsäuren	*+*	*Natrium*	*116mg*

Mandelgrießspeise mit Schneeklößchen

Arbeitsaufwand:
2 Minuten
Kochzeit:
12 Minuten
Kühlzeit:
evtl. 30 Minuten
Für 4 Personen

500 ml entrahmte Milch (0,3%)
4 EL Hartweizengrieß
1 EL Vanillezucker (S. 41)
3 EL Zucker
1 Ei (Gewichtsklasse 3)
2 EL geröstete Mandelsplitter (S. 40)

- Die Milch zum Kochen bringen. Den mit Vanillezucker und 2 EL Zucker vermischten Grieß langsam dazugeben, dabei die Masse mit einem Schneebesen kräftig umrühren. 4 Minuten ausquellen lassen.
- Das Ei trennen und das Eigelb mit etwas heißer Grießspeise verrühren.
- Den Pudding von der Kochstelle nehmen und mit dem Eigelb legieren.

- Auf vier Schalen verteilen.
- In einen großen, flachen Topf drei Finger hoch Wasser zum Kochen bringen.
- Inzwischen das Eiweiß steif schlagen und 1 EL Zucker daruntergeben.
- Mit einem Teelöffel Klößchen formen und auf das kochende Wasser legen. Den Topf mit dem Deckel nicht ganz verschließen und die Hitzezufuhr sehr stark reduzieren. Die Klöße in 3 Minuten fest werden lassen.
- Die Klößchen auf die Grißespeise verteilen und mit Mandelsplittern bestreuen.

Tip: Wer unter hohen Cholesterinwerten leidet, verzichtet darauf, die Grießspeise mit Eigelb zu legieren.

1 Portion enthält:

kJ/kcal	*756/180*	*Kohlenhydrate*	*27g*
Eiweiß	*8g*	*Ballaststoffe*	*1g*
Fett total	*4g*	*BE*	*2,25*
Cholesterin	*79mg*	*Natrium*	*80mg*
Unges. Fettsäuren	*1g*		

Joghurtring mit Beeren

Arbeitsaufwand:
5 Minuten
Kochzeit:
1 Minute
Kühlzeit:
4 Stunden
Für 4 Personen

1 Portion enthält:

kJ/kcal	*601/143*	*Kohlenhydrate*	*24g*
kJ/kcal (Diab.)	*349/83*	*Kohlenh. (Diab.)*	*9g*
Eiweiß	*7g*	*Ballaststoffe*	*2g*
Fett total	*2g*	*BE*	*2*
Cholesterin	*6mg*	*BE (Diab.)*	*0,75*
Unges. Fettsäuren	*+*	*Natrium*	*57mg*

450 ml Magerjoghurt
4 EL Zucker
1 TL feingeriebene ungespritzte Zitronenschale
6 Blatt weiße Gelatine
5 EL Zitronensaft
je 50 g frische oder TK-Brombeeren, -Erdbeeren, -Himbeeren und -Johannisbeeren

- Den zimmerwarmen Joghurt mit 3 EL Zucker und Zitronenschale verrühren.
- Die Gelatine in kaltem Wasser 5 Minuten quellen lassen. Aus dem Wasser nehmen, gut abtropfen lassen und zusammen mit dem Zitronensaft unter Rühren in einem kleinen Topf schmelzen.
- Die aufgelöste Gelatine und den Joghurt mit dem Schneebesen verschlagen. In eine mit kaltem Wasser ausgespülte Ringform füllen und abgedeckt 4 Stunden kalt stellen.
- Den Boden der Form für 20–30 Sekunden in eine Schüssel mit warmem Wasser halten und den Joghurtring vorsichtig auf eine Platte stürzen.
- Die Beerenmischung mit 1 EL Zucker süßen und in den Joghurtring füllen.

Tip: Die Gelatine läßt sich in einem feuerfesten Gefäß 45 Sekunden bei 100% im Mikrowellengerät auflösen. Mit Süßstoff zubereitet, ist dieses Dessert für Diabetiker ideal: Für den Joghurt benötigt man 1 EL flüssigen Süßstoff und für die Beeren 1 TL.

Buttermilchring mit Erdbeeren

Arbeitsaufwand:
5 Minuten
Kochzeit:
1 Minute
Kühlzeit:
4 Stunden
Für 4 Personen

1 Portion enthält:

kJ/kcal	*428/102*	*Kohlenhydrate*	*19g*
kJ/kcal (Diab.)	*239/57*	*Kohlenh. (Diab.)*	*7g*
Eiweiß	*5g*	*Ballaststoffe*	*1g*
Fett total	*3g*	*BE*	*1,75*
Cholesterin	*3mg*	*BE (Diab.)*	*0,75*
Unges. Fettsäuren	*+*	*Natrium*	*38mg*

250 g frische oder TK-Erdbeeren
250 ml Buttermilch
3 EL Zucker
1 TL feingeriebene ungespritzte Zitronenschale
6 Blatt weiße Gelatine
5 EL Zitronensaft

- Erdbeeren mit der zimmerwarmen Buttermilch, dem Zucker und der Zitronenschale pürieren.
- Die Gelatine in reichlich kaltem Wasser 5 Minuten quellen lassen. Aus dem Wasser nehmen und gut abtropfen lassen. Auf dem Herd in einem kleinen Topf mit dem Zitronensaft unter Rühren schmelzen.
- Die aufgelöste Gelatine kräftig mit dem Schneebesen unter die abgeschmeckte Buttermilch rühren.
- Eine Ringform mit kaltem Wasser ausspülen, die Buttermilch in die Form füllen und zugedeckt kühlen.
- Der Buttermilchring läßt sich leicht aus der Form lösen, wenn man diese mit der Unterseite kurz in warmes Wasser hält. Vorsichtig auf eine Platte stürzen.

Variante: Statt Erdbeeren kann man Johannisbeeren oder Himbeeren verwenden. Die Buttermilch kann durch 125 g Magerquark und 125 ml entrahmte Milch ersetzt werden.

Tip: Die Gelatine läßt sich in 45 Sekunden bei 100% in der Mikrowelle schmelzen. Diabetiker nehmen 1 EL flüssigen Süßstoff statt Zucker.

Orangencreme mit Joghurt

Arbeitsaufwand:
10 Minuten
Kochzeit:
1 Minuten
Kühlzeit:
4 Stunden
Für 4 Personen

250 ml frisch gepreßter Orangensaft
1 TL feingeriebene ungespritzte Orangenschale
250 ml Magerjoghurt
3 EL Zucker
6 Blatt weiße Gelatine
2 Eiweiß (Gewichtsklasse 3)
1 TL Zucker

- Den Orangensaft durchsieben. 200 ml davon mit der Orangenschale, dem zimmerwarmen Joghurt und dem Zucker vermischen.
- Die Gelatine in kaltem Wasser 5 Minuten quellen und gut abtropfen lassen. Mit dem restlichen Orangensaft in einem kleinen Topf unter Rühren erhitzen.
- Die aufgelöste Gelatine und die abgeschmeckte Orangen-Joghurt-Mischung mit dem Schneebesen miteinander verschlagen. Für etwa 30 Minuten kühlen.
- Die beiden Eiweiß mit dem Zucker steif schlagen und unter die Masse geben. Diese dann in eine Schüssel, Gugelhupfform oder in Portionsgläser füllen, abdecken und kalt stellen.

Tip: Wenn man die Creme mit Blutorangensaft zubereitet, bekommt sie eine kräftigere Farbe. Die Gelatine kann auch in einem feuerfesten Gefäß bei 100% im Mikrowellengerät geschmolzen werden. Die Orangencreme eignet sich für Diabetiker, wenn sie mit 1 EL flüssigen Süßstoff gesüßt wird.

1 Portion enthält:

kJ/kcal	*525/125*	*Kohlenhydrate*	*21g*
kJ/kcal (Diab.)	*315/75*	*Kohlenh. (Diab.)*	*9g*
Eiweiß	*7g*	*Ballaststoffe*	*0g*
Fett total	*1g*	*BE*	*1,75*
Cholesterin	*3mg*	*BE (Diab.)*	*0,75*
Unges. Fettsäuren	*+*	*Natrium*	*60mg*

Hofratsäpfel

Arbeitsaufwand:
10 Minuten
Backzeit:
25 Minuten
Für 4 Personen

Eine Portion enthält:			
kJ/kcal	*853/203*	*Kohlenhydrate*	*32g*
Eiweiß	*4g*	*Ballaststoffe*	*3g*
Fett total	*7g*	*BE*	*2,75*
Cholesterin	*0mg*	*Natrium*	*45mg*
Unges. Fettsäuren	*1g*		

4 mürbe Äpfel (Boskop)
1/2 TL Diätmargarine
2 EL Zitronensaft
1 TL flüssiger Süßstoff
3 Eiweiß (Gewichtsklasse 3)
4 EL feiner Zucker
6 EL feingeriebene Nüsse oder Mandeln

- Den Backofen auf 200°C vorheizen.
- Die Äpfel schälen, halbieren und mit der Schnittfläche nach unten in eine gefettete Auflaufform geben.
- Süßstoff und Zitronensaft mischen und damit die Äpfel beträufeln.
- Die Eiweiß zunächst steif schlagen, dann 2 EL Zucker zugeben und die Masse so lange schlagen, bis sie glänzt.
- Den restlichen Zucker und die Nüsse oder Mandeln vorsichtig unterheben.
- Die Makronenmasse auf die Apfelhälften verteilen.
- Die Auflaufform auf einen Rost stellen und die Äpfel auf der zweitobersten Schiene 25 Minuten backen.
- Heiß servieren.

Arme Ritter

Mit Zucker und Zimt, Apfel- oder Pflaumenkompott läßt sich aus trocken gewordenem Brot ein schmackhafter Nachtisch zaubern.

Arbeitsaufwand:
10 Minuten
Bratzeit:
10 Minuten
Für 4 Personen

140 ml entrahmte Milch (0,3%)
1 EL feingeriebene ungespritzte Orangenschale
2 Eiweiß (Gewichtsklasse 3)
4 Scheiben Vollkorntoast vom Vortag
2 EL Sonnenblumenöl

- Die Milch mit Orangenschale und Eiweiß gut vermischen.
- Die Brotscheiben in die Milch eintauchen und wenden.
- Das Öl in einer beschichteten Pfanne mit dickem Boden erhitzen. Die Brotscheiben darin beidseitig goldbraun backen.

1 Portion enthält:			
kJ/kcal	*567/135*	*Kohlenhydrate*	*14g*
Eiweiß	*6g*	*Ballaststoffe*	*2g*
Fett total	*6g*	*BE*	*1,25*
Cholesterin	*0mg*	*Natrium*	*46mg*
Unges. Fettsäuren	*+*		

Heidelbeer-auflauf

Arbeitsaufwand:
10 Minuten
Backzeit:
45 Minuten
Für 4 Personen

300 g	**frische oder ungezuckerte TK-Heidelbeeren**
1 EL	**Orangenlikör nach Belieben**
1 TL	**flüssiger Süßstoff**
1 TL	**Diätmargarine**
150 ml	**entrahmte Milch (0,3%)**
5 EL	**Mehl**
1	**Ei (Gewichtsklasse 3)**
2 EL	**Zucker**
1 TL	**feingeriebene unbehandelte Orangenschale**
1 Msp	**Zimt**
1 TL	**Puderzucker**

- Den Backofen auf 200 °C vorheizen.
- Heidelbeeren mit Orangenlikör und Süßstoff ansetzen.
- Eine flache Auflaufform mit der Margarine gut einfetten und die Heidelbeeren hineingeben.
- Die Milch mit Mehl, Ei, Zucker, Orangenschale und Zimt in einer kleinen Schüssel mit den Schneebesen des Handrührers oder im Mixer verrühren.
- Den Teig in die Auflaufform gießen und mit 1/2 TL Puderzucker bestreuen.
- Den Auflauf auf der zweitobersten Schiene 45 Minuten backen.
- Mit Puderzucker bestäuben und heiß auftragen.

1 Portion enthält:

kJ/kcal	*546/130*	*Kohlenhydrate*	*20 g*
Eiweiß	*3 g*	*Ballaststoffe*	*1 g*
Fett total	*3 g*	*BE*	*1,75*
Cholesterin	*79 mg*	*Natrium*	*36 mg*
Unges. Fettsäuren	*1 g*		

Kaiserschmarren

Der Legende nach soll sich der österreichische Kaiser auf einer Jagd verirrt haben und bei einer einfachen Bauersfrau eingekehrt sein, der vor Schreck über den hohen Besuch die Omeletts zu Schmarren zerfielen.

Arbeitsaufwand:
3 Minuten
Bratzeit:
10 Minuten
Für 4 Personen

1 Portion enthält:

kJ/kcal	*974/232*	*Kohlenhydrate*	*31g*
Eiweiß	*7g*	*Ballaststoffe*	*2g*
Fett total	*7g*	*BE*	*2,75*
Cholesterin	*78mg*	*Natrium*	*78mg*
Unges. Fettsäuren	+		

2 EL Sultaninen
2 EL Rum
1 Ei (Gewichtsklasse 3)
250 ml entrahmte Milch (0,3%)
125 g Weizenmehl, Type 550
2 EL Sonnenblumenöl
1 EL Puderzucker

- Die Sultaninen im Rum 5 Minuten quellen lassen.
- Ei, Milch und Mehl in einem hohen Gefäß mit den Schneebesen des Handrührers verschlagen. Dann die Sultaninen untermischen.
- Etwas Öl in einer beschichteten Pfanne mit dickem Boden erhitzen. Je nach Pfannengröße ein Viertel oder die Hälfte des Teiges hineingießen.
- Beidseitig goldbraun backen und dann mit Hilfe von zwei Gabeln in Stücke reißen. Die gebackenen Portionen warm halten, bis alle fertig sind, dann mit Puderzucker bestreut auftragen.
- Ausgezeichnet paßt zu der Mehlspeise Apfelmus oder Kompott, das auch mit Süßstoff abgeschmeckt sein kann.

Tip: Mit Vollwertmehl, Type 1050, schmeckt der Kaiserschmarren etwas herzhafter. Wer auf seine Cholesterinwerte achten muß, nimmt anstelle des ganzen Eis 2 Eiweiß.

Zitronensoufflé

Arbeitsaufwand:
10 Minuten
Kochzeit:
30 Minuten
Für 4 Personen

1 Portion enthält:

kJ/kcal	*449/107*	*Kohlenhydrate*	*19g*
Eiweiß	*3g*	*Ballaststoffe*	*0g*
Fett total	*2g*	*BE*	*1,75*
Cholesterin	*79mg*	*Natrium*	*41mg*
Unges. Fettsäuren	*1g*		

3 EL Zucker
2 EL Speisestärke
80 ml entrahmte Milch (0,3%)
1 Ei (Gewichtsklasse 3)
3 EL Zitronensaft
1 TL feingeriebene unbehandelte Zitronenschale
1 Eiweiß (Gewichtsklasse 3)
1/2 TL Diätmargarine
1 TL Puderzucker

- Den Backofen auf 200 °C vorheizen.
- Den Zucker mit Stärke und Milch in einem Topf vermischen und unter stetigem Rühren in 2 Minuten zum Kloß abbrennen.
- Den Topf von der Kochstelle nehmen. Das Ei trennen, den Zitronensaft mit dem Eigelb verrühren und damit die Masse legieren. Zuletzt die Zitronenschale zufügen. Die Masse erkalten lassen; dabei ab und zu umrühren.
- Die beiden Eiweiß steif schlagen und vorsichtig unter die Masse heben.
- Den Boden einer Auflaufform mit Margarine fetten. Die Masse hineingeben und die Oberfläche mit einem nassen Löffelrücken glattstreichen.
- Die Auflaufform zusammen mit einer kleinen, mit Wasser gefüllten feuerfesten Schüssel auf einen Rost auf die zweitunterste Schiene in den Backofen schieben. Etwa 30 Minuten backen; während der ersten 25 Minuten den Ofen nicht öffnen.
- Das Soufflé ist gar, wenn nichts mehr am Messer haftenbleibt, mit dem man in die Mitte des Soufflés einsticht. Mit Puderzucker bestäubt sogleich auftragen, weil es sonst zusammenfällt.

Variante: Für Orangensoufflé nimmt man Orangenlikör statt Zitronensaft und Orangen- statt Zitronenschale.

Pfannküchlein mit Früchten

Arbeitsaufwand:
3 Minuten
Bratzeit:
8 Minuten
Für 4 Personen

Für die Pfannküchlein:
150 ml entrahmte Milch (0,3%)
1/4 TL Salz
50 g Mehl
1 Ei (Gewichtsklasse 3)
2 EL Sonnenblumenöl

Für den Belag:
100 g Magerquark
2 EL Honig
1 Msp Ingwer
1 Msp Zimt
2–3 EL entrahmte Milch (0,3%)
100 g Himbeeren

- Die Zutaten für den Teig in einem hohen Gefäß mit den Schneebesen des Handrührers in 1 Minute gut miteinander verschlagen.
- Eine kleine beschichtete Pfanne mit Sonnenblumenöl auspinseln. Bei mäßiger Hitze Pfannkuchen aus je 2 EL Teig backen, aufeinanderstapeln und mit Alufolie abgedeckt warm halten.
- Den Quark mit Honig, Gewürzen und etwas Milch zu einer streichfähigen Masse verrühren. Etwas Quark auf die Pfannkuchen geben, diese zu Vierteln zusammenklappen und mit Himbeeren dekorieren.

Tip: Wer mit zu hohen Cholesterinwerten zu kämpfen hat, bereitet den Pfannkuchenteig nur mit 1 Eiweiß zu. Diabetiker nehmen anstelle des Honigs 1/2 TL flüssigen Süßstoff.

1 Portion enthält:

kJ/kcal	*802/191*	*Kohlenhydrate*	*24g*
kJ/kcal (Diab.)	*630/150*	*Kohlenh. (Diab.)*	*14g*
Eiweiß	*8g*	*Ballaststoffe*	*2g*
Fett total	*7g*	*BE*	*2*
Cholesterin	*79mg*	*BE (Diab.)*	*1,25*
Unges. Fettsäuren	*+*	*Natrium*	*50mg*

Himbeer-Joghurt-Torte (S. 303), Walnußbrötchen (S. 308) und Guten-Morgen-Brötchen (S. 307)

Süßes und pikantes Gebäck

Ob Kleingebäck, Kuchen, Torten, Brötchen oder Brot – bei allen Rezepten wurde auf gesunde und möglichst leichte Zutaten geachtet, damit der Genuß auch ohne Reue bleibt. Für Menschen mit Gewichtsproblemen und Diabetiker sind Variationen mit Süßstoff und langsam abbaubarem Fruchtzucker beschrieben.

Vollkornkekse mit Schokolade

Arbeitsaufwand:
10 Minuten
Backzeit:
15 Minuten
Ergibt etwa 35 Kekse

1 Keks enthält:

kJ/kcal	*290/69*	*Kohlenhydrate*	*9g*
kJ/kcal (Diab.)	*269/64*	*Kohlenh. (Diab.)*	*7g*
Eiweiß	*1g*	*Ballaststoffe*	*g*
Fett total	*3g*	*BE*	*0,75*
Cholesterin	*18mg*	*BE (Diab.)*	*0,75*
Unges. Fettsäuren	*1g*	*Natrium*	*4mg*

100 g Diätmargarine
50 g weißer Zucker
50 g brauner Zucker
2 Eier (Gewichtsklasse 3)
1 EL Vanillezucker (S. 41)
50 g Bitterschokolade
200 g Weizenmehl, Type 550
50 g Weizenvollkornmehl, Type 1700
2 TL Weinsteinbackpulver

- Den Backofen auf 180°C vorheizen.
- Die küchenwarme Margarine mit dem Zucker, den Eiern und dem Vanillezucker mit den Schneebesen des elektrischen Handrührers schaumig schlagen.
- Die Schokolade reiben, mit dem Mehl und dem Backpulver mischen und zu dem Margarineschaum geben.
- Zwei Bleche mit Backpapier belegen.
- Mit einem Teelöffel etwa 35 walnußgroße Häufchen formen und auf die Backbleche setzen.
- Auf der mittleren Schiene in 13–15 Minuten nicht zu dunkel backen. Die Plätzchen sind gut, wenn sie sich mühelos vom Backpapier lösen. Sie dürfen innen durchaus noch etwas weich sein.

Tip: Diabetiker nehmen statt Zucker 50g Fruchtzucker und backen die Vollkornkekse bei 160°C.

Schnecken aus Quark-Öl-Teig

Arbeitsaufwand:
10 Minuten
Backzeit:
20 Minuten
Ergibt 12 Schnecken

1 Schnecke enthält:

kJ/kcal	*928/221*	*Kohlenhydrate*	*33g*
kJ/kcal (Diab.)	*916/218*	*Kohlenh. (Diab.)*	*32g*
Eiweiß	*6g*	*Ballaststoffe*	*2g*
Fett total	*7g*	*BE*	*2,75*
Cholesterin	*1mg*	*BE (Diab.)*	*2,75*
Unges. Fettsäuren	*4g*	*Natrium*	*13mg*

Für den Teig:
150 g Magerquark
300 g Weizenmehl, Type 550 oder 1050
1 Beutel Weinsteinbackpulver
6 EL Sonnenblumenöl
4 EL entrahmte Milch (0,3%)
4 EL Zucker
1 EL Vanillezucker (S. 41)

Für die Füllung:
4 EL Magerjoghurt
4 EL brauner Zucker
4 EL gehackte Mandeln oder Nüsse
4 EL Sultaninen
2 EL feingehacktes Orangeat
1/2 TL Zimt

- Den Quark auf einem engmaschigen Sieb über Nacht abtropfen lassen.
- Alle Zutaten für den Teig in einer Schüssel so lange mit den Knethaken des Handrührers bearbeiten, bis sich ein Teigkloß bildet. Dann von Hand kurz durchkneten und zwischen zwei Lagen Backpapier oder Kunststoffolie zu einem Rechteck von 26 × 30cm ausrollen.
- Den Backofen auf 200°C vorheizen.
- Den Joghurt verschlagen und damit den Teig bestreichen. Die anderen Zutaten für die Füllung gleichmäßig darauf streuen.
- Aufrollen und mit einem scharfen Messer in daumendicke Scheiben schneiden.
- Ein Backblech mit Backpapier belegen und die Schnecken darauf setzen. Auf der zweitobersten Schiene in 20 Minuten backen.

Tip: Diabetiker verzichten auf Vanillezucker und süßen mit Fruchtzucker.

Windbeutel mit Quarkfüllung

Arbeitsaufwand:
15 Minuten
Kochzeit:
2 Minuten
Kühlzeit:
10 Minuten
Backzeit:
25 Minuten
Ergibt 12 Windbeutel

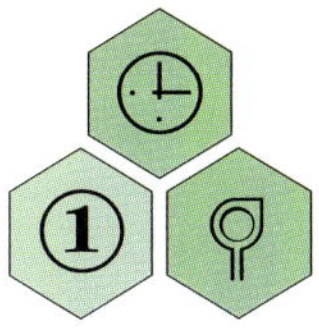

1 Windbeutel enthält:

kJ/kcal	*592/141*	*Kohlenhydrate*	*16g*
kJ/kcal (Diab.)	*521/124*	*Kohlenh. (Diab.)*	*12g*
Eiweiß	*8g*	*Ballaststoffe*	*1g*
Fett total	*6g*	*BE*	*1,5*
Cholesterin	*105mg*	*BE (Diab.)*	*1*
Unges. Fettsäuren	*+*	*Natrium*	*45mg*

Für den Teig:
125 ml Wasser
50 g Diätmargarine
150 g Weizenmehl, Type 1050
4 Eier (Gewichtsklasse 3)
1 TL Weinsteinbackpulver

Für die Füllung:
2 Blatt weiße Gelatine
4 EL entrahmte Milch (0,3%)
300 g Magerquark
3 EL Zucker
1 EL Vanillezucker (S. 41)
2 Eiweiß (Gewichtsklasse 3)
1 TL Puderzucker

- Den Backofen auf 200°C vorheizen.
- In einem Stieltopf das Wasser mit der Margarine zum Kochen bringen.
- Das Mehl durchsieben und unter kräftigem Rühren mit einem Lochlöffel auf einmal ins kochende Wasser geben. Es bildet sich ein Kloß, der unter Rühren weitere 2 Minuten erhitzt wird, bis er sich vom Boden löst.
- 2 Eier unter den warmen Teig heben. Nach 5 Minuten 2 Eier und das Backpulver unter den erkalteten Teig rühren.
- Ein Blech mit Backpapier auslegen. Den Teig entweder mit dem Spritzbeutel oder einem Eßlöffel in pflaumengroßen Häufchen mit etwas Abstand zueinander auf das Blech setzen. Auf der zweituntersten Schiene backen, dabei die ersten 20 Minuten den Ofen nicht öffnen.
- Die Gelatine in reichlich kaltem Wasser einweichen. Ausdrücken und mit der Milch in einem Topf auf dem Herd schmelzen lassen oder in einem feuerfesten Gefäß in der Mikrowelle bei 100% 45 Sekunden erhitzen.
- Milch, Quark, Zucker und Vanillezucker miteinander verrühren. Die Gelatine unter kräftigem Schlagen mit dem Schneebesen untermischen.
- Die Eiweiß steif schlagen und unter die Masse heben.
- Die Windbeutel aufschneiden, den Quark in den Spritzbeutel mit der Sterntülle geben und das Gebäck mit der Quarkmasse füllen. Leicht mit Puderzucker bestäuben und gleich servieren.

Tip: Diabetiker und Kalorienbewußte ersetzen den Zucker durch 1TL flüssigen Süßstoff.

Rhabarber-torteletts

Arbeitsaufwand:
30 Minuten
Kochzeit:
5 Minuten
Kühlzeit:
30 Minuten
Backzeit:
25 Minuten
Ergibt 12 Torteletts

1 Tortelett enthält:

kJ/kcal	*1000/238*	*Kohlenhydrate*	*39g*
kJ/kcal (Diab.)	*823/196*	*Kohlenh. (Diab.)*	*28g*
Eiweiß	*6g*	*Ballaststoffe*	*6g*
Fett total	*7g*	*BE*	*3,25*
Cholesterin	*26mg*	*BE (Diab.)*	*2,5*
Unges. Fettsäuren	*3g*	*Natrium*	*27mg*

Für den Teig:
300 g Weizenmehl, Type 405 oder 550
1 TL Weinsteinbackpulver
80 g Diätmargarine
2 EL Zucker
1 EL Vanillezucker (S. 41)
1 Ei (Gewichtsklasse 3)
1/2 EL Diätmargarine zum Einfetten

Für den Belag:
3 Blatt weiße Gelatine
200 g Rhabarber
5 EL Wasser
2 EL Zucker
1 Eiweiß (Gewichtsklasse 3)
4 Erdbeeren
3 Kiwis

- Das Mehl mit dem Backpulver mischen und auf die Arbeitsplatte häufen. Die Margarine in Flöckchen und die übrigen Zutaten darauf geben. Alles mit einem langen Messer zuerst kleinhacken, dann mit kühlen Händen rasch zu einem glatten Teig verkneten. 5 Minuten im Gefrierfach kühlen.
- Den Backofen auf 200 °C vorheizen.
- Den Teig zwischen zwei Lagen Backpapier oder Kunststoffolie 5 mm dick ausrollen. Zwölf beschichtete Tortelettförmchen leicht einfetten und mit dem Teig auskleiden.
- Auf der mittleren Schiene goldbraun backen, stürzen und auskühlen lassen.
- 4 Torteletts zum Füllen vorsehen, die restlichen 8 in einer Dose aufheben.
- Die Gelatine in reichlich kaltem Wasser einweichen. Abtropfen lassen.
- Den Rhabarber in Stücke schneiden, mit dem Wasser 5 Minuten kochen, dann mit dem Schneidstab des Handrührers pürieren.
- Die Gelatine mit dem Zucker in das heiße Rhabarberkompott geben. Im Gefrierfach stocken lassen; dabei gelegentlich umrühren.
- Inzwischen das Eiweiß steif schlagen, die Erdbeeren waschen und kleinwürfeln und beides unter das stockende Rhabarberkompott mischen. Abschmecken.
- Die Kiwis schälen und in Scheiben schneiden.
- Die Törtchen mit Rhabarberschaum bestreichen und mit Kiwischeiben garnieren.

Tip: Diabetiker süßen Teig und Schaum jeweils mit 1/2 TL flüssigem Süßstoff und verzichten auf den Vanillezucker.

Quarkgugelhupf

Arbeitsaufwand:
10 Minuten
Backzeit:
60 Minuten
Ergibt 20 Stücke

100 g Magerquark
150 g Diätmargarine
150 g Zucker
1 EL Vanillezucker (S. 41)
3 Eier (Gewichtsklasse 3)
250 g Weizenmehl, Type 550 oder 1050
1 TL Weinsteinbackpulver
2 EL kleingehacktes Orangeat
2 EL kleingehacktes Zitronat
4 EL Sultaninen
4 EL kleingehackte, sehr hell geröstete Mandeln (S. 40)
1 EL Puderzucker

- Den Quark sehr gut abtropfen lassen.
- Den Backofen auf 200 °C vorheizen.
- Eine Gugelhupfform mit etwas Margarine ausfetten.
- Die restliche Margarine mit Quark, Zucker, Vanillezucker und Eiern mit dem Schneebesen des Handrührers schaumig schlagen.
- Das Mehl mit dem Backpulver mischen und mit den Knethaken unter den Quark rühren. Die Trockenfrüchte und die Mandeln untermengen.

- Den Teig in die Gugelhupfform geben und die Oberfläche glattstreichen.
- Auf der untersten Schiene 60 Minuten backen. Wenn der Gugelhupf sich leicht aus der Form löst oder am eingestochenen Hölzchen nichts mehr kleben bleibt, ist er fertig.
- Vorsichtig auf ein Kuchengitter stürzen und erkalten lassen. Mit Puderzucker bestäuben und in Scheiben schneiden.

Tip: Diabetiker und Kalorienbewußte süßen den Gugelhupf mit 1 EL flüssigem Süßstoff. Wer zu hohe Cholesterinwerte hat, bereitet den Kuchen aus 1 Ei und 4 Eiweiß zu. Portioniert und gut verpackt, läßt sich der Gugelhupf sehr gut einfrieren.

1 Stück enthält:

kJ/kcal	*785/187*	*Kohlenhydrate*	*20g*
kJ/kcal (Diab.)	*638/152*	*Kohlenh. (Diab.)*	*12g*
Eiweiß	*4g*	*Ballaststoffe*	*1g*
Fett total	*8g*	*BE*	*1,75*
Cholesterin	*16mg*	*BE (Diab.)*	*1*
Unges. Fettsäuren	*4g*	*Natrium*	*22mg*

Mohnstriezel

Arbeitsaufwand:
15 Minuten
Kochzeit:
5 Minuten
Gärzeit:
50 Minuten
Backzeit:
55–60 Minuten
Ergibt 20 Scheiben

1 Scheibe enthält:

kJ/kcal	*517/123*	*Kohlenhydrate*	*9g*
kJ/kcal (Diab.)	*445/106*	*Kohlenh. (Diab.)*	*4g*
Eiweiß	*5g*	*Ballaststoffe*	*3g*
Fett total	*7g*	*BE*	*0,75*
Cholesterin	*16mg*	*BE (Diab.)*	*0,5*
Unges. Fettsäuren	*3g*	*Natrium*	*22mg*

Für den Teig:
1 Würfel Hefe
1 EL Zucker
350 ml entrahmte Milch (0,3%)
500 g Weizenmehl, Type 550 oder 1050
1 EL Sonnenblumenöl
1 TL feingeriebene ungespritzte Zitronenschale

Für die Füllung:
250 g frisch gemahlener Mohn
500 ml entrahmte Milch (0,3%)
4 geschälte bittere Mandeln
5 EL Zucker
1 EL Vanillezucker (S. 41)
4 EL Hartweizengrieß
2 EL feingehackte geschälte Mandeln
1 TL feingeriebene ungespritzte Zitronenschale
1 Eigelb (Gewichtsklasse 3)
1 EL Diätmargarine

- Den Backofen auf 50 °C vorheizen.
- Zunächst die Hefe mit Milch und Zucker verschlagen. Dann Mehl, Öl und Zitronenschale zufügen und alles zu einem weichen Hefeteig verarbeiten. Die Oberfläche mit Wasser befeuchten oder mit Mehl bepudern.
- Den Backofen ausschalten und den Teig zugedeckt für 30 Minuten hineinstellen.
- Inzwischen für die Füllung den Mohn mit der Milch 5 Minuten kochen.
- Die Mandeln fein hacken und mit den übrigen Zutaten, bis auf das Eigelb und die Margarine, zur Mohnmasse geben. Diese abkühlen lassen und das Eigelb daruntergeben.
- Den Hefeteig zwischen zwei Lagen Backpapier zu einem Rechteck von 30 × 40 cm ausrollen. Mit der Füllung bestreichen und von zwei Seiten her mit Hilfe des Papiers zur Mitte hin aufrollen.
- Am besten in einen gefetteten Bräter geben, da der Striezel sonst sehr breit auseinanderläuft, und abermals an einem warmen Ort gehen lassen, bis sich das Volumen verdoppelt hat.
- Den Backofen auf 200 °C heizen.
- Den Striezel auf dem Rost auf der zweitobersten Schiene in 55–60 Minuten braun backen.

Tip: Diabetiker bereiten den Hefeteig mit $^{1}/_{4}$ TL und die Mohnfüllung mit 1 TL Süßstoff. Der Striezel kann, ganz oder portioniert, sehr gut eingefroren werden.

Kirschrollen

Arbeitsaufwand:
20 Minuten
Kochzeit:
10 Minuten
Backzeit:
30 Minuten
Ergibt 12 Stücke

Für die Füllung:
1 kg Sauerkirschen
3 EL Wasser
5 EL Zucker
50 g Speisestärke

Für den Teig:
200 g Weizenmehl, Type 550
100 g zarte Instant-Haferflocken
1 Beutel Weinsteinbackpulver
100 g Diätmargarine
125 g Magerquark
4 EL weißer oder brauner Zucker
1 EL Vanillezucker (S. 41)
1 Ei (Gewichtsklasse 3)

Zum Bestreuen:
2 EL entrahmte Milch (0,3%)
1 EL Hagelzucker

- Die Sauerkirschen entsteinen. Bei milder Hitze in einem Topf mit Wasser und Zucker aufkochen, herausnehmen und auf einem Sieb abtropfen lassen.
- Den Saft mit Wasser auf 250 ml ergänzen.

Mit der Stärke verrühren und zum Kochen bringen.

- Die Kirschen wieder untermischen und alles erkalten lassen.
- In der Zwischenzeit den Backofen auf 200 °C vorheizen.
- Für den Teig das Mehl mit Haferflocken und Backpulver mischen und auf die Arbeitsplatte häufen. Die übrigen Zutaten, die Margarine und den Quark flöckchenweise, auf das Mehl geben. Alles mit einem langen Messer verhacken und mit den Händen kurz zu einem geschmeidigen Teig verkneten.
- Den Teig teilen und jede Hälfte zu einem Rechteck von 25 × 30 cm ausrollen.
- Die beiden Rechtecke in der Mitte etwa 5 cm breit mit der Kirschmasse bestreichen. Die Ränder mit etwas Wasser befeuchten, den Teig in der Mitte zusammenschlagen und die Nähte andrücken.
- Ein Blech mit Backpapier belegen und darauf die Rollen mit der Nahtstelle nach unten legen. Mit Milch bepinseln und mit Hagelzucker bestreuen. Die Oberseite der Rollen im Abstand von 4 cm etwa 1/2 cm tief einschneiden.
- Auf der zweituntersten Schiene in den Ofen schieben und 30 Minuten backen.
- Die Kirschrollen erkalten lassen und jede Rolle in sechs Stücke schneiden.

Tip: Diabetiker süßen sowohl die Kirschen als auch den Teig mit jeweils 1 TL flüssigem Süßstoff.

Variante: Das Rezept kann mit Aprikosen oder Äpfeln abgewandelt werden. Den Äpfeln einige Sultaninen zufügen und die Speisestärke für die Füllung gegen 80 g Sonnenblumenkerne austauschen. Die Apfelrollen können statt mit Hagelzucker mit 2 EL Sonnenblumenkernen bestreut werden.

1 Stück enthält:

kJ/kcal	*1142/272*	*Kohlenhydrate*	*44 g*
kJ/kcal (Diab.)	*920/219*	*Kohlenh. (Diab.)*	*32 g*
Eiweiß	*6 g*	*Ballaststoffe*	*2 g*
Fett total	*8 g*	*BE*	*3,75*
Cholesterin	*26 mg*	*BE (Diab.)*	*2,75*
Unges. Fettsäuren	*4 g*	*Natrium*	*17 mg*

Versunkener Apfelkuchen

Arbeitsaufwand:
15 Minuten
Backzeit:
30 Minuten
Ergibt 12 Stücke

1 Stück enthält:

kJ/kcal	*794/189*	*Kohlenhydrate*	*22g*
kJ/kcal (Diab.)	*735/175*	*Kohlenh. (Diab.)*	*18g*
Eiweiß	*3g*	*Ballaststoffe*	*3g*
Fett total	*7g*	*BE*	*2*
Cholesterin	*+*	*BE (Diab.)*	*1,5*
Unges. Fettsäuren	*4g*	*Natrium*	*6mg*

100 g Diätmargarine
40 g Magerquark
4 EL Zucker
1 EL Vanillezucker (S. 41)
1 Ei (Gewichtsklasse 3)
250 g Weizenmehl, Type 550 oder 1050
2 TL Weinsteinbackpulver
750 g mürbe Äpfel
1 TL Puderzucker

- Den Backofen auf 200 °C vorheizen.
- Eine Springform von 26 cm Ø mit etwas Margarine leicht einfetten.
- Die restliche Margarine zusammen mit Quark, Zucker, Vanillezucker und dem Ei mit den Schneebesen des Handrührers in 5 Minuten schaumig rühren.
- Das Mehl mit den Knethaken des Handrührers mit dem Backpulver vermischen, zu der Quarkmasse geben und alles zusammen zu einem glatten Teig verkneten.
- Den Teig in die Springform füllen und mit einem nassen Spachtel glattstreichen.
- Die Äpfel schälen, vierteln, entkernen und mehrere Male auf der runden Seite einkerben. Dicht auf den Teig legen.
- Auf der zweituntersten Schiene in 30 Minuten goldbraun backen.
- Mit Puderzucker bestäuben, abkühlen lassen und gleich servieren.

Tip: Diabetiker ersetzen den Zucker zur einen Hälfte durch 1 TL flüssigen Süßstoff und zur anderen durch Fruchtzucker. Statt mit Vanillezucker würzen sie den Kuchen mit geriebener Zitronen- oder Orangenschale oder einigen kleingehackten bitteren Mandeln.

Streuselkuchen mit Pfirsichen

Arbeitsaufwand:
15 Minuten
Backzeit:
40 Minuten
Ergibt 8 Stücke

1 Stück enthält:

kJ/kcal	*1768/421*	*Kohlenhydrate*	*65g*
Eiweiß	*6g*	*Ballaststoffe*	*4g*
Fett total	*16g*	*BE*	*5,5*
Cholesterin	*+*	*Natrium*	*10mg*
Unges. Fettsäuren	*9g*		

150 g Diätmargarine
180 g Zucker
3 EL Wasser
375 g Weizenmehl, Type 405 oder 550
1/4 TL Zimt
3 große Pfirsiche

- Den Backofen auf 200 °C vorheizen.
- Den Boden einer Springform von 26 cm Ø mit Backpapier auskleiden.
- Margarine, Zucker, Wasser, Mehl und Zimt mit den Schneebesen des Handrührers zu einem glatten Teig verarbeiten.
- Die Hälfte davon in die Form geben, mit der Faust zu einer Teigplatte ausbreiten und fest auf den Boden drücken.
- Die Pfirsiche schälen, entkernen und in schmale Schnitze schneiden. Ziegelartig auf den Teigboden geben.
- Den übrigen Teig in kleinen Streuseln darauf streuen.
- Auf der untersten Schiene in 40 Minuten goldbraun backen.
- Noch lauwarm in 8 Stücke schneiden.

Tip: Statt frischer Pfirsiche kann man auch 6 Pfirsichhälften aus der Dose nehmen.

Birnenkuchen mit Preiselbeerguß

Arbeitsaufwand:
25 Minuten
Backzeit:
60 Minuten
Ergibt 12 Stücke

Für den Teig:

- **125 g Weizenmehl, Type 405 oder 550**
- **1/2 TL Backpulver**
- **1 TL flüssiger Süßstoff**
- **2 EL feingemahlene Mandeln**
- **4 EL Diätmargarine**
- **1 Eigelb (Gewichtsklasse 3)**
- **1 TL Wasser**

Für den Belag:

- **1/2 Eiweiß (Gewichtsklasse 3)**
- **750 g Birnen**
- **2 EL Zitronensaft**
- **1 Banane**
- **3 Eier (Gewichtsklasse 3)**
- **100 g Preiselbeerkompott**
- **100 g Magerjoghurt**
- **100 g Kaffeesahne (12%)**
- **1 TL flüssiger Süßstoff**
- **1 TL feingeriebene ungespritzte Zitronenschale**
- **3 EL Speisestärke**
- **1 EL feingehackte Pistazien zum Bestreuen**

- Den Backofen auf 200 °C vorheizen.
- Den Boden einer Springform von 26 cm Ø mit Backpapier auskleiden.
- Das Mehl mit dem Backpulver mischen, auf die Arbeitsplatte häufen und die übrigen Zutaten darauf geben. Mit einem langen Messer kleinhacken und dann rasch von Hand zu einem glatten Teig verkneten.
- Den Teig zwischen zwei Lagen Backpapier oder Kunststoffolie ausrollen und in die Form geben. Einige Male mit der Gabel einstechen.
- Auf der zweituntersten Schiene den Boden 15 Minuten vorbacken.
- Den Boden mit geschlagenem Eiweiß bepinseln.
- Die Birnen schälen, entkernen, in feine Schnitze schneiden und mit Zitronensaft beträufeln. Auf dem Kuchenboden verteilen.
- Die Banane zerdrücken und mit Eigelb, Preiselbeerkompott, Joghurt, Sahne, Süßstoff, Zitronenschale und Stärke verschlagen.
- Die Eiweiß steif schlagen und unter die Masse heben. In die Form geben und glätten.
- Nochmals 40–45 Minuten backen.
- Die gehackten Pistazien darauf streuen und den Kuchen in 12 Stücke schneiden.

1 Stück enthält:

kJ/kcal	*714/170*	*Kohlenhydrate*	*22g*
Eiweiß	*5g*	*Ballaststoffe*	*2g*
Fett total	*8g*	*BE*	*2*
Cholesterin	*108mg*	*Natrium*	*36mg*
Unges. Fettsäuren	*2g*		

Jogburttorte

Arbeitsaufwand:
20 Minuten
Kochzeit:
1 Minute
Kühlzeit:
6 Stunden
Ergibt 12 Stücke

1 Stück enthält:

kJ/kcal	*592/141*	*Kohlenhydrate*	*23g*
Eiweiß	*5g*	*Ballaststoffe*	*2g*
Fett total	*4g*	*BE*	*2*
Cholesterin	*3mg*	*Natrium*	*59mg*
Unges. Fettsäuren	*1g*		

Für den Boden:

200 g zuckerarme Cornflakes
3 EL Diätmargarine

Für den Belag:

12 Blatt weiße Gelatine
4 EL Zitronensaft
800 g Magerjoghurt
2 EL flüssiger Süßstoff
1 TL feingeriebene ungespritzte Zitronenschale
2 Eiweiß (Gewichtsklasse 3)
600 g gemischte frische oder TK-Beeren

Für den Guß:

3 Blatt weiße Gelatine
1 TL Süßstoff
225 ml ungesüßter klarer Obstsaft

- Den Boden einer Springform von 26 cm Ø mit Backpapier auskleiden.
- Die Cornflakes mit der weichen Margarine vermengen, in die Springform geben und etwas andrücken.
- Die Gelatine in reichlich kaltem Wasser 3 Minuten einweichen. Abtropfen lassen und mit dem Zitronensaft in einem kleinen Topf unter Rühren schmelzen lassen oder im feuerfesten Glasgefäß bei 100% 45 Sekunden im Mikrowellengerät erhitzen.
- Den Joghurt mit dem Süßstoff und der Zitronenschale gut vermischen.
- Die Eiweiß steif schlagen.
- Die Gelatine unter ständigem Rühren mit den elektrischen Schneebesen zum Joghurt geben.
- Den Eischnee unterheben und falls nötig nachsüßen.
- Auf den Tortenboden verteilen und glattstreichen. Die Springform entweder mit Alufolie oder einem Teller abdecken und so lange in den Kühlschrank stellen, bis die Creme etwas fest wird.
- Die Beeren darauf geben; Tiefkühlware sollte dabei noch gefroren sein.
- Für den Tortenguß die Gelatine einweichen, ausdrücken und mit dem Süßstoff im Obstsaft auflösen.
- Etwas stocken lassen und über die Beeren ziehen.
- Kurz vor dem Servieren in 12 Stücke teilen.

Tip: Wegen des geringen Kohlenhydratgehalts ist die Torte ideal für Diabetiker und Kalorienbewußte.

Himbeer-Joghurt-Torte

Arbeitsaufwand:
40 Minuten
Kochzeit:
1 Minute
Backzeit:
25 Minuten
Kühlzeit:
6 Stunden
Ergibt 12 Stücke

1 Stück enthält:

kJ/kcal	*1033/246*	*Kohlenhydrate*	*41 g*
kJ/kcal (Diab.)	*752/179*	*Kohlenh. (Diab.)*	*25 g*
Eiweiß	*9 g*	*Ballaststoffe*	*2 g*
Fett total	*6 g*	*BE*	*3,5*
Cholesterin	*81 mg*	*BE (Diab.)*	*2,25*
Unges. Fettsäuren	*1 g*	*Natrium*	*58 mg*

Für den Teig:
3 Eier (Gewichtsklasse 3)
125 g Zucker
1 TL feingeriebene ungespritzte Zitronenschale
150 g Weizenmehl, Type 405 oder 550
2 TL Weinsteinbackpulver

Für die rosa Füllung:
6 Blatt weiße Gelatine
4 EL Zitronensaft
400 g frische oder TK-Himbeeren
100 g Zucker
2 Eiweiß (Gewichtsklasse 3)

Für die weiße Füllung und die Oberfläche:
8 Blatt weiße Gelatine
4 EL Zitronensaft
500 g Magerjoghurt
100 g Zucker
1 TL feingeriebene ungespritzte Zitronenschale
2 Eiweiß (Gewichtsklasse 3)
100 g Schlagsahne (30%)

Zum Garnieren:
6 EL geröstete Mandelblättchen (S. 40)

- Den Backofen auf 200 °C vorheizen.
- Den Boden einer Springform von 26 cm Ø mit Backpapier belegen.
- Für den Biskuitteig die Eier mit dem Zucker und der Zitronenschale mit den Schneebesen des Handrührers sehr schaumig schlagen.
- Das Mehl mit dem Backpulver mischen und vorsichtig unterheben.
- Den Teig in die Springform füllen und die Oberfläche glattstreichen.
- Auf dem Rost auf der zweituntersten Schiene goldbraun backen. Wenn der Teig sich vom Rand zu lösen beginnt, ist er gar.
- Den Ring entfernen, vorsichtig auf ein Kuchengitter stürzen und, ohne den Boden zu entfernen, leicht beschwert auskühlen lassen, damit die Oberfläche schön glatt wird.
- Den Boden abnehmen und den Biskuit waagrecht einmal durchschneiden.
- Für die Füllungen die Gelatine separat in reichlich kaltem Wasser 3 Minuten einweichen. Abtropfen lassen und mit dem Zitronensaft in einem kleinen Topf unter Rühren schmelzen lassen oder in einem feuerfesten Glasgefäß bei 100% 45 Sekunden im Mikrowellengerät erhitzen.
- Inzwischen die 12 schönsten Himbeeren beiseitelegen. Für die rosa Creme die restlichen Himbeeren mit dem Zucker mit dem Schneidstab des Handrührers pürieren.
- Die 2 Eiweiß steif schlagen.
- Für die weiße Creme den Joghurt mit Zucker und Zitronenschale vermischen.
- Die 2 Eiweiß und die Sahne steif schlagen.
- Die Gelatine jeweils unter ständigem Schlagen unter das Himbeerpüree und unter den Joghurt mischen. Unter die rosa Füllung den Eischnee und unter die weiße Füllung den Eischnee und die Sahne heben. Nach Bedarf etwas nachsüßen.
- Den Tortenring umlegen. Erst die rosa, dann ein Drittel der weißen Creme auf den Biskuitboden geben. Die zweite Biskuitschicht auflegen und mit weißer Creme überziehen.
- Den Rest der weißen Creme in den Spritzbeutel füllen und der Torte 12 Tupfer aufspritzen. Dann abdecken und in den Kühlschrank stellen.
- Kurz vor dem Servieren mit Himbeeren und Mandelblättchen garnieren und in 12 Stücke teilen.

Abbildung S. 292/293

Tip: Diabetiker und Kalorienbewußte bereiten sowohl den Biskuitboden als auch die beiden Füllungen mit jeweils 1 1/2–2 TL Süßstoff zu. Statt mit Himbeeren kann man den Kuchen ebenso mit Erdbeeren oder Holundersaft zubereiten.

Quarktorte mit Ingwer

Arbeitsaufwand:
15 Minuten
Kochzeit:
6 Minuten
Kühlzeit:
5–6 Stunden
Ergibt 12 Stücke

1 Stück enthält:

kJ/kcal	*361/86*	*Kohlenhydrate*	*11 g*
kJ/kcal (Diab.)	*277/66*	*Kohlenh. (Diab.)*	*6 g*
Eiweiß	*6 g*	*Ballaststoffe*	*+*
Fett total	*2 g*	*BE*	*1*
Cholesterin	*5 mg*	*BE (Diab.)*	*0,5*
Unges. Fettsäuren	*+*	*Natrium*	*26 mg*

Für den Boden:
- **1 EL Diätmargarine**
- **4 EL Paniermehl**
- **1 EL brauner Zucker oder Fruchtzucker**
- **1/2 TL feingeriebene ungespritzte Zitronenschale**
- **1/2 TL feingeriebener Ingwer**

Für den Belag:
- **8 Blatt weiße Gelatine**
- **100 ml entrahmte Milch (0,3 %)**
- **300 g Magerquark**
- **200 g Magerjoghurt**
- **4 EL Zucker**
- **4 EL Zitronensaft**
- **1/2 TL feingeriebene ungespritzte Zitronenschale**
- **1/2 TL feingeriebener Ingwer**
- **1 Eiweiß (Gewichtsklasse 3)**

- Den Boden einer Springform von 24 cm Ø mit Backpapier auslegen.
- Die Zutaten für den Tortenboden in einen Topf geben und unter Rühren kurz erhitzen, bis das Fett geschmolzen ist. In die Springform füllen und in den Kühlschrank stellen.
- Die Gelatine in reichlich kaltem Wasser einweichen. Ausdrücken und mit der Milch entweder unter Rühren auf dem Herd schmelzen lassen oder beides in ein feuerfestes Glasgefäß geben und in 45 Sekunden bei 100% im Mikrowellengerät zergehen lassen.
- Den Quark mit Joghurt, Zucker, Zitronensaft, Zitronenschale und dem Ingwer vermischen.
- Die Gelatine unter kräftigem Schlagen mit den Schneebesen des Handrührgeräts in die küchenwarme Masse geben. Kurz kühlen.
- Das Eiweiß steif schlagen und unter den Quark heben. Die Masse auf den Tortenboden geben und die Oberfläche glattstreichen.
- Abdecken und 5–6 Stunden kühlen.
- Den Rand der Form lösen und die Torte in 12 Stücke teilen.

Tip: Diabetiker süßen den Tortenboden mit Fruchzucker und den Belag mit 1 TL flüssigem Süßstoff.

Schwarzwälder Kirschtorte

Arbeitsaufwand:
30 Minuten
Kochzeit:
1 Minute
Backzeit:
25 Minuten
Kühlzeit:
3 Stunden
Ergibt 12 Stücke

Für den Teig:
- **150 g Zucker**
- **1 EL Vanillezucker (S. 41)**
- **3 EL dunkler Kakao**
- **100 g Weizenmehl, Type 405 oder 550**
- **1 TL Weinsteinbackpulver**
- **8 Eiweiß**

Für die Kirschfüllung:
- **600 g entsteinte Sauerkirschen aus dem Glas**
- **150 ml Kirschsaft**
- **2 EL Zucker**
- **1 Stück ungespritzte Zitronenschale**
- **2 EL Speisestärke**

Für die Creme:
- **3 Blatt weiße Gelatine**
- **4 EL entrahmte Milch (0,3 %)**
- **250 g Magerjoghurt**
- **3 EL Zucker**
- **1 EL Vanillezucker (S. 41)**
- **100 g Schlagsahne (30 %)**
- **1 Eiweiß (Gewichtsklasse 3)**

Zum Garnieren:
- **50 g Schokoladenstreusel**

- Den Backofen auf 200 °C vorheizen.
- Die Böden von zwei Springformen von 24 cm Ø mit Backpapier belegen.
- Für den Teig den Zucker mit Vanillezucker, Kakao, Mehl und Backpulver gut vermischen.
- Das Eiweiß steif schlagen und die Zucker-Mehl-Mischung vorsichtig unter den Eischnee heben.
- Den Teig auf die zwei Formen verteilen und glattstreichen.
- Auf dem Rost auf der mittleren Schiene nicht zu dunkel backen. Aus der Form nehmen und umgedreht auskühlen lassen.
- Einige Kirschen zum Garnieren beiseitelegen.
- Den Kirschsaft mit Zucker, Zitronenschale und Stärke verrühren und zum Kochen bringen. 1 Minute kochen, dann die Kirschen daruntermischen.
- Den Ring wieder um einen Tortenboden legen. Die heiße Kirschenmasse darauf verteilen.
- Die Gelatine in reichlich kaltem Wasser quellen lassen. Ausdrücken und mit der Milch unter Rühren auf dem Herd auflösen oder im Mikrowellengerät bei 100% in 45 Sekunden schmelzen lassen.
- Den Joghurt mit Zucker und Vanillezucker vermengen und die Gelatine unter Schlagen dazugeben. Kühlen.
- Die Sahne und das Eiweiß steif schlagen und beides zur Joghurtcreme geben.
- Einen Teil der Creme auf der Kirschenmasse verteilen. Den zweiten Boden darauf legen und andrücken.
- Die Torte mit Creme überziehen und den Rest in Tupfen darauf spritzen. Den Rand mit Schokoladenstreuseln garnieren.
- Kurz vor dem Servieren die restlichen Kirschen in die Cremetupfer drücken.

1 Stück enthält:

kJ/kcal	*1021/243*	*Kohlenhydrate*	*41 g*
Eiweiß	*6 g*	*Ballaststoffe*	*1 g*
Fett total	*5 g*	*BE*	*3,5*
Cholesterin	*10 mg*	*Natrium*	*63 mg*
Unges. Fettsäuren	*+*		

Hörnchen aus Quarkblätterteig

Arbeitsaufwand:
20 Minuten
Kühlzeit:
20 Minuten
Backzeit:
25 Minuten
Ergibt 14 Hörnchen

1 Hörnchen enthält:

kJ/kcal	*743/177*	*Kohlenhydrate*	*13g*
Eiweiß	*4g*	*Ballaststoffe*	*1g*
Fett total	*12g*	*BE*	*1,25*
Cholesterin	*+*	*Natrium*	*14mg*
Unges. Fettsäuren	*7g*		

250 g Magerquark
250 g Weizenmehl, Type 550
1/4 TL Salz
1 TL Weinsteinbackpulver
200 g Diätmargarine
1 EL entrahmte Milch (0,3%)

- Den Quark auf einem engmaschigen Sieb über Nacht abtropfen lassen.
- Das Mehl mit Salz und Backpulver mischen und auf die Arbeitsplatte häufen.
- Den Quark löffelweise und die Margarine flöckchenweise in die Mitte des Mehls geben und alles mit einem langen Messer verhacken. Dann mit der Hand rasch zu einem Teigkloß verkneten.
- Den Teig zwischen zwei Lagen Backpapier oder Kunststoffolie zunächst zu einer fingerdicken Platte ausrollen und dann, wie einen Briefbogen, dreifach zusammenlegen. Diesen Vorgang wiederholen und den Teig jeweils im Gefrierfach 20 Minuten kühlen.
- In der Zwischenzeit den Backofen auf 200°C vorheizen.
- Zwei Backbleche mit Backpapier belegen.
- Den Teig halbieren und zu je einem etwa 20cm breiten Teigstreifen ausrollen. Daraus Dreiecke schneiden, von der breiten Seite her locker aufrollen, zu Hörnchen biegen und auf die Backbleche legen. Mit Milch bepinseln.
- Auf der zweitobersten Schiene goldbraun backen.

Variante: Blätterteighörnchen können pikant mit Schinken-, Käse- oder Lachswürfeln oder süß mit etwas Marmelade gefüllt werden. Sie lassen sich problemlos einfrieren.

Salzbrezeln

Arbeitsaufwand:
20 Minuten
Gärzeit:
50 Minuten
Backzeit:
25 Minuten
Ergibt 10 Brezeln

1 Brezel enthält:

kJ/kcal	*827/197*	*Kohlenhydrate*	*38g*
Eiweiß	*8g*	*Ballaststoffe*	*2g*
Fett total	*1g*	*BE*	*3,25*
Cholesterin	*+*	*Natrium*	*19mg*
Unges. Fettsäuren	*+*		

1 Würfel Hefe
350 ml entrahmte Milch (0,3%)
1 TL Zucker
1 EL Sonnenblumenöl
500 g Weizenmehl, Type 550 oder 1050
1/4 TL gemahlener Kümmel
1 TL sehr grobes Salz

- Den Backofen auf 50 °C vorheizen.
- Hefe mit Milch und Zucker vermischen. Öl, Mehl und den Kümmel zugeben, alles kräftig miteinander verschlagen und zu einem weichen Teigkloß verkneten. Mit Wasser befeuchten oder mit Mehl bestäuben und abdecken.
- Den Backofen ausschalten und den Teig hineinstellen.
- Nach 30 Minuten, wenn der Teig um das Doppelte gegangen ist, teilt man ihn in 10 Stücke. Auf der leicht bemehlten Arbeitsplatte zu Rollen formen und zu Brezeln verschlingen.
- Großzügig mit Wasser bepinseln und mit grobem Salz bestreuen.
- Backbleche mit Backpapier belegen. Darauf die Brezeln setzen und an warmer Stelle etwa 20 Minuten gehen lassen, bis die Brezeln ihre Größe verdoppelt haben.
- Rechtzeitig den Backofen auf 200 °C schalten.
- Eine kleine feuerfeste Schüssel mit Wasser in den Ofen stellen und die Brezeln auf der obersten Schiene goldbraun backen.

Tip: Die Brezeln lassen sich gut einfrieren und schmecken aufgetaut und kurz aufgebacken wie frisch.

Guten-Morgen-Brötchen

Arbeitsaufwand:
10 Minuten
Gärzeit:
90 Minuten–12 Stunden
Backzeit:
30 Minuten
Ergibt 12 Brötchen

1 Brötchen enthält:

kJ/kcal	*592/141*	*Kohlenhydrate*	*22g*
Eiweiß	*5g*	*Ballaststoffe*	*1g*
Fett total	*4g*	*BE*	*2*
Cholesterin	*+*	*Natrium*	*10mg*
Unges. Fettsäuren	*2g*		

1 Würfel Hefe
200 ml entrahmte Milch (0,3%)
1 TL Zucker
1 TL Sonnenblumenöl
1/2 TL Salz
350 g Weizenmehl, Type 550
3 EL Diätmargarine
1 EL Mohn, Sonnenblumenkerne oder Buchweizen

- Den Backofen auf 50 °C vorheizen.
- Hefe mit Milch und Zucker vermengen. Dann Öl, Salz und Mehl zufügen und alles zu einem glatten, sehr weichen Teig verschlagen.
- Den Backofen ausschalten und den abgedeckten Teig für 60 Minuten hineinstellen.
- Mit der Hälfte der Margarine eine flache, rechteckige Auflaufform sehr großzügig ausfetten.
- Den Teig nochmals durchkneten. Mit einem Löffel in 12 Stücke teilen und diese in die Form setzen.
- Die restliche Margarine darauf verteilen und mit Mohn, Sonnenblumenkernen oder Buchweizen bestreuen.
- Nochmals an warmer Stelle zugedeckt 30 Minuten gehen lassen, bis sich das Teigvolumen verdoppelt, oder die Form mit Folie abdecken und bis zum folgenden Morgen in den Kühlschrank stellen.
- In der Zwischenzeit den Backofen auf 200 °C vorheizen.
- Auf der zweituntersten Schiene in 30 Minuten goldbraun backen.
- Die Brötchen aus der Form lösen und auf einem Kuchengitter erkalten lassen.

Abbildung S. 292/293

Walnußbrötchen

Arbeitsaufwand
10 Minuten
Gärzeit:
2 × 60 Minuten
Backzeit:
40 Minuten
Ergibt 12 Brötchen

1 Brötchen enthält:

kJ/kcal	*953/227*	*Kohlenhydrate*	*32g*
Eiweiß	*6g*	*Ballaststoffe*	*3g*
Fett total	*9g*	*BE*	*2,75*
Cholesterin	+	*Natrium*	*1mg*
Unges. Fettsäuren	*6g*		

150 g Walnußkerne
250 g Weizenmehl, Type 405
250 g Roggenmehl, Type 815
3/4 TL Salz
2 TL zerdrückter grüner oder schwarzer Pfeffer
1 1/2 Würfel Hefe
1 TL Zucker
275 ml Wasser
1 TL Sonnenblumenöl

- Von den Walnußkernen die zwölf schönsten zum Dekorieren beiseite legen. Die übrigen im Mikrowellengerät 2 mal 1 Minute bei 100% rösten, dabei zwischendurch einmal umrühren oder auf einem Backblech für 5 Minuten bei 200 °C in den Backofen geben.
- Den Backofen auf 50 °C abkühlen lassen.
- Das Mehl mit Salz und Pfeffer vermischen. Hefe, Zucker und Wasser verrühren, mit dem Öl zum Mehl geben und mit der Küchenmaschine 5 Minuten kneten.
- Die gerösteten Walnußkerne untermengen und eine Teigkugel formen. Diese befeuchten und abdecken.
- Den Teig in den Backofen stellen.
- Nach 60 Minuten den Teig durchkneten, zu einer 8 cm dicken Rolle formen, in 12 Scheiben schneiden und daraus Brötchen formen.
- Ein Blech mit Backpapier belegen, darauf die Brötchen setzen, mit Wasser bestreichen und mit jeweils einer Walnuß garnieren. Wieder gut 60 Minuten gehen lassen.
- Den Backofen auf 200 °C heizen.
- Eine feuerfeste Schüssel mit Wasser auf den Boden des Ofens stellen. Die Brötchen auf der zweitobersten Schiene 40 Minuten backen. Auskühlen lassen.

Abbildung S. 292/293

Kümmelbrötchen

Arbeitsaufwand:
10 Minuten
Backzeit:
25 Minuten
Ergibt 24 Brötchen

1 Brötchen enthält:

kJ/kcal	*357/85*	*Kohlenhydrate*	*15g*
Eiweiß	*5g*	*Ballaststoffe*	*1g*
Fett total	+	*BE*	*1,25*
Cholesterin	+	*Natrium*	*11mg*
Unges. Fettsäuren	+		

500 g Weizenmehl, Type 1050
2 Päckchen Weinsteinbackpulver
3/4 TL Salz
1/2 TL gemahlener Kümmel
500 g Magerquark
1 Eiweiß (Gewichtsklasse 3)
Buchweizen, Kümmel, Mohn, Sesamsaat nach Belieben

- Den Backofen auf 200 °C vorheizen.
- Mehl, Backpulver, Salz und Kümmel gut vermischen.
- Quark und Eiweiß zugeben und alles mit einem Lochlöffel oder der Küchenmaschine zu einem festen Teig verkneten.
- Aus dem Teig eine etwa 8 cm dicke Rolle formen, in 24 Scheiben schneiden und diese zu Brötchen formen.
- Ein Backblech mit Backpapier auslegen, die Brötchen darauf geben und mit Wasser benetzen. Nach Belieben Buchweizen, Kümmel, Mohn oder Sesam darauf streuen.
- 25 Minuten auf der zweituntersten Schiene backen. Abkühlen lassen.

Variante: Statt des halbweißen Mehls kann man für die Brötchen nur Mehl, Type 405 verwenden oder eine Mischung aus Mehl, Type 405 und Weizenvollkornmehl, Type 1700.

Englische Muffins

Arbeitsaufwand:
6 Minuten
Gärzeit:
40 Minuten
Backzeit:
20 Minuten
Ergibt 12 Muffins

1 Muffin enthält:

kJ/kcal	*391/93*	*Kohlenhydrate*	*35 g*
Eiweiß	*4 g*	*Ballaststoffe*	*1 g*
Fett total	*2 g*	*BE*	*3*
Cholesterin	*26 mg*	*Natrium*	*12 mg*
Unges. Fettsäuren	*1 g*		

1/2 Würfel Hefe
125 ml entrahmte Milch (0,3%)
1 Ei (Gewichtsklasse 3)
1 EL brauner Zucker oder Honig
2 EL Diätmargarine
200 g Weizenmehl, Type 550
1 EL Sojaöl

- Den Backofen auf 50 °C vorheizen.
- Die Hefe mit Milch, Ei, Zucker und der zimmerwarmen Margarine gut vermischen.
- Das Mehl zugeben, alle Zutaten kräftig miteinander verschlagen und zu einem weichen Teigkloß kneten.
- Den Teig mit Wasser befeuchten oder mit Mehl bestäuben und abdecken.
- Den Backofen ausschalten und den Teig für etwa 20 Minuten hineinstellen.
- Eine beschichtete Muffinform mit Öl einfetten.
- Den gegangenen Teig in 12 Teile teilen und zu Kugeln rollen. Diese in die Form setzen und mit reichlich Wasser bepinseln.
- An warmer Stelle nochmals etwa 20 Minuten gehen lassen.
- Währenddessen den Backofen auf 200 °C vorheizen.
- Eine kleine feuerfeste Schüssel mit Wasser in den Ofen stellen und die Muffins auf einem Rost auf der zweituntersten Schiene goldbraun backen.

Variante: Ein Teil des Mehls kann gegen Vollkornmehl ausgetauscht werden. Mit 100 g Apfelstückchen, 2 EL Sultaninen und etwas Zimt wandelt man das Rezept ab.

Südtiroler Vollkornfladen

Arbeitsaufwand:
2 × 5 Minuten
Gärzeit:
2 × 45 Minuten
Backzeit:
20 Minuten
Ergibt 8 Fladen

1 Fladen enthält:

kJ/kcal	*979/233*	*Kohlenhydrate*	*45 g*
Eiweiß	*9 g*	*Ballaststoffe*	*5 g*
Fett total	*4 g*	*BE*	*3,75*
Cholesterin	*0 mg*	*Natrium*	*19 mg*
Unges. Fettsäuren	*2 g*		

150 g Weizenvollkornmehl, Type 1700
350 g Weizenmehl, Type 405
3/4 TL Salz
1/2 Würfel Hefe
1 TL Zucker
275 ml entrahmte Milch (0,3%)
1 EL Öl
2 EL Sesamsamen oder Buchweizen

- Das Mehl mit dem Salz mischen. Die Hefe mit Zucker und Milch anrühren und zusammen mit dem Öl zum Mehl geben. Daraus rasch einen glatten Teig kneten.
- Den Teigkloß mit einem Tuch abdecken und an warmer Stelle in etwa 45 Minuten auf das doppelte Volumen aufgehen lassen.
- Den Klöß in acht Stücke teilen. Daraus jeweils einen daumendicken Fladen von etwa 12 cm Ø formen.
- Die Fladen auf ein mit Backpapier belegtes Blech setzen, die Oberfläche mit Wasser benetzen und wahlweise mit Sesamsamen oder Buchweizenkörnern bestreuen. Erneut 45 Minuten gehen lassen.
- Inzwischen den Backofen auf 220 °C vorheizen.
- Ein feuerfestes flaches Gefäß mit Wasser in den Ofen stellen und die Fladen bei 200 °C 20 Minuten backen. Auf einem Rost auskühlen lassen.

Tip: Diabetiker sollten das Weißmehl gegen Mehl, Type 1050 austauschen.

Vollkornbrötchen mit Sesam

Arbeitsaufwand:
10 Minuten
Gärzeit:
90 Minuten
Backzeit:
30 Minuten
Ergibt 12 Brötchen

1 Brötchen enthält:

kJ/kcal	*592/141*	*Kohlenhydrate*	*23 g*
Eiweiß	*5 g*	*Ballaststoffe*	*2 g*
Fett total	*3 g*	*BE*	*2*
Cholesterin	*26 mg*	*Natrium*	*13 mg*
Unges. Fettsäuren	*1 g*		

1/2 Würfel Hefe
50 ml Wasser
150 ml entrahmte Milch (0,3%)
1 Ei (Gewichtsklasse 3)
3 EL Diätmargarine
1 TL Zucker
1/4 TL Salz
300 g Weizenmehl, Type 405
75 g Weizenvollkornmehl, Type 1700
1 EL Mohn oder Sesamsaat

- Den Backofen auf 50 °C vorheizen.
- Die Hefe zunächst mit dem Wasser und der Milch, dann mit den restlichen Zutaten, bis auf den Mohn oder die Sesamsaat, verrühren und abdecken.
- Den Backofen ausschalten und den Teig hineinstellen.
- Nach 60 Minuten den Teig nochmals durchkneten.
- In 12 Portionen auf ein mit Backpapier belegtes Blech geben, die Oberfläche mit Wasser bepinseln und Mohn oder Sesamsaat darauf streuen.
- Die Brötchen an warmer Stelle erneut etwa 30 Minuten gehen lassen, bis sie sich in ihrer Größe verdoppeln.
- In der Zwischenzeit den Backofen auf 200 °C heizen.
- Die Brötchen auf der zweituntersten Schiene in 25–30 Minuten goldbraun backen.

Graham-Blitzbrot

Dem Weizenvollkornbrot, das nach dem amerikanischen Arzt Sylvester Graham benannt ist, wurde ursprünglich Sauerteig zugesetzt. Mit Hefe, die den Vorteil hat, überall erhältlich zu sein, gelingt es ebensogut.

Arbeitsaufwand:
5 Minuten
Backzeit:
60 Minuten
Für 1 Brot (20 Scheiben)

1 Scheibe enthält:

kJ/kcal	*529/126*	*Kohlenhydrate*	*23g*
Eiweiß	*4g*	*Ballaststoffe*	*3g*
Fett total	*2g*	*BE*	*2*
Cholesterin	*0mg*	*Natrium*	*1mg*
Unges. Fettsäuren	*1g*		

500 ml Wasser
1 Würfel Hefe
1 TL Zucker
300 g Weizenvollkornmehl, Type 1700
375 g Weizenmehl, Type 405
1 EL Öl
1/2 TL Salz
je 1/2 TL Anis, Fenchel, Kardamom, Koriander oder Kümmel
2 EL Buchweizen, Sesamsaat oder Sonnenblumenkerne

- Den Backofen auf 50 °C vorheizen.
- Das Wasser mit der Hefe und dem Zucker verrühren. Mehl, Öl, Salz und Gewürze zufügen und alles in nur 1 Minute gut miteinander verrühren.
- Eine beschichtete Kastenform von 28 cm Länge mit 1 EL Samen ausstreuen.
- Den Teig in die Form füllen. Die Oberfläche mit der nassen Hand glätten und mit Samen bestreuen.
- Auf dem Rost auf der zweituntersten Schiene erst 15 Minuten bei 50 °C, dann 15 Minuten bei 230 °C und schließlich 30 Minuten bei 200 °C backen.
- Auf einem Kuchengitter auskühlen lassen.

Weizenvollkornbrot

Arbeitsaufwand: **15 Minuten**
Kochzeit: **5 Minuten**
Quellzeit: **12 Stunden**
Gärzeit: **105 Minuten**
Backzeit: **60 Minuten**
Für 1 Brot (20 Scheiben)

1 Scheibe enthält:

kJ/kcal	*790/188*	*Kohlenhydrate*	*34g*
Eiweiß	*6g*	*Ballaststoffe*	*3g*
Fett total	*2g*	*BE*	*3*
Cholesterin	*0mg*	*Natrium*	*1mg*
Unges. Fettsäuren	*2g*		

100 g Sprießweizenkörner
500 ml Wasser
200 g Weizenvollkornmehl, Type 1700
700 g Weizenmehl, Type 405
1 EL Zucker
1 TL Salz
je 1/2 TL Koriander, Anis und gemahlener Kümmel
1 TL Fenchelsamen
1 1/2 Würfel Hefe
450 ml Wasser
4 EL Sonnenblumenöl
2 EL Sprießweizenkörner zum Bestreuen

- Die Weizenkörner mit kochendem Wasser überbrühen und über Nacht quellen lassen.
- Am nächsten Tag in der Quellflüssigkeit 5 Minuten aufkochen, abkühlen und abtropfen lassen.
- Mehl mit Zucker, Salz und Gewürzen mischen. Die Hefe in lauwarmem Wasser anrühren und mit dem Öl und den Weizenkörnern zum Mehl geben. Alles mit der Küchenmaschine verkneten, abdecken und an warmer Stelle 60 Minuten gehen lassen.
- Den Teig erneut durchkneten. Eine Kugel daraus formen, auf ein mit Backpapier belegtes Blech setzen und einen Tortenring darumlegen, damit der Teig nicht zu breit läuft.
- Die Oberfläche mit Wasser bepinseln und mit ganzen Weizenkörnern bestreuen.
- Kreuzweise 5 mm tief einschneiden. Wieder zugedeckt 45 Minuten gehen lassen.
- Den Backofen auf 250 °C vorheizen.
- Auf der zweituntersten Schiene 5 Minuten bei 250 °C, dann 55 Minuten bei 200 °C backen. Auf einem Rost auskühlen lassen.

Weizenmischbrot

Arbeitsaufwand:
6 Minuten
Gärzeit:
50 Minuten
Backzeit:
45 Minuten
Ergibt 15 Scheiben

1/2	**Würfel Hefe**
300 ml	**entrahmte Milch (0,3%)**
1 TL	**Zucker**
1 EL	**Sonnenblumenöl**
250 g	**Weizenmehl, Type 405**
125 g	**Weizenmehl, Type 550**
125 g	**Weizenvollkornmehl, Type 1700**
1/2 TL	**Salz**
je 1/4 TL	**gemahlener Anis und Kümmel**

- Den Backofen auf 50 °C vorheizen.
- Die Hefe mit Milch und Zucker verschlagen, dann Öl, Mehl, Salz und Gewürze zugeben und alles zu einem weichen Teigkloß verkneten.
- Mit Wasser befeuchten oder mit Mehl bestäuben und abdecken.
- Den Backofen ausschalten und den Teig 20–30 Minuten hineinstellen.
- Eine 28 cm lange Kastenform mit Backpapier auskleiden. Den Teig hineingeben, großzügig mit Wasser bepinseln, mit Vollkornmehl dick bestreuen und etwas andrücken.
- Nochmals 20–30 Minuten gehen lassen.
- Den Backofen auf 200 °C vorheizen.
- Eine kleine feuerfeste Schüssel mit Wasser in den Ofen stellen und das Brot auf der zweituntersten Schiene goldbraun backen.

Tip: Das Mischbrot ist, in Scheiben geschnitten und gut verpackt, sehr gut gefriergeeignet; kurz im Toaster geröstet, schmeckt es wie frisch. Man kann es auch auf ein Stück Küchenkrepp legen und abgedeckt im Mikrowellengerät auftauen.

1 Scheibe enthält:

kJ/kcal	*529/126*	*Kohlenhydrate*	*23g*
Eiweiß	*5g*	*Ballaststoffe*	*2g*
Fett total	*1g*	*BE*	*2*
Cholesterin	*0mg*	*Natrium*	*1mg*
Unges. Fettsäuren	*1g*		

Quarkbrot

Durch den Quark bleibt das Brot länger angenehm feucht.

Arbeitsaufwand:
10 Minuten
Gärzeit:
120 Minuten
Backzeit:
40 Minuten
Für 1 Brot (20 Scheiben)

1 Scheibe enthält:

kJ/kcal	*265/63*	*Kohlenhydrate*	*11g*
Eiweiß	*3g*	*Ballaststoffe*	*5g*
Fett total	*1g*	*BE*	*1*
Cholesterin	*+*	*Natrium*	*7mg*
Unges. Fettsäuren	*+*		

1/2 Würfel Hefe
175 ml entrahmte Milch (0,3%)
1 TL Honig
80 g Magerquark
1/2 TL Salz
300 g Weizenmehl, Type 1050
1 EL Sonnenblumenöl
1 EL entrahmte Milch (0,3%)

- Den Backofen auf 50°C vorheizen.
- Die Hefe mit Milch und Honig verrühren. Quark, Salz und Mehl dazugeben und alles rasch zu einem Teig verarbeiten.
- Eine Kugel formen und rundherum mit Öl bepinseln.
- Den Backofen ausschalten und den Teig zugedeckt für 60 Minuten hineinstellen.
- Eine kleine Kastenform von 21cm Länge leicht mit Öl einfetten. (Für eine 28cm lange Kastenform muß man die Zutatenmenge verdoppeln.)
- Den Hefeteig noch einmal durchkneten, in die Kastenform geben und mit Milch bestreichen.
- Den Teig wieder für 60 Minuten an warmer Stelle gehen lassen.
- Inzwischen den Backofen auf 200°C vorheizen.
- Das Brot auf der zweituntersten Schiene in etwa 40 Minuten braun backen.
- Auf einem Rost auskühlen lassen.

Variante: Man kann dem Brot 40g geriebenen Parmesan oder 1 klein gewürfelte, goldgelb gebratene Zwiebel oder 4EL feingehackten Dill zufügen.

Zucchinibrot

Arbeitsaufwand:
15 Minuten
Kochzeit:
5 Minuten
Gärzeit:
100 Minuten
Backzeit:
40 Minuten
Für 1 Brot (14 Scheiben)

1 Scheibe enthält:

kJ/kcal	*370/88*	*Kohlenhydrate*	*15g*
Eiweiß	*3g*	*Ballaststoffe*	*1g*
Fett total	*2g*	*BE*	*1,25*
Cholesterin	*+*	*Natrium*	*4mg*
Unges. Fettsäuren	*1g*		

100 g Zucchini, Möhren, Gurken oder Kürbis
80 ml Wasser
1 Ei (Gewichtsklasse 3)
3/4 Würfel Hefe
1 EL brauner Zucker
2 EL Sonnenblumenöl
1 1/2 TL feingeriebene ungespritzte Orangenschale
1/2 TL Zimt
1/4 TL Salz
je 1 Pr Muskat, Nelkenpulver und Ingwer
275 g Weizenmehl, Type 405 oder 1050

- Den Backofen auf 50°C vorheizen.
- Das Gemüse grob reiben. Mit Wasser in einem kleinen zugedeckten Topf 5 Minuten garen und abkühlen lassen.
- 1TL Eiweiß beiseite tun, dann das Ei mit der Hefe, dem Zucker und 1EL Öl vermischen. Die Zucchini mit allen Zutaten, das Mehl ausgenommen, verrühren. Zuletzt das Mehl unterkneten. Den Teig mit dem restlichen Öl benetzen und abdecken.
- Den Ofen ausschalten und den Teig für 50 Minuten hineinstellen.
- Eine 21cm lange Kastenform einfetten.
- Den Teig durchkneten und in die Form geben. Mit dem Eiweiß bepinseln und mit einem scharfen Messer längs einschneiden.
- Nochmals 50 Minuten gehen lassen.
- Den Backofen auf 200°C vorheizen.
- Ein feuerfestes Schälchen mit Wasser unten in den Backofen stellen, und das Brot auf dem Rost auf der zweituntersten Schiene in etwa 40 Minuten backen.
- Auf einen Rost stürzen, auskühlen lassen.

Exotenbowle (S. 323) und Bananenfizz (S. 320)

Heiße und kalte Getränke

Das Schwergewicht liegt auf Drinks mit frischen Gemüse- und Obstsäften, die reichlich Vitamine und Mineralstoffe liefern. Doch auch die calciumhaltigen Milchprodukte sind hier vertreten, neben sommerlichen Bowlen – mit oder ohne Alkohol – und heißen Getränken für gemütliche Winterabende.

Möhrenmilch

Arbeitsaufwand:
2 Minuten
Für 1 Glas

60 ml entrahmte Milch (0,3%)
60 ml Möhrensaft
1/4 Apfel
1 EL Zitronensaft
1/2 TL Zucker
1 TL Honig
1 Eiswürfel
1 frische kleine Möhre zum Garnieren

• Den Apfel schälen, entkernen und kleinschneiden.
• Alle Zutaten, bis auf die Möhre, im Mixer oder in einem hohen Gefäß mit dem Pürierstab des Handrührgeräts in 1–2 Minuten miteinander vermischen.
• Die Möhrenmilch in ein hohes Glas füllen.
• Die frische Möhre einschneiden und auf das Glas stecken.

1 Glas enthält:

kJ/kcal	*470/112*	*Kohlenhydrate*	*21 g*
Eiweiß	*3 g*	*Ballaststoffe*	*5 g*
Fett total	+	*BE*	*1,75*
Cholesterin	+	*Natrium*	*53 mg*
Unges. Fettsäuren	+		

Gemüsecocktail

Der Brauch, nach Hahnenkämpfen zu Ehren des Siegers einen Drink zu spendieren, gab dem Cocktail – deutsch Hahnenschwanz – seinen Namen.

Arbeitsaufwand:
10 Minuten
Für 4 Gläser

1 Glas enthält:

kJ/kcal	*466/111*	*Kohlenhydrate*	*21 g*
Eiweiß	*7 g*	*Ballaststoffe*	*11 g*
Fett total	*1 g*	*BE*	*1,75*
Cholesterin	*0 mg*	*Natrium*	*38 mg*
Unges. Fettsäuren	*0 g*		

3 mittelgroße, reife Tomaten
1/2 kleine Gurke
1/2 kleine grüne Paprikaschote
1 EL Zitronensaft
1/2 TL geriebener Meerrettich
2–3 Tropfen Tabasco
5 Eiswürfel

• Das Gemüse waschen. Die Tomaten und die Gurke schälen und entkernen. Die Paprikaschote von Stil und Kernen befreien. Alles in grobe Stücke schneiden.
• Mit dem Schneidstab des Handrührers oder im Mixer zusammen mit Zitronensaft, Meerrettich, Tabasco und Eiswürfeln pürieren, bis der Cocktail glatt und schaumig ist.
• Das Mixgetränk in 4 Gläser füllen und als Aperitif servieren.

Vitality

Arbeitsaufwand:
2 Minuten
Für 1 Glas

1 Glas enthält:

kJ/kcal	*706/168*	*Kohlenhydrate*	*36 g*
Eiweiß	+	*Ballaststoffe*	*0 g*
Fett total	*0 g*	*BE*	*3*
Cholesterin	*0 mg*	*Natrium*	+
Unges. Fettsäuren	*0 g*		

80 ml Multivitaminsaft
40 ml Möhrensaft
40 ml Bitter lemon

- Die Zutaten in ein hohes Glas gießen und mit einem Barlöffel verrühren.

Baki

Arbeitsaufwand:
2 Minuten
Für 1 Glas

1 Glas enthält:

kJ/kcal	*391/93*	*Kohlenhydrate*	*21 g*
Eiweiß	*0 g*	*Ballaststoffe*	+
Fett total	*0 g*	*BE*	*1,75*
Cholesterin	*0 mg*	*Natrium*	*0 mg*
Unges. Fettsäuren	*0 g*		

4 Eiswürfel
100 ml Bananensaft
100 ml ungesüßter Kirschsaft

- Die Eiswürfel in ein hohes Glas geben und Bananensaft dazugießen.
- Das Glas schräg halten und den Kirschsaft vorsichtig hinzugießen, damit er sich nicht mit dem Bananensaft vermischt.

Sportiv

Arbeitsaufwand:
2 Minuten
Für 1 Glas

1 Glas enthält:

kJ/kcal	*256/61*	*Kohlenhydrate*	*18 g*
Eiweiß	*1 g*	*Ballaststoffe*	*0 g*
Fett total	*0 g*	*BE*	*1,5*
Cholesterin	*0 mg*	*Natrium*	*0 mg*
Unges. Fettsäuren	*0 g*		

2–3 Eiswürfel
20 ml Kirschsaft
80 ml Birnensaft
40 ml Mangosaft
40 ml Orangensaft

- Die Eiswürfel in ein hohes Glas geben und mit dem Kirschsaft aufgießen.
- Das Glas schräg halten und die übrigen Säfte nacheinander so auf den Glasrand gießen, daß sie sich nicht vermischen.

Grapefruitdrink

Arbeitsaufwand:
2 Minuten
Für 1 Glas

1 Glas enthält:

kJ/kcal	*298/71*	*Kohlenhydrate*	*15g*
Eiweiß	*0g*	*Ballaststoffe*	*0g*
Fett total	*0g*	*BE*	*1,25*
Cholesterin	*0mg*	*Natrium*	*0mg*
Unges. Fettsäuren	*0g*		

2–3 Eiswürfel
1/2 Grapefruit
40 ml Kirschsaft
1 TL Zitronensaft
Mineralwasser

• Die Grapefruit schälen. Die Fruchtsegmente vorsichtig zwischen den Trennhäuten herausschneiden und halbieren.
• In ein Glas die Eiswürfel und die Grapefruitstücke geben.
• Erst mit dem Kirsch- und dem Zitronensaft, dann mit Mineralwasser aufgießen und sofort kredenzen.

Sauermilchflip

Arbeitsaufwand:
2 Minuten
Für 1 Glas

1 Glas enthält:

kJ/kcal	*634/151*	*Kohlenhydrate*	*27g*
Eiweiß	*4g*	*Ballaststoffe*	*1g*
Fett total	*+*	*BE*	*2,25*
Cholesterin	*4mg*	*Natrium*	*63mg*
Unges. Fettsäuren	*0g*		

100 ml schwarzer Johannisbeersaft
100 ml Buttermilch
1 TL Zucker
1 EL Cassislikör
1 schwarze Johannisbeertraube zum Garnieren

• Die Zutaten in einem Mixer oder mit dem Pürierstab in einem hohen Gefäß gut miteinander vermischen. Den Flip in ein Glas füllen und mit der Johannisbeertraube garnieren.

Zitrusflip

Arbeitsaufwand:
2 Minuten
Für 1 Glas

1 Glas enthält:

kJ/kcal	*559/133*	*Kohlenhydrate*	*27g*
Eiweiß	*7g*	*Ballaststoffe*	*0g*
Fett total	*1g*	*BE*	*2,25*
Cholesterin	*3mg*	*Natrium*	*105mg*
Unges. Fettsäuren	*+*		

1 EL Zitronensaft
4 EL Orangensaft
1/2 TL feingeriebene unbehandelte Zitronenschale
1 TL Honig
50 g Magerjoghurt
160 ml entrahmte Milch (0,3%)
1/2 Orangenscheibe zum Garnieren

• Zutaten mischen. In ein hohes Glas gießen, die Orangenscheibe auf den Rand stecken.

Kokosflip

Arbeitsaufwand:
2 Minuten
Für 1 Glas

1 Glas enthält:

kJ/kcal	*974/232*	*Kohlenhydrate*	*33g*
Eiweiß	*9g*	*Ballaststoffe*	*+*
Fett total	*2g*	*BE*	*2,75*
Cholesterin	*0mg*	*Natrium*	*127mg*
Unges. Fettsäuren	*+*		

1 EL Kokosraspeln
1 EL Cream of Coconut
1 EL Orangenlikör
250 ml entrahmte Milch (0,3%)
1 EL Vanillezucker

- Die Kokosraspeln entweder in einer kleinen Pfanne leicht bräunen und dabei umrühren oder für 20 Sekunden bei 100% ins Mikrowellengerät geben.
- Die übrigen Zutaten im Mixer oder mit dem Pürierstab des Handrührers in einem hohen Gefäß miteinander verrühren.
- Den Flip in ein hohes Glas füllen und mit den Kokosraspeln bestreuen.

Vitamin-buttermilch

Ein erfrischendes und zugleich kalorienarmes Getränk für heiße Sommertage ist ein Glas kalte Buttermilch mit Fruchtgeschmack.

Arbeitsaufwand:
5 Minuten
Für 4 Gläser

800 ml Buttermilch
100 ml frischgepreßter Orangensaft
3 EL flüssiger Süßstoff
2 EL Zitronensaft
4 Eiswürfel

- Die Buttermilch mit dem Orangensaft, Süßstoff und dem Zitronensaft in einem hohen Gefäß mit dem Pürierstab des Handrührers gut mischen.
- Eiswürfel in hohe Gläser geben und mit der Milch aufgießen.

Variante: Wer keinen Orangensaft mag, kann statt dessen frischgepreßten Grapefruitsaft oder pürierte Beeren verwenden.

1 Glas enthält:

kJ/kcal	*349/83*	*Kohlenhydrate*	*11g*
Eiweiß	*7g*	*Ballaststoffe*	*0g*
Fett total	*1g*	*BE*	*1*
Cholesterin	*8mg*	*Natrium*	*115mg*
Unges. Fettsäuren	*0g*		

Ananas-Joghurt-Drink

Arbeitsaufwand:
2 Minuten
Für 1 Glas

1 Glas enthält:			
kJ/kcal	*491/117*	*Kohlenhydrate*	*24g*
Eiweiß	*3g*	*Ballaststoffe*	*0g*
Fett total	*1g*	*BE*	*2*
Cholesterin	*3mg*	*Natrium*	*27mg*
Unges. Fettsäuren	+		

120 g frische Ananaswürfel
1 EL Zitronensaft
50 g Magerjoghurt
50 ml entrahmte Milch (0,3%)
1 TL brauner Zucker
1 EL feingehackte frische Minze

• Die Zutaten im Mixer pürieren und den Drink in ein gekühltes Glas einschenken.

Bananenfizz

Arbeitsaufwand:
2 Minuten
Für 1 Glas

1 Glas enthält:			
kJ/kcal	*407/97*	*Kohlenhydrate*	*25g*
Eiweiß	+	*Ballaststoffe*	*0g*
Fett total	*0g*	*BE*	*2,25*
Cholesterin	*0mg*	*Natrium*	*0mg*
Unges. Fettsäuren	*0g*		

$^1/_2$ geschälte Banane
1 EL Zitronensaft
1 TL Honig
Mineralwasser
$^1/_2$ Zitronenscheibe
1 Minzeblatt
1 Cocktailkirsche

• Banane, Zitronensaft und Honig pürieren, in ein Glas geben, mit Mineralwasser auffüllen und mit den übrigen Zutaten garnieren.

Pfefferminzlimonade

Arbeitsaufwand:
2 Minuten
Für 4 Gläser

1 Glas enthält:			
kJ/kcal	*496/118*	*Kohlenhydrate*	*27g*
Eiweiß	*0g*	*Ballaststoffe*	*0g*
Fett total	*0g*	*BE*	*2,25*
Cholesterin	*0mg*	*Natrium*	*0mg*
Unges. Fettsäuren	*0g*		

250 ml Wasser
4 EL Honig
2 Beutel Pfefferminztee
8 EL Zitronensaft
30 ml Minzesirup
700 ml Mineralwasser
4 Zitronenscheiben

• Das Wasser mit dem Honig aufkochen und darin den Tee 5 Minuten ziehen lassen. Kalt stellen. Den Tee mit Zitronensaft und Minzesirup vermischen, mit Mineralwasser auffüllen und mit Zitronenscheiben garnieren.

Fitneßdrink

Arbeitsaufwand:
5 Minuten
Für 4 Gläser

200 ml Multivitamin-Mehrfruchtnektar
600 ml Wasser
3 Beutel tropischer Früchtetee
3 EL flüssiger Süßstoff
2 EL Zitronensaft
4 Eiswürfel

- Den Multivitamin-Mehrfruchtnektar kalt stellen.
- Den Tee mit kochendem Wasser aufbrühen, darin 10 Minuten ziehen und dann abkühlen lassen. Mit Süßstoff abschmecken.
- Mehrfruchtnektar zusammen mit dem Zitronensaft in den kalten Tee geben, den man über Eiswürfel in hohe Gläser einschenkt.

1 Glas enthält:

kJ/kcal	*118/28*	*Kohlenhydrate*	*6g*
Eiweiß	+	*Ballaststoffe*	+
Fett total	+	*BE*	*0,5*
Cholesterin	*0mg*	*Natrium*	+
Unges. Fettsäuren	*0g*		

Red Lady

Arbeitsaufwand:
5 Minuten
Für 4 Gläser

1 Glas enthält:

kJ/kcal	*50/12*	*Kohlenhydrate*	*3g*
Eiweiß	*1g*	*Ballaststoffe*	*1g*
Fett total	+	*BE*	*0,25*
Cholesterin	*0mg*	*Natrium*	*1mg*
Unges. Fettsäuren	*0g*		

600 ml Wasser
3 Beutel Hagebuttentee
3 EL flüssiger Süßstoff
100 g Himbeeren
2 EL Zitronensaft
4 Eiswürfel

- Den Tee mit kochendem Wasser übergießen, 10 Minuten ziehen und dann erkalten lassen. Mit Süßstoff abschmecken.
- Die 4 schönsten Himbeeren aussuchen und auf Spießchen stecken.
- Die restlichen Himbeeren mit dem Zitronensaft und dem kalten Tee mit dem Schneidstab des Handrührers pürieren.
- Durch ein Sieb über Eiswürfel in hohe Gläser geben und mit den Spießchen garnieren.

Eistee mit Apfelsaft

Arbeitsaufwand:
2 Minuten
Kühlzeit:
2 Stunden
Für 4 Gläser

1 Glas enthält:

kJ/kcal	*214/51*	*Kohlenhydrate*	*13g*
Eiweiß	+	*Ballaststoffe*	*0g*
Fett total	+	*BE*	*1,25*
Cholesterin	*0mg*	*Natrium*	*2mg*
Unges. Fettsäuren	*0g*		

300 ml Wasser
2 Beutel Ceylontee
1 Handvoll frische kleingeschnittene Minzeblätter
1 Stück ungespritzte Zitronenschale
400 ml ungesüßter Apfelsaft
2 EL Zitronensaft
8 Eiswürfel
4 Minzeblätter

- Tee, Minzeblätter und Zitronenschale aufbrühen. 8 Minuten ziehen, dann erkalten lassen. Apfel- und Zitronensaft und Eiswürfel zugeben. Mit Minze garnieren.

Kirschenaperitif

Arbeitsaufwand:
2 Minuten
Kochzeit:
10 Minuten
Kühlzeit:
2–3 Stunden
Für 4 Personen

250 ml ungezuckerter Kirschsaft
250 ml ungezuckerter Apfelsaft
50 ml Apfelessig
1 Zimtstange
2 Gewürznelken
2 Stück ungespritzte Zitronenschale
8 Eiswürfel
400 ml natriumarmes Mineralwasser
4 Orangenscheiben

- In einem Emaille- oder Glastopf Kirschsaft, Apfelsaft, Apfelessig, Zimt, Gewürznelken und Zitronenschale langsam zum Kochen bringen. Bei mäßiger Hitze 15 Minuten zugedeckt ziehen lassen. Abkühlen lassen und in einen Glaskrug sieben. Abdecken und im Kühlschrank 2–3 Stunden kühlen.
- Je 2 Eiswürfel in ein Glas geben, erst mit dem Kirschgetränk, dann mit Mineralwasser auffüllen. Umrühren und mit je 1 Orangenscheibe garnieren.

Variante: Herber schmeckt der Aperitif, wenn man Apfelwein statt Apfelsaft nimmt.

1 Portion enthält:

kJ/kcal	*239/57*	*Kohlenhydrate*	*12g*
Eiweiß	*0g*	*Ballaststoffe*	*+*
Fett total	*0g*	*BE*	*1*
Cholesterin	*0mg*	*Natrium*	*+*
Unges. Fettsäuren	*0g*		

Ingwerbowle

Arbeitsaufwand:
2 Minuten
Kühlzeit:
12 Stunden
Für 4 Personen

1 Portion enthält:

kJ/kcal	*134/32*	*Kohlenhydrate*	*8g*
Eiweiß	*0g*	*Ballaststoffe*	*0g*
Fett total	*0g*	*BE*	*0,75*
Cholesterin	*0mg*	*Natrium*	*+*
Unges. Fettsäuren	*0g*		

400 ml Wasser
2 Beutel Ceylontee
2 EL Zucker
1 EL frischer feingeriebener Ingwer
700 ml kalorienarmes Tonic water
8 Eiswürfel

- Tee, Zucker und Ingwer in ein hitzebeständiges Gefäß geben und mit kochendem Wasser übergießen. 8 Minuten ziehen lassen. Teebeutel herausnehmen. Den Tee abkühlen lassen und in den Kühlschrank stellen.
- Den Tee durch ein Sieb in einen Krug umgießen und mit Tonic water auffüllen.
- In hohen Gläsern mit Eiswürfeln servieren.

Tip: Das erfrischende Getränk für heiße Sommerabende kann ebenso mit $1\frac{1}{2}$ TL Ingwerpulver gewürzt werden.

Leichte Sangria

Arbeitsaufwand:
5 Minuten
Kühlzeit:
30 Minuten
Für 4 Gläser

1 Glas enthält:

kJ/kcal	*869/207*	*Kohlenhydrate*	*27g*
Eiweiß	*2g*	*Ballaststoffe*	*3g*
Fett total	*+*	*BE*	*2,25*
Cholesterin	*0mg*	*Natrium*	*4mg*
Unges. Fettsäuren	*0g*		

1 Banane
2 ungespritzte Orangen
1 ungespritzte Zitrone
je 100 g weiße und blaue Weintrauben
500 ml leichter spanischer Rotwein
500 ml Mineralwasser
1 EL Zucker nach Belieben

- Die Banane in Scheiben schneiden. Die Orangen und die Zitrone werden mit der Schale ebenfalls in Scheiben geschnitten.
- Alle Früchte im Rotwein im Kühlschrank 30 Minuten ziehen lassen.
- Mit Mineralwasser auffüllen und nach Belieben mit Zucker abschmecken.

Exotenbowle

Ein Gewinn für jede Party ist dieses fruchtig-spritzige Getränk, dem die Ananas einen angenehm mild-sauren Geschmack verleiht.

Arbeitsaufwand:
2 Minuten
Kühlzeit:
20 Minuten
Für 8 Gläser

1 Glas enthält:

kJ/kcal	*563/134*	*Kohlenhydrate*	*21g*
Eiweiß	*1g*	*Ballaststoffe*	*3g*
Fett total	*0g*	*BE*	*1,75*
Cholesterin	*0mg*	*Natrium*	*6mg*
Unges. Fettsäuren	*0g*		

$^1/_2$ kleine Ananas
2 Kiwis
1 Mango
1 kleine Ogenmelone
700 ml trockener Weißwein
20 ml weißer Rum nach Belieben
125 ml Bitter lemon

- Die Ananas würfeln. Die Kiwis erst halbieren und dann in Scheiben schneiden. Mango und Ogenmelone jeweils grob würfeln.
- Weißwein und Rum miteinander mischen und darin die Früchte einlegen. Alles zudecken und 20 Minuten kühlen.
- Anschließend mit Bitter lemon auffüllen und auf die Gläser verteilen.

Tip: Besonders hübsch sieht die Bowle aus, wenn man das Melonenfleisch mit einem Kugelausstecher aus der Schale löst.

Kalte Schokolade

Arbeitsaufwand:
2 Minuten
Kochzeit:
2 Minuten
Kühlzeit:
2 Stunden
Für 1 Glas

1 TL Zucker
1 TL dunkler Kakao
200 ml entrahmte Milch (0,3%)
20 ml Rum

• Zucker und Kakao miteinander mischen, in der Milch auflösen und alles 1–2 Minuten aufkochen. Rum zugeben, abkühlen lassen und dann in den Kühlschrank stellen.

Tip: Heiß schmeckt der Kakao genausogut.

1 Glas enthält:

kJ/kcal	*689/164*	*Kohlenhydrate*	*16g*
Eiweiß	*8g*	*Ballaststoffe*	*+*
Fett total	*1g*	*BE*	*1,5*
Cholesterin	*0mg*	*Natrium*	*103mg*
Unges. Fettsäuren	*0g*		

Holländischer Kaffee

Arbeitsaufwand:
2 Minuten
Kochzeit:
3 Minuten
Für 1 Becher

1 TL Zucker
1 Pr Zimt
1 TL dunkler Kakao
1 TL Instantkaffee
200 ml entrahmte Milch (0,3%)
1 dünne Zimtstange

• Alle Zutaten bis auf die Zimtstange in einem kleinen Topf zum Kochen bringen und 1–2 Minuten aufkochen.
• In einen Becher füllen und mit einer Zimtstange statt mit einem Löffel servieren.

1 Becher enthält:

kJ/kcal	*437/104*	*Kohlenhydrate*	*16g*
Eiweiß	*8g*	*Ballaststoffe*	*+*
Fett total	*1g*	*BE*	*1,5*
Cholesterin	*0mg*	*Natrium*	*103mg*
Unges. Fettsäuren	*0g*		

Candy

Arbeitsaufwand:
2 Minuten
Kochzeit:
3 Minuten
Für 1 Glas

1 TL brauner Kandiszucker
1 Pr Nelkenpulver
1 Beutel Ceylontee
200 ml entrahmte Milch (0,3%)

• Alle Zutaten in einem kleinen Topf zum Kochen bringen, 1–2 Minuten ohne Wärmezufuhr ziehen lassen. Den Teebeutel herausnehmen und das Getränk in ein Glas füllen.
• Bei Bedarf nachsüßen.

1 Glas enthält:

kJ/kcal	*378/90*
Eiweiß	*7g*
Fett total	*+*
Cholesterin	*0mg*
Unges. Fettsäuren	*0g*
Kohlenhydrate	*15g*
Ballaststoffe	*+*
BE	*1,25*
Natrium	*100mg*

Zitronentee-punsch

Arbeitsaufwand:
2 Minuten
Kochzeit:
3 Minuten
Für 4 Gläser

1 Glas enthält:

kJ/kcal	*315/75*	*Kohlenhydrate*	*4g*
Eiweiß	*0g*	*Ballaststoffe*	*0g*
Fett total	*0g*	*BE*	*0,5*
Cholesterin	*0mg*	*Natrium*	*0mg*
Unges. Fettsäuren	*0g*		

800 ml Wasser
2 Beutel Ceylontee
1 Stück ungespritzte Zitronenschale
1 TL Vanillinzucker
1 Nelke
20 ml Rum
4 Scheiben ungespritzte Zitrone

• Das Wasser mit Zitronenschale, Vanillinzucker und Nelke aufkochen. Den Tee darin 2–3 Minuten ziehen lassen.
• Den Rum auf 4 Gläser verteilen, mit dem würzigen Tee aufgießen und jeweils mit einer Zitronenscheibe garnieren.

Johannisbeer-punsch

Arbeitsaufwand:
5 Minuten
Kochzeit:
20 Minuten
Für 4 Personen

1 Portion enthält:

kJ/kcal	*353/84*	*Kohlenhydrate*	*8g*
Eiweiß	*0g*	*Ballaststoffe*	*0g*
Fett total	*0g*	*BE*	*0,75*
Cholesterin	*0mg*	*Natrium*	*0mg*
Unges. Fettsäuren	*0g*		

1 Beutel Ceylontee
200 ml Wasser
200 ml ungezuckerter Johannisbeersaft
600 ml Apfelwein
1 Zimtstange
4 Gewürznelken
4 Gewürzkörner (Piment)
1 Stück ungespritzte Zitronenschale
4 Zitronenscheiben

• Die Zimtstange zerdrücken, dann zusammen mit dem Johannisbeersaft, dem Apfelwein, den Gewürznelken, den Gewürzkörnern und der Zitronenschale in einem Topf langsam zum Kochen bringen. Bei mäßiger Hitze im offenen Topf 15 Minuten ziehen lassen.
• Inzwischen den Tee mit kochendem Wasser aufbrühen und 5 Minuten ziehen lassen.
• Den Topf mit dem gewürzten Apfelwein von der Kochstelle nehmen und den Tee dazugießen.
• Den Punsch direkt in die Becher füllen und jeweils mit einer Zitronenscheibe dekorieren.

Variante: Wer keinen Apfelwein mag, kann statt dessen dieselbe Menge ungezuckerten Apfelsaft verwenden.

Kleines Wörterbuch

Deutsch	Schweizerisch	Österreichisch
Aprikosen	Aprikosen	Marillen
Blumenkohl	Blumenkohl	Karfiol
Bohnen	Bohnen	Fisolen
Brandteig	Brühteig	Brandteig
Eierkuchen, Pfannkuchen	Omeletten	Palatschinken, Omeletten
Eierkuchen, dünne	Omeletten	Frittaten
Eiweiß	Eiweiß	Eiklar
Eisbecher	Coupe	Eisbecher
Eisbein	Eisbein	Stelze
Feldsalat, Rapunzel	Nüßlisalat	Vogerlsalat
Fleischbrühe	Bouillon	klare Suppe
Grieben	Grieben	Grammeln
Hackfleisch	Hackfleisch	Faschiertes
Hammelfleisch	Schaffleisch	Schöpsernes
Hefe	Hefe	Germ
Hörnchen	Gipfeli	Kipfel
Johannisbeeren	Johannisbeeren	Ribisel
Kalbsmilch, -bries	Milken	Bries
Karotten	Rüebli	gelbe Rüben
Kartoffeln	Kartoffeln	Erdäpfel
Kartoffelpüree	Kartoffelstock	Kartoffelpüree
Kasseler Rippchen	Rippli	Selchkarree
Kastenform	Cakeform	Kastenform
Klößchen	Knöpfli	Nockerln
Klöße	Knödel	Knödel
Kopfsalat	Kopfsalat	Häuptelsalat
Lende	Filet	Lungenbraten
Lunge	Lunge	Beuschel
Mais	Mais	Kukuruz
Meerrettich	Meerrettich	Kren
Mehlschwitze	Mehlschwitze	Einbrenn
Mohrenköpfe	Mohrenköpfe	Indianerkrapfen
Napfkuchen	Gugelhupf, -hopf	Gugelhupf
Paprikaschoten	Peperoni	Paprikaschoten
Pellkartoffeln	Geschwellte	Kartoffeln in der Schale
Pflaumenmus	Pflaumenmus	Powidl
Pilze	Pilze	Schwammerln
Pökelfleisch	Fleisch aus dem Salz	Surfleisch
Puter, Truthahn	Truthahn	Indian
Quark	Quark	Topfen
Radicchio	Ciccorino rosso	Radicchio, Zichoriensalat
Ragout	Voressen	eingemachtes Fleisch
Räucherspeck	Räucherspeck	Selchspeck
Rosenkohl	Rosenkohl	Kohlsprossen
rote Bete	Randen	rote Rüben
Saft	Jus	Saft
Sahne, Schlagsahne	Rahm, Schlagrahm	Obers, Schlagobers
Sahne, saure	Sauerrahm	Rahm, saurer
Salatkartoffeln	Kartoffeln	Kipfler
Speiseeis	Glace	Gefrorenes
Tomaten	Tomaten	Paradeiser
Vorteig	Vorteig	Dampfl
Schnee-Erbsen	Kefen	Schnee-Erbsen
Walnuß	Baumnuß	Walnuß
Weißkohl	Kabis	Weißkraut
Zander	Zander	Fogosch
Zopf	Zopf	Strietzel
Zucchini	Zucchetti	Zucchini

Register

Gerade gesetzte Ziffern verweisen auf Rezepte, *kursiv* gesetzte auf Abbildungen und **halbfette** auf Kapitel.

E

F

G

H

M

N

O

P

Q

R

T

V

W

Z

Bildnachweis

Umschlag Vorder- und Rückseite

o. l.	Neuseelandkiwi
o. M.	Landesvereinigung der Bayerischen Milchwirtschaft e. V., München
o. r.	Deutsche Ei-Information
M. l.	Ulla Mayer und Edda Meyer-Berkhout
M.	Landesvereinigung der Bayerischen Milchwirtschaft e. V., München
M. r.	Ulla Mayer und Edda Meyer-Berkhout
u. l.	Fischwirtschaftliches MarketingInstitut
u. M.	Langnese-Iglo GmbH
u. r.	Giandomenico Frassi

Innenteil

2/3, 6, 7	Kurt Sattelberger
9	aus: Empfehlungen für die Nährstoffzufuhr © by Deutsche Gesellschaft für Ernährung (DGE), Frankfurt/Main und Umschau Verlag, Frankfurt/Main
9	Giandomenico Frassi
11	Kurt Sattelberger
13	Giandomenico Frassi
14	Kurt Sattelberger
15	Giandomenico Frassi
18/19	AOK-infothek Bleib gesund „Essen mit Genuß", © WDV Wirtschaftsdienst OHG, Frankfurt am Main
21	aus: Empfehlungen für die Nährstoffzufuhr © by Deutsche Gesellschaft für Ernährung (DGE), Frankfurt/Main und Umschau Verlag, Frankfurt/Main
26/27	Kurt Sattelberger
29, 30, 31, 33, 35, 38	Giandomenico Frassi
42/43	Kurt Sattelberger
44	Informationsgemeinschaft Banane
46	Neuseelandkiwi
47	Wasa Heuer & Partner Public Relations
48	Neuseelandkiwi
49, 50	Informationsgemeinschaft Banane
51	Landesvereinigung der Bayerischen Milchwirtschaft e. V., München
52, 53, 54, 55	Müller-Brot
58	Bresso Frischkäse
60/61	Kurt Sattelberger
62, 64	Giandomenico Frassi
65, 66	Landesvereinigung der Bayerischen Milchwirtschaft e. V., München
69	CMA Centrale Marketinggesellschaft der deutschen Agrarwirtschaft mbH
71	Carmel Agrexco
73	Neuseelandkiwi
74	Giandomenico Frassi
79	Christian Teubner
80	Ulla Mayer und Edda Meyer-Berkhout
82/83	Kurt Sattelberger
85	Giandomenico Frassi
86	Eismann, Milchhof-Eiskrem
88	Giandomenico Frassi
90	Langnese-Iglo GmbH
93	Nestlé, Nestargel
95	Giandomenico Frassi
98/99	Kurt Sattelberger
101	Giandomenico Frassi
103	Panasonic
105	Giandomenico Frassi
106	Fischwirtschaftliches Marketing-Institut
108	Nestlé, Nestargel
109	Giandomenico Frassi
110	Fischwirtschaftliches Marketing-Institut
111	Ulla Mayer und Edda Meyer-Berkhout
113	Fischwirtschaftliches Marketing-Institut
114/115	Kurt Sattelberger
116	Giandomenico Frassi
119	Euryza
120	Ulla Mayer und Edda Meyer-Berkhout
121	Giandomenico Frassi
123	Pfanni Werke München, Abteilung Hauswirtschaft
124	Giandomenico Frassi
125	Euryza
127, 129	Giandomenico Frassi
130	Euryza
131	Carmel Agrexco
133	Ulla Mayer und Edda Meyer-Berkhout
136, 138	Giandomenico Frassi
139	CMA Centrale Marketinggesellschaft der deutschen Agrarwirtschaft mbH
141, 143, 145	Landesvereinigung der Bayerischen Milchwirtschaft e. V., München
146/147	Kurt Sattelberger
149	CMA Butterschmalz
151, 152, 154, 156, 159	Giandomenico Frassi
161	Panasonic
162/163	Eismann, Milchhof-Eiskrem
164, 167	Giandomenico Frassi
169	Ulla Mayer und Edda Meyer-Berkhout

170	Christian Teubner
172/173	Kurt Sattelberger
174	Giandomenico Frassi
175	Ulla Mayer und Edda Meyer-Berkhout
177	Niederländisches Büro für Milcherzeugnisse
178, 179	Panasonic
180	Landesvereinigung der Bayerischen Milchwirtschaft e. V., München
185, 187	Eismann, Milchhof-Eiskrem
188	Langnese-Iglo GmbH
190	Giandomenico Frassi
191	Landesvereinigung der Bayerischen Milchwirtschaft e. V., München
194	Giandomenico Frassi
196/197	Kurt Sattelberger
198	Giandomenico Frassi
200	Landesvereinigung der Bayerischen Milchwirtschaft e. V., München
203	Giandomenico Frassi
205	Deutsche Ei-Information
206	Maizena Gesellschaft mbH, Knorr/Maizena, Abteilung Hauswirtschaft/Verbraucher-Service Ursula Mantz
209	Landesvereinigung der Bayerischen Milchwirtschaft e. V., München
215	Eismann, Milchhof-Eiskrem
216/217	Kurt Sattelberger
218	Ch. Fleurent
218/219	Ulla Mayer und Edda Meyer-Berkhout
221	CMA Centrale Marketinggesellschaft der deutschen Agrarwirtschaft mbH
222, 223, 226	Giandomenico Frassi
228	Carmel Agrexco
230	CMA Butterschmalz
232	Ulla Mayer und Edda Meyer-Berkhout
233	Ch. Fleurent
234/235	Panasonic
237, 239	Ulla Mayer und Edda Meyer-Berkhout
240, 240/241	Ch. Fleurent
242, 243	Giandomenico Frassi
245	Pfanni Werke München, Abteilung Hauswirtschaft
246	Giandomenico Frassi
248/249	Kurt Sattelberger
251	Neuseelandkiwi
252, 255	Giandomenico Frassi
256/257	CMA Centrale Marketinggesellschaft der deutschen Agrarwirtschaft mbH
259	Giandomenico Frassi
260	Ch. Fleurent
261 u.	Landesvereinigung der Bayerischen Milchwirtschaft e. V., München
261 o.	Eismann, Milchhof-Eiskrem
262, 263, 266	Ulla Mayer und Edda Meyer-Berkhout
268/269, 270/271	Giandomenico Frassi
272/273	Kurt Sattelberger
274	CMA Centrale Marketinggesellschaft der deutschen Agrarwirtschaft mbH
276	Landesvereinigung der Bayerischen Milchwirtschaft e. V., München
277	Kirschen: CMA Centrale Marketinggesellschaft der deutschen Agrarwirtschaft mbH Erdbeeren: Giandomenico Frassi
278	Nestlé, Nestargel
280	Landesvereinigung der Bayerischen Milchwirtschaft e. V., München
281	Giandomenico Frassi
282	Eismann, Milchhof-Eiskrem
284, 285	Ulla Mayer und Edda Meyer-Berkhout
287	Landesvereinigung der Bayerischen Milchwirtschaft e. V., München
288	Bildagentur Eising
289, 291	Giandomenico Frassi
292/293	Kurt Sattelberger
295, 297	Ulla Mayer und Edda Meyer-Berkhout
299	Peter Kölln, Köllnflockenwerke
301	Alpensahne
302	natreen
305, 306/307	Ulla Mayer und Edda Meyer-Berkhout
309	Giandomenico Frassi
312	Ulla Mayer und Edda Meyer-Berkhout
314/315	Kurt Sattelberger
316	Giandomenico Frassi
317	Deutsche Granini
318	Hirschquelle
319	Landesvereinigung der Bayerischen Milchwirtschaft e. V., München
320	Hirschquelle
322	Giandomenico Frassi
323	Ulla Mayer und Edda Meyer-Berkhout
324	Landesvereinigung der Bayerischen Milchwirtschaft e. V., München
325	Ulla Mayer und Edda Meyer-Berkhout